중국 동북지역의 기업과 금융

이 도서는 2009년도 정부(교육과학기술부)의 재원으로 한국연구재단의 지원을 받아 출판되었음(NRF-2009-362-A00002).

중국관행
연구총서
0 0 7

중국 동북지역의 기업과 금융

| 저자 | 김지환 외

學古房

『중국관행연구총서』 간행에 즈음하여

우리가 수행하는 아젠다는 근현대 중국의 사회·경제 관행에 대한 조사와 연구를 매개로 한국의 중국연구와 그 연구기반을 재구성하는 것이다. 이러한 작업은 무엇보다 인문학적 중국연구와 사회과학적 중국연구의 학제적 소통과 통합을 모색하는 과정에서 구체화될 수 있을 것이다. 또한 근현대 중국의 사회·경제관행 조사 및 연구는 중국의 과거와 현재를 모두 잘 살펴볼 수 있는 실사구시적 연구이다. 추상적 담론이 아니라 중층적 역사과정을 거쳐 형성되고 검증되었으며 중국인의 일상생활을 지속적이고 안정적으로 제어하는 무형의 사회운영시스템인 관행을 통하여 중국사회의 통시적 변화와 지속을 조망한다는 점에서 우리의 아젠다는 중국연구의 새로운 지평을 열 수 있는 최적의 소재라 할 수 있을 것이다.

우리 연구의 또 다른 지향은 중국사회의 내적 질서를 규명하는 것으로, 중국의 장기 안정성과 역동성을 유기적으로 파악함으로써 한층 더 깊이 있게 중국을 이해하고자 한다. 이러한 문제의식에서 우리는 중국사회의 다원성과 장기 안정성의 기반이라 할 수 있는 다양한 민간공동체 그리고 그 공동체의 광범위하고 직접적인 운영원리로서 작동했던 관행에 주목한다. 나아가 공동체의 규범원리인 관행을 매개로 개인과 공동체 그리고 국가가 유기적으로 결합됨으로써 중국사회의 장기 안정성이 확보될 수 있었다는 점을 규명하고자 한다.

이러한 문제의식에 기초한 연구는 궁극적으로 제국 운영의 경험과 역사적으로 축적한 사회, 경제, 문화적 자원을 활용하여 만들어가고 있는 중국식 발전 모델의 실체와 그 가능성을 해명하는 데 기여할 것이다.

『중국관행연구총서』는 인천대학교 HK중국관행연구사업단이 수행한 연구의 성과물이다. 이 총서에는 우리 사업단의 연구 성과뿐만 아니라 아젠다와 관련된 해외 주요 저작의 번역물도 포함된다. 앞으로 아젠다와 관련된 연구 및 번역 총서가 지속적으로 발간될 것이다. 그 성과가 차곡차곡 쌓여 한국의 중국연구가 한 단계 도약하는 데 일조할 수 있기를 충심으로 기원한다.

2015년 3월
인천대학교 중국학술원
HK중국관행연구사업단
단장 장정아

목 차

총 론

근대 중국 동북지역의 기업과 금융

_ 김지환

1. 중국 동북지역의 역사와 사회경제 개관

전통적으로 중국적 천하질서를 세계질서의 보편으로 인식해 왔던 중국이 아편전쟁 이후 서구의 강압에 의해 반식민지사회로 전락하면서 중국 중심의 천하관은 오히려 비판과 극복의 대상으로 위치지워졌다. 이러한 과정을 통해 결국 동아시아 사회의 내적, 외적 질서를 규정해 왔던 중화주의, 중국적 가치(천하질서)는 와해되어 갔다. 그러나 현재의 중국은 개혁개방 이후 대국굴기의 성취를 기반으로 중화에 대한 자신감을 회복하면서 강한 중국의 회복을 기치로 대국으로 부상하고 있다.

중국의 대국화의 길은 중화에 대한 자신감의 회복이라 해도 과언이 아니다. 과거 역사성을 부정하고 서구 중심의 근대성을 지향하던 상황으로부터 일전하여 이제 역사성을 긍정하고 이를 바탕으로 중국적인 것을 재창조하려는 문명사적 전환을 추구하고 있는 것이다. 이러한 과정에서 중국 특유의 사회경제 관행과 문화를 토대로 운영되는 중국적 특색의 사회건설 움직임이 활발하게 진행되고 있다. 관행은 중국을 중국답게 만드는 규범이자 중국적 특색을 구성하는 가장 핵심적 요소였다. '베이징 컨센서스'로 상징되는 중국식 발전모델을 개발하고 확산하는데 관행은 그 내적 기반이 되고 있는 것이다. 따라서 중국적 표준이 설정될 수 있는 토양은 바로 장기 지속되는 중국의 사회경제 관행이라 할 수 있다.

근대 이후 중국의 전통적 관행과 공리적 가치관에 기반한 서구의 표준은 충돌할 수밖에 없는 속성을 가진다. 그러나 새로운 환경의 도래에 의해 중국의 관행은 소멸되기 보다는 새로운 환경에 적응하면서 재구성되는 방향으로 변화할 수 있었다. 이와 같이 중국적 표준인 관행은 스스로 지속과 변용의 차원을 넘어 외래적 요소를 적극적으로 포섭, 변용시킨 주체였으며, 관행의 연속성과 변화를 통해 우리는 중국에서 근대성의 전개를 규명할 수 있을 것이다.

중국 동북지역은 해방 전에 흔히 만주라는 명칭으로 불리우며, 한국의 역사와도 매우 밀접한 관계를 맺어 온 지역이었다. 1945년 이전 중국 동북지역은 한국인에게는 척박한 일상의 삶을 벗어나 새로운 탈출구를 제공할 수 있는 지역으로 인식되기도 하였다. 따라서 특정한 지역적 범주라기 보다는 인접한 대안지역에 위치한 한반도와 불가분의 관계를 지닌 지역으로 받아들여졌다. 일본인들은 이 지역을 포함하는 명칭으로 '일만선 경제블럭'이나 만몽滿蒙, 만선滿鮮으로 지칭했듯이, 자신들이 말하는 '일본해'(즉 동해) 대안의 대륙을 가리키는 용어로 사용하기도 하였다. 이와 같이 과거 만주라고 불리웠던 중국 동북지역은 지역적 범주를 특정하여 지칭한 것은 아니었다.

비록 1949년 중화인민공화국의 수립 이후 중국의 온전한 영토로 귀결되었지만, 이 지역은 동아시아 역사에서 일국 영토의 일부 이상의 독특한 지역적 의의를 지녀 왔다. 근대 이후 중국 동북지역은 러시아의 동방 진출과 남진정책의 관문이었으며, 해양세력인 일본에게는 대륙으로 진출하는 교두보로 인식되었다. 또한 중국 관내의 빈민에게는 이민의 대상지이자 개척지였으며, 일본은 이 지역을 후진자본주의 국가로서 반드시 확보해야 할 시장이자 일본경제의 생명선으로 인식하였다. 수많은 조선 농업이민자들은 본국에서의 고난한 삶의 돌파구를 이 지역에서 찾으려 하였다. 조선에서는 1910년 일본의 강제 병합을 계기로 이민정책이나 혹은 일확천금을 꿈꾸는 사람들이 만주로 건너가기도 했다. 식민지 현실을 벗어나려는 조선인들에게 도피처로서 혹은 한반도에서 삶의 토대가 빈약한 사람들에게 희망의 땅으로 비쳐졌다. 중국 동북지역은 우리의 고토, 독립운동의 주요 무대, 중국 동포들이 거주하는 지역으로서의 이미지가 강하며, 따라서 단순히 외국 영토의 일부라기보다는 우리의 역사적 기억과 긴밀한 관계를 가지는 지역으로 형상화되어 있다. 실제로 20세기를 전후한 시기에 중국 동북지역은 중국 관내의 이주민뿐만 아니라, 조선인과 일본인, 러시아인과 심지어 유태인에 이르기까지 이산의 대상지로서 초경적, 과경적 범주로 인식되었다. 이산의 주체는 각각 원적지에서의 사회경제적 관행을 그대로 가지고 들어왔으며, 이러한 다양한 관행이 혼용되고 충돌하면서 현지의 환경에 적응하며 새로운 관행으로 변용되기도 하였다.

원래 만주는 국명, 또는 민족명이었으며, 이를 지명으로 사용한 것은 서양인과 일본인이었다. 중국에서는 동삼성, 동북 등으로 지칭하였으며, 현재는 중국 동북지역, 중국 동북지구, 동북삼성 등으로 지칭되고 있다. 본서에서 말하는 동북지역은 대체로 요녕성(이전의 봉천성), 길림성, 흑룡강성을 기본적인 범주로 삼고 있다. 그러나 이들 지역은 성과 성 간의 분절적 관계에 있었던 것이 아니며 상호 사회경제적 관계가 행정구획을 넘어서 동북경제, 동북삼성이라는 일체적 범주로 작동하고 있었다. 이러한 의미에서 이 지역에 대한 연구는 동북을 하나의 단위로서, 경제적으로는 하나의 지역경제로서 전체적인 틀 속에서 일체적으로 검토해야 한다는 시각이 매우 중요하다고 보여진다.

전통적으로 중국왕조가 비록 중국 동북지역에 세력을 미치고 있었다 하더라도 그 지배영역은 남부의 봉천성 정도까지였다. 북부의 길림성이나 흑룡강성은 18세기 이후 한인이 유입될 때까지 주로 수렵 채취에 의해 생활을 유지해 온 퉁구스계의 각 민족과 유목을 영위했던 몽골계 민족이 흥망을 거듭했던 지역이다. 이들 민족들 중에는 관내에 지배영역을 확대하여 정복왕조를 수립하기도 했다. 17세기의 전란으로 명대 한인이 개간했던 요하 유역의 요동, 요서는 황폐화되었으며, 더욱이 청조가 북경으로 천도했기 때문에 다수의 만주인이 관내로 이동하여 동북의 인구는 크게 감소되었다. 청조는 봉천성에서 농업의 부흥을 추진했지만 길림성이나 몽골인이 생활하는 몽지까지 개간할 의지는 없었다. 17세기 유조변장의 축조상황을 통해서도 이러한 상황을 엿볼 수 있다. 유조변장은 청조가 구상하고 있던 동북의 행정적 구분을 반영한다. 즉 동북을 남부의 농경지대, 동북부의 청조 고지인 삼림수렵지대, 서북부의 몽골인 유목지대 등 세 지대로 구분하였다. 그러나 17세기 말 이후 동북으로 이주한 한인이 증가하면서 기지와 민지의 경계와 구분이 사라져가고 청조의 기지정책은 붕괴되어 갔다.

정치, 외교적으로도 19세기 말 의화단사건을 계기로 러시아군의 남하, 뒤이은 러일전쟁의 발발 등 정치적 혼란이 극심하였다. 원래 중국 동북지역에서는 중국 관내와는 달리 군정에 중점을 둔 관제가 시행되었다. 봉천성은 봉천장군이 군권을 담당하고 몇 개의 주현을 설치하여 봉천부윤이 민정을 담당했다. 길림성은 한인의 거주 인구가 적고 주현의 수도 적어 길림장군과 부도통이 민정까지 총괄하였다. 흑룡강성에는 한인거주자가 거의 없어 민정을 시행할 필요가 없어 흑룡강장군이 군정을 실시했다. 몽지에서는 몽골인의 기장이 영역 내의 행정을 담당했다. 그러나 한인 유입의 증가와 러일전쟁의 영향으로 군정을 중시했던 기존 상황에 변화가 나타났다. 청조는 1907년 관내와 마찬가지로 총독과 순무를 설치하고 새롭게 다수의 주현을 설치하는 등 대대적인 관제개혁을 단행하였다.

19세기가 되면 천진조약(1854년)의 체결로 영구營口의 개항이 결정되고, 동북지역도 세계시장에 포섭될 단서가 마련되었다. 또한 러시아와 체결한 아이훈조약(1858)과 북경조약(1860)에서 북쪽과 동쪽 국경이 흑룡강, 우수리강으로 정해졌다. 봉금정책이 이완되자 청조는 오히려 토지를 민간에게 불하하여 이민을 유치함으로써 러시아에 대한 방어의 대비책을 마련하였으며, 새롭게 주, 현도 설치하였다. 종전의 기지제도가 붕괴되는 가운데 개개 토지의 소유자를 확정하여 세금 징수를 확실하게 할 필요가 있었다. 이에 청조는 관장이나 기지를 정해진 토지가격에 따라 민간에 불하하는 정책을 취했다. 변경 방비에 필요한 군사경비가 청조 재정에 심각한 부담을 주고 있던 상황도 청조가 새로운 재원으로 민간에 토지의 불하를 실시하여 세수를 증가하는 쪽으로 전환하게 된 원인의 하나가 되었다. 한족의 이민, 강화되는 러시아의 남하정책, 그리고 세계시장의 영향력이 미치기 시작하는 상황 하에서 동북은 20세기를 맞이하게 된 것이다.

2. 동북지역의 사회경제적 발전과 기업 및 금융

20세기 전후 동북지역에서는 철도의 부설, 이민의 증가, 민간으로의 토지 불하, 농업생산량과 농산물 수출량의 증가라는 사회경제의 거대한 구조적 변혁이 출현하였다. 철도라는 대량 수송수단이 등장함으로써 물자와 사람의 이동이 촉진되었으며, 시장이나 유통망도 철도노선을 따라 형성되기 시작하였으며, 반면 예전부터 내려오던 정시는 쇠퇴해갔다. 과거 동북의 도시는 도로를 따라 형성되었지만 철도 부설 이후에는 철도에 근거하여 형성되었다. 장춘, 심양, 대련, 하얼빈 등은 모두 철도와 더불어 출현한 근대적인 대도시라 할 수 있다. 철도 부설의 결과 상업거래의 증대는 상인활동의 번성으로 이어져 20세기 이후 많은 도시에 공의회公議會라는 상인 길드조직이 성립되어 1910년 이후 상회商會로 발전해갔다.

과거 영구의 한 항구에 불과했던 동북의 개항장은 러일전쟁 이후 급증하여 안동, 대련, 대동구, 만주리, 수분하, 하얼빈, 아이훈, 삼성, 훈춘, 용정촌이 추가로 개항되었다. 러일전쟁 이후 대두를 위주로 농산물 수출이 증가함에 따라 면제품이나 잡화 등의 수입량도 증가하기 시작하여 동북 무역총액도 현저히 증가하였다. 러일전쟁 이후 동북무역에서 일본제품의 진출이 두드러진 측면이 있긴 하지만 여전히 관내와의 관계도 중요했다. 동북의 3대 개항장인 대련, 안동, 영구의 수이출액을 살펴보면 일차대전 기간 중 무역총액이 급증하였음을 알 수 있다.

이와 관련하여 동북지역에서 인구의 증가와 도시의 발달은 필연적으로 소비의 증가, 특히 일용필수품 수요의 급격한 확대를 수반하였다. 이러한 사회경제적 수요에 부응한 것은 주로 일본 및 중국 관내지역으로부터의 공산품 수입이었다. 물론 중국 동북지역에서도 대두가공업과 전통 수공 직물업 등의 공업 생산이 존재하였지만, 철도의 부설을 통해 발생한 거대한 사회경제적 변화와 수요에 부응하기에는 역부족이었다. 따라서 수입품에 의한 이권의 유출을 저지하고 나아가 생산의 증가를 통해 지역의 수급에 부응할 수 있는 새로운 생산주체, 즉 기업의 출현이 불가피한 현상이었다. 근대적 기업에 의한 기계제의 대량 생산과 생산된 제품을 근대적 교통수단인 철도로 운송하는 유통망의 형성은 이 지역의 사회경제적 질서에 획기적인 전기를 마련하였다. 철도는 증기기관, 윤선, 전기 등과 더불어 근대를 여는 도구였으며, 기업은 이와 같은 기반시설을 바탕으로 출현한 근대의 상징적 결정체였다고 할 수 있다. 따라서 동북지역의 근대는 기업의 출현 및 그 발전과 궤를 같이한다고 할 수 있다.

20세기 이후 동북에서는 농업생산의 증대와 함께 농산물 가공업이 발흥하기 시작했으며, 농업생산이 활발한 지역은 철도 연선에 집중되었다. 대두를 가공하는 유방업이 각지에서 번창하고 대련, 하얼빈, 영구에서는 증기기관을 이용한 공장도 출현하였다. 소맥을 정제하는 제분업, 고량을 가공하는 양조업도 각지에서 번창했다. 그러나 동북경제에서 농업이 차지하는 비중이 압도적으로 컸으며, 공업의 규모는 작았다. 농산물 가공업 이외에 직포업, 작잠제사업 등도 각지에 존재했지만 소규모였다. 이러한 가운데 1920년대 중국자본으로 설립된 봉천방사창과 일본자본으로 설립된 만주방적주식회사는 실질적으로 기계제 생산에 의한 근대적 기업의 출현을 알린 것으로서 지역 경제의 성장과 발전에 획기적인 계기가 되었다.

확대되는 동북경제에 조응하여 지역 내에서 사회경제적으로 중임을 담당하던 사람들의 정치적 영향력도 증대하여 이들의 요구를 구현할 정치세력의 창출을 촉진하였다. 이러한 배경 하에서 정치권력으로 등

장한 것이 장작림, 장학량정권이었다. 장작림은 1916년 봉천성을 장악했고 1919년에는 동삼성의 실질적 권력을 장악했다. 동북경제의 발전을 배경으로 군사력을 증강시켜 갔던 장작림정권이 1920년 이후 중앙 정계로 진출을 시도하여 1924년 봉직전쟁을 계기로 사실상 북경정부의 지도자가 되었다. 경제정책으로 주목되는 것은 1920년대 만철 병행선의 부설을 시작한 것과 관은호를 이용하여 대규모 대두 매점을 실시하여 외국상사가 장악하고 있던 해외수출부문까지 진출하려 했던 것이다. 이러한 정책의 실제 성과가 만족스러운 것은 아니었지만 일본의 위기의식을 높여 만주사변을 촉발한 요인의 하나가 되기도 하였다.

지역경제의 확대, 상업거래의 증가는 금융상황에도 큰 변화를 초래하였다. 동북 통화유통의 특징은 농산물이 대량으로 거래되는 시기에는 통화의 수요가 증대하지만 상업거래가 적은 시기 등 계절에 따라 통화유통량의 차이가 매우 컸다는 사실이다. 겨울철 농산물 매매 시 거래에 비례할 만큼의 통화를 공급할 수 없게 되면 상업거래가 정체되는 현상이 발생하였다.

동북에서는 원래 제전制錢, 은량銀兩 등의 경화가 부족했기 때문에 대표적으로 영구의 과로은過爐銀과 같이 통화의 실질적인 이동을 수반하지 않는 결제방법이 발달했다. 그러나 20세기 전후 철도 부설 이후 물자유통량이 급속하게 증대하여 과로은과 같은 방법으로 거래하는 일은 어렵게 되었고, 사회적 통용성이 높은 새로운 결제수단을 유통규모에 맞게 공급할 필요성이 생겼다. 그러나 동북지역에서 현은 보유량의 증가를 기대할 수 없는 상황에서 태환지폐의 가치를 유지시켜 나가는 일은 용이하지 않았다. 또한 은량이 부족했던 상황은 지역 간 결제에서 관내와 같이 은량을 사용하는 것을 허용하지 않았고, 그 대신 루블화나 금표라는 외국 통화를 이용하는 특이한 시스템을 창출했던 것이다.

주로 사용되었던 통화는 봉천표奉天票, 현대양표現代洋票, 길림관첩吉林官帖, 흑룡강관첩黑龍江官帖, 합대양哈大洋의 다섯 종류였다. 성이라는 행정구역을 넘어서 시장권을 횡단하는 통일적인 폐제를 창출하는 것은, 동북 전역에 걸친 일원적인 금융정책의 실현이 제도적으로 확립되지 않았던 정치적 상황 하에서는 실현 불가능한 일이었다. 그러나 동북정권은 봉천표, 현대양표, 합대양이라는 새로운 통화를 공급하여 폐제는 실질적으로 통일화의 방향으로 진행되었다.

20세기 이전 동북의 통화는 은량과 제전이었는데, 지역경제가 확대됨에 따라 통화 유통량도 확대되면서 점차 지폐에 의존하는 경우가 많았다. 러일전쟁 이전 봉천에서의 일상 거래는 대체로 제전으로 이루어졌고 1898년 은화의 주조가 시작되고 나서는 은화에 의한 거래가 활성화되었다. 러일전쟁 이전에는 물가의 매매 기준가격에 제전이 사용되었기 때문에 은화에 의한 거래는 제전으로 환산하여 이루어졌다. 러일전쟁 직후인 1905년 12월에 봉천장군 조이손이 봉천관은호를 설립하여 (1908에 동삼성관은호라고 개칭) 소양은을 기초로 만든 소양표小洋票를 발행하기 시작했다. 이와 함께 사첩의 발행을 금지하고 말태은抹兌銀(할인, 공제) 거래를 금지하는 등 금융의 안정화 및 폐제통일을 위한 조치를 시행했으나 소기의 성과를 거두지는 못했다. 봉천관은호의 설립과 더불어 대청은행 봉천분행(1907년 개설, 1913년에 중국은행 봉천분호로 변경), 교통은행 봉천분행(1910년 개설) 등도 설립되어 각각 지폐를 발행했다. 이들 은행이 발행한 지폐를 통칭하여 '봉천표'라고 불렀다.

신해혁명 이후 은화의 유출이 심해지면서 소양표의 유통량이 증가하자 은화와 지폐 사이에 가격 차이가 발생하기 시작했다. 이로 인해 소양표를 은화로 태환하여 지폐가격의 하락에 대처하고자 태환청구가 발생하였다. 봉천에서의 태환청구는 1911년과 1913년에 발생했는데, 이

때는 그나마 일시적인 소동으로 마무리될 수 있었다. 그러나 1914년 4월에는 수많은 태환청구자가 은행으로 쇄도하여 사회문제가 될 정도였다. 이와 같은 상황에 직면하여 장작림은 조선은행으로부터 차관을 도입하여 금융문제를 해결하기 위한 자금을 마련하는 한편, 보다 근본적인 해결을 위해 그때까지 유통되고 있던 소양표를 회수하여 대양은을 기초로 하는 대양표를 발행함으로써 금융안정화를 도모했다. 장작림정권은 소양표와 대양표의 환산 비율을 12대 10으로 하여 대양은본위제를 확립하고자 했으나, 예상외로 봉천성에서 소양표에 대한 집착이 강하여 쉽게 진전되지 못했다.

대양표 유통의 확대가 쉽지 않자 동삼성관은호는 1917년 12월부터 새로 회태권이라는 지폐를 발행하기 시작했다. 회태권은 대양표와 동일한 가치로 유통한다고 규정했지만 대양표가 태환권이었음에 비해 회태권은 불환지폐였다. 회태권은 북경, 천진의 관은호영업소에서 상해로 환어음을 송금할 때에 액면에 상당하는 상해규은환上海規銀換을 교부하는 기능이 있는 지폐였다. 회태권을 발행한 목적은 봉천에서의 태환청구를 회피하고, 동시에 상해규은과 관계를 가지며 은본위지폐로서 통용되는 불환지폐를 유통시켜 태환문제를 종식시킨다는 점에 있었다. 이 태환권이야말로 후에 일반적으로 봉천표라 불렸던 지폐였다. 일차대전의 발발에 의해 조성된 동북경제의 활황은 회태권의 유통을 촉진시켰으며, 더욱이 세계적인 은가의 상승에 힘입어 유통범위가 더욱 확대되었다.

봉천표는 1920년대 봉천성 내에서 가장 중요한 지폐였으며, 봉천성 내의 금융상황을 안정시키는데 기여하였다. 그러나 기본적으로 불환지폐로서 봉천성정부의 신용증권이라고도 할 수 있었다. 따라서 가격의 동향에는 경제적 요인뿐만 아니라 장작림정권의 정치적 상황에 의해서도 큰 영향을 받았다. 1920년대는 중앙 진출을 꾀하고 있던 장작림의 군사행동이 빈번했던 시기였는데, 1922년의 1차 봉직전쟁, 1924년의 2차 봉직전쟁, 1925년의 곽송령사건 등 일련의 군사행동이 일어날 때마다 봉천표는 등락을 반복했다. 더욱이 전쟁의 수행과 무기 구입을 위해 봉천표가 남발되면서 그 가치가 더욱 하락했다. 1925년 후반 봉천표의 가치가 급속히 하락된 이후 끝도 모르게 하락의 추세가 지속되었다. 이 때문에 봉천표를 대신할 통화를 만들어 내지 않으면 안 되었고, 결국 1929년 5월에 동삼성관은호, 변업은행, 중국은행, 교통은행의 네 은행은 요녕사행호연합준비고遼寧四行號連合準備庫를 결성하여 태환권인 현대양포現大洋票를 발행하기 시작했다.

봉천표를 대신하여 유통된 현대양표는 봉천표의 하락에 따른 인플레이션의 종식을 지향했다. 1930년 7월 동삼성관은호는 단독으로 현대양표를 발행하여 요녕사행호연합준비고에 의지하지 않고서도 현대양표의 가치를 유지해 나가기 시작했다. 그리하여 같은 해 8월에는 봉천교역소에서 봉천표가 상장되지 못했는데, 이로써 봉천표가 이미 보조통화로 전락하게 되었음을 알 수 있다. 이와 같이 봉천에서 봉천표가 폭락한 이후 현대양표에 의한 새로운 폐제통일이 진전되었고 이러한 가운데 만주사변을 맞이하게 되었던 것이다.

대련, 본계호, 안산 등 일본인의 거주나 활동이 많았던 지역에서는 금표가 사용되는 경우가 많았지만, 1920년대 만철 연선의 봉천성 각 현에서 가장 많이 보급된 통화는 역시 봉천표였다. 그러나 봉천표가 보급되어 갔음에도 불구하고 기존의 통화도 여전히 생명력을 유지하고 있었다. 대표적인 것으로 영구의 과로은過爐銀과 안동의 진평은鎭平銀 등을 들 수 있다.

과로은이란 실제로 존재하는 통화가 아니라 거래를 위해 고안된 독특한 형태였다고 할 수 있다. 과로은 거래란 장부상에서만 결제하는 방법으로, 현은을 주고받지 않고서 거래가 이루어진다는 점이 주요한 특징이다. 이러한 결제방법이 창출된 배경에는 동북에서 은이 부족했다는 데에 그 원인이 있었다. 과로은 거래는 물물교환 거래가 안정적으로 이루어지는 한 효력을 발휘하지만, 외부 상황의 급격한 변화에 대응하기에는 근본적인 취약점을 내포하고 있었다. 그러나 이와 같은 결제방법이 현실의 경제상황에 적합하지 않다는 사실은 명백했으므로, 결국 만주국 성립 이후에 폐지되고 말았다. 만주국은 새로이 영구상업은행을 설립하여 종래 채권을 승계하도록 했고 과로은은 1933년 11월 말에 폐지되고 말았다. 과로은 거래와 유사한 결제방법은 동북에서 영구가 유일한 것은 아니어서, 장춘의 말전抹錢, 길림의 말태抹兌, 봉천의 말태전抹兌錢, 개평의 말은抹銀, 금주의 마자碼子 등 다른 주요 도시에서도 마찬가지로 존재했다. 그러나 이들은 모두 20세기 초에 쇠퇴했고 뿌리 깊게 생명력을 유지한 것은 과로은뿐이었다.

안동에서는 진평은鎭平銀 거래라는 독특한 금융제도가 있었다. 진평은이란 은량의 일종으로 안동상무총회가 설치한 공고국公估局에서 감정을 거친 은량을 진평은이라 불렀다. 현물인 진평은이 유통된 경우도 없지는 않았지만, 주로 진평은은 보관되고 그 액수에 상당하는 수표가 발행되어 시장에서 유통되었다. 안봉선이 경유하는 봉천과 거래할 경우에는 봉천표를 통해 결제가 이루어졌지만 산동반도 등의 해로를 통한 거래는 진평은 본위로 거래가 이루어졌다.

만철의 종착역이었던 장춘에서는 길림관첩吉林官帖, 봉천표, 루블화, 금표, 초표 등 각종 통화가 유통되었지만 길림성 안에서 가장 많이 사용되었던 것은 바로 길림관첩이었다. 길림관첩은 가격 변동이 매우 극심했기 때문에 1920년 이후에는 합대양哈大洋도 유통되어 금융상황을 안정화시키는데 힘을 보탰다. 봉천성의 폐제는 봉천표의 보급을 통해 성내의 폐제통일이 진전되었으며, 이를 승계하여 새롭게 현대양표의 유통이 확대되어 가는 과정을 거쳤다. 지역경제의 규모가 확대되고 통화의 수요가 증대되었음에도 불구하고 현은의 보유량을 늘리기는 어려웠기 때문에 동북에서는 태환지폐의 가치를 유지시켜 나가는 일이 쉽지 않았다. 이와 같은 난관을 돌파하기 위한 방안이 바로 봉천표였다.

3. 본서의 구성과 주요 내용

본서에는 모두 9편의 글이 실려있는데, 내용의 상관성에 따라 2부로 나누어 구성, 편제하였다. 제1부는 〈중국 동북지역 기업의 역사와 관행〉이며, 제2부는 〈중국 동북지역의 화폐와 금융〉과 관련된 글을 위주로 구성하였다. 이하 본서에 수록된 글들의 개략적인 내용에 대해 약술한다.

1) 중국 동북지역 기업의 역사와 관행

(1) 우에다 다카코上田貴子는 「장작림정권과 봉천방사창」에서 중국 동북지역에서 중국자본으로 최초로 설립된 근대적 기계제 방직공장紗廠인 봉천방사창의 시말과 이러한 과정에서 국가권력, 즉 장작림, 장학량으로 대변되는 지방정부(성정부)의 주도성에 대해 설명하고 있다. 우에다는 무엇보다도 동북지역의 경제가 중국 관내와는 구별되는 독자적인 운영시스템을 유지해 왔다고 강조하였다. 예를 들면, 20세기 초 중국 전역의 무역에서 수입 초과의 현상이 출현하였을 당시에도 동북지역은

대두의 수출을 통한 수출 초과의 상태에 있었으며, 수출을 통해 축적된 재력을 바탕으로 장작림정권은 근대적인 공업의 육성과 경제체제의 전환을 시도할 수 있었다고 강조하였다.

이 지역에서 소비되는 공업제품은 대부분 일본, 혹은 상해로부터 수이입된 제품이었지만, 1920년대 후반이 되면 지역 내에서의 생산을 통해 수입을 대체할 수 있게 되었다고 지적하였다. 그런데 이와 같은 자립이란 외국 수입품으로부터의 자립뿐만이 아니라 상해 등 중국 관내로부터의 자립이라는 양면성을 내포하고 있으며, 이러한 상황은 장작림정권에 의해 설립된 봉천방사창의 사례를 통해서도 잘 드러나고 있었다. 1923년 봉천방사창이 창립되기 이전에 동북지역의 면제품 수요는 주로 일본으로부터의 수입에 의존하였으며, 일부 중소 규모의 직포업도 존재하고 있었다. 그러나 일차대전 이후 21개조 반대운동의 와중에서 일본제품 배척운동과 국산품 장려운동이 전개되었으며, 이와 같은 영향 하에서 봉천성의회는 봉천방사창의 설립을 성정부에 건의하였다. 사창의 설립 목적은 국산품의 생산을 통해 수입을 대체함으로써 이권을 회수한다는 명분이었다.

문제는 사창의 설립을 위한 재정자금의 준비에 있었다. 따라서 성정부는 재정청 등에 자금 조달의 실현 가능성을 문의하였으며, 결과적으로 재정 부족으로 인한 회의적 의견에도 불구하고 성정부는 사창의 설립을 적극 추진하였다. 봉천방사창의 자본은 우선적으로 정부자금과 민간자본을 모집함으로써 충당할 수 있었다. 특히 민간자본 가운데 동삼성관은호, 중국은행, 교통은행 등 봉천성 소재의 은행이 투자에 참여하고 있는 사실로부터 사창의 설립과 자본의 내원이 다분히 관 주도하의 공적자금에 크게 의존하였다고 지적하였다.

원료 조달 방면에서도 봉천방사창은 동북 내에서 생산된 면화를 중심적인 원료로 사용하였다. 바로 이 점이 기타 사창과 구별되는 봉천방사창의 특징이었다고 지적하고 있다. 이를 통해 생산비에서 차지하는 원료비의 비중을 최소한으로 억제하는 것이 가능하였으며, 수입제품이나 혹은 관내에서 생산된 중국제품에 비해 가격 경쟁력을 확보할 수 있었다고 지적하였다. 실제로 성정부의 적극적인 지원 하에서 봉천방사창은 상당히 양호한 경영실적을 거두고 있었다.

우에다의 논점은 일관적으로 동북지역 최초의 방직기업인 봉천방사창의 설립과 운용이 국가권력의 주도로 이루어졌지만, 여기서 국가권력이란 중앙정부와 구별되는 지방정부, 즉 성정부를 가리키는 것으로서 북경군벌정부나 남경국민정부와 구별되는 동북정권의 독자성을 강조하고 있는 셈이다. 뿐만 아니라 원료 조달 등에서도 현지산 면화의 사용을 통해 가격 경쟁력을 확보함으로써 일본으로부터 수입되는 면제품뿐 아니라 중국 관내에서 생산되는 중국제품에도 경쟁력을 가짐으로써 동북 이권의 유출을 방지하는 데에 기여하였다고 지적함으로써 동북의 독자성과 지역성을 강조하고 있다.

(2) 김희신은 「중국 동북지역의 기업지배구조와 기업관행」에서 1920년대 봉천방사창의 내부 기업지배구조와 기업관행에 대해 살펴보고 있다. 이 글은 동북지역에서 근대기업의 발전을 분석하기 위한 개별기업의 사례연구로서 이 지역 최초의 기계제 방적회사이며 대표적 근대기업인 봉천방사창을 통해 기업의 소유구조와 의사결정구조, 경영진의 구성, 경영성과의 배분 등에 주목하였다. 이를 통해 봉천방사창의 기업구조가 갖는 특징과 더불어 전통적 기업관행이 어떻게 동북에서 근대적 기업환경에 적응하고 변용되었는지 그 양상에 주목하였다.

봉천방사창의 장정에서 밝히고 있듯이 방사창의 설립 목적은 실업제창 및 재원의 개발에 있었다. 다시 말해 동북지역 내에서 면제품을 직접 생산함으로써 이를 통해 일본 면사포의 수입량을 억제하려는 목적이었다고 할 수 있다. 방사창의 자본구성의 특징과 자본 모집의 상황을 살펴보면, 당초 재정청이 자본을 출자하고 각지 상민으로부터 주식을 공모함으로써 상고와 관고의 투자를 통한 공동경영의 형태로 자본을 모집하였다. 특히 상민 자본의 모집 과정에서 장작림은 적극 개입하여 장래 방사창이 순수한 상판으로 변경될 계획임을 강조하며 사회의 투자와 경영 참여를 적극 독려하였다.

고표(증권)의 발행 시에 전통적 합고 상점기업에서 출자자의 익명투자가 광범위한 관행이었던 것과는 달리 고동의 이름을 분명히 밝히도록 규정했으며, 방사창이 각 현으로부터 넘겨받은 자본금을 증권에 명확히 기재하여 고표를 수령하도록 공지함으로써 신용도를 제고하였다. 이와 함께 고본을 중국인으로부터만 모집하는 것으로 한정하고 고표를 외국인에게 양도하거나 저당할 수 없도록 규정함으로써 실업의 진흥과 이권 유출의 방지라는 설립 목적을 그대로 관철하고 있었다.

방사창의 고동회는 정기와 임시 고동회로 구분되며, 매년 말 결산을 마친 후 3개월 내에 정기고동회를 개최하여 전년도 영업상황 및 당해 년도 영업방침을 보고하였다. 고동회의 참여는 편의상 100고 이상인 경우로 한정하고 현지사가 인정한 대표 1명, 200고 이상인 경우는 대표 2명 등을 유추하여 대표를 파견할 수 있도록 규정하였다. 의결권 행사의 주체는 고동 자신 혹은 위탁받은 대표였다. 고동회의 회장은 동사 가운데 1명을 공동으로 추천하였다. 고동회의 의결사항은 공사조례의 특별규정에 관한 것을 제외하고 회의에 참석한 고동 의결권의 과반수를 얻으면 유효한 것으로 간주되었으며, 가부가 동수일 경우 회장이 최종 결정하였다.

동사회는 1)영업방침의 계획, 2)연말결산보고의 심사 대조, 3)손익의 분배, 4) 각종 장정 및 세칙의 심사 결정, 5)기타 일체의 중요사항에 대해 의결하였다. 의결사항은 동사회에 참석한 동사의 과반수로 가부를 결정했으며, 가부가 동수일 경우 개회시 추천된 임시주석이 결정하지만, 회의에 참석한 동사가 과반 이하일 경우 결의가 불가능하였다.

방사창은 총리 1명, 협리 1명을 두었는데, 총리는 관고동사 중에서, 협리는 상고동사 중에서 호선하였다. 이는 관상합판기업의 특징을 잘 보여주는 것이다. 총리는 방사창 전체의 업무를 총괄하였으며, 협리는 총리를 도와 방사창의 모든 업무를 처리하고 유사시 총리를 대행하였다. 봉천방사창의 자본이 순수한 관고는 아니었지만 총리를 성정부가 임면함으로써 경영상 관료주의적 습성을 피할 수 없었다. 그러나 협리가 상고 중 호선됨으로써 관련업무에 정통한 인물로 충당되어 방사창 내부의 관료주의적 성격을 대대적으로 정돈하고 영업의 호전을 지향하였다.

결산이 끝나면 고동회의 승인을 거쳐 고동에게 홍리를 분배하였다. 이익이 발생하더라도 일부는 방사창에서 보존했다가 다음 결산 때 재분배하거나 영업확충을 위한 자금으로 사용하는 경우도 있었다. 또한 경영성과인 홍리는 자본 출자자인 고동에게 배분된 이외에 경영자인 총리, 협리 및 직원에게도 배분되었다. 이는 전통 합고조직의 노무출자자로서 경리 이하 직원에게 홍리가 분배된 것의 연속선상에서 이해할 수 있다. 즉 방사창이 자본결합관계를 기본으로 하는 근대적 기업형태였음에도 불구하고 동업관계에 대한 신뢰를 기반으로 유지되었던 중국 전통기업의 이윤배분시스템이 여전히 관행적으로 작동되었던 것이다.

이와 같이 봉천방사창은 근대적 기업형태를 표방하였음에도 불구하고 여전히 지배구조에는 전통적 합고 상점조직의 관행의 흔적들이 발견되고 있다. 봉천방사창에는 대주주 권한의 남용에 의한 자본평등성의 부재, 경영책임에 따른 경영인 및 직원층에 대한 이윤분배시스템, 변용된 형태의 관리 등과 같은 전통성이 채무 청산에 대한 유한책임구조, 근대적 재무관리와 합리적 의사결정구조, 자유로운 양도권 등의 근대성과 혼재되어 존재하였다.

(3) 김지환은 「중국 동북지역 외자기업의 설립 배경과 경영」에서 중국 동북지역에서 최초로 설립된 외자 방직기업인 만주방적주식회사의 사례를 검토하였다. 중국에 설립된 일본 방직기업은 재화방在華紡으로 불리며 기존 중국근현대사에서 매우 중요한 연구의 대상이었다. 그러나 그 일부인 중국 동북지역에서의 재만방在滿紡에 대해서는 기존에 전혀 연구가 없었다. 이러한 원인은 무엇보다도 연구를 위한 일차사료의 부재에 기인하였으며, 따라서 재만방의 대표적인 기업인 만주방적주식회사의 연구는 동북지역의 기업 특성과 관행을 살펴보는데 매우 중요한 연구사적 의의를 가지고 있다고 할 수 있다. 특히 본 연구는 일본외무성 등에 보관되어 있는 일차사료의 발굴을 통해 만주방적주식회사의 설립 배경과 내부 경영을 살펴봄으로써 동북지역 기업 및 재화방을 연구하기 위한 단초를 연 것으로 높이 평가할 수 있다.

우선 만주방적주식회사가 중국 동북지역에서 설립된 목적은 기존 중국 동북시장에 대한 일본 방직공업의 경영전략 변화에서 찾을 수 있다. 일차대전을 계기로 일본 방직공업은 중국 동북시장에서 구미제품을 구축하고 사실상 독점적인 지위를 차지할 수 있었다. 그러나 일차대전 이후 일화배척운동과 관세 개정 등으로 인해 중국 관내에서 생산된 면제품과 비교하여 가격 경쟁력을 상실하였으며, 이러한 결과 직접 이 지역에 자본을 수출하여 기업을 설립하고, 현지에서 면제품을 생산하는 전략으로 전환한 것이다. 다시 말해 일본 방직공업의 입장에서 본다면 중국 동북지역은 기존의 상품 수출시장으로부터 자본의 투자시장으로 일전하게 된 것이다.

중국 동북지역은 기업의 경영을 위한 뛰어난 입지조건을 구비하고 있었다. 우선 일본 국내와 비교하여 지가 및 건축 자재 등이 저렴하였으며, 또한 남만주철도 등 철도를 이용한 교통이 매우 편리하였다. 또한 생산을 위한 수질이 양호하였고, 석탄의 공급이 편리하였으며 가격이 저렴하였다. 이와 함께 노임과 원동력의 비용도 저렴하였으며, 무엇보다도 현지시장에 대한 접근성이 뛰어났다. 더욱이 현지에서 직접 제품을 생산함으로써 관세 장벽을 회피하여 가격 경쟁력을 확보할 수 있었던 것이다.

주목할 점은 만주방적주식회사의 설립 과정에서 일본정부의 국책적 지지와 적극적인 후원이 있었다는 사실이다. 이는 만주에서 일본의 국책회사인 남만주철도주식회사의 적극적인 개입에서 잘 드러나고 있다. 만주방적주식회사의 자본 구성을 살펴보면, 최대주주로서 만철의 자본과 일본의 대방적기업인 부사와사방적주식회사의 자본이 대량으로 투자되고 있음을 알 수 있다. 자본 비율에 따라 구성된 이사회의 구조를 살펴보면 마찬가지로 남만주철도주식회사와 부사와사방적주식회사의 관계자가 직접 이사회를 구성함으로써 이들은 자본의 투자와 더불어 경영에도 적극 관여하고 있었음을 알 수 있다.

만주방적주식회사에서 생산된 제품에는 요양의 역사적 건축물로 유명한 백탑을 그려 요탑이라는 명칭을 붙여 상표로 삼았다. 주요한 목적은 중국 소비자의 기호에 부응하고자 한 것이다. 말하자면 비록 자본의 내원이 일본이기는 하지만 현지에 기업을 개설함으로써 수많은 중국인 노동자의 고용을 창출할 뿐만 아니라, 현지인들이 필요로 하는 제품을 공급한다는 의미에서 요양지방을 대표하는 현지기업임을 강조한 것이다.

(4) 김지환은 「중국 동북지역 중일자본 기업의 경영 비교」에서 중국 동북지역에서 최초로 설립된 중국자본 방직기업인 봉천방사창과 최초의 일본자본 방직기업인 만주방적주식회사의 경영을 상호 비교함으로써 동북지역으로서 장소성이 가지는 공통성과 자본의 차이로부터 발생하는 상이점을 적시하였다.

봉천방사창은 국가권력, 특히 봉천성정부의 주도로 설립된 동북 최초의 근대적 기계제 방직기업으로서 설립의 취지에서 이미 강한 국책적 성격을 내포하고 있었다. 장작림의 주도로 설립된 봉천방사창에는 재정청의 적극적인 후원 등에 의해 관방자본이 대량으로 투자되었다. 더욱이 민간자본의 참여 과정에서도 성정부의 영향력이 강한 은행 등 금융권의 투자가 많았으며, 각 현에 자본의 투자를 할당하는 등 국가권력의 적극적 주도와 개입이 뚜렷하였다. 이러한 사실은 상해 등 방직기업이 대부분, 상판 즉 순수한 민영기업이었음에 비해 봉천방사창은 일용필수품인 면제품을 스스로 생산하여 이권의 유출을 방지한다는 이권회수의 국책적 목적에서 설립되었음을 보여주는 것이다.

마찬가지로 만주방적주식회사 역시 관세 개정 등으로 인한 장벽을 넘어 동북시장을 유지하기 위한 국책적 목적에서 일본정부의 적극적인 주도 하에서 설립된 일본자본 방직기업이었다. 이러한 이유에서 일본정부는 만주방적주식회사를 동북지역에서 일본기업이 본격적으로 발전하기 위한 시금석으로 간주하여 적극적인 지지와 후원을 아끼지 않았다. 그 결과 일본정부는 남만주철도주식회사를 통해 일본의 국가자본을 대량으로 투자하였을 뿐만 아니라 이사회의 구성에 참여하여 경영에 적극 관여하였던 것이다.

이와 같은 자본구조는 경영 과정에서도 그대로 반영되었다. 일차대전 종결 이후 일화배척운동이 동북지역에도 파급되어 특히 만주방적주식회사에서는 노동운동이 끊임없이 발생하였다. 이러한 원인에는 만주방적주식회사가 소재한 요양지역의 노임이 평균적으로 봉천방사창이 소재한 봉천에 비해 저렴하였던 데에서도 찾을 수 있다. 상대적으로 봉천방사창은 노동운동으로부터 비교적 자유로울 수 있었다. 더욱이 만주방적주식회사는 현지에서 노동자 모집의 네트워크를 구비하지 못하여 현지 유력인들의 협조를 구할 수밖에 없었으며, 일본 국내에 비해 상대적으로 낮은 노동생산성으로 인해 적지않은 어려움을 겪을 수밖에 없었다.

원료면화의 구입과정에서도 봉천방사창과 만주방적주식회사는 뚜렷한 차이를 나타내었다. 만주방적주식회사는 일본면화주식회사, 강상면화주식회사 등 일본자본의 거대 유통기업에 면화의 구매를 위탁하였는데, 이들은 동북지역 현지에서 면화의 수매를 위한 네트워크를 구비하고 있지 못하여 저렴한 원면의 확보에 어려움이 많았다. 이러한 결과 만주방적주식회사는 인도면화나 기타 중국 관내지역에서 생산된 면화에 의존할 수밖에 없었다. 이에 비해 봉천방사창은 자본의 구성 자체가 현지 상인자본에 크게 의존하였던 바 기업의 경영 역시 현지상인의 이해와 불가분의 관계를 가질 수밖에 없었다. 따라서 대다수의 현지 상인들은 현지산 면화를 저렴하게 봉천방사창에 조달하였으며, 이러한 결과 봉천방사창은 만주방적주식회사에 비해 저렴한 면화를 확보함으로써 경영상 유리한 입장에 있었다.

봉천방사창과 만주방적주식회사는 각각 고유한 시장을 확보하고 있었는데, 양사의 판매시장은 무엇보다도 철도를 중심으로 한 상품의 유통망과 불가분의 관계를 가지고 있었다. 봉천방사창은 경봉철도, 사조철도, 심해철도 등 중국자본으로 부설된 철도를 통해 상품을 유통시켰으며, 만주방적주식회사는 남만주철도를 통해 철도역을 중심으로 시장을 형성하였다.

그러나 1920년대 후반으로 갈수록 봉천방사창은 봉천성정부의 적극적인 제도적 지원에 힘입어 양호한 수익을 거두었음에 비해 만주방적주식회사는 현지의 비협조 등으로 인해 경영상 어려움이 적지 않았다. 봉천방사창이 1920년대 안정적인 수익을 거둘 수 있었던 바탕에는 국가권력, 즉 성정부의 적극적인 정책적 지지가 있었다. 다시 말해, 정부와 관민의 일체적 지원 속에 봉천방사창은 안정적인 수익을 거둘 수 있었던 것이다. 그러나 국가권력의 지지를 바탕으로 한 봉천방사창의 경영방식은 국제적 정세의 변화에 따라 1920년대 말부터 크게 동요하기 시작하였으며, 결국 만주국의 수립 이후 환경의 변화 속에서 오히려 불리한 요인으로 작용할 개연성이 다분하였다.

(5) 김지환, 김송죽, 석주희는 「중국 동북지역의 역사경험과 일본기업의 투자전략」에서 역사적 경험이라는 요소가 현실적 기업의 경영과 투자에서 매우 중요한 요인으로 고려되고 있음을 동북지역의 사례를 통해 입증하고 있다.

일반적으로 특정지역에 대한 기업의 설립과 투자는 당연히 이를 위한 기업환경의 고려 위에서 이루어지며, 이러한 조건에는 임금이나 원료, 시장, 유통망, 교통 등의 제 요인과 관세, 해당지역의 경제정책 등 다양한 경제적 조건이 고려되기 마련이다. 그런데 본 논문은 동북3성의 경우 일본과 관련된 부정적인 역사적 경험이 일본기업의 투자 및 진출에 대한 해당 지역 및 지역주민의 인식과 반응을 결정할 수 있는 가능성이 있기 때문에 매우 중요한 고려요인으로서 위치시키고 있다.

따라서 본 연구는 현실적 외자기업의 투자와 관련된 사회과학 분야의 연구성과이기도 하면서 이러한 과정에서 역사적 경험과 인식이라는 인문학적 분야의 요인들을 주요한 주제로 다루고 있음으로서, 인문학과 사회과학의 통섭적이고 학제간 협동연구의 귀중한 연구성과라 할 수 있다.

동북3성에 대한 일본기업의 진출은 꾸준히 확대되어 왔다. 1990년대에는 대련에 투자를 집중하고 기타 지역에는 소극적인 접근을 하는 등 차별적 전략을 내세웠으나, 2000년대 이후 동북3성에 대한 전반적인 투자 확대로 나타났다. 중일수교 40주년 기념일인 2012년 9월 29일에 실시된 설문조사에 따르면 중일관계의 최대 걸림돌로서 역사적 원한(47.4%)을 들었다. 또한 같은해 만주사변 81주년을 맞아 일본대사관 앞에서 수천 명의 중국인들이 시위를 전개하였다. 또한 중일 사이에는 조어도의 영유권 문제를 둘러싸고 외교적 갈등이 첨예화된 상황에서 일본의 동북침략에 항의하는 반일시위는 역사적 경험이 해묵은 과거의 문제가 아니라 현실문제와 관련하여 언제든지 돌출하여 나올 수 있는 중요한 현안임을 각인시켜 주었다.

이러한 이유에서 일본기업은 중국 동북지역에 자본을 투자하고 기업을 건설하는 과정에서 중앙정부를 매개로 하는 방식을 적극 배제하였다. 다시 말해 일본기업은 국지경제권을 통해 중앙정부의 직접적 지원보다는 지방정부 및 경제관련 단체, 협회 등을 적극 활용함으로써 해묵은 역사적 갈등을 불식시키고, 나아가 불필요한 국가 간 마찰을 회피하는 전략을 적극 구사하였다. 지방정부는 기업이나 민간단체에 비해 안정적인 재정력과 기획력을 보유할 뿐만 아니라 공공기관으로서의 공신력을 바탕으로 한 교류와 협력을 전개할 수 있었다. 특히 지방정부는 중앙정부와 비교하여 국제정세 및 영토, 역사분쟁 시 정책 결정 및 집행과정이 강하게 제약을 받는 중앙정부에 비해, 이러한 이슈로부터 벗어나 지속적이고 안정적인 교류를 전개할 수 있었다.

마찬가지로 이러한 전략은 〈중일동북개발협회〉나 〈중일경제협력회의〉의 사례에서도 잘 살펴볼 수 있다. 이들 단체는 일본과 중국 동북지역 간의 경제, 기술 교류를 촉진하기 위한 목적에서 발족되었다. 2000년대 들어 중국 동북3성의 주요 관계자와 일본기업인 간의 대면교류를 추진하기 위해 〈중일경제협력회의〉를 개최하였다. 이 단체는 지방정부와 민간차원의 경제협력을 위한 협의체로서 매년 1회 동북3성의 주요 도시인 심양시, 대련시, 장춘시, 하얼빈시와 일본의 센다이시, 니가타시, 삿포로시, 가와사키시의 지방정부 대표가 각각 참석하여 협력방안을 논의하고 있다. 실제로 동북3성에 대한 일본의 투자 비중은 꾸준히 증가하여 2008년에는 대중국 투자의 약 28%를 차지하였다.

중국 동북지역은 경제적인 가치를 인정받으며 동북아시아의 핵심으로 부상하고 있다. 그러나 다른 한편 이 지역은 역사적으로 일본과 밀접한 관계를 맺어왔으며, 따라서 양자 사이에는 갈등과 협력이 공존하는 곳이기도 하다. 일본기업의 경우 만주국 식민 지배라는 역사적 경험이 자본의 투자 및 기업의 설립 과정에서 매우 민감하고 복잡한 고려 요인으로서 개재하고 있는 것이다. 이러한 이유에서 동북지역에 대한 일본기업의 투자와 기업의 설립, 경영은 자연히 이와 같은 제반 문제의 고려 속에서 입안되고 시행되지 않으면 안되었던 것이다. 이에 일본기업은 최대한 역사적 이슈와 중일관계 등과 같은 외적 변수의 개입을 억제하면서 자체적으로 전략적인 접근을 모색해 왔던 것이다. 이러한 결과 일본기업의 동북 진출은 지방정부나 경제관련기구 혹은 이들과의 연계 속에서 민간기업의 독자적 진출이라는 형태로 나타나게 되었다.

2) 중국 동북지역의 화폐와 금융

(6) 동신董昕은 「요녕사행호발행준비고 연구」에서 근대 동북지역 연합발행준비제의 대표적인 금융기관인 요녕성의 요녕사행호발행준비고를 통해 이 지역의 금융과 화폐의 특징에 대해 상세히 설명하고 있다. 준비금의 성질은 발행준비금과 예금준비금의 특징을 모두 포함하는 것으로서, 중앙은행의 직능이 결여된 중국의 사회, 경제적 환경 속에서 전자의 기능은 '발행은행'으로서의 역할을 수행하는 것이고, 후자의 기능은 '은행의 은행'으로서의 역할을 수행하는 것이다. 요녕사행호발행준비고는 봉천(심양)에서 네 개 은행의 연합으로 조성된 연합발행기구였으며, 조직의 형식은 연합발행준비제로서 북사행연합발행준비고와 매우 유사하였다. 즉 금융질서를 정돈하기 위한 목적에서 이미 북사행연합발행준비고가 성취한 성공적인 선례를 본보기로 삼았던 것이다.

요녕사행호발행준비고는 동삼성관은호, 변업은행, 중국은행 심양분행, 교통은행 심양분행의 네 금융기관이 연합하여 설립된 것으로서 동북근대금융사에서 매우 중요한 위치를 차지하였다. 이 기관이 설립되기 직전은 봉표의 가격이 지속적으로 하락하던 시기였다. 봉표는 동삼성에서 유통되던 일종의 지역성 화폐로서, 불환지폐에 속하였다. 봉표의 가치 하락으로 상징되는 혼란스러운 금융환경을 일신하기 위해 장학량은 각 은행으로 하여금 연합을 통해 준비고를 설립하도록 하고 기금을 마련하여 태환지폐를 발행하도록 방침을 세웠다. 실제로 가입한 은행이 네 곳이었기 때문에 요녕성성사행호발행준비고라고 칭하였다. 준비고의 장부는 독립되었지만 고정자산이 존재한 것은 아니었기 때문에 경비 지출과 영업 손익은 각 은행이 수취한 고권의 할당량에 비례하여 나누었다.

요녕사행호발행준비고는 설립 이후 현대양 태환권의 발행과 준비금의 보관, 그리고 태환업무를 전담하여 처리하였다. 가입 은행이 준비고권을 수령할 때에는 반드시 준비고에 준비금을 지불해야 했으면, 이후 비로소 준비고라는 글자가 새겨진 도장을 찍은 태환권을 수령하여 사용할 수 있었다. 준비고권을 수령한 은행이 고권을 사용할 때에는 표면에 자신만의 독특한 기호를 인쇄하였다. 준비고에 가입한 네 금융기관이 지불한 준비금은 준비고에 보관되어 공동으로 감독하였다.

그러나 요녕사행호발행준비고의 업무가 순조롭게 이루어진 것은 아니었다. 성립 이후 준비고권의 발행액은 줄곧 상승 추세에 있었고, 당해년도 말까지 비교적 안정적인 상황이었다. 더욱이 1930년 장학량이 중화민국 육해군 부총사령으로 취임하고 나서 신고권 및 동삼성관은호, 그리고 변업은행이 발행한 현대양 태환권이 관내로 유입되어 유통되기 시작하였다. 그러나 이러한 긍정적 상황은 단기간에 한정되었으며, 이후 발행량이 하락하는 추세로 접어들었다.

준비고는 장학량이 동북을 주관하던 시기에 관할구역 내 금융질서를 정돈하기 위한 목적에서 설립된 것이다. 연합발행준비고의 체제는 일찍이 북양정부 시기에 창립된 공고제와 유사하였으며, 여러 곳에서 화폐를 발행하는 폐해에 비추어 단일제를 시행함으로써 혼란을 바로잡으려 시도한 것이다. 중국에서 중앙은행의 설립이 결코 쉬운 일이 아니었기 때문에 각 지역의 은행공회가 공고公庫를 함께 조직하여 공고태환권을 발행함으로써 이를 통해 점차 화폐 발행을 통일하기 위한 기초를 모색한 것이라 할 수 있다.

단기간에 한정된 발전에도 불구하고 요녕사행호발행준비고는 이후 급속히 위축되어 성립 초기의 구상을 계획대로 실현할 수 없었다. 이러한 원인은 요녕사행호발행준비고의 초기 설립 목적 가운데 하나가 바로 남경국민정부의 세력을 억제하기 위해 서둘러 조직된 것으로서, 설립을 위한 준비가 부족했기 때문이었다. 또한 요녕사행호발행준비고의 주체 가운데 하나인 동삼성관은호는 종래 가장 많이 봉표를 발행하였으며, 이는 회태권에 속하여 현금과 태환할 수 없었다. 이밖에도 봉표는 요녕성 유일의 지폐로서 유구한 역사를 보유하였으며, 이미 매우 보편적으로 유통되고 있었다. 이러한 의미에서 성정부는 봉표의 유통을 지지하였으며, 현양지폐를 발행한다 하더라도 봉표에 주는 영향은 거의 없었다.

(7) 따이젠빙戴建兵은 「청대 동전東錢 연구」에서 청대의 독특한 화폐제도인 동전의 발행과 유통상황 그리고 중국 동북지역에서 이와 같은 화폐제도가 출현한 원인 등을 검토하였다. 청대 동전은 160문을 1천, 혹은 1조라고 하여 1,000문에 해당되는 것으로서 간주하였으며, 주로 중국 동북지역과 북경 동쪽의 영평부를 중심으로 유통되었다.

동전이라는 독특한 화폐제도가 형성된 것은 동북지역에서 주조된 화폐의 수량이 적었다는 이유와 깊은 관련성을 가지고 있었다. 동전은 특수한 단맥현상의 일종으로서, 정치 및 기타 요인이 함께 작용한 결과라 할 수 있다. 단맥은 대부분 유통 영역에서 화폐가 부족하여 발생하며, 민간에서 먼저 유행된 이후 정부가 다시 확정하는 화폐제도이다. 단맥은 유통영역의 통화 부족으로 인해 실질화폐의 바탕 위에서 하나의 새로운 가상 화폐제도를 창조한 것이라 할 수 있다. 하지만 동전이 160문을 1,000문으로 계산한 것은 동북의 화폐 부족이라는 원인 이외에 필연적으로 만주족의 명나라 정복과 불가분의 관계를 가지고 있었다.

중국역사에서 화폐 주조량이 경제상의 수요에 미치지 못하였기 때문에 일찍부터 단맥현상이 출현하였으며, 이러한 화폐제도는 명나라 시대에도 기능을 발휘하였다. 화폐학의 측면에서 볼 때, 동전의 형성은 사소전의 유통과 일정한 관계를 가지고 있다. 순치와 강희 전기는 청대 화폐제도의 형성기에 해당되며, 건륭 연간 화폐제도가 기본적으로 확립되기까지 청조 역시 사소전의 유통문제를 해결하지 못하였다. 청대 많은 지역의 주조소에서 사적으로 소전을 주조하였으며, 이를 국사局私라 지칭하였다. 실제 시장에서 유통된 강희소전의 경우 각 성에서 일반적으로 모두 주전하고 있었으며, 건륭전의 경우에는 강희전에 비해 중량이 많이 줄어든 상태였지만 각 성에서는 여전히 무게를 줄인 화폐들이 대량으로 유통되고 있었다.

동북지역은 청대 지폐가 가장 발달한 지역이었는데, 이는 동북에 실질화폐가 부족했다는 사실을 그대로 반증하고 있다. 청은 입관 초기에 지폐를 발행한 적이 있지만 군사행위가 종결됨에 따라 지폐의 발행을 중지하였다. 그러나 동북지역은 오히려 이러한 제한령을 벗어날 수 있었다. 중국에서 지폐가 발달했던 근본적인 원인은 경제의 발전 때문이 아니라 화폐경제 발전 이후 화폐 공급이 부족하게 되면서 촉발된 것이다. 따라서 화폐 주조의 부족으로 인해 통화의 수요를 만족시키지 못할 때 전표와 같은 화폐 대용권이 나타나게 되는 것이다. 흑룡강성에서는 일찍이 청대 건륭 연간부터 전표가 발행되었으며, 심양에서는 가경 연간 현지의 협력호 전포에서 발행된 전첩이 위조되는 일이 있었다. 길림에서는 함풍 연간 길림통제관전국이 설립되어 지폐의 발행을 개시하였다. 동북에서 동전이 유통되었던 지역에서 발행된 지폐는 동전의 명의로 발행된 것이다.

동북지역은 청 말 시기까지 여전히 화폐가 부족한 지역으로서 이러한 원인은 첫째, 현지에서 화폐를 주조하지 않았으며, 둘째 조선에서 불시에 화폐를 구입하러 왔기 때문이다. 길림성이 만청 시기 새로운 화폐 종류인 은원과 동원을 중국에서 가장 먼저 주조한 것 역시 동북지역의 화폐 부족을 말해주는 것이다. 동전 전법은 제전의 소멸과 밀접한 관계를 가진다. 1920년대 이후 제전이 날로 감소된 반면 새로운 화폐, 특히 은행권이 대량으로 발행되어 최종적으로 동전제도는 쇠망에 이르게 되었다.

(8) 마링허馬陵合은 「청 말 민국 초기 동북지방 외채에 관한 연구」에서 청 말 민국 초기에 동북지역으로 차입된 외채에 관하여 그 실태와 성격에 대해 상세히 설명하였다. 지방외채는 각 지방정부 명의로 차입한 외채를 가리키는 것이며, 지방이란 중앙과 비교하여 그 범위가 주로 성정부를 대상으로 한다. 근대 시기 지방외채는 근대 재정체제의 과도적 성격과 관계가 있으며 외교체제와 권력구조의 산물이기도 하였다.

특히 동북지역에서는 이 지역을 둘러싸고 전개된 복잡한 외교관계의 영향으로 청조 말기 지방정부와 중앙정부 사이에 외채문제를 둘러싼 갈등과 충돌이 매우 첨예하게 돌출되었다. 상대적으로 민국 초기에 동북지역은 정치적으로 독립적이었으며, 외채를 차입하는 횟수도 점차 증가하면서 지방외채가 많은 지역으로 부상하였다. 청 말 동북지역의 외채는 외교문제와 불가분의 관계를 가졌다. 동북지역의 영도자들은 외국으로부터 차관을 도입하여 금융업과 실업의 발전을 도모하였으며, 이를 통해 이 지역에 대한 일본과 러시아의 세력을 약화시키기 위한 방안을 적극 모색하였다. 그러나 청조는 동삼성의 외채 차입 계획에 대해 매우 신중한 태도를 견지하였다. 중앙정부의 입장에서 볼 때, 동삼성은 일본과 러시아의 세력범위에 해당되는 지역으로서, 외채의 차입은 외교적 분쟁을 조성할 가능성이 컸다. 이러한 이유에서 청조의 탁지부는 차관의 도입에 대해 부정적인 입장을 견지하였다.

동삼성 총독으로 부임한 석량은 서양으로부터 거액의 외채를 도입하여 외교적으로 세력균형을 견지하고자 하였다. 구체적으로 영국과 미국의 자본을 도입하여 금애철도를 부설함으로써 이 지역을 주요한 세력범위로 설정하고 있던 일본과 러시아의 영향력을 완화시킬 수 있다고 간주하였다. 이러한 이유에서 금애철도와 관련된 교섭을 적극 진행한 것이다. 그러나 차관의 교섭이 시작되자 중앙정부의 탁지부가 반대를 제기하였다. 탁지부는 모든 외채는 일률적으로 탁지부의 주도로 차입되어야 하며, 차입된 외채 역시 탁지부에 의해 동북지방에 교부되어야 한다고 주장하였다. 결국 금애철도의 차관 교섭이 유산되자 동북지방의 외채에 대한 주도권이 점차 중앙정부로 이전되고 말았다.

신해혁명 이후 중앙과 지방의 관계는 더욱 복잡하게 전개되었다. 중앙과 지방의 권력분쟁 중에 외채의 차입은 중앙과 지방 사이에 핵심적인 문제로 부상하였다. 중앙정부는 지방의 차관 도입을 통제하기 위한 방안을 재정정책의 과제로 위치시켰으며, 탁지부를 대신하여 성립된 재정부는 스스로 외국으로부터 차입한 채무의 당사자로 위치시켰다. 원세개정부는 더욱이 외채를 도입하는 유일한 주체는 재정부라고 강조하였다. 각 성이 차관을 도입하기 위해서는 반드시 먼저 재정부에 비준을 상신해야 비로소 그 가부에 대해 논의할 수 있게 되었다.

장작림이 봉천성 성장으로 부임한 이후 직면한 문제는 재정의 곤란이었다. 따라서 어쩔 수 없이 상해의 외국은행단으로부터 차관을 도입할 수밖에 없었으며, 일본에게 도움을 요청하였다. 동북지방 차관은 다음의 몇 가지 특징을 가진다. 첫째, 초기 차관은 주로 군정비용을 해결하기 위해 도입된 것이다. 둘째, 새로운 차관을 도입하여 이전 차관을 상환하는 특징이 두드러졌다.

일본은 중국에 대한 차관의 공여를 통해 중국 동북지역에 대한 이권을 획득하고 이 지역에 대한 세력범위를 확립하고자 기도하였다. 봉천성이 조기에 도입한 외채는 지방의 금융 혼란과 불가분의 관계를 가지고 있었으며, 특히 동삼성관은호가 차관을 도입하여 어려움을 해결한 경우가 많았다. 그러나 차관의 도입이 근본적인 해결 방법은 되지 못하였으며 오히려 재정을 더욱 악화시켰다. 일본은 지방외채를 통해 동북지방의 토지와 광산, 광물에 대한 통제를 강화하였다.

1917년 왕영강이 봉천성 재정청장으로 임명된 이후 대대적인 금융의 정비 작업에 착수하였다. 이를 위해 무엇보다도 먼저 부세의 정비에 착수하였다. 이를 통해 세원을 확보하고 재정의 충실을 기한 것이다. 이와 함께 금융의 정비를 통해 사첩의 단속과 봉표의 정리, 동삼성관은호의 개조 등 금융개혁을 위한 다양한 정책을 시행하였다. 더욱이 경비의 긴축과 지출을 절약함으로써 재정의 충실을 기하였으며, 실업을 발전시켜 재정 수입을 증가시켰다. 봉천성의 재정 상황이 일신되면서 총체적인 경제역량도 한층 개선되었다. 그러나 제2차 봉직전쟁 이후 장작림이 관내로 진출하면서 다시 재정 지출이 크게 증가하자 왕영강은 군비 지출의 삭감과 실업의 발전, 교육의 진흥을 제안하였다.

(9) 김송죽은 「중국 동북지역 도시상업은행의 시장자유화로의 이행」에서 동북3성의 사례연구를 통해 지방성 도시상업은행이 시장자유화로 이행되고 있음을 살펴보았다. 즉 도시상업은행은 제도적, 지역발전적, 경영적 요인으로 인하여 중앙-지방정부 역할의 감소, 비국유 중소기업의 증가와 발전, 규제완화, 시장개방, 민영화가 진행되면서 중앙집권적 계획 금융체제에서 자본중심의 시장 금융체제로 전환하고 있음을 규명하였다.

이 글의 주요한 목적은 첫째, 중국 금융기업의 개혁개방 정도와 규제 완화, 민영화, 시장자유화를 알아보기 위한 시도이며, 둘째, 기존에 다루어지지 않은 도시상업은행에 대한 전반적인 소개와 일차자료를 제공함으로써 향후 이 주제에 관한 학문적 토대를 마련하는 것이다. 이러한 연구 목적을 달성하기 위해 최근 비약적으로 발전하고 있는 동북3성의 도시상업은행을 사례로 분석하였다.

〈2013년 세계은행순위 1000〉과 〈2013년 중국상업은행순위 50〉에서 동북3성의 도시상업은행 가운데 각각 10개와 4개가 이 가운데 선정되었다. 소속 도시의 지역경제와 고객을 위해서만 경영이 가능했던 지방의 도시상업은행이 중국 국내는 물론 전 세계은행들과 경쟁할 수 있을 만큼 비약적인 성장을 한 것이다. 그러나 선행연구에서는 본 현상에 대한 담론 형성이 전무하기 때문에 이러한 문제의식 하에서 본 연구에 착수하게 된 것이다.

동북3성의 17개 도시상업은행을 분석한 결과 제도적 · 지역발전적 · 경영적 측면에서 다음과 같은 특징을 도출할 수 있었다. 제도적 측면에서 보면, 동북3성 도시상업은행은 점진적인 민영화와 자율적 권한이 확대되고 있다. 지역발전적 측면에서 보면, 도시상업은행은 도시화, 산업화, 교통 인프라의 구축이 잘 갖추어진 지역일수록 발전이 용이하다는 일반적인 법칙이 동북3성의 사례에서도 증명된다. 경영적 측면에서 보면, 동북3성 도시상업은행은 자산 및 경영관리의 내실화와 금융서비스의 차별화 전략을 통해 자가발전과 경쟁력을 제고시키고 있다.

결론적으로 동북3성의 도시상업은행이 보여주는 중앙-지방정부 역할의 감소, 비국유 중소기업의 증가와 발전, 규제 완화, 시장 개방, 도시화, 민영화 추세는 중국 금융시스템이 지닌 자유시장 경제체제의 특징을 시사한다.

4. 동북지역 연구의 의의

오늘날의 중국은 오래전 중원을 중심으로 한정된 지역범주로부터 장구한 역사시기를 거치면서 권역과 권역이 점차 현재의 범주로 확대되어 형성된 역사성을 지니고 있다. 따라서 권역별에 대한 이해 없이는 중국적 보편성을 도출해 내기 어려울 것이다. 다시 말해 중국적 특성은 당연히 권역별 특수성과 그 위에서 형성된 중국적 보편성의 상호관계를 통해서 비로소 이해될 수 있는 개념인 것이다.

중국 동북지역은 전통적으로 '만주'라 불리던 지역으로서, 국가권력(왕조)의 세력이 미치고 있다 하더라도 그 관철의 정도가 매우 한정된 지역이었다. 청대에 들어서도 이 지역은 여전히 봉금지대로서 관내로부터의 이주가 차단된 고립된 영역이기도 하였다. 그러나 20세기를 전후하여 이 지역에서는 거대한 사회경제적 변혁이 출현하였다. 이러한 변혁을 가져온 주체는 바로 철도와 이민이라는 두 가지 키워드로 요약할 수 있다. 철도의 부설을 통해 관내로부터 새로운 농토를 개척하기 위해 이주민들이 몰려들었으며, 조선과 일본으로부터도 대대적인 이민이 추진되었다.

산동성, 하북성 등 각지로부터 대량으로 이주해 온 이주민들은 자신들의 원거주지에서 익숙했던 사회경제적 관행을 그대로 들여왔을 것이며, 이민사회인 동북지역의 특성 상 이 지역의 사회경제적 질서는 당연히 수많은 원적지의 특성이 충돌하고 융합하며, 상호 조응하여 마침내 다수가 동의하는 새로운 질서를 만들어 내게 된 것이다. 특히 동북지역의 사회경제적 변혁이 20세기를 전후한 시기에 이루어졌음에 비추어 이들의 삶의 방식은 근대의 상징인 철도와 그 연선지역에 형성된 대도시의 근대적 질서에 의해 규정될 수밖에 없었을 것이다. 따라서 각각의 고유한 관행은 이민사회인 동북지역에서 전개된 근대적 사회경제적 시스템 속에서 새로운 표준과 요소들을 적극 흡수하면서 변용되지 않을 수 없었으며, 이러한 변용의 과정에서 동북지역의 사회경제적 환경은 여기에 불가피하게 영향을 미치게 되었다.

중국적 관행이란 지역별 다양성을 포용하며, 따라서 이러한 다양성이 충돌하고 상호 조응하는 동북지역이야말로 관행의 근대적 변용의 모습을 포착할 수 있는 매우 적절한 권역이 되는 것이다. 이러한 과정을 통해 우리는 지역적 다양성이 어떻게 중국적 보편성으로 자리매김해 나가는지 규명할 수 있으며, 이를 통해 비로소 21세기 글로벌 환경하의 중국적 표준에 대한 전망도 가능할 것이다.

중국 동북지역은 우리에게 정치, 경제, 문화, 역사적으로 매우 중요한 지역이다. 현실적으로도 이 지역은 창지투 개발과 동북노공업기지 진흥 등 대형 국책사업이 진행되어 급속히 발전하고 있다. 북한과도 국경을 접하고 있으며, 수많은 조선족이 거주하고 있는 지역으로서 동북공정의 대상지역이기도 하다. 더욱이 21세기 한반도 통일과 이를 위한 기반인 유라시아횡단철도의 개설, 남북한 종단철도와 동아시아 평화구역의 설정 등과 관련해서도 해당지역의 연구는 매우 중요한 현실적 의의와 시의성을 지닌다고 하겠다.

본서는 이와 같은 공통의 인식 위에서 개별 연구자 각자의 전공 영역에 근거하여 진행된 소중한 공동의 연구성과라 할 수 있다. 각각의 연구는 가능한한 일차사료를 충실히 확보하려 노력하였으며, 이를 바탕으로 논지를 전개한다는 당초의 방침을 따르려 노력하였다. 현실적으로 동북지역에 대한 연구가 매우 한정적인 상황에서 본 연구성과는 나름대로 일정한 연구사적 의미가 있다고 생각된다. 그러나 미처 본서에서 다루지 못했거나 간과한 문제도 있을 것이다. 따라서 이러한 점은 후속의 연구를 통해 보완함으로써 동북지역에 대한 이해를 한층 높이는데 기여하고자 한다. 또한 이러한 지역적, 권역적 연구를 통해 중국의 전체상에 보다 접근할 수 있도록 정진할 것을 다짐해 본다.

1

중국 동북지역 기업의 역사와 관행

장작림정권과 봉천방사창

_ 우에다 다카코上田貴子

중국 동북지역에서 중화민국 시기는 봉천을 중심으로 한 장작림張作霖, 장학량張學良 정권이 이 지역 전체를 지배하며, 지역주의적인 성향을 온존한 채 중국 관내와의 정치적 통합을 지향했던 시기라 할 수 있다. 장작림은 자신의 정권에 의한 중국의 통합을 목표로 하였지만, 1928년에 북벌군에게 패배하고 북경으로부터 철수하던 길에 폭살爆殺되었다. 장작림의 뒤를 이어 지역의 패권자로 등장한 장학량은 국민정부 하에서의 일정한 정치적 통합을 중시하였다.[1)]

이와 같은 정권 지도부의 변화에도 불구하고 지역사회가 동일한 보조를 취했다고 볼 수는 없다. 예를 들면 장학량정권이 국민정부에 대해 합류를 표시한 1928년 12월의 역치易幟 이래 남경 중앙정부는 동북경제계를 통합하기 위해 상회商會의 개조를 시도하였다. 그러나 개조는 지지부진하여 좀처럼 진척되지 못하였다.[2)] 경제계가 상회의 개조에 적극

1) 西村成雄,『張學良—日中の覇權と「滿洲」』, 岩波書店, 1996, 275쪽.
2) 上田貴子,『近代中國東北地域に於ける華人商工業資本の研究』, 大阪外國語大學

협조하지 않았던 이유는 동북경제의 상황이 중국 관내의 경제로부터 높은 독자성을 유지하고 있었기 때문이다. 중국 전역에서 수입 초과였던 20세기 초에 동북지역은 대두大豆의 수출을 통한 수출 초과의 상태에 있었다.[3] 대두 수출을 통해 축적된 동북지역의 독자적인 재력을 바탕으로 장작림정권은 근대적인 공업의 육성과 경제체제의 전환을 시도하였다.

이 지역에서 소비되는 공업제품은 대부분 일본 또는 상해로부터 수이입된 제품이었지만, 1920년대 후반이 되면 지역 내의 생산을 통해 수입을 대체할 수 있게 되었다. 이와 같은 변화로 말미암아 동북경제는 수이입의 대상지로부터 상대적인 자립을 달성할 수 있었다. 그것은 일본으로부터의 자립뿐만 아니라, 상해 등 중국 관내로부터의 자립이라는 양면성을 내포하고 있었다. 이러한 관점에서 본고에서는 장작림, 장학량정권에 의해 설립된 봉천방사창奉天紡紗廠을 사례로 장작림정권의 동북경제 근대화를 검토하고자 한다.

1. 중국 동북지역의 면사포시장과 봉천방사창의 창업

1) 봉천방사창 설립 이전의 동북 면사포시장

남만주철도주식회사의 조사에 따르면, 1919년부터 1925년까지 동북지역의 수입 총액 가운데 면사와 면포가 차지하는 비율은 약 30%에 달

言語社會學會, 2003, 124-129쪽.

3) 西村成雄, 『中國近代東北地域史硏究』, 法律文化社, 1984, 142-143쪽.

하였다. 더욱이 수입 면사포 중에서 일본제품이 차지하는 비중은 매우 컸다. 1921년 이래 10년간 면사에서는 95% 이상(1922년의 78%를 제외)을 일본제품이 점유하였으며, 면포에서도 1925년 이래 90% 이상을 차지하고 있었다.4)

일본방직공업은 러일전쟁 이후 새로운 시장으로서 중국 동북지역에 주목하게 되었으며, 1906년에는 삼정물산三井物産이 제창자가 되어 일본면포만주수출조합日本綿布滿洲輸出組合을 결성했다. 이후 중국 농촌지역에서 수요가 많은 태번수太番手의 면사, 또는 대척포大尺布 면포 등의 제품을 공급하면서 일본제 면사포가 다른 외국제품을 구축하며 시장을 확대해 나갔다. 일차대전 이후 유럽으로부터의 제품 수입이 가로막히게 되자 일본의 방적업자와 직포업자는 세번수細番手 면사 및 고급면포細地綿布의 수출을 개시하여 일정한 지반을 구축하였다. 이밖에 가공면제품도 일차대전 이후 유럽으로부터 수입되는 제품이 급감하면서 장족의 발전을 성취하였다. 동시에 이들 제품은 1913년 6월 2일부터 실시된 '만선국경통과세滿鮮國境通過稅' 3분의 1 감세 조치와 1914년 7월부터 실시된 '내지발남만선행면사포운임內地發南滿線行綿糸布運賃' 할인의 우대조치로 말미암아 수송비가 크게 경감되면서 경쟁력이 제고되었다.5)

1923년에 봉천방사창이 창립되기 이전에 동북지역의 방직공업은 다음과 같은 상태 하에 놓여 있었다. 동북에서 면화의 재배가 이루어지고 있었던 지역은 봉천 이남과 요서遼西지역으로 한정되었으며, 면사포가 민간의 일용필수품이기는 하였지만 동북지역 내에서 면사의 생산으로부터 면포의 생산까지 일괄적으로 완결되기에는 한계가 있었다. 따라

4) 滿洲鐵道株式會社總務部調査課編, 『滿洲の纖維工業』, 1931, 14-15쪽.

5) 奉天商業會議所, 「滿洲に於ける綿糸布發展の過去」, 『奉天商業會議所月報』163號, 1926, 13쪽.

서 개항 이전에는 그 부족분을 주로 산동이나 직예直隸로부터의 수입에 의존하고 있었다. 그래도 요하의 수운이 주요한 물자의 수송방법이었던 시기에 봉천은 면화의 생산지로부터 수운으로 이어져 동북지역에서 방직공업이 발전한 중심지역이었다. 영구營口의 개항 이후 외국의 기계직機械織 면포의 수입이 시작되었지만, 그렇다고 재래 직포업이 큰 타격을 받았던 것은 아니다. 1890년에는 20여 호가 수직기手織機를 가지고 현지에서 생산된 면사를 사용하여 면포를 제직하고 있었다.[6] 더욱이 영구는 개항지로서 수이입 면사의 공급지로서도 지리적 이점이 있었을 뿐만 아니라, 면산지로부터 가깝다는 이점을 활용하여 중소 규모의 직포업이 상당히 발전하였다.

일차대전 이후 21개조 반대운동의 와중에서 일본제품 배척운동과 국산품 장려운동의 영향을 받아 동북지역에서는 일시적으로 직기가 크게 증설되기도 하였다. 봉천과 영구에서는 당시 100여 곳에 달하는 직포공장이 설립되었으며, 여기에서 생산된 제품이 북부의 흑룡강성黑龍江省과 극동러시아로 판로를 확장하였다. 조포粗布의 경우에는 일본제품과 경합하는 단계에까지 이르렀다. 그러나 일차대전 이후 구미의 공업이 부활하고, 1919년부터 1920년에 걸쳐 봉천표奉天票의 가치가 하락하면서 큰 손실을 입고 결국 폐쇄되고 말았다.[7] 직포업계에서는 이후에도 빈번히 새로운 공장이 생기고 그 중 많은 수가 도산하는 악순환이 반복되었다. 1927년 봉천표가 폭락하자 중소직포업織布業, 즉 '기방機房'의

6) 奉天商業會議所, 「奉天に於ける支那側紡織業調査」, 『滿蒙経濟時報』第88號, 1920, 13-14쪽.

7) 南滿洲鐵道株式會社總務部資料課, 「滿洲に於ける紡績業及棉花栽培の將來」, 『滿鐵調査月報』13卷 11號, 1933, 257-264쪽; 奉天商業會議所, 「奉天に於ける支那側織物業」, 『奉天商業會議所月報』143號, 1924, 1쪽.

도산이 줄을 이었다.[8]

면포는 동북지역 일대에 거주하던 농민들이 구입하는 주요한 일용필수품 가운데 하나였으며, 이들의 수요는 대척포와 화기포花旗布 등 비교적 저번수의 거친 면사로 생산된 면포에 집중되어 있었으므로, 높은 수준의 직포기술이 요구되지는 않았다. 이러한 의미에서 동북의 경제계는 직포업 부문에서 외국제품으로부터 시장을 되찾는 것이 가능하다고 간주하였으며, 기대도 적지 않았던 것이다. 민간의 영세한 중소직포업이 불황을 맞이하여 불안정했음에 비해, 봉천방사창은 전력을 동력으로 사용하여 제품의 생산에 착수한 근대적인 기계제 방직공장으로서, 정부의 우대조치에 힘입어 안정적인 경영활동을 지속할 수 있었다. 봉천방사창이 설립되기 이전에 이 지역에서 방적공업은 주로 면산지에서 농가가 부업적으로 생산하는 수준에 머물고 있었다.[9] 면사의 생산과 직포공정을 동시에 수행할 수 있는 봉천방사창의 설립은 대규모 공장에서 기계를 구동하여 제품을 생산하기 시작하였다는 점에서 동북지역에서 한 시대를 구획 짓는 일이기도 하였다.

2) 봉천방사창의 설립 경위

봉천방사창은 1923년 10월 1일, 200여 명의 참석자가 열석한 가운데 정식으로 개업식을 거행하였다. 봉천방사창의 설립이 처음으로 제안된 것은 개업하기 4년 전의 일이었다. 1919년 11월 18일 봉천성의회는 봉

8) 上田貴子, 『近代中國東北地域に於ける華人商工業資本の硏究』, 大阪外國語大學言語社會學會, 2003, 84-85쪽, 91쪽.

9) 南滿洲鐵道株式會社總務部資料課, 「滿洲に於ける紡績業及棉花栽培の將來」, 『滿鐵調査月報』13卷 11號, 1933, 258쪽.

천방사창 설립안을 성정부에 건의하기로 결정하고, 22일 이러한 내용을 포함한 '주설방사창일안籌設紡紗廠一案'을 성정부에 제출했다. 여기에 첨부된 '건의이유판법建議理由辦法'에서는 외국제품의 수입으로 말미암아 현은現銀의 유출이 날로 확대되어 백성의 생활이 궁핍화되고 있는 이유에서, 국산품을 생산하여 이권을 회수하려는 목적을 지향한다고 적시되어 있다. 그러나 수입 대체가 가능한 기업의 육성이 불충분하기 때문에, 수입 대체화를 달성하기 위해서는 성정부의 역량이 절대적으로 필요하다고 주창하였다. 더욱이 계획안에는 1)재원으로서 자치부가세 및 성재정의 일부를 방사창의 설립을 위해 충당할 것, 2)원료의 확보를 위해 면화의 재배를 장려할 것, 3)동력으로 소요되는 석탄을 공급하기 위해 탄광을 개발할 것, 4)성장省長 아래 실업에 대한 지식을 갖춘 관료를 관리직으로 등용할 것 등을 제안하였다.[10)]

그러나 당시 봉천성의 자금 조달이 그리 여유로운 상황은 아니었다.[11)] 성정부 측은 재정적인 어려움으로 말미암아 실업청實業廳과 재정청財政廳에 자금 조달의 실현 가능 여부를 문의하였다. 실업청과 재정청은 이 문제를 두고 논의를 진행한 결과 1920년 3월 30일 성정부에 답신을 보냈다. 당시 재정청장이었던 왕영강王永江은 답신 가운데 성의회 측이 기대하는 것처럼 자치비나 혹은 성재정에 여유가 없다고 진술하였다. 더욱이 군사비의 임시지출도 우려되며 '호로도건설계획葫蘆島建設計畫'도 추진되고 있어 재정적 여유가 없다고 주장하면서, 시국이 안정

10) 遼寧省檔案館所藏, 奉天省公署檔案, 「省議會咨請撥官款籌辦紡紗廠」 (案卷3287), 「1919年11月22日省議會咨」;遼寧省檔案館所藏, 奉天省公署檔案, 「關於創設奉天紡紗廠各件」 (案卷3294), 「議決建議籌設紡紗廠一案之理由辦法」 (1921).

11) 澁穀由裏, 『張作霖政權の研究−「奉天文治派」からみた歷史的意義を中心に』, 京都大學博士學位論文, 1997, 112−113쪽.

된 이후에 재고하는 것이 바람직하다고 제안하였다. 그러나 설립을 요청한 성의회의 멤버들은 즉시 이에 대한 반론을 성정부에 제출하였다.[12] 마침내 4월 12일 성공서省公署는 재정청에 봉천방사창 건설 추진파의 의견에 따라 계획을 실행하도록 지시를 내렸다. 이는 봉천방사창의 설립이 성정부에 의해 실질적으로 허가된 것으로 볼 수 있으며, 이후 건설의 준비를 위해 본격적으로 기계를 매입하는 등 실질적인 실행단계로 들어갔다고 할 수 있다.[13]

|도표 1| 봉천방사창 상고(商股) 일람

商股	창업시(1922)	수익 이월 이후(1928)
東三省官銀號	1000	3395
東三省銀行	1000	合併
興業銀行	1000	合併
交通銀行	1000	1128
中國銀行	1000	1128
奉天儲蓄會	500	528
奉天總商會		1097
海城縣	529	575
通遼縣	10	12
遼源縣	66	88
開原縣	833	1155
臨江縣	93	96
寬甸縣	91	100
洮南縣	21	21
西安縣	220	235
台安縣	68	75
興京縣	44	64

12) 遼寧省檔案館所藏, 奉天省公署檔案, 「省議會咨請撥官款籌辦紡紗廠」 (案卷3287), 「1920年3月30日奉天省財政廳長王永江呈」.

13) 遼寧省檔案館所藏, 奉天省公署檔案, 「省議會咨請撥官款籌辦紡紗廠」 (案卷3287), 「1920年4月12日奉天省長張作霖指令」; 遼寧省檔案館所藏, 奉天省公署檔案, 「省議會咨請撥官款籌辦紡紗廠」 (案卷3287), 「1902年6月16日奉天省財政廳長王永江呈」.

商股	창업시(1922)	수익 이월 이후(1928)
錦西縣	87	95
黑山縣	58	64
興城縣	147	154
復縣	362	388
康平縣	93	101
梨樹縣	70	107
台安縣	188	209
法庫縣	128	141
遼陽縣	1018	1292
遼中縣	323	345
輯安縣	78	84
通化縣	159	177
西豊縣	152	167
撫順縣	202	355
岫岩縣	124	170
鐵嶺縣	236	341
桓仁縣	191	239
北鎮縣	130	143
盤山縣	40	44
新民縣	77	304
彰武縣	46	60
東豊縣	415	487
綏中縣	106	116
懷德縣	359	408
瀋陽縣	687	767
海龍縣	213	291
鳳城縣	139	266
蓋平縣	384	428
鎮東縣	3	12
營口縣	693	779
安東縣	1203	457
安東總商會		646
莊河縣	301	313
義縣	23	27
輝南縣	50	54
長白縣	20	22

3) 봉천방사창의 설립 준비

봉천방사창은 중국자본으로 동북지역에서 최초로 설립된 근대적인 방직공장(사창)이었으며, 설립에 즈음하여 방적업, 직포업으로 이미 상당한 명성을 축적한 남통南通, 상해, 천진天津 등지에 소재한 사창紗廠에서 현지조사를 시행하였다. 동조원佟兆元 등 5명의 봉천방사창 간부는 1921년 4월부터 5월까지 약 40일에 걸쳐 현지조사를 실시하였으며, 이러한 과정에서 이들 공장의 건축 도면과 경영 수칙, 노무관리, 시장상황 등 경영 전반에 걸친 자료를 수집하였다. 조사 후 봉천방사창은 직예성과의 협의를 바탕으로 기술자의 연수처를 선정하였는데, 기후나 풍속 등이 동북과 가장 근사하다는 이유에서 천진이 기술자의 연수지역으로 최종 결정되었다. 직예성 측은 봉천방사창의 연수처로서 항원사창恒源紗廠, 유원사창裕元紗廠, 북양제일사창北洋第一紗廠 등 세 곳을 추천하였으며,[14] 최종적으로는 항원방사창이 견습기술자의 연수처로 선정되었다. 마침내 1922년 두 명의 기술자와 30명의 연수생이 항원방사창으로 파견되었다.[15]

연수생은 시험을 통해 선발되었는데, 중학교 졸업 정도의 학력이 요구되었으며, 공업학교 졸업생의 경우 더욱 환영받았다. 이들의 연수기간은 기본적으로는 1년이었지만, 조업操業 개시까지 약 2년에 걸쳐 연수를 시행한 경우도 있었다. 연수 기간 동안 봉천방사창은 연수생에게 의식주와 함께 정규 급료의 절반 정도를 지급하였다. 다만 연수를 마친

14) 遼寧省檔案館所藏, 奉天省公署檔案, 「奉天紡紗廠購置機器, 津滬等處紗廠調查各海關綿棉紗進口等件」(案卷3288).

15) 遼寧省檔案館所藏, 奉天省公署檔案, 「奉天紡紗廠收支報告書及選擧董事各項」(案卷3292), 「1921年10月15日紡紗廠長佟兆元呈」.

이후에는 봉천방사창에서 3년간의 근무가 의무 조항으로 규정되어 있었다.[16)]

조업을 개시하기 직전인 1923년의 시점에서 직원표를 살펴보면 기술자로서 천진이나 상해 등지의 방사창에서 노동경험이 있는 인재와 더불어 영국이나 일본에서 유학한 경험자의 이름도 포함되어 있었다.[17)] 이들 기술자는 1928년의 직원표에서는 관리직으로 승급되어, 그 아래 1922년에 채용되어 천진에서 연수를 받았던 기술자들의 이름이 있었다.[18)] 이렇게 해서 모집된 기술자들에 의해 1923년 7월에 봉천방사창은 시운전을 시작하였으며, 7월이 되면 방추 3,840추錘, 10월에는 1만 5,360추, 12월에는 1만 9,200추를 가동함으로써 목표치인 2만 추에 거의 도달할 수 있었다.[19)]

2. 봉천방사창의 기업 경영

그렇다면 이러한 과정을 통해 마침내 설립된 봉천방사창에서는 기업의 경영활동이 어떻게 이루어지고 있었을까. 이 문제를 자본의 모집과 원료의 조달, 판로 등 세 가지 점에서 검토해 보고자 한다.

---

16) 遼寧省檔案館所藏, 奉天省公署檔案, 「奉天紡紗廠收支報告書及選舉董事各項」(案卷3292), 「考送北洋學習紡織學生簡章」(1921).
17) 遼寧省檔案館所藏, 奉天省公署檔案, 「奉天紡紗廠商股營業損益清冊及修建事項」(案卷3296), 「1923年4月25日奉天紡紗廠總理孫祖昌協理韓岡岑呈」.
18) 遼寧省檔案館所藏, 奉天省公署檔案, 「奉天紡紗廠十六—十八年度營業純益, 資產負債清冊並職員履歷會議清冊」(案卷3302).
19) 遼寧省檔案館所藏, 奉天省公署檔案, 「奉天紡紗廠商股營業損益清冊及修建事項」(案卷3296), 「奉天紡紗廠十二年度營業情況報告記錄」(1924).

1) 자본의 모집

봉천방사창의 자본 총액은 '봉대양奉大洋'으로 450만 원, 1주당 100원으로 4만 5,000주에 해당된다. 이 가운데 민간자본으로 투자된 주, 즉 상고商股는 1922년 11월에 1만 6,623주(전체 주 수의 약 37%), 1923년 11월에는 1만 8,899.5주(전체 주 수의 약 42%), 1925년 말에는 2만 1,117주(전체 주 수의 약 47%), 1927년 말에는 2만 1,120주(전체 주 수의 약 47%)에 달하였다.(|도표 1| 참조)

민간주주는 봉천성 내 인근 각 현에서 모집되어 성공서로부터 현지사縣知事로 지령이 내려와 모집이 이루어졌다. 고동회의股東會議, 즉 주주총회의 소집도 마찬가지로 성공서로부터 현지사를 통해 지령이 내려와 시행되었으며, 주주총회에 참석하는 인원의 선정도 현지사에게 맡겨져 있었다.[20] 이와 같이 봉천방사창과 주주와의 관계에는 그 사이에 항상 성정부 및 현정부가 개재하고 있었다. 이러한 이유에서 자본금 출자의 많고 적음을 통해 봉천방사창에 대한 각 현의 협력 정도를 추측할 수도 있다. 성정부의 관료를 많이 배출하고 있던 요양遼陽지역 등은 비교적 고액의 자본금이 민간으로부터 모아졌다.

민간주주를 통해 조달된 자금 이외의 주는 성재정으로부터 출자되어 '관고官股'라 지칭하였는데, 당초 약 63%를 차지하고 있었다. 이밖에 민간주주가 투자한 자본 가운데 약 3분의 1 정도인 5,500주(1922년 시점)는 동삼성관은호東三省官銀號, 중국은행中國銀行, 교통은행交通銀行, 동삼성은행東三省銀行, 홍업은행興業銀行, 봉천저축회奉天儲蓄會 등에 의해 조달되었다. 성 재정의 운용을 책임지고 있던 동삼성관은호를 필두로 봉천성

20) 遼寧省檔案館所藏, 奉天省公署檔案, 「關於創設奉天紡紗廠各件」(案卷3294), 「1922年11月21日奉天紡紗廠總理孫祖昌呈」.

소재 여섯 은행의 자금이 투자되고 있는 사실로부터 봉천방사창의 자본이 다분히 관 주도 하의 공적자금에 크게 의존하고 있었음을 알 수 있다.

그럼에도 성정부는 이와 같은 자본구조를 개선하고자 하였다. 봉천방사창장정奉天紡紗廠章程을 살펴보면 주식 배당 이익을 순차적으로 주식으로 다시 편성함으로써 그 비율만큼 성이 보유한 주식을 민간주로 돌려 민간자본의 비중을 높이도록 규정되어 있었다. 1924년에는 재정청이 39만여 원의 이익 가운데 15만여 원을 주식으로 다시 편성하도록 지시하였다.[21] 이러한 결과 1925년에 민간의 주 수가 증가하여 은행 등의 거액 주주가 보유하고 있던 주 수는 상대적으로 감소하였다. 이렇게 볼 때, 설립 초기에는 성재정으로부터의 출자가 적지 않았으나 이후에는 직접적으로 성으로부터의 자본 유입이 없이 기업의 투자와 운영이 이루어졌음을 알 수 있으며, 이로부터 기업의 경영이 차츰 자립성을 갖추며 정상화되었다고 할 수 있다.

2) 원료 조달

관동주를 포함하여 동북지역에 존재했던 사창 가운데 1931년 당시 조업을 지속하고 있었던 기업으로는 내외면주식회사內外綿株式會社, 만주복방주식회사滿洲福紡株式會社, 만주방적주식회사滿洲紡績株式會社, 봉천방사창 등 네 기업이 있었다. 이 네 사창 가운데 봉천방사창을 제외하고는 모두 일본자본에 속하였다. 이들 일본계 기업에서는 주로 인도면화, 미국면화, 중국관내에서 생산된 면화를 원료로 사용한 반면, 동북산 면화

21) 遼寧省檔案館所藏, 奉天省公署檔案, 「奉天紡紗廠商股營業損益清冊及修建事項」(案卷3296), 「1924年5月6日財政廳廳長王永江呈」.

는 거의 사용하지 않았다.(|도표 2| 참조) 이에 비해 봉천방사창은 동북 내에서 생산된 면화를 중심적인 원료로 사용하고 있었다. 이와 같이 동북지역 현지산 면화를 사용하는 것은 봉천방사창의 고유한 특징이었으며, 면화의 수매 및 집하 방식에 대해서는 일본 측 상공회의소에서도 상당히 주목하고 있었다.

동북산 면화는 종래 섬유장도가 짧아 고급면제품의 제조에 부적합하다고 말해져 왔다. 이러한 이유에서 일찍부터 남만주철도주식회사와 관동청은 다양한 방법을 동원하여 면화의 품종을 개량하는 사업을 진행해 왔다.[22] 중국 측에서도 봉천방사창의 설립에 때 맞추어 사창에서 동북지역 현지산 면화를 사용하도록 계획을 수립하였으며, 이와 동시에 농민들로 하여금 면화를 많이 재배하도록 장려하는 동시에, 우량종의 보급을 통해 경작을 지도하였다. 이러한 결과 1931년 시점에서 면화의 연간 생산량은 2,000만 근에 달하였으며, 이 가운데 기계제 방적에 적합한 면화는 400~500만 근 정도에 달하였다.[23]

봉천방사창은 동북산 면화를 원면으로 사용함으로써 원료비를 저렴하게 억제하는 것이 가능하였으며, 이를 통해 다시 일본제품이나 재중국 일본자본 사창이 생산한 제품과 비교하여 가격 경쟁력을 갖출 수 있었다. 더욱이 동북 현지산 면화를 확보하기 위해 독특한 구매 방식을 확립함으로써 원료비를 저렴하게 억제하는데 성공하였다. |도표 2|에서 보이는 바와 같이, 만주방적주식회사, 만주복방주식회사, 봉천방사창의 세 사창이 각각 사용하는 원료 면화의 평균가격을 살펴보면 다음

22) 南滿洲鐵道株式會社總務部調査課編, 『滿洲の纖維工業』, 1931, 66쪽;南滿洲鐵道株式會社経濟調査會, 『滿洲紡績業に對する方針及滿洲に於ける棉花改良增殖計畫』立案調査書類 第6編 第3卷, 1935, 153-163쪽.

23) 南滿洲鐵道株式會社總務部調査課編, 『滿洲の纖維工業』, 1931, 67쪽

과 같은 사실을 알 수 있다. 여기서 봉천방사창의 경우 가격이 원으로 표시되고, 다른 곳은 일본자본 기업인 관계로 그 액수가 엔으로 표기되어 있기 때문에, 상호 가격을 직접 비교하는 것은 쉽지 않다. 그러나 도표로부터 봉천방사창이 인도면화나 미국면화보다도 동북 현지산 면화를 저렴하게 구입하고 있음에 비해, 만주방적주식회사는 동북산 면화를 인도면화보다도 비싼 가격에 구입하고 있는 경우가 많았음을 알 수 있다. 이로부터 우리는 봉천방사창이 기타 일본자본 기업과 비교하여 유리한 가격으로 동북산 면화를 구입하는 일이 가능했음을 알 수 있다.

그렇다면 봉천방사창이 사용하고 있던 면화의 집하 및 수매 방법은 구체적으로 어떠하였을까. 1921년 11월 20일 봉천방사창이 성정부에 올린 보고서는 다음과 같은 내용을 포함하고 있었다.

"조업 개시에 대비하기 위해서는 많은 원면原棉이 필요하다. 작년 성장과 재정청의 훈령에 따라 각 현에서 면산棉産을 장려했다. 올봄 우리 공장에서는 직원을 각 현에 파견하여 면화의 경작을 장려해왔다. 가을이 되면 면화가 생산되는 현 가운데 남부南部와 서부西部의 15현에 직원을 현지에 파견하여 (원면을) 수매해 왔다. 올 해 매수가 적을 경우 농가가 스스로 수익이 안된다고 여겨 다음해 면화의 경작을 감축할 수도 있다. 따라서 면산 농가들의 신용을 얻기 위해서라도 가능한 많은 면화를 수매하기 희망한다."[24)]

이처럼 봉천방사창은 조업 개시 이전인 1921년 봄부터 줄곧 면화의

24) 遼寧省檔案館所藏, 奉天省公署檔案, 「奉天紡紗廠呈請採購穣棉請免關税並設道義直接廠內以利運輸」 (案卷3293), 「1921年11月20日奉天紡紗廠總理佟兆元協理林成秀呈」.

경작을 장려하는 한편, 생산된 면화를 적극적으로 매입함으로써 농민의 생산 의욕을 고취하였다. 게다가 경작 시기인 6월과 집하 시기에 직원을 현지에 파견하여 면화의 수매를 약속하였다. 구체적인 방법은 해당 농가에 대해 다른 곳으로의 면화 판매를 엄금한다는 약속 하에서 선대금으로 10무畝 당 봉표奉票 50원을 대여해 주고, 면화의 모종이 나올 때가 되면 다시 50원을 대여하며, 수확기가 되면 수매가격에서 선대금을 공제하였으며, 원면의 가격은 집하 시에 원면을 넘겨받을 시점에서의 시가로 결정하였다.[25] 이밖에 동북지역 가운데 면화의 생산량과 품질에서 수위를 차지하고 있던 요양지방에 자창에서 사용할 면화를 전문적으로 구매하기 위한 출장소를 설치하기도 하였다.[26]

|도표 2| 각 공장에서의 면화 사용 상황

〈봉천방사창〉

		인도棉	中國棉	미국棉	東北棉	기타	합계
1926	數量(斤)	637000		1245000	3213000	670000	5765000
	價格(元)	1,524,888		2,988,292	6,414,412	1,328,840	12,256,432
	1斤당 價格	2,394		2,400	1,996	1,983	2,126
1927	數量(斤)	435000		1563000	4152000	310000	6460000
	價格(元)	2,613,205		9,470,630	21,097,005	1,568,443	34,749,283
	1斤당 가격	6,007		6,059	5,081	5,059	5,379
1928	數量(斤)	531000		1963000	3985000	710000	7189000
	價格(元)	10,534,225		45,673,800	63,785,922	12,300,555	132,294,502
	1斤당 價格	19,838		23,267	16,007	17,325	18,402
1929	數量(斤)	745000		2531000	4789000	673000	8738000
	價格(元)	31,296,322		107,004,322	177,615,223	23,894,300	339,810,167
	1斤당 價格	42,008		42,277	37,088	35,504	38,889

25) 奉天商業會議所, 「注意を要する紡紗廠の原棉大量買付計畫」, 『奉天経濟旬報』 1卷 19號, 1927, 4쪽.

26) 遼寧省檔案館編, 「遼寧紡紗廠概略(1930年6月1日)」, 『奉系軍閥檔案史料彙編』 第10卷, 江蘇古籍出版社・香港地平出版社, 1990, 89-92쪽.

〈만주방적주식회사〉

		인도棉	中國棉	미국棉	東北棉	기타	합계
1926	數量(斤)	3,724,176	1,269,628	222,672	174,895		5,391,371
	價格(円)	2,213,759	872,389	144,857	115,489		3,346,494
	1斤당 價格	0.594	0.687	0.651	0.660		0.621
1927	數量(斤)	4,949,829	39730	582860			5,572,419
	價格(円)	2,348,326	19,576	275,137			2,643,039
	1斤당 價格	0.474	0.493	0.472			0.474
1928	數量(斤)	3,813,656	1,658,082	42,827	49,869		5,564,434
	價格(円)	1,886,804	783,037	21,176	24,398		2,715,415
	1斤당 價格	0.495	0.472	0.494	0.489		0.488
1929	數量(斤)	5,612,796	1,475,223		82114		7,170,133
	價格(円)	2,635,008	723,991		42,148		3,401,147
	1斤당 價格	0.469	0.491		0.513		0.474

〈만주복방주식회사〉

		인도棉	中國棉	미국棉	東北棉	기타	합계
1926	數量(斤)	1,625,680	39,080	263,840		31,710	1,960,310
	價格(円)	851,169	18,757	155,209		25,067	1,050,202
	1斤당 價格	0.524	0.480	0.588		0.791	0.536
1927	數量(斤)	2,416,870		442,620	32,160	128,640	3,020,290
	價格(円)	1,090,103		229,837	12,865	60,254	1,393,059
	1斤당 價格	0.451		0.519	0.400	0.468	0.461
1928	數量(斤)	2,570,130	32,610	351,290		13,860	2,967,890
	價格(円)	1,202,074	19,406	286,941		7,002	1,515,423
	1斤당 價格	0.468	0.595	0.817		0.505	0.511
1929	數量 (斤)	3,062,810	317,610	404,950		20,020	3,805,390
	價格(円)	1,294,876	138,836	256,975		12,415	1,703,102
	1斤당 價格	0.423	0.437	0.635		0.620	0.448

이와 같이 봉천방사창은 면화를 매입하기 위해 성정부와 적극적으로 교섭을 진행하였으며, 각 면산지역의 현정부에게도 협력을 요청하였다.[27] 예를 들면, 1923년 6월 11일부로 봉천방사창이 성정부에 보낸 상신서에는 원료 면화의 구매에 대한 배려를 요청하고 있다. 상신서에서는 일본자본으로 방직공장이 설립되어 원료 면화를 두고 경쟁이 더욱 치열해질 것으로 예상하고, 봉천방사창이 원료 면화를 확보하기 위해서는 봉천성에서 생산된 면화의 경우 모두 봉천방사창에서 구매하는

27) 奉天商工會議所, 「紡紗廠長の要請」, 『奉天経濟旬報』4卷 13號, 1928, 9-10쪽.

것을 이상으로 하여 일본사창이 면화를 구매하지 못하도록 성공서가 명령을 내려주도록 요청하였다. 이를 위해 면산지의 각 현에서 간상이 일본상인 등 외국상인에게 면화를 판매하지 못하도록 금지시킴으로써 면화의 가격이 급등하는 것을 방지하고, 동시에 봉천방사창의 원면 구입 특권을 보장해 주도록 요청하는 내용이었다.[28)]

이러한 요청을 받아들여 성공서는 6월 19일부로 면산지 각 현 앞으로 명령을 하달하여 "면산지 각 현에 비밀히 명한다. 각지의 상황을 참작하여 임시로 규정을 만들어 (외국상인의 면화 구입을) 금지시킨다. 또한 대의를 이해하는 해당지역의 신사와 연계하여 도울 수 있는 방안을 적극 강구하도록" 지시하였다.[29)] 봉천방사창은 이에 대한 구신具申[30)] 가운데에서 구체적인 방법을 제안하고 있는데, 즉 "각 구장區長과 경찰관警察官으로 하여금 엄중하게 단속하도록 함과 동시에, 상회에도 편지로 이러한 취지를 적극 알려 외국상인에게는 매각하지 않도록 협조를 구해야 한다"고 요청하면서,[31)] 행정, 경찰기관과 함께 상회商會를 중심으로 신사 등 현지의 유력자와 협력을 모색하는 방안을 제시하였다.

실제 면화를 수매하는 과정을 살펴보면 현마다 다소의 차이가 있기는 하였지만 대체로 농민이 마차로 현성縣城 또는 역驛에 소재한 면화시장까지 면화를 실어 오면, 중매인이 이를 사들이는 방식으로 이루어지고 있었다. 중매인은 봉천방사창의 대리점으로서 봉천방사창이 제시한

28) 遼寧省檔案館所藏, 奉天省公署檔案, 「奉天紡紗廠商股營業損益淸冊及修建事項」(案卷 3296), 「1923年6月11日奉天紡紗廠總理孫祖昌協理韓岡岑呈」.
29) 遼寧省檔案館所藏, 奉天省公署檔案, 「奉天紡紗廠商股營業損益淸冊及修建事項」(案卷3296), 「1923年6月19日省公署指令奉天紡紗廠・訓令單開各縣」.
30) 일의 상황과 형편을 윗사람에게 자세하게 아룀.
31) 遼寧省檔案館所藏, 奉天省公署檔案, 「奉天紡紗廠商股營業損益淸冊及修建事項」(案卷3296), 「1923年6月30日北鎭縣知事呈」.

가격에 의거하여 위탁수매를 시행하고 있었다. 중매인의 수수료는 7분分부터 1할 5분 정도였다. 능원현凌源縣의 사례로 중매인의 본업을 살펴보면 반점飯店 또는 여관경영자旅館經營者로 되어 있어 필시 이들을 파견원을 받아들여 이들로 하여금 수매업무를 대행하도록 하였던 것으로 보인다.[32]

봉천방사창이 현지 면화를 독점적으로 매입할 수 있었던 원동력은 매입 시기에 해당되는 초여름부터 가을에 걸쳐 은행으로부터 원면을 수매하기 위한 융자를 받을 수 있었던 것에 힘입은 결과이기도 하였다. 봉천방사창이 공장의 확장을 계획하기 시작한 1928년도 대차대조표를 살펴보면, 은행으로부터 융자받았던 자금의 대부분이 면화의 수매를 위해 사용되었던 것으로 보여진다. 당안檔案자료를 살펴보더라도 한 번에 500만 원 또는 1,000만 원 단위의 융자를 받고 있었다.[33]

더욱이 봉천방사창은 면화를 구입할 때에 성내관세에 해당되는 '소장세銷場稅'의 면세 혜택을 받고 있었다. 개업 전부터 봉천방사창은 성 정부에 소장세의 면제를 요청하였으며, 이에 대해 비록 세무독판稅務督辦 손보기孫寶綺가 면세에 반대하였지만 최종적으로 봉천방사창은 면세의 특권을 획득할 수 있었다.[34]

---

32) 南滿洲鐵道株式會社總務部資料課, 「奉山沿線に於ける棉花取引狀態」, 『滿鐵調査月報』16卷 2號, 1936, 199-208쪽.

33) 奉天商工會議所, 「紡紗廠原棉買付」, 『奉天経濟旬報』4卷 2號, 1928, 11-12쪽;奉天商工會議所, 「活躍する紡紗廠」, 『奉天経濟旬報』4卷 5號, 1928, 2-3쪽.

34) 遼寧省檔案館所藏, 奉天省公署檔案, 「奉天紡紗廠呈請採購穰棉請免關稅並設道義直接廠內以利運輸」 (案卷3293), 「1921年11月20日奉天紡紗廠總理佟兆元協理林成秀呈」; 「1921年11月30日奉天紡紗廠總理佟兆元協理林成秀呈」; 「1921年12月27日稅務督辦孫寶綺呈」; 「1922年1月6日奉天省政府訓令」;奉天商工會議所, 「紡紗廠免稅運動」, 『奉天経濟旬報』4卷 11號, 1928, 9-10쪽.

3) 판로 확보

봉천방사창의 경우 주요한 고객은 봉천시내의 직포업자, 양말 제조업자, 타월 제조업자였으며, 봉천방사창이 창업되기 이전인 1920년대 초기에는 일본인 또는 중국인 면사상인으로부터 일본제 면사를 구입해 원료로 사용하였다.[35] 그러나 1929년이 되면 봉천방사창에서 생산된 제품이 소비 면사의 상위를 차지하였다. 『만주화상인명록』(1932년)에 기재된 양말 제조공장의 원료 내원을 살펴보면, 일본과 중국의 면사상과 더불어 대련, 영구의 무역상이 취급하는 상품에 모두 봉천방사창의 이름이 상위에 올라있었다. 『만주경제조사휘찬滿洲經濟調査彙纂』12집(1929년 11월)에 수록된 조사 결과를 살펴보면, "당시 중국 측 기업가機業家가 사용하는 면사, 실켓, 인조견사 등은 주로 봉천에 있는 일본 및 중국 측의 상인으로부터 공급받고 있으며, 오사카大阪, 상해 등의 생산지로부터 직접 매입한 경우는 거의 없다. 생산지별로 살펴보면 대체로 봉천방사창에서 제조된 제품이 대부분을 차지하며 그 다음이 상해산 제품으로서, 일본제품은 비교적 소수"라고 기록되어 있다.[36]

이들 봉천의 섬유제품 제조업은 수건 제조업에서 16번수番手를, 직포업에서는 대척포大尺布가 10번수부터 16번수를 주로 사용하였다. 이들이 주력상품이었기 때문에 봉천방사창에서 주로 생산하는 제품과 합치되고 있었다. 또한 대척포로부터 그보다 약간 고급품으로서 결이 고운 화기포로 수요가 변화하기 시작하자 봉천방사창도 이에 대응하여 16번

35) 奉天商業會議所, 「奉天に於ける支那側紡織業調査」, 『滿蒙経濟時報』88號, 1920, 13-14쪽.

36) 奉天商工會議所, 「奉天に於ける支那側の工業」, 『滿洲経濟調査彙纂』12輯, 1929, 4쪽.

수부터 20번수로 생산의 중심을 전환하였다.[37)]

봉천방사창의 대고객 가운데 하나는 각 성에 소재한 피복창被服廠으로서, 주로 군복과 군수품의 원재료로 공급되었다. 이와 함께 제분업자가 필요로 하는 밀가루포대로도 많이 소비되었으며, 주로 선물거래의 형태로 매매가 이루어지고 있었다. 특히 1928년이 되면 수주가 넘쳐 공장의 경영이 활황을 띠면서 생산을 확대하기 위해 임시노동자를 새로 고용하기도 하였다.[38)] 생산이 수주를 따라가지 못하자 수급을 맞추기 위해, 혹은 재고를 유지하기 위해서 다른 직포업자들로부터 제품을 매점買占하여 주문을 맞출 정도였다.[39)] 이밖에 소매의 경우에는 잡화상에게 대리점으로서의 자격을 부여하여 제품을 판매하도록 하였다. 또한 판로를 확대를 위해 매년 창립기념일인 10월 1일에 공장에서 판매대회를 개최하기도 하였다.[40)]

이상과 같은 마케팅이 어떠한 경영 실적을 가져왔는지 같은 시기에 요양에 건설되어 방적과 직포의 공정을 함께 시행하였던 만주방적주식회사와의 비교를 통해 살펴보도록 하자. ｜도표 3｜은 두 공장의 판로별 실적을 비교한 것이다. 이들 두 기업은 각각 소재지에서 일정한 판로를 확보하고 있었지만, 장춘에서는 봉천방사창의 면사 판매량이 만주방적주식회사를 능가하고 있었다. 그러나 면포 부문을 살펴보면 봉천방사창이 만주방적주식회사의 실적에 미치지 못하였다. 더욱이 만주방적주식회사는 하얼빈까지도 시장권에 포함하면서 주로 도시지역에서

37) 遼寧省檔案館所藏, 奉天省公署檔案, 「奉天紡紗廠十六, 十七年營業報告」(案卷 3299), 「民國19年遼寧紡紗廠第八次董事監察會議錄」.

38) 奉天商業會議所, 「紡紗廠の大活況」, 『奉天経濟旬報』3卷 10號, 1928, 7쪽;奉天商工會議所, 「紡紗廠製織盛況」, 『奉天経濟旬報』4卷 7號, 1928, 10쪽.

39) 奉天商工會議所, 「紡紗廠綿布買占」, 『奉天経濟旬報』4卷 5號, 1928, 3쪽.

40) 奉天商工會議所, 「紡紗廠秋期賣出」, 『奉天経濟旬報』4卷 9號, 1928, 12-13쪽.

판매를 확대하였다. 도시지역 이외에는 봉천방사창이 사조철도四洮鐵道, 심해철도瀋海鐵道 등 중국자본으로 부설된 철도의 연선沿線지역에서 판로를 확대하였다. 특히 심해철도는 철도가 개통되기 이전부터 봉천의 배후지였기 때문에, 봉천방사창에게는 매우 유리한 상황이었다. 다른 일본 측의 보고에 따르면, 면사포의 판로는 길림성, 흑룡강성의 각 현에서 가장 많아 생산액 가운데 무려 60%를 차지하였으며, 제품의 내역은 화기포, 조포가 가장 많은 비중을 차지하였다.[41)]

더욱이 봉천방사창의 경우 원면을 수매할 때 소장세를 면세받는 특혜를 받아왔는데, 생산품에 대해서도 소장세 면세의 특혜가 적용되고 있었다. 1929년이 되면 면세에 대해서 성정부 차원에서 이 문제에 대한 논의가 이루어졌으며, 기준도 보다 엄격하게 적용되었다. 그러나 그럼에도 불구하고 시가의 70% 수준에서 징세의 기준가를 설정함으로써 여타 기업과 비교하여 여전히 특혜를 받고 있었다.[42)] 이처럼 봉천방사창은 동북지역에서 광범위한 지역에 걸쳐 시장을 확보하고 있었다. 상품의 판매에서도 면세 조치와 군수품 납품 등 정부의 보호에 크게 힘입었으며, 여기에 의존하는 측면이 다분하였다.

41) 奉天商工會議所, 「紡紗廠吉林進出」, 『奉天経濟旬報』4卷 3號, 1928, 5-6쪽.
42) 奉天商工會議所, 「紡紗廠税に悩む」, 『奉天経濟旬報』5卷 13號, 1929, 6쪽.

|도표 3| 봉천방사창과 만주방적주식회사의 판로 비교

〈봉천방사창의 판로〉

		1926	1927	1928	1929
綿糸	奉天	5,000	6,000	7,300	6,500
	長春	3,200	4,300	3,100	2,500
	四洮路	1,600	2,200	2,100	2,300
	瀋海路	500	700	1,200	1,300
	京奉路			1,300	1,300
	東清路				3,500
	기타	3,226	2,221	2,125	3,383
	合計	13,726	15,421	17,125	20,783
綿布	奉天	55,300	49,200	65,700	62,200
	吉林	21,200	25,000	31,300	30,500
	黑龍江	14,300	15,300	13,000	12,300
	長春	12,400	14,500	16,700	17,300
	四洮路	16,700	2,100	25,200	22,200
	瀋海路	7,100	7,000	6,500	13,400
	京奉路	8,600	12,000	11,300	15,600
	東清路	15,000	13,500	10,500	13,700
	기타	29,276	29,775	43,784	40,993
	合計	169,876	187,275	223,984	228,193

〈만주방적주식회사 판로〉

		1926	1927	1928	1929
綿糸	遼陽	1,212	1,804	2,440	3,275
	奉天	447	513	863	2,688
	鐵嶺	2,235	5,235	2,428	2,391
	長春	911	3,977	2,618	4,796
	哈爾濱	20	633	357	105
	安東	752	810	92	323
東北內의	기타	1,417	119	79	43
	東北外				
	合計	6,994	13,091	8,877	13,621
綿布	遼陽	11,308	72,601	47,277	42,526
	奉天	3,200	1,200	840	
	鐵嶺		5,600	620	
	長春	45,900	182,240	153,000	129,600
	哈爾濱	1,900	26,000	37,380	18,600
	安東		3,600	300	
東北內의	기타	18,680	900	760	460
	東北外	600	600		
	合計	81,588	247,741	240,177	191,186

3. 봉천방사창 설립의 역사적 의의

이상에서 살펴본 바와 같이 기업의 경영이라는 측면에서 봉천방사창은 상당히 양호한 실적을 올리고 있었음을 알 수 있다. 일본자본으로 요양지역에 설립된 만주방적주식회사의 경우 1926년부터 1929년 4월 사이의 경영을 살펴보면, 1926년부터 1928년까지 손익이 마이너스를 기록하고 있으며, 이익을 낼 수 있었던 1929년의 경우도 전년도로부터 이월되어 온 결손으로 말미암아 다음 연도 이월금도 마이너스로 되고 말았다.[43] 이와 비교하여 봉천방사창은 1929년까지 항상적으로 높은 수익을 내고 있었다.

|도표 4|는 1923년부터 1930년까지의 대차대조표로부터 작성한 손익 일람이다. 손익의 차액을 경영 수익으로 간주한다면, 경영 수익은 첫 해에는 약 30만 원이었지만, 해마다 증가하여 1929년이 되면 약 5,261만 원에 달하였다. 총 자본대 경상이익율總資本對經常利益率을 계산한다면, 1923년은 4.75%였지만 해마다 증가하여 1928년에는 41.03%로 최고치를 기록하였으며, 1929년에는 33.04%를 기록하였다. 이와 같은 높은 수익으로 인해 1930년에는 공장의 확장도 이루어졌다. 1929년 초 동사감사연석회의董事監査聯席會議 및 성정부에 제출된 보고서에는 "현재 본 공장은 방추 2만 추로 10번수에서 16번수까지의 면사를 생산하고 있다." 그러나 "현재 사회의 수요는 16번수부터 20번수까지가 많으므로 보다 고번수의 면사를 생산하지 않으면 판매량을 증대시킬 수 없다. 이러한 이유에서 이러한 제품을 생산하기 위해 방추 1만 추를 증설하여 발전을 도모하지 않으면 안 된다"라고 기술되어 있다.[44] 봉천방사창은

---

43) 南滿洲鐵道株式會社總務部調査課編, 『滿洲の纖維工業』, 1931, 46쪽.

1929년의 단계에서 당초 예정하고 있던 저가품인 저번수의 시장에서 우위를 차지하는 동시에, 일본제품이나 상해제품이 우위를 차지하고 있던 세번수의 시장을 획득하기 위해 새로운 계획을 수립하고 있었던 것이다. 만주사변 직후에 이루어졌던 일본 측의 조사에 따르면 "경영이 (중략) 매우 양호하여 다른 기업이 도저히 따라올 수 없을 정도"라고 할 만큼 평판이 매우 높았다.[45]

|도표 4| 봉천방사창의 총자본과 부채 합계

1928年	1929年	1930年
61,925,635.81	159,239,668.34	131,686,552.34
36,517,322.82	106,627,047.52	142,205,958.01
25,408,312.99	52,612,620.82	-10,519,405.67
41.03	33.04	

	1923년	1924년	1925년	1926년	1927년
a총자본(고정자산+유동자산) 단위: 원	6,324,506.94	7,575,725.64	8,244,861.45	11,433,996.07	26,861,518.07
b부채합계(고정부채+유동부채) 단위: 원	6,024,092.84	7,015,382.09	6,810,015.10	9,766,582.77	19,729,173.28
경상이익(a-b) 단위: 원	300,414.10	560,343.55	1,434,846.35	1,667,413.30	7,132,344.79
총자본대 경상이익율(%) (a-b)/a	4.75	7.40	17.40	14.58	26.55

* 단위: 원(元), 민국 12년(1923)부터 민국 17년(1928)까지는 '봉대양(奉大洋)'이고, 다만 민국18(1929)년 이래는 '현대양(現大洋)'이었다.

* 설명: 1930년의 경우 경영 수익이 마이너스이기 때문에 총자본대 경상이익율은 계산하지 않았다.

44) 遼寧省檔案館所藏, 奉天省公署檔案, 「奉天紡紗廠十六, 十七年營業報告」(案卷 3299), 「民國19年遼寧紡紗廠第八次董事監察會議錄」.

45) 南滿洲鐵道株式會社總務部調査課編, 『滿洲の纖維工業』, 1931, 40쪽.

* 출처:

1923년: 遼寧省檔案館所藏, 奉天省公署檔案, 「奉天紡紗廠商股營業損益清冊及修建事項」(案卷3296), 「奉天紡紗廠第一期營業報告書」(1924).

1924년: 遼寧省檔案館所藏, 奉天省公署檔案, 「奉天紡紗廠商股營業損益清冊及修建事項」(案卷3296), 「奉天紡紗廠第二期營業報告書」(1925)

1925년: 遼寧省檔案館所藏, 奉天省公署檔案, 「奉天紡紗廠商股營業損益清冊及修建事項」(案卷3296), 「奉天紡紗廠第三期營業報告書」(1926)

1926년: 遼寧省檔案館編, 「奉天紡紗廠第四期營業報告書 (1926年)」, 『奉系軍閥檔案史料彙編』第6卷, 江蘇古籍出版社・香港地平出版社, 1990, 244-245쪽.

1927년: 遼寧省檔案館所藏, 奉天省公署檔案, 「奉天紡紗廠十六, 十七年營業報告」(案卷3299), 「奉天紡紗廠第五期營業報告書」(1928)

1928년: 遼寧省檔案館編, 「奉天紡紗廠第六期營業報告書 (1928年)」, 『奉系軍閥檔案史料彙編』第8卷, 江蘇古籍出版社・香港地平出版社, 1990, 59-61쪽.

1929년: 遼寧省檔案館編, 「遼寧紡紗廠第七期營業報告書 (1929年)」, 『奉系軍閥檔案史料彙編』第9卷, 江蘇古籍出版社・香港地平出版社, 1990, 409-410쪽.

1930년: 遼寧省檔案館所藏, 奉天省公署檔案, 「奉天紡紗廠民國十九年資産負債表」(案卷3308)

|도표 5| 동북에서의 수이입 면사량

	수입수량	이입수량	합계
1926	64,914	243,028	307,942
1927	40,457	225,474	265,931
1928	56,889	204,296	261,185
1929	44,797	194,993	239,790
1930	36,553	172,832	209,385

|도표 6| 방적회사 생산 비교

會社	所在		1926	1927	1928	1929
滿洲福紡	(周水子)	綿糸 (梱)	5,468	8,438	8,537	10,509
内外綿	(金州)	綿糸 (梱)	13,306	8,248	11,461	15,620
滿洲紡績	(遼陽)	綿糸 (梱)	9,295	11,132	8,764	13,665
		綿布 (疋)	196,036	139,633	235,456	201,340
奉天紡紗廠	(奉天)	綿糸 (梱)	13,726	15,421	17,125	20,783
		綿布 (疋)	169,876	187,275	223,984	228,193

1930년 경 동북지역에서의 면사포 수급을 살펴보면, 면사에서는 중국 국산품이 77%의 비중을 차지하였으며, 면포에서는 일본제품이 63%의 비중으로 우세를 점유하고 있었다. 동북지역에서는 수공업을 통한 면포의 생산이 여전히 존재하고 있었기 때문에, 여기에서 필요로 하는 16번수와 20번수의 면사가 수이입 면사의 중심이었다고 할 수 있다.[46] 그러나 중국 국산품 가운데 동북 이외의 지역에서 생산된 제품의 수량은 점차 감소하기 시작했다.(|도표 5| 참조) 이러한 사실은 동북산 제품이 상해나 혹은 천진 등에서 생산된 중국 관내의 제품과 시장에서 경쟁하기 시작했음을 보여주는 것이다. 특히 동북지역의 방적업 가운데에서도 봉천방사창에서 생산된 제품이 가장 많았다.(|도표 6| 참조)

만주국滿洲國 시기가 되면서 결국 봉천방사창은 일본자본으로 경영이 이관되었다. 그러나 일본 측 경영진과 만주국의 산업계획은 장학량이 통치하던 시기에 봉천방사창을 중심으로 한 면업구조를 그대로 계승하였다. 생산 제품을 살펴보면 종래부터 동북지역에서 수요가 높았던 저번수에 부합하고 있다. 또한 원료 면화의 수매는 만주면화협회滿洲棉花協會, 만주면화주식회사 등 전문적인 면화의 생산 및 장려기관과 수매기관을 수립하여 이를 통제하고자 시도하였다.[47] 이 때에도 여전히 성장, 현장縣長의 명령 전달 방식을 활용하고 있었다.[48] 이와 같이 제품의 생산과 원료의 조달에서 모두 이전부터 지속되어 왔던 봉천방사창의 경영 방법을 그대로 계승하고 있음을 알 수 있다.

---

46) 南滿洲鐵道株式會社經濟調查會, 『滿洲紡績業に對する方針及滿洲に於ける棉花改良增殖計畫』立案調查書類 第6編 第3卷, 1935, 43쪽.

47) 南滿洲鐵道株式會社經濟調查會, 『滿洲紡績業に對する方針及滿洲に於ける棉花改良增殖計畫』立案調查書類 第6編 第3卷, 1935, 13쪽.

48) 南滿洲鐵道株式會社經濟調查會, 『滿洲紡績業に對する方針及滿洲に於ける棉花改良增殖計畫』立案調查書類 第6編 第3卷, 1935, 95쪽.

요컨대 이와 같이 종래부터 이어져 내려온 봉천방사창의 경영 방침과 전개는 결과적으로 동북지역을 중국 관내로부터 분리하고자 하는 만주국의 정책 기조와 부합되는 측면이 있었다. 만주국은 수립 초기에 장작림, 장학량정권이 동북지역의 자립적 발전을 지향했던 경제제도 및 그 실태를 그대로 계승하고 있었던 것이다. 이러한 점에서 장작림, 장학량정권은 중국 관내에 종속되지 않는 동북지역의 자립 발전을 지향했다고 볼 수 있다. 이와 같은 경제적 자립을 바탕으로 존재했던 지역권력과 지역사회는 중국 관내에 대하여 지역주의라고 불릴 수 있을 정도의 자주성을 보유하고 있었다. 만주국이 수립되면서 지역주의를 표방하고 있던 일부 동북지역의 유력자들은 이러한 이유에서 만주국에 포섭되어 갔던 것이다.

중국 동북지역의 기업지배구조와 기업관행

: 1920년대 봉천방사창을 중심으로

_ 김희신

중국에서 〈공사율公司律〉, 〈공사조례公司條例〉, 〈공사법公司法〉 등 일련의 공사 관련 법률의 등장은 기업의 설립에서 파산에 이르는 전 과정이 제도화되어 가는 과정이라 할 수 있다. 중국도 법률로써 출자자의 권리와 책임이 규정되고 제도화를 통해 기업에 투자된 자본을 관리할 수 있게 되어 좀 더 안정적으로 장기적 자본 축적이 가능하게 되었음을 의미한다.

유한고분공사有限股分公司(주식회사)는 중국의 법률이 정하는 가장 근대적인 기업형태이며,[1] 고분股分(주식) 발행을 통해 자본을 조달하여

* 이 글은 『중앙사론』 제40집(2014.12)에 게재된 필자의 논문을 수정하여 본 총서체제에 맞게 재편집한 것이다

1) 〈공사조례(1914년)〉에서는 公司의 유형을 無限公司, 兩合公司, 股分有限公司, 股分兩合公司 4종류로 분류했고, 그 중 股分有限公司(현재의 주식회사)가 가장

설립되고 출자액만으로 책임이 제한되는 유한책임 기업이다. 법률로써 고동회股東會(주주총회), 동사회董事會(이사회), 경영자의 기능이 분화되고, 견제 가능한 체계가 형성됨으로써 전통적인 개인, 합자기업의 한계를 벗어날 수 있게 되었다. 다만 주지하듯이 중국에 서구의 근대기업문화가 이식된 것도 그리 오래되지 않았고, 서구적 기업지배구조의 형태가 중국에서 바람직한 기업지배 모델이라고 할 수 없다. 또 변화를 요구하는 새로운 제도에 대한 실질적인 운용, 개방성의 정도는 지역마다, 기업마다 달랐다. 중국 동북지역에도 유한고분공사 제도가 도입됨에 따라 기업의 구조를 근대화해 가는 과정을 거쳤다. 동북지역은 사회경제발달이 중국 관내지역에 비해 지체되었고, 1920-30년대에도 근대적 기업형태로의 전환은 매우 미미했다. 또 동북의 기업이라 해도 동일한 사업 환경에 있지 않았다.[2)]

필자는 동북지역 근대기업발전의 이해를 위한 개별기업의 기초적 사례연구로 1920년대 관・상官・商이 공동으로 경영했던 봉천방사창奉天紡紗廠에 주목한다. 동북지역 기업지배구조의 다양성을 염두에 두되, 지역적 특성을 충분히 반영할 수 있는 업종 및 기업형태를 고려할 필요가 있었기 때문이다. 봉천방사창은 동북에서 면제품의 자급자족과 중국인 자본에 의한 기업경영을 목적으로 한 소위 성정부 주도의 기업이라 간주된다. 또 동북지역 최초의 대규모 기계제 방적회사이며 동북지역의 대표적 근대기업으로 동북경제사에서 매우 중요한 의미를 갖는다고 평

근대적인 기업형태로 간주되었다. 현재에 이르기까지 중국공사법의 변천에 대해서는 이호현・노은영, 「중국 회사법의 변천과 근대성」, 『中國史硏究』92, 2014가 참조할 만하다.

2) 동북이민사회의 형성과 만주국 수립이전 봉천의 전통적 합고 상점기업의 조직 분포, 특징에 대해서는 김희신, 「중국 동북지역의 상업자본과 상점네트워크」, 『중국근현대사연구』62, 2014, 43-93쪽을 참조.

가된다.[3] 그럼에도 불구하고 봉천방사창에 대한 연구는 거의 없는 상태이다. 그 중요성에 비해 전면적 검토가 없었던 것은 여러 이유가 있겠지만, 중국의 사회경제발전과정에서 동북지역이 중국 관내에 비해 매우 지체되었던 측면, 그리고 활용 가능한 관련 자료의 부재가 큰 영향을 미쳤을 것으로 보인다.[4]

---

3) 지금까지 봉천방사창에 대한 연구는 근대중국동북의 중국인 상공업자본 분석이라는 큰 틀 속에서 권력성 자본의 구체적 사례로 접근한 경영사적 분석으로서 上田貴子의 논문이 유일하다. 上田은 봉천방사창의 설립경위와 경영, 그리고 면화집화시스템, 제품판로 등 시장지배를 동북지역정권과의 관계를 통해 설명하고 있다. 봉천방사창의 설립, 경영상황에 대해 참고하기에 유용하지만, 본고에서 주목하는 기업내부의 지배구조에 대해서는 주목하고 있지 않다.(上田貴子, 「近代中國東北地域に於ける華人商工業資本の研究」, 大阪外國語大學 博士學位論文, 2002, 59~78쪽) 한편 봉천의 중국인면직물업에 대한 검토과정에서 봉천방사창과 중소면직물업의 관계를 해명하려는 張曉紅의 시론적 연구가 나와 있다.(張曉紅, 「1920年代奉天市における中國人綿織物業」, 『歴史と經濟』194, 2007, 46~56쪽) 일반적으로 1920년대 중국 동북지역의 면포에 관한 기존 연구에서는 동북지역에서 중국인 면직물업이 발달하지 못하여 대부분 수이입에 의존하고 있다고 평가한다. 그런데 張曉紅의 연구는 1920년대 후반 봉천방사창과 중국인중소면직물업에 의해 동북지역에서 생산된 면포는 동북면포시장에서 30% 이상을 차지하며 수이입된 면포에 대항하면서 일정한 발전을 이루었다고 평가하고 있다. 또한 봉천방사창을 중심으로 한 방적공장의 발전이 중소방직물업에 염가의 원료면사를 공급하여 그 발전을 촉진했다는 것이다. 기존에는 봉천방사창이 면사와 면포생산을 겸하고 있기 때문에 봉천방사창의 조포생산이 현지 면직물업의 발전을 억압하는 존재였다고 평가되었던 것과는 다른 주장이다.(塚瀬進, 「中國東北綿製品市場をめぐる日中關係」, 『中央大學人文硏紀要』11號, 1990, 145쪽; 上田貴子, 「近代中國東北地域に於ける華人商工業資本の研究」, 大阪外國語大學 博士學位論文, 2002, 85쪽; 金子文夫, 『近代日本における對滿洲投資の研究』, 近藤出版社, 1991, 316쪽) 실제 봉천방사창에서 생산된 면포는 粗布와 細布였던 것에 반해, 중소면직물업자의 주된 제품은 大尺布였고, 粗布생산은 적었다. 면포생산에서 양자 간에 경쟁적 측면이 없다고 할 수는 없지만 주력제품이 다르기 때문에 경쟁적 측면이 과대평가된 측면이 있다는 것이다.

4) 上田貴子(2002)는 遼寧檔案館의 당안자료를 일부 활용하고 있지만, 현재 遼寧檔案館 소장자료는 DB화 작업으로 인해 열람이 불가능하다. 본고에서는 대만중앙연구원 근대사연구소 당안관 소장자료를 활용했다.

기업의 지배구조에는 매우 다양한 차원의 문제가 결합되어 있지만 기업의 소유구조와 의사결정의 구조, 경영진의 구성 및 경영성과의 배분 등은 기업지배구조를 이해하는 매우 중요한 지표가 된다. 이에 본고에서는 우선 동북지역에서 관상官商 합자기업으로서 봉천방사창 설립의 배경과 자본구성의 특징에 대해 검토한다. 다음으로 방사창의 고동이 기업 경영과 관련해서 어떻게 의결권을 행사하는지를 고동회, 동사회, 경영진의 조직과 운영, 정책결정 구조와 집행의 실태를 분석한다. 마지막으로 경영성과와 그 분배 양상을 구체적으로 분석한다. 이로써 봉천방사창의 기업지배구조가 어떠한 특징을 갖는지, 전통적인 기업관행이 어떻게 동북에서 근대적 기업환경에 적응, 변화했는지 그 양상을 드러내 보고자 한다.[5)]

다만 출판된 관련 자료집조차 없는 상황에서 개별기업의 내부문제를 들여다보는 작업은 결코 쉽지 않다. 여기서는 〈공사조례〉 등 공사 관련 법규와 봉천방사창의 〈장정〉, 방사창의 설립과정과 경영실태를 비

---

5) 사전적 의미에서 기업지배구조는 기업경영에 직·간접적으로 참여하는 투자자·경영진·근로자 등 기업 이해당사자들의 역학관계를 총칭한다. 기업은 자본구성이나 의사결정구조, 이익분배구조 외에도 자금조달, 정부의 정책적 지원, 경쟁력의 원천, 조직 관리에 대한 문화적 관행 등 다양한 차원에서 서로 다른 환경에 처해 있었고, 이러한 차이가 각 기업의 지배구조를 상이하게 만들 수 있다. 봉천방사창에 대한 정부의 정책적 지원에 대해서는 上田의 연구에서 부분적으로 언급하고 있지만, 여전히 구체적 실태에 대해서는 해명하고 있지 못하다. 한편 官商合辦이라는 자본구성상 기업지배구조에 대한 연구는 청 말 양무기업이나 현재 중국 국영기업에서의 官의 역할 혹은 정부의 기업지배 문제와 일정부분 맞닿아 있다. 따라서 근대시기 관상합판기업에 대한 사례연구는 중국 기업발전 혹은 기업관행의 역사성과 현재적 의미를 이해하기 위한 기초 작업으로서도 시사되는 바가 적지 않다. 다만 지면관계상 본고에서 이상 문제를 모두 다루는 것은 불가능하므로 지배구조의 양상과 특징을 밝혀내는데 초점을 두고 향후 더욱 진전된 연구를 기대한다.

교적 상세히 보도했던 『성경시보盛京時報』의 신문자료(1919~1931년), 그리고 방사창의 회계 및 관련보고서 등 1차 자료를 함께 검토하는 것에서 방사창의 지배구조를 제도적 측면뿐만 아니라 단편적이지만 기업운영의 실태를 드러낼 수 있기를 기대해 본다.

1. 방사창의 설립과 자본구성

1910년대까지 중국 동북의 면포직물업은 대부분 전통적인 가내수공업의 영역에 머물러 있었고, 매우 미미하지만 1915-1916년 국화제창을 명분으로 대규모 제조계획이 세워졌다. 그러나 기술수준이 유치해서 양호한 제품을 생산해 내지 못했고, 게다가 원료인 면사가 모두 수이입품이기 때문에 도저히 일본 등 기타 외국상품과 경쟁하는 것이 불가능했다. 크고 작은 공장들이 수시로 폐쇄되거나 부진에 시달려야 했다.

동북지역에 근대공업으로 방적업이 발흥했던 것은 1921년 전후였다. 1921년 봉천성정부의 주도로 관상합자의 봉천방사창 설립을 시작하고, 이에 자극되어 만주방적滿洲紡績을 시작으로 금주방적金州紡績(내외면), 복도방적福島紡績 등 일본인 기업이 잇달아 세워지면서 동북에서 방적업紡績業이 점차 대두되었다.[6] 1921년을 전후한 2-3년 간 기업열은 매우 거셌고, 다수의 공장이 설립을 계획하거나 개업했다. 당시 동북지역 최초의 대규모 기계방적회사였던 봉천방사창은 반관반민半官半民의 직포겸영 방적공장으로[7] 1923년 7월 시운전을 시작한 후 그 해 10월 정식

6) 南滿洲鐵道興業部商工課 編, 『奉天に於ける商工業の現勢』(南滿洲主要都市と其背後地調査 第2輯 第1卷, 南滿洲鐵道, 1927), 308쪽.

개업했다.[8] 1919년 11월 봉천성의회가 봉천방사창 설립안을 성정부에 제출하고,[9] 재정청장 왕영강王永江이 1920년 설립준비를 시작하여 정식 개업에 이르기까지 만 4년의 시간이 걸렸다.

공장은 봉천성성奉天省城 서소변문西小邊門 밖 십간방十間房에 설립되었다. 이곳은 황고둔皇姑屯 및 봉천성城의 남·북 두 기차역과 남만선 봉천역에서 모두 1-2리 거리에 불과하고, 또 북녕선北寧線의 전철기(switch)가 공장부지내에 있어서 원료조달과 상품유통의 중요 요소였던 교통상의 편리성이 있었다.[10] 개업 당초에는 '봉천방사창奉天紡紗廠고분유한공사'라는 명칭을 썼지만, 1929년 봉천성의 이름이 요녕성으로 변경되면서 1930년 남경국민정부 공상부工商部가 발급한 등기 집조執照에서는 '요녕방사창遼寧紡紗廠'으로 변경 등기되었다.[11]

---

7) 당시 방사창에서 생산된 제품 가운데 棉紗는 雙福, 布疋은 雙鶴과 大星雙星을 상표로 사용하였으며, 〈방사창장정〉에는 상표사용은 별도의 案으로 商標局에 신청하여 처리토록 규정하였다.(〈奉天紡紗廠章程〉, 「遼寧紡紗廠」[館藏號 17-23-01-42-07-001], 13-25쪽)

8) 「紡紗廠定期開幕」, 『盛京時報』(이하 같은 자료), 1923.9.21; 「紡紗廠開幕續訊」, 1923.09.25; 「紡紗廠開幕誌盛」, 1923.10.02.

9) 봉천성의회의 봉천방사창 설립건의안 제출에 대해서는 上田貴子, 「近代中國東北地域に於ける華人商工業資本の硏究」(2002), 62-64쪽을 참조.

10) 「遼寧紡紗廠概略」(1930.6.1.), 『奉系軍閥檔案史料彙編』(江蘇古籍出版社·香港地平線出版社, 1990, 이하 『奉系檔案』), 第10冊, 89-92쪽. 일찍이 財政廳이 방사창의 건축용지로 保靈寺 부근에 구입해 두었지만 측량 결과 너무 협소하여 皇姑屯 부근에 추가로 건축 부지를 확보했다.(「紡紗廠添基購地」, 『盛京時報』, 1921.5.21)

11) 1929년 2월 기존의 '奉天省'이 '遼寧省'으로 개칭되었고, 회사에 옛 지명을 관용하는 것이 불가하지는 않으나 '奉天'이란 2字가 봉건적 의미를 포함하고 있으므로 변경해야 한다는 工商部의 답변이 있었다.(〈工商部가 요녕성정부에 보내는 咨文〉 外, 「遼寧紡紗廠」, 5-8쪽) 명칭의 변경과 함께 방사창에서 사용하던 關防도 변경 사용하였다.(「紡紗廠啓用新關防」, 『盛京時報』, 1929.7.22) 한편 만주국 성립 후에는 만주국정부가 舊봉천성이 가진 주식을 奉天實業廳에서 접수하고, 임원 및 공장 시설을 개선하여 조업을 이어갔다. 1938년에는 만주 진출을 계획하고 있

〈봉천방사창장정(이하 장정)〉[12]에서도 분명히 밝히고 있듯이 방사창의 설립목적은 실업제창과 재원개발에 있다. 좀 더 직접적으로 말하면 중국자본에 의한 경영과 국산품제조에 의한 수입대체를 계획하여 일본 면사포의 수입량을 줄이는데 있었다. 봉천방사창의 면사제품은 16번수와 20번수가 중심이다.[13] |도표 1|에서도 볼 수 있듯이 20년대 후반 면사생산량은 동북 4대 방적회사 가운데 가장 많았고, 면사 생산 합계에서 차지하는 비율도 해마다 증가하고 있다. 한편 1920년대 말에 들어서면 4대 방적회사의 면사생산 확대에 따라 동북지역 수이입 면사의 양은 점차 감소했다. 방사창의 생산능력은 전국에서 5위내에 있었고,[14] 동북 방적업계에서는 최고를 차지하는 등 동북지역에서 매우 중요한 경제사적 위치에 있었다.

|도표 1| 동북 방적기업 면사생산량 비교(1926-1929년)

(단위: 곤梱)

면사	년도	奉天紡紗廠		滿洲紡績		內外棉(金州)		滿洲福紡		합계	
16 번수	1926	12,516	40%	6,018	19%	7,639	24%	5,468	17%	31,641	100%
	1927	14,116	41%	9,395	27%	3,504	10%	7,437	22%	34,452	100%
	1928	15,614	44%	6,641	19%	5,428	15%	7,437	21%	35,120	100%
	1929	19,281	47%	11,377	27%	2,063	5%	8,672	21%	41,393	100%
20 번수	1926	1,210	15%	1,358	17%	5,397	68%	-	-	7,965	100%
	1927	1,305	43%	277	9%	449	15%	1,001	33%	3,032	100%
	1928	1,511	58%	-	-	-	-	1,100	42%	2,611	100%
	1929	1,502	45%	-	-	-	-	1,837	55%	3,339	100%

* 출처: 滿鐵調査課, 『滿洲の纖維工業』, 1931, 38-49쪽.

던 鑛紡에게 정부 및 中銀이 가진 주식 전부를 팔아 경영을 일임시켰다.(「滿洲經濟-奉天紡紗廠」, 『滿洲企業の全面的檢討』, 滿洲經濟社, 1942, 75쪽)

12) 〈奉天紡紗廠章程(이하 章程)〉, 「遼寧紡紗廠」, 13-25쪽.

13) 「紡紗廠定期開幕」, 『盛京時報』(이하 같은 자료), 1923.9.21; 「紡紗廠開幕續訊」, 1923.9.25; 「紡紗廠開幕誌盛」, 1923.10.2.

14) 董師嫡, 「近代東北綿業經濟初探」, 吉林大學碩士學位論文, 2007, 28-32쪽.

우선 방사창 자본구성의 특징과 자본모집 상황을 추적해 보자. 방사창 건립에 필요한 자본은 〈공사조례〉의 '고분유한공사' 규정에 따라 관상官商이 합자하여 모집되었다. 고분유한공사에서는 채무청산에 대한 고동의 책임이 유한책임이었고, 또 제도적으로 기업공개가 이루어졌던 만큼, 자본을 혈연 · 지연에 기반하여 조달했던 전통적인 방식에 비해 광범위한 자본모집이 가능한 구조였다. 〈장정〉에서는 자본총액을 봉대양奉大洋 450만 원(국폐國幣 300만 원에 해당)으로 정하고, 1고股당 봉대양 100원으로 하여, 4만5천 고股의 주식을 발행하기로 규정했다. 자본모집 당초에는 재정청이 250만 원을 내고, 각지 상민商民으로부터 200만 원의 주식을 공모했다.[15] 최종적으로는 상민이 투자한 상고商股 외에 나머지는 관고官股로 충당함으로써, 관상 공동경영의 형태로 자본을 모집했다. 다만 장래에 상고의 수를 늘리고, 관고의 수를 줄여나가면서 최종적으로는 순수하게 상고로 전환할 계획이었다.

1922년 12월까지 모집된 상고는 총 16,622고(총 166만 원)이었는데, 크게 동삼성관은호, 동삼성은행, 흥업은행, 교통은행, 중국은행, 봉천저축회 등 6개 금융기관(5,500고)과 심양, 안동 등 50개 현(11,122고)의 상민으로부터 모집되었다.[16] 5개 은행이 각각 1천 고, 봉천저축회가 500고를 소유한 것 외에 지분이 많은 것은 안동현安東縣 1,203고, 요양현遼陽縣 1,018고, 개원현開源縣 833고, 영구현營口縣 693고, 심양현瀋陽縣 687고이며, 가장 적은 것이 진동현鎭東縣의 3고였다.[17] 또 1927년 말 상

15) 「參觀奉天紡紗廠記事」, 『盛京時報』, 1923.12.15.

16) 1924년 동삼성관은호가 흥업은행, 동삼성은행을 합병하여 두 은행이 소유한 방사창의 지분은 동삼성관은호로 귀속되었다.

17) 「紡紗廠已收股本」, 『盛京時報』, 1922.12.13; 1922년 商股의 내역은 上田貴子, 「奉天-權力性商人と糧棧」, 安富 步 · 深尾葉子編, 『「滿洲」の成立』, 387쪽을 참조.

고는 총 21,120고이며 크게 은행, 총상회, 봉천 각 현, 기타 등으로부터 모집되었다. ①동삼성관은호, 교통은행, 중국은행, 봉천저축회, (안동) 동변실업은행 등 5개 은행(총 6,724고), ②봉천 · 안동 등 2개 총상회(총 1,743고), ③요양 · 개원 · 영구 · 심양 · 창도 · 안동 등 55개 각 현(총 12,639고), 그리고 ④기타로 영구 거주의 하택렴何澤濂, 안동철로경찰국, 봉천어업상선보호국(총 14고) 등이 포함되었다.[18] 상고의 구성은 봉천 각 현의 지주, 상인 등 개인뿐만 아니라 기업, 은행, 상회 등 기관을 포함하여 매우 복잡하고 광범위했다. 1922년과 1927년 말의 상고 수를 비교해 보면 5년 간 약 9천 500고 정도 증가되었으나 1928년 시점까지도 여전히 관고가 자본총액의 50% 이상을 차지하는 자본구조를 유지하였다.

설립 당초 상고는 각 현이 모집 기관이 되어 모집을 장려할 계획을 세웠다. 봉천방사창이 정식으로 가동되기까지 자본모집, 공장 건축 및 기기구매, 설비, 원료 구입, 기술노동자 채용 등 일련의 준비가 필요했다. 초기에는 공장부지의 확보와 건축, 기계구입 등의 준비 작업은 모두 재정청에서 직접 처리했다. 얼마 후 준비 업무가 더욱 복잡해졌기 때문에 1921년 2월 동조원佟兆元(동덕일佟德一)이 총판總辦[총리, 방사창장]으로 임명되었고, 상부지商埠地에 '방사창사무소'를 세웠다.[19] 창업에 필요한 우선적인 자금은 성정부의 관고를 통해 충당되었지만, 총판을 맡은 동조원은 관고로 충당된 초기 자본이 부족했기 때문에 1921년 초반부터 각 현 지사를 통해 모집된 자본금을 수시로 재정청에 넘기도록

18) 「奉天紡紗廠商股股款數目表(1928年)」, 『奉系檔案』第8冊, 58-59쪽; 142-143쪽(財政廳民國16年底股款淸冊에 근거하여 작성); 「紡紗廠股本調査」, 『盛京時報』, 1928.3.20.

19) 「紡紗廠成立事務所」, 『盛京時報』, 1921.2.26.

재촉했다. 심양현의 경우 농호農戶 중에서 80무畝 이상의 토지소유자는 반드시 참여하도록 특별신법特別新法을 제정했지만,[20] 전반적으로 각 현에서의 자본 모집은 쉽지 않았던 것으로 보인다. 출자자의 권한과 범위가 법률로 규정되었다고 해도 상고 청약자는 여전히 드물었고, 부득이하게 성공서省公署, 상무회商務會 분행分行, 각 행정기관, 각지 상가商家에 모집을 장려했다.[21] 그래도 모집이 활발하지 않자 1922년에는 상회商會, 특히 봉천상무총회의 노종후魯宗煦 회장에게 대신 모집을 의뢰하게 되었다. 상회에서 각 상동商董들과 협의하여 전호錢號, 사방絲房, 금점金店, 잡화행雜貨行 등을 4등급으로 구분하여 등급의 고하에 따라 청약 액의 다소를 결정하기로 했다.[22]

특히 장작림이 직접 노종후 회장을 만나 자본조달을 의뢰하면서 "방사창이 이후 순수한 상판商辦으로 변경되면 이미 출자된 관의 자금은 보조금으로 전환될 수 있다. 상회가 4만원을 모집해야 우선적으로 공장관리가 될 수 있고, 고분股分(주식)이 많은 자를 추천하여 낭비되는 바가 없게 될 것"[23]이라 언급했다. 이는 기업의 성질상 자본투자가 많아야 공장관리에 추천될 가능성이 있음을 언급함으로써 상회의 투자와 경영 참여의 관계를 주지시키고 있었던 것이다. 당시 노종후 회장이 봉천, 길림, 흑룡강 3성의 상회가 분담할 수 있도록 요청했다고 하는

20) 「紡紗廠解到之股款」, 『盛京時報』(이하 같은 자료), 1921.2.22; 「修廠長催繳股款」, 1921.3.8; 「募集紡紗廠股本」, 1921.5.5; 「催繳紡紗廠股款」, 1922.2.26; 「廠長請催股款」, 1922.11.22.

21) 「紡紗廠催繳股本」, 『盛京時報』(이하 같은 자료), 1921.8.31; 「紡紗廠催繳股款」, 1921.12.7.

22) 「商會規定認股法」, 『盛京時報』(이하 같은 자료), 1922.1.8; 「再集紡紗廠股款」, 1922.3.28.

23) 「商會募集紗廠股」, 『盛京時報』, 1922.1.22.

데,[24] 1922년 모집된 상고 일람표를 보면 상회 명의의 상고를 발견할 수 없다. 반면 1927년 말 보고된 상고 일람표에는 봉천, 안동 각 총상회에서 1,097고, 646고를 각각 소유, 총 1,743고, 17만 4,300원을 출자했음이 확인된다. 1923년 이후 정확한 시점은 분명하지 않지만 봉천총상회가 원래 예정된 4만 원을 훨씬 넘겨 출자하고 있으며 길림, 흑룡강 상회의 투자는 없었다.

그리고 방사창에 대한 총상회의 직접 투자 외에도 『성경시보盛京時報』에는 "실제 고분의 2/3를 상무회가 조달했다"[25]는 내용의 기사가 실렸다. 회장 노종후가 지역사회의 대표로서 성정부와 상회의 관계가 상호 이해의 일치를 모색하는 단순한 파트너쉽이 되었든, 아니면 정책의 수행자로서 지방정권과 밀착관계였든, 봉천상회는 봉천방사창의 상고 자본모집에서의 역할이 매우 의미가 있었음을 짐작케 한다. 특히 금융시장이나 투자은행체계가 발달하지 못했던 동북지역에서는 주로 상회와 같은 각 현 상인단체의 신용에 기반한 상고의 모집이라는 방식을 통해 자본을 조달했던 것으로 보인다. 그럼에도 불구하고 상민 측의 자본조달이 방사창 초기자본의 절반에 이르지 못했다. 최종적으로는 본래 관영기업이었던 동삼성관은호 등을 상고로 삼아서 관상 자본의 균형을 맞추는 방법을 사용했던 이유가 바로 여기에 있다.[26]

다음으로 고표股票(증권) 발행과 양도, 그리고 증자 문제에 대해 살펴

24) 「商會分擔紗廠股」, 『盛京時報』, 1922.1.27.
25) 「紡紗廠歸商辦訊」, 『盛京時報』, 1922.2.14.
26) 동삼성관은호는 원래 관영사업이므로 본래 官股로 들어가는 것이 마땅하다. 瀋海鐵路公司도 설립 당시 방사창과 마찬가지로 그 자본은 官商이 절반씩 부담하기로 했지만, 商民의 자본이 절반에 미치지 못하자 관은호의 자본을 商股로 넣어 관상합자의 형식을 유지하였다.(「商股側所說明主張之根據」, 『盛京時報』, 1931.3.26.)

보자. 방사창의 고표는 기명식記名式으로 1고, 5고, 10고, 100고 네 종류로 나누어 모집하였다. 전통적 합고 상점기업에서 출자자의 익명투자가 광범위한 관행이었던 것과는 달리 고동의 이름(혹은 상호명, 공사명)을 분명히 밝히도록 규정했다. 〈공사조례〉 제128조에 의하면 고표는 설립 등기 이후가 아니라면 발급이 불가능하며 규정을 위반하고 발급한 고표는 효력이 없다고 규정되어 있다.[27] 『성경시보盛京時報』에서는 방사창이 개업할 때 모집한 고관股款(주식자본)에 대해 1924년 6월 시점까지도 정식 고표가 발급되지 않아 고동股東(주주)들 간에 불평이 있었고, 방사창이 각 현으로부터 넘겨받은 자본금을 증권에 명확히 기재하여 고표를 수령해 가도록 공지함으로써 사람들의 의심을 풀고 신뢰를 보일 예정이라 설명하고 있다.[28]

한편 고본股本은 중국인에게만 모집 가능하며, 고표를 외국인에게 양도하거나 저당할 수 없도록 규정했다. 이는 방사창의 실업 진흥과 이권 유출 방지라는 설립목적과 연속선상에서 이해할 수 있다. 또 고표를 매매, 양도할 경우에는 양도인과 양수인이 증권 뒷면에 이름을 쓰고 도장을 찍어 방사창에 보내 소유권 명의변경을 해야 비로소 효력이 발생했다.[29] 외국인이 아니라면 방사창의 사전 승인 없이도 자유롭게 매매할

27) 〈公司條例(1914年)〉, 『民國法規集成』25冊, 19쪽.

28) 「紡紗廠招令股票」, 『盛京時報』, 1924.6.19. 그런데 1928년 북경정부 실업부가 발행한 등록 執照(1928년 3월 1일자 발급 집조)에는 1927년 6월 9일이 방사창의 설립 연월일로 기재되었고, 1930년 남경국민정부 공상부에 제출한 등록 초고에는 1927년 9월로 기재되어 있다.(〈實業部照〉, 「遼寧紡紗廠」, 37쪽) 이렇게 설립 연월일이 실제와 달리 기재된 이유는 불명확하다. 만일 1927년을 설립 등기일로 간주한다면 1924년 6월에 수령하도록 공지한다 했던 股票 발급은 〈공사조례〉 규정에 맞지 않는 것이라 할 수 있다. 이 문제는 현재로서는 참고할 만한 자료가 없어 해결해야 할 과제로 남겨둘 수밖에 없다.

29) 〈公司條例(1914年)〉에는 "공사의 고분은 장정에 별도로 분명히 규정한 것 외에

수 있다는 점에서 신분상의 구속이나 단독 처분이 불가능했던 전통적인 합고 상점기업의 양도 관행과 차이가 있다. 즉 전체 고동이나 총경리의 승인과 내부거래를 우선시했던 전통적 합고 양도관행과는 달리 자유로운 매매를 인정한 것이다.[30] 방사창에 명의변경을 완료해야만 효력이 발생하는 조항은 회사경영에 불리한 고동의 참여를 방지하려는 의도로 해석하기보다는 '양도로 인한 소유권 분쟁'을 방지하고자 명의변경을 '명문화'했던 것으로 볼 수 있다. 다만 〈장정〉에 자유로운 매매가 보장되었다 해도 당시 이를 실현하기 위한 고표(증권) 거래소와 같은 시장형성이 어려웠던 만큼, 실제 거래여부나 구체적 거래방식은 현재로서는 분명하지 않다.[31]

또한 자본의 확충, 즉 증자는 반드시 고동회에서 논의하여 결정하도록 규정했다. 방사창은 영업개시 직후부터 증자를 통한 직포기의 추가수입, 원면의 확보, 분창分廠의 설립 등에 관한 영업 확충안을 지속적으로 고동회에 제출했다.[32] 특히 요양, 장춘, 영구, 안동, 무순, 통요 등지

공사의 승인 없이 다른 사람에게 양도할 수 있다. 단 설립등록 이후가 아니라면 양도 및 양도예약을 할 수 없다"(제130조)고 규정되었다.

30) 司法部總務司調査科, 『滿洲に於ける合股-その法律關係を中心として』, 1936, 「附錄Ⅰ」, 제15호, 28쪽; 제29호, 78쪽; 제37호, 93쪽.

31) 고표를 분실 또는 훼손한 경우에는 방사창에 분실신고서를 제출하고, 신문에 폐기 선언을 공시해야 한다. 이후 2개월이 지나도 이의를 제기하는 자가 없고, 2명 이상의 보증인이 보증서를 제출하면 新고표를 발급할 수 있도록 규정했다.(〈章程〉, 「遼寧紡紗廠」, 14-16쪽)

32) 『盛京時報』내에 영업확충계획으로서 증자 및 분창설립안과 관련 기사는 영업개시를 앞둔 시점부터 1931년초에 이르기까지 지속적으로 등장한다. 이러한 증자안은 기본적으로 자본금 450만원이 애초 충분하지 않았을 뿐만 아니라 錢法(봉천표)의 시세가 하락하고 원면 등 가격이 등귀했던 것과도 밀접한 관련이 있다.(「紡紗廠增資消息」, 『盛京時報』(이하 같은 자료), 1922.11.24; 「紡紗廠增資訊」, 1923.5.9; 「紡紗廠擴充消息」, 1923.11.21; 「紡紗廠擬增資本」, 1925.2.21; 「紡紗廠擬增資本」, 1925.4.4; 「紡紗廠增資近訊」, 1925.9.18; 「紡紗廠擬分廠」, 1926.8.29;

에 분창을 추가 설립하려는 계획은 일정부분 진전을 보인 경우도 있었던 것으로 보이지만 증자를 통한 것인지 여부는 확인 가능한 자료가 없어 분명하지 않다.

2. 의사결정구조와 경영진

1) 고동과 고동회

소유와 경영의 분리를 핵심 원리로 하는 근대적 기업에서 고동은 고동회를 통해 경영에 참여하게 된다. 방사창의 고동회股東會는 정기와 임시 고동회로 구분된다. 방사창은 매년말 결산을 마친 후 3개월 내에 정기고동회를 열고 전년도 영업상황 및 본년도 영업방침을 보고했다. 고동은 개회 5일전 동사회가 제출한 재산목록, 대차대조표, 영업보고서, 손익계산서, 공적금 · 준비금 · 잉여분배안 등 각 회계장부와 감찰원 보고를 열람할 수 있다. 그리고 동사회가 제출한 이상의 각 회계에 대한 승인 여부를 결정했다. 각 회계에 의심스러운 부분이 있다면 검사인을 선출하여 검사할 수 있었다. 또 동사 · 감찰인의 임기가 만료된 경우 상고동사 및 감찰원을 선출하고, 기타 중요 의안에 대해 의결했다. 한편 임시고동회는 고본股本의 확충, 장정의 의결 및 변경 등을 포함하여 방

「紡紗廠增加股本」, 1927.11.8; 「籌設紡紗廠」, 1928.10.28; 「紡紗廠決計擴充」, 1928.12.7; 「紡紗廠擴充消息」, 1928.12.18; 「紡紗廠擴充消息」, 1929.11.30; 「紡紗廠擴充消息」, 1930.3.28; 「營商籌組紡紗廠-殆係遼寧紗廠之擴張」, 1930.4.13; 「紡紗廠擴充擬設三分廠」, 1930.9.20; 「紡紗廠添設分廠-派員前往籌備」, 1931.1.21; 「通遼紡紗分廠下月可成立」, 1931.1.21)

사창에 중요사건이 있거나 혹은 총고분總股分의 1/20 이상 고동이 개회를 청구하면 방사창 총리·협리가 동사회와 상의하여 수시로 기한을 정해 소집했다.33)

|도표 2| 봉천방사창의 영업결산기간과 정기고동회(1924-1931년)

	영업연도	정기고동회	비고
		1923.01.15	상고동사·감찰인 선출
1기	1923.01-12	1924.03.20	감찰인 선출
2기	1924.01-12	1925.03.10	감찰인 선출
3기	1925.01-12	1926.03.10	상고동사·감찰인 선출
4기	1926.01-12	1927.03.01	감찰인 선출
5기	1927.01-12	1928.03.01	감찰인 선출
6기	1928.01-12	1929.02.28	상고동사·감찰인 선출
7기	1929.01-12	1930.03.01	감찰인 선출
8기	1930.01-12	1931.03.15	감찰인 선출

* 출처: 「紡紗廠選定董事」, 『盛京時報』(이하 같은 자료), 1923.1.18; 「紡紗廠開股東會」, 1924.3.21; 「紡紗廠定期開會」, 1925.2.3; 「紗廠召開股東會」, 1926.2.7; 「紡紗廠開股東會」, 1927.2.19; 「紡紗廠定期開會」, 1928.2.4; 「紗廠股會」, 1929.2.6; 「紗廠定期開股東會」, 1930.2.2; 「紡紗廠股東開會」, 1931.3.16을 참조.

고동회 소집은 회기 1개월 전에 신문에 게재하여 공포하고 일시·지점을 명기하여 각 고동에게 통고했다. 방사창은 성정부에 관고대표의 파견을 요청하고 신문광고를 게재하는 것34) 외에 각 현공서縣公署에 〈고동회간장股東會簡章〉과 〈상고고동고관수목표商股股東股款數目表〉를 첨부하여 공문을 보내 고동회에 참석할 대표의 파견을 요청했다.35)

33) 〈章程〉, 「遼寧紡紗廠」, 16-19쪽.
34) 「奉天紡紗廠請願書, 奉天省政府指令(1929.1-2)」, 『奉系檔案』第6冊, 256쪽.
35) 「奉天紡紗廠爲召集股東總會請派代表參加致岫巖縣公署函(1929.1.18)」, 『奉系檔

〈방사창장정〉 및 〈고동회간장〉에 규정된 고동회 소집, 참여 방법과 절차는 대략 다음과 같다.36) 각 현에서 투자한 각 호戶 가운데 고동회 참여는 편의상 100고 이상인 경우로 한정하고 현지사가 인정한 대표 1명, 200고 이상인 경우는 대표 2명 등으로 유추하여 대표를 파견하도록 규정하였다. 투자지분이 100고에 미치지 못한 현에서 고동회에 참석할지 여부는 편리한대로 정할 수 있었다. 각 현의 고동이 사정이 있어 회의에 참석할 수 없을 경우에 위탁증서를 소지한 대표를 파견하는 것이 가능하며, 위탁증서가 없는 경우는 현공서의 공문으로도 증명할 수 있다. 의결권 행사의 주체는 고동 자신 혹은 위탁받은 대표이다. 시간 내 고동이 회의에 참석하지 않거나 또는 대표에게 위탁하지 않은 경우 스스로 권리를 포기하는 것으로 의결 및 선거 각 사무에 대해 별도의 이의를 제기할 수 없다. 이때 위탁할 대표의 범위에 대해서는 특별히 규정하고 있지 않으나, 위탁증서 혹은 현공서 공문으로 이를 증명해야 했다. 각 상고 고동이 공사의 상호나 공공기관의 명칭을 사용하는 경우에는 회기 10일전에 합당한 증서를 작성, 발행하여 고동명부에 기재할 대표자 성명을 방사창에 보고해야 한다. 각 고동 및 그 대표가 개회 전에 보고, 등록하면 입장권을 발급했다. 고동회의 회장은 동사董事 가운데 1명을 공동으로 추천했다. 고동회 회의사항 자체와 특별한 이해관계가 있는 사람은 표결에 참여할 수 없고, 다른 사람을 대신해서 의결권을 행사하는 것도 불가능했다. 고동회의 의결사항은 〈공사조례〉의 특별규정에 관한 것을 제외하고, 회의에 참석한 고동 의결권의 과반수를 얻으면 유효한 것으로 간주되며 가부可否가 동수일 때는 회장이 이를 결정

案』第8冊, 143쪽.

36) 「奉天紡紗廠召集股東會簡章(1929.2.1)」, 『奉系檔案』第8冊, 142쪽.

했다. 고동회의 의결사항에 대한 표결방법은 회장이 임시로 정할 수 있도록 규정했다.

방사창 고동회에서 각 고동은 1고股당 하나의 의결권을 행사할 수 있으며 대주주에 대한 의결권 제한은 없다. 1고에 하나의 의결권을 갖도록 한 〈공사조례〉(145조) 규정을 따랐지만, "11고 이상을 소유한 고동의 의결권 행사를 장정으로써 제한할 수 있도록" 규정한 〈공사조례〉의 대고동에 대한 의결권 제한규정이 〈방사창장정〉에는 들어있지 않다.[37] 반면 고동회의 참가자격을 각 현의 고동은 편의상 100고 이상인 경우로 규정하여 현지사가 인정한 대표를 100고 당 1명씩 회의에 참가하도록 했다. 100고가 되지 않는 현의 경우 고동회의 참석 여부를 편리한대로 정하도록 했지만, 의사결정 최고기관인 고동회에는 실질적으로 소고동小股東이 참여하는 것이 제한될 수밖에 없었다. 방사창에는 관고로서 봉천성정부가 자본의 절반 이상을 출자하고 있고, 동삼성관은호를 포함하여 성정부 외에는 기타 대고동大股東이 부재하여 방사창의 경영은 관(성정부)을 중심으로 한 독단적 경영체제 구축이 가능한 의사결정 구조를 가지고 있었다. 이러한 이유 때문에 대고동에 대한 의결권 제한 규정이 없었던 방사창의 지배구조는 이후 심해철로공사瀋海鐵路公司(구舊 봉해철로공사奉海鐵路公司)와 같은 관상합자 기업의 설립 · 경영 과정에서 "대고동에 의해 소고동이 유린당할 수 있는 잘못된 본보기"나 "관에 의해 기업이 좌지우지되어 상민이 항쟁할 수밖에 없는 사례"로 인식되었

37) 〈공사조례〉 제145조에는 "공사의 각 股東은 1股당 하나의 의결권을 갖는다. 단, 한 股東이 11股 이상을 가진 경우 그 의결권의 행사는 章程으로써 이를 제한할 수 있다"고 규정하고 있다. 대주주의 의결권에 제한을 두고자 한 것인데, 일반적으로 1股당 하나의 의결권이 있음에는 큰 차이가 없지만 대주주에 대한 의결권은 각 公司의 경영사정에 따라 다르게 규정되었다.

다.[38]

실제 방사창 고동회의 주요사항에 대한 의결과정의 단면을 상고동사商股董事와 감찰원監察員의 선거실태를 예로 들어 살펴보자. 1926년 3월 10일 개최된 고동회에서 상고동사 선거가 방사창 총리의 조종에 의한 불법선거라는 이유로 일부 고동이 불만을 품고 성의회省議會에 이의를 제기하고, 동사 지정을 철회해 줄 것을 청원하는 일이 발생했다. 최고 의사결정기관인 고동회에서 자행된 불법행위에 대해 의견청구라는 형태로 성의회에 청원(소장)을 제출한 사건으로 주목할 만하다.

당시 정기고동회의 상황을 살펴보면 고동회에 출석, 등록한 인원이 각 현 및 각 은행 대표 등 총 53명이며, 총 대표권은 1만 5,217고股로 상고 총액의 반을 초과했다. 상고동사 및 감찰원 선출과 관련해서 서안현西安縣 대표 호국옥胡國玉은 '투표선거'를 주장했고, 영구현營口縣 대표 고영기高永祺, 개원현開原縣 대표 강계봉康季封, 봉천총상회 대표 왕수신王壽臣 등은 '추천선거'를 주장했다. 당시 임시주석으로 선출된 관고동사 동조원이 투표선거에 찬성하는 자는 기립하고, 추천 선거에 찬성하는 자는 그대로 앉아있도록 했다. 결국 기립 5명, 미기립 48명으로 다수표결에 따라 추천 선거 방법을 채택하여 동사와 감찰원을 선출했다. 문제

38) 瀋海鐵路公司의 경우는 〈公司法(1931年)〉에서 股權을 제한하는 규정에 따라 '專章' 제28조에 1股마다 하나의 결의권을 갖는데, 1人이 50股 이상을 소유한 경우 10股마다 결의권 하나를 갖고, 100股 이상은 20股마다 의결권 하나를 갖도록 분명하게 기재하였다. 이와 관련해서 개업초기에는 官商간의 갈등이 없었던 것으로 보이지만, 1931년 동삼성관은호가 股票 분할을 통해 의결권과 선거권을 확대하려는 시도가 있어 商股가 商股股東聯合會를 조직하여 격렬히 저항하였다.(「商股側所說明主張之根據」; 「瀋海路商股股東聯合對抗官銀號: '紡紗廠之事實可股鑑, 爲公爲私應當誓死力爭'」, 『盛京時報』(이하 같은 자료), 1931.4.8; 「瀋海路商股風潮現正調海中」, 1931.4.11; 「瀋海商股對官銀號股權控案, 政委會交省政府, 聯合會又發表通告書」, 1931.4.18)

는 원래 선거장정에 투표로 선거하도록 되어 있었음에도 불구하고 다수표결에 따라 추천선거의 방식을 채택했던 것에 있었다. 기사에 의하면 방사창 선거장정 제1조에는 상고동사는 상고 고동 가운데 5명을 투표로 선거한다고 기재되어 있는데, 선출 당시 방사창의 총리 손조창, 관고동사 동조원 등이 규정에 따르지 않고 백영정, 장지량, 팽현, 왕건극, 한강금 등 5명을 동사로 지정했다는 것이다. 당시 투표선거를 주장했던 호국옥胡國玉이 반대를 표시했지만 받아들여지지 않았다. 이에 고동의 특권인 동사선거에서 총리와 관고동사 등이 부정행위와 위법을 행하였으니 동사 지정을 취소하고 별도로 선거하기를 주장했던 것이다.[39)]

손조창이나 동조원은 모두 관고동사였다. 상고동사 선출과정에서 임시주석 동조원이 총리 손조창과 협잡하고 상고인 영구현, 개원현, 봉천총상회 대표 등이 이에 적극 호응했던 것으로 보인다. 추천선거를 지지한 상고의 영구현, 개원현, 봉천총상회는 각각 779고, 1,155고, 1,097고를 소유했다. 이들은 상고 중에서도 상당히 지분 소유가 많은데 반해, 추천 선거를 반대했던 호국광은 그보다 적은 서안현(총235고)의 대표였다. 이 사건은 호국광과 같은 중소 고동이 방사창의 경영에 무관심하지 않았지만, 고동회에서 그들이 누릴 수 있는 권리는 대고동의 권한남용으로 인해 제약되었다는 사실을 드러내 보여준다. 그가 성의회에 제출한 재선 신청이 그 후 어떠한 처리과정을 거쳤는지에 대해서는 확인할 방법이 없다. 다만 |도표 3|에서 볼 수 있듯이 당시 선출된 동사의 구성은 3년 임기가 만료될 때까지 변경이 없다. 결과적으로 보면 그

39) 「紡紗廠非法選擧」, 『盛京時報』(이하 같은 자료), 1926.3.17; 「紗廠選擧之又聞」, 1926.3.21.

의 재선 청원은 받아들여지지 않았던 것으로 짐작된다. 위의 청원은 상고동사나 감찰원의 선거방식을 둘러싼 단순한 문제에서 비롯되었지만, 성의회에 재선을 요청할 만큼 고동회 내부에서 고동의 권리행사를 둘러싸고 관과 상, 혹은 대고동과 소고동의 갈등 관계를 드러낸 사건으로 시사하는 바가 크다.

2) 동사회와 경영진의 구성

고동의 대표로 구성되는 동사회는 기업이 고동이나 기타 이해관계자의 이해에 일치된 의사결정을 하는지 감독하는 기제이므로, 동사회의 구성은 고동의 주요한 관심사가 아닐 수 없다. 동사회에서는 ①영업방침의 계획, ②연말결산보고의 심사대조, ③손익의 분배, ④각종 장정 및 세칙의 심사결정, ⑤기타 일체 중요사항에 대해 의결했다. 즉 공사의 이해와 관련해서 중요한 사안은 반드시 동사회를 열어 의결하는데, 만일 동사회도 의결할 수 없는 경우는 임시고동회를 열어 의결했다. 동사회를 비정기적으로 개회할 수 있고, 의결사항은 동사회에 참석한 동사의 과반수로 가부를 결정했다. 가부가 동수일 경우는 개회시 추천된 임시주석이 결정하지만, 회의에 참석한 동사가 과반 이하일 경우 결의가 불가능했다. 한편 감찰인은 방사창의 일체 사무의 진행에 대한 감찰의 책임을 지며, 따라서 방사창의 기타 직무를 겸임할 수 없다. 감찰인은 수시로 방사창의 영업상황과 장부, 우편물, 계약서, 재산을 조사하고 동사회에서 보고했다. 동사회에 참석하여 의견을 낼 수 있지만 표결권은 없다. 또 동사회가 고동회에 보고한 장부에 반드시 심사 확인 후, 기명날인하여 의견을 고동회에 보고했다.

이상 규정에 의하면 동사와 감찰인은 고동이 경영에 직접 참여하여 주요 사항에 대한 의사결정을 하고 감찰하는 지위라 할 수 있다. 따라서 그 인원수는 고동이 경영에 참가할 수 있는 자리가 얼마나 되는지를 가늠할 수 있는 주요한 지표가 된다. 〈장정〉에는 동사 11명, 감찰인 5명을 두는데, 관고에서 동사 6명, 감찰인 3명을 파견하고, 상고 가운데 동사 5명, 감찰인 2명을 선출하도록 규정했다.[40] 기업마다 동사·감찰의 수에 영향을 미치는 요인들은 다양하겠지만, 방사창의 경우 관·상 합자기업이었기 때문에 기본적으로 관고·상고의 비율에 의해 결정되었다. 그런데 관고는 성정부가 최대고동으로 지분율이 50%를 넘는 반면, 상고는 앞서 자본구성에서도 확인했듯이 매우 다양하게 분산되어 있다. 이상적으로 보면 고동 분산에 의해 발생한 수많은 소고동의 의사를 반영하도록 상고 내에서 더 많은 동·감 인원수를 설정할 필요가 있었지만 방사창 동·감의 비율은 관·상고의 자본 비율에 따라 결정되었다.

관고동사는 모두 성정부가 위임 파견했다. 특히 동조원과 임성수林成秀는 애초 공장이 가동되기까지 방사창의 총·협리를 맡아 설립 준비과정을 주도했던 인물로 정식 개업이후에는 관고동사로서 계속 방사창의 경영에 직접 참여하고 있다. 1929년 2월 위임 파견된 관고동사는 요녕성 민정청장, 재정청장, 농광청장, 건설청장, 경무처·공안관리처장 등

40) 〈公司條例(1914年)〉에 따르면 고분유한공사의 동사와 감찰인은 股東 중에서 선임하고, 또 선출된 董事의 소유 주식 수와 동사, 감찰인의 보수에 대해서도 章程 등에 분명하게 기재하도록 했다. 만일 장정내에 기재하지 못했다면 創立會나 股東會에서 보충할 수 있다고 규정했다.(〈公司條例(1914年)〉, 『民國法規集成』25冊, 14-27쪽) 한편 1922년 12월 개업을 앞둔 시점의 『盛京時報』 기사에 의하면 동사 9명, 감찰원 3명을 두되 방사창이 본래 官商合辦이고, 官商股를 비교하여 官股에 동사 5명, 감찰원 2명을 할당하고 商股에 동사 4명, 감찰원 1명을 할당했다고 보도했다. 단, 관고동사내에서 총리 1명을 파견하고, 상고동사 가운데 협리 1명을 互選하도록 했다. 〈장정〉에 규정된 내용과는 동사, 감찰원의 수에서 약간 차이가 있다.(「紡紗廠將選職員」, 『盛京時報』, 1922.12.7)

성정부위원들로 구성되었다. 또한 관고감찰원 3명은 모두 재정청 과원科員 중에서 파견되었는데, 특히 상주감찰원은 방사창에서 상주하며 기타 직책을 겸직할 수 없었다. 1923년 제1기 관고상주감찰 유장서劉章瑞는 방사창에 파견되기 직전 통요현通遼縣의 경비 조사업무를 맡았다가 방사창의 상주감찰로 파견되었다. 1924년 7월에는 1년 임기를 마치고 재정청으로 복귀했다. 또 1927년에는 전임 감찰원이 재정청으로 복귀하고 추노인鄒魯鄰이 후임으로 파견되었다. 1930년 6월에는 관고감찰원 장조갑張兆甲이 서안국장西安局長으로 승임되어간 후, 6월 3일 재정청장이 재정청 제1과장 유광패劉廣沛를 상주감찰원으로 파견, 위임하였다.[41] 상주감찰원을 제외하면 나머지 관고동사와 감찰원은 방사창 밖에서 겸직이 가능했다. 이들의 거주지가 방사창이 아닌 본직의 소속과 일치하는 이유가 바로 여기에 있다.

한편 상고동사와 감찰원은 모두 정기고동회에서 선출되었다. 〈장정〉에 따르면 상고 동·감은 특히 "만25세 이상으로 상업상 지식 혹은 경험이 있고, '100고 이상의 상고를 소유'한 경우 피선될 자격이 있었다." 동·감의 임기는 각각 3년과 1년이며, 임기만료 후에도 다시 피선되어 연임할 수 있었다. 방사창이 공장을 정식으로 가동하기에 앞서 1923년 1월 15일 고동회의를 소집하고 초대 상고 동사를 선정했다.[42] 이후 1926년과 1929년 두 차례 정기고동회에서 임기 만료된 상고동사의 후임을 뽑았고, 상고감찰은 매년 정기고동회에서 선출했다. 그렇다면 동사회를 구성하여 방사창의 경영에 직접 참여했던 주요 고동의 구성에 대해 살펴보자.

41) 「紡紗廠請委收支」, 『盛京時報』(이하 같은 자료), 1923.6.5; 「紡紗廠更易監察」, 1924.9.17; 「廳委紗廠監察員」, 1927.4.22; 「改委紡紗廠監察員」, 1930.6.5.
42) 「紡紗廠選定董事」, 『盛京時報』, 1923.1.18.

우선 상고동사로서 1929년 사망하기 전까지 줄곧 방사창의 협리를 겸했던 한강금韓崗岑은 중국은행 대표였다. 한강금을 포함하여 왕건극王建極과 백영정白永貞이 1923-1931년 9년간 세 차례 상고동사를 연임한 이력은 그들이 설립당초부터 방사창내에서 상당한 영향력을 행사해 왔던 고동의 대표였음을 짐작케 한다. 왕王은 안동동변실업은행 대표로 확인되었는데, 백白은 어떤 고동(상호, 혹은 공사)을 대표했는지 명확하지 않다. 백영정이 요양현 출신으로 고향에서 그의 위상이 매우 높았고 요양현의 주식 수가 767고에 달하고 있다는 점에서 요양현의 대표일 가능성이 있다. 혹은 그 외에 자본구성에서 고분股分(주식)이 많았던 교통은행(1128고)이나 봉천저축회(528고)의 대표일 가능성도 배제할 수는 없다. 또 팽현彭賢은 동삼성관은호의 총판으로서 관은호를 대표하는 상고동사를 두 차례나 연임했고, 이후 노목정魯穆庭이 후임 총판으로 관은호를 대표하는 상고동사가 되었다. 노종후盧宗煦는 당시 봉천총상회 회장으로서 총상회를 대표했다. 이후 총상회 회장이 변경됨에 따라 장지량張志良, 정광문丁廣文이 차례로 상고동사가 되었다.[43] 또 1930년 공상부工商部에 공사등기를 신청할 때 제출한 명단에 처음 등장하는 조가어趙家語는 개원현이 모집한 지방공관처地方公款處(690고)의 대표였다. 한편 상고감찰이었던 학전경郝殿卿은 영구현의 옥기玉記 100고의 대표였고, 정광문丁廣文과 노광적盧廣績은 요녕총상회(구舊봉천총상회)의 대표였다.

이상에서 보면 1923년-1931년 역대 상고 동·감은 주로 중국은행, 안동동변실업은행, 동삼성관은호, 봉천총상회, 개원현, 영구현 등의 고동 대표로 구성되었음을 확인할 수 있다. 이들 고동은 상고 가운데서도

43) 도시봉천상회 연혁에 대해서는 김희신, 「만주국 수립이전 봉천의 상업과 중국 상인의 동향」, 『중국근현대사연구』60집, 2013, 182-183쪽의 〈표〉를 참조.

고분 수(주식수)가 매우 큰 고동에 속하며, 대부분은 연임되었다. 결과적으로 이들은 동사회에서 지속적으로 의사결정권을 장악하였고, 이로부터 방사창의 경영에 직접 참여할 수 있었다. 고동의 소유 고분 규모가 동사선출 과정에 직간접적으로 영향을 미쳤던 사실에 대해서는 1926년 3월 고동회의 사례를 들어 이미 앞서 설명한 바 있다.

|도표 3| 봉천방사창의 동사·감찰 및 경영진의 구성

고동회	1923.01	1924.12 (1기)	1926.03 (3기)	1927.12 (4기)	1928.12 (5기)	1930.01 (6기)	1929.12 (6기)	1931
總理 (官股董事)	孫祖昌	孫祖昌	孫祖昌	孫祖昌	孫祖昌	孫祖昌	孫祖昌	王廣恩
官股董事		佟兆元	佟兆元	佟兆元	佟兆元	陳文學	陳文學	
		林成秀		林成秀	林成秀	張振鷺	張振鷺	
		陳藝		關定保	關定保	劉學齡	劉學齡	
		張聯文		張嗣良	張嗣良	彭濟群	彭濟群	
		於福鎮		於福鎮	於福鎮	高紀毅	高紀毅	
協理 (商股董事)	韓崗芩	韓崗芩	韓崗芩	韓崗芩	韓崗芩	王廣恩	王廣恩	杜潮盛
商股董事	魯宗煦	魯宗煦	張志良	丁廣文	丁廣文	趙家語	宋成賓	
	彭賢	彭賢	彭賢	彭賢	彭賢	魯穆庭	魯穆庭	
	王建極	王建極	王建極	王建極	王建極	王建極	孫榮明[44]	
	白永貞	白永貞	白永貞	白永貞	白永貞	白永貞	白永貞	
官股常住監察	劉章瑞	王廷璋		鄒魯隣	蔣桂芬	崔玉樹	崔玉樹	劉廣沛
官股監察		高清和		常翊宸	常翊宸	章繼勛	章繼勛	
		於長安		章繼勛	章繼勛	張兆甲	張兆甲	
商股監察	潘玉田	潘玉田	王鐘毓	王鐘毓	辛德潤	丁廣文	盧廣績	
	王作霖	譚金鐸	高永祺	譚金鐸	李普霖	郝殿卿	郝殿卿	

* 출처: 「紡紗廠選定董事」, 『盛京時報』(이하 같은 자료), 1923.1.8; 「紡紗廠更易監察」, 1924.9.17; 「紡紗廠非法選擧」, 1926.3.17; 「紡紗廠選擧之又聞」, 1926.3.21; 〈第2期純益分配案(1924年分)〉, 南滿洲鐵道興業部商工課編, 『奉天に於ける商工業の現勢』(1927), 313-314쪽; 〈實業部執照〉, 「遼寧紡紗廠」, 37쪽; 〈奉天紡紗廠第6期營業報告書〉, 『奉系檔案』 第8冊, 59-61쪽; 〈遼寧紡紗廠第7期營業報告書〉, 『奉系檔案』 第9冊, 409-411쪽; 〈遼寧紡紗廠官商股董事監察人清冊〉, 「遼寧紡紗廠」, 26-27쪽; 「改委紡紗廠監察員」, 『盛京時報』, 1930.6.5; 「奉天紡紗廠」, 『滿洲華商名錄』, 151-152쪽을 참조하여 작성.

44) 東邊實業銀行의 董事 명단에서도 봉천방사창 동사의 이름을 확인할 수 있다. 專

|도표 4| 봉천방사창 동사·감찰원 원적 및 소속거주지

	1924.12	원적	소속	1930.01	원적	소속·거주지	비고
總理 (官董)	孫祖昌	遼陽	봉천방사창	孫祖昌	遼陽	요녕방사창	방사창 總理
官股董事	佟兆元	撫順	遼瀋道尹·營口交涉署交涉員	陳文學	江蘇	요녕성 민정청장	성정부위원
	林成秀	遼中	省城官地清丈·屯田局·管水利局 總辦	張振鷺	開原	〃 재정청장	성정부위원/동삼성관은호 會辦·督辦 역임
	陳藝	江蘇	교통은행 省城 分行長	劉學齡		〃 농광청장	성정부위원
	張聯文			彭濟群	鐵嶺	〃 건설청장	성정부위원
	於福鎮			高紀毅	遼陽	〃 경무처·공안관리처장	성정부위원
協理 (商董겸)	韓岡芩	金州	봉천방사창	王廣恩	義縣	요녕방사창	중국은행 1128股 대표
商股董事	彭賢	新民	동삼성관은호 總辦	魯穆庭	營口	동삼성관은호 총판	관은호 3395股 대표
	白永貞	遼陽	성의회 議長	白永貞	遼陽	요녕성 通志館	?
	王建極	山東	안동동변실업은행 董事	王建極	山東	안동현 동변실업은행	동변실업은행 545股 대표
	魯宗煦	山東	봉천총상회장	趙家語		개원현 지방재정국장	개원현 地方公款處 690股 대표
官股 常住監察	王廷璋		봉천방사창	崔玉樹		요녕방사창	요녕재정청 직원
官股監察	高清和	錦西	省城商埠局 總辦	章繼勛		요녕성 재정청	재정청 직원
	於長安			張兆甲		〃 재정청	재정청 직원
商股監察	潘玉田			丁廣文		요녕성총상회	봉천총상회 1097股 대표
	譚金鐸			郝殿卿		영구현 총상회	영구현 玉記 100股 대표

* 출처: 〈遼寧紡紗廠官商股董事監察人清冊〉; 〈遼寧省政府가 工商部에 보낸 咨復〉; 〈工商部가 遼寧省政府에 보낸 咨文〉; 〈實業部執照〉, 「遼寧紡紗廠」, 26-32쪽 및 37쪽; 南滿洲鐵道株式會社庶務部調查課, 『東三省主要官紳錄』(滿鐵調査資料第39篇), 1924, 1-22쪽 등을 참조하여 작성

務董事 王建極(910股), 董事 孫永明(545股, 안동 恒盛泰 대표), 佟兆元(1400股) 등이 있다.(〈東邊實業銀行現任董事監察人名住址股數清冊 [董事任期: 1930.7.1~1933.6.30]; 監察人任期[1930.7.1~1931.6.30]〉, 「東邊實業銀行」[館藏號 17-23-01-42-23-001], 12-13쪽)

사실 기업의 수익성, 안정성에 결정적 영향을 미칠 경영진, 즉 동사회의 구성뿐만 아니라 직접적으로 방사창 전체 업무를 총괄할 경영자의 선임 역시 고동들의 최대 관심사가 아닐 수 없다. 방사창의 고동, 동사회, 그리고 현실적으로 기업 경영관리의 실권을 장악한 최고경영자의 인선은 어떠한 관계에 있었는가.

방사창에는 총리總理[45] 1명, 협리協理 1명을 두었는데 총리는 관고동사 중에서 정해 파견하고 협리는 상고동사 중에서 호선했다. 이 또한 관상 합자기업의 특징을 잘 보여주고 있다. 〈장정〉에는 상고가 증가하는 만큼 [제8조 규정에 따라 관고는 퇴고退股하게 되므로] 관이 파견하는 동사 수는 관고·상고 비율에 따라 감소되며, 상고가 고수股數의 2/3가 될 때 총리와 협리를 모두 전체 동사회에서 선거한다고 규정했다. 그러나 1932년 만주국 성립까지 상고의 총수가 2/3를 넘지 못했고 총리는 계속해서 성정부에 의해 위임, 파견되었다.

규정상 총리는 방사창의 전체 업무를 총괄하며, 전체 직원의 임면과 승진에 대한 권한을 소유한다. 협리는 총리를 도와 방사창의 모든 업무를 처리하며, 유사시 총리를 대신해 대행한다. 총·협리가 〈장정〉과 고동회·동사회 각 의결내용을 준수하여 업무를 처리하는데 방사창의 이해와 관련해서 중요할 경우에는 반드시 동사회에서 의결하고, 만일 동사회도 의결할 수 없는 경우 임시고동회를 열어 의결하도록 했다. 특히 관(성정부)에서 파견한 총리가 동사董事를 겸직하여 동사회에 참여함으로써 방사창내의 중요 의결사항에 대한 의결권을 행사했고, 방사창 내

45) '總理'란 명칭이 국민당의 總理를 연상시키는 것을 피하기 위해 성정부가 瀋海鐵路의 總理는 '總辦'으로, 紡紗廠의 總理는 '廠長'으로 개칭하도록 지시하였고, 1931년 4월 29일부터 변경한다고 각 부분에 函을 보내 공지하였다.(「紡紗廠總理改稱總辦」, 『盛京時報』, 1931.5.1)

부 임직원의 임면권 및 출척권을 가지고 있음으로써 경영상의 권한도 매우 컸다. 〈장정〉내에 별도로 총·협리의 임기를 규정하지 않았지만 동사를 겸임하므로 연임 가능했다.

|도표 4|에서도 확인할 수 있듯이 동사·감찰원은 〈장정〉이 규정한 임기에 따라 개선되는 절차를 밟았지만 총리 손조창은 1922년부터 1931년 1월 유상청劉尙淸을 따라 남경으로 가기 위해 사퇴할 때까지 그 지위를 변함없이 보장받았다.[46] 손조창(1886년 출생)은 봉천 요양인遼陽人으로 경사대학당京師大學堂(화학과)을 졸업했다. 동북지역에서 그는 봉천성립고등상업학교奉天省立高等商業學校 교장, 봉천전등창奉天電燈廠 창장, 흑룡강성통원임업공사黑龍江省通元林業公司 총판, 흑룡강학강매광공사黑龍江鶴崗煤礦公司 총판, 송흑양강우선국松黑兩江郵船局 국장, 길림군민양서吉林軍民兩署 참의 등을 역임하여 당시 동북 경제계에서는 유명 인사였다. 그리고 각종 실업에 대한 투자 경험과 기업에서의 경력을 인정받아 성정부로부터 방사창 총리로 중용되었다.

그런데 앞에서 언급했듯이 1921년부터 1923년 10월 1일 방사창이 정식으로 조업을 시작하기까지 2년 반 동안의 모든 준비를 담당했던 것은 손조창이 아니라 동조원이었다. 동조원은 안동채목공사安東採木公司 이사장, 안동세연국장安東稅捐局長을 역임했고, 방사창 총판 재임 중에 잠시 교섭서장交涉署長을 겸임한 바 있다. 사실 그는 안동채목공사 이사장 재임시절 횡령 등의 혐의로 직위 해제되었다가, 얼마 후 당국의 양해로 안동세연국장安東稅捐局長을 거쳐, 방사창 총판이 되었다.[47] 그리고 그가

---

46) 그는 남경국민정부 내정부장 劉海泉(劉尙淸)을 따라 내정부 稅務司長(總務司長)을 맡게 되어 남경으로 가면서 사직했다.(「遼寧紡紗廠爲王廣恩接任總理致遼寧總商會函(1931.2.14 도착)」, 『奉系檔案』第11冊, 444쪽; 「孫祖昌董英森在京部任職」, 『盛京時報』, 1931.1.30; 「紡紗廠總理辭職, 王廣恩繼任」, 같은 자료, 1931.2.4)

교섭서장交涉署長을 겸임하게 되자, 총리를 도와 업무를 수행하도록 임수성林秀成을 협리로 추가 위임하였다.48) 동조원과 관련해서 언론에서는 “치부에 능한 동모佟某[동조원]를 [방사창의] 총판으로 삼았는데, 동佟이 대사에 지나치게 신경을 쓰고, 고동을 끌어들이기 위해 하루도 빠짐없이 주색에 빠져 방탕한 생활을 하니 여러 가지 일이 여전히 두서가 없다”고 전하고 있다.49) 당시 동조원이 각계에서 활동하던 정황을 ‘주색, 방탕한 생활’로 표현해 낸 듯하다. 그의 이력을 보면 도덕적으로 신임을 얻을만하지 않았지만, 당국에서는 방사창 설립을 위한 자본모집과 설립준비에 적당한 인물이라 여겼던 것으로 짐작된다.

방사창 설립 당시 총리 외에 협리를 두었던 것은 동조원이 교섭원이 되어 겸직을 하게 되고, 또 방사창 업무가 복잡해지면서 협리를 두어 돕도록 했던 것에서 시작되었다. 그런데 방사창의 개업과 함께 총리는 관고동사로서 관에서 파견하고, 협리는 상고동사 중에서 호선한다고 하는 〈장정〉 규정에 따라 총리와 협리를 관·상고에서 나누어 맡는 형국이 되었다. 봉천봉사창의 자본이 순수한 관고는 아니지만, 총리를 성 정부가 임면함으로써 경영상 관료주의적 습성을 피할 수 없었다. 다만 협리가 상고 중에서 호선되므로 관련 업무에 정통한 인물로 충당되어 초기 방사창 내부의 관료티를 대대적으로 정돈하고 영업이 호전되기를 기대했다.50)

---

47) 「佟兆元將交特別審判廳」, 『盛京時報』(이하 같은 자료), 1919.10.23; 「佟理事與寶廳長下獄」, 1919.10.28; 「佟兆元又將出臺」, 1920.4.20; 「佟局長赴安視事」, 1920.4.27; 「籌辦紡紗廠近聞」, 1921.2.18.

48) 「佟交涉員接任」, 『盛京時報』(이하 같은 자료), 1921.10.2; 「佟署長仍廠長」, 1921.10.16; 「紡紗廠添派協理」, 1921.11.6; 「佟署長辭職不確」, 1921.11.12.

49) 「紡紗廠之悲觀」, 『盛京時報』, 1921.4.19.

50) 「紡紗廠內部之整頓」, 『盛京時報』, 1923.6.17.

실제 1923년 1월 고동회에서 한강금韓崗芩을 상고동사 겸 협리로 선출했는데, 금주인金州人으로 일본 동경고등공업학교東京高等工業學校 방사과紡紗科를 졸업한 젊은 청년이었다. 그런데 1922년 동조원을 대신하여 손조창이 총판이 되었을 때 봉천 정계에서는 당시 성장 왕영강王永江이 봉천성 금주 출신으로 동경에 유학 중인 청년을 의중에 두고 있고 학교 졸업 후 돌아올 때까지 임시로 손조창이 총판을 대리토록 한 것이라는 소문이 있었다.[51] 이력으로부터 볼 때 아마도 앞서 언급한 왕영강이 의중에 둔 인물이 한강금이었던 것으로 보인다.[52] 왕영강이 강력하게 추천한다던 한강금이 협리로 선출되었다는 점, 그리고 그가 중국은행의 대표였다는 점은 규정상 상고동사 중에서 호선되었던 협리도 관과 상당정도 관련이 있는 인물이었음을 시사해준다.

이후 협리 신분으로 손조창과 함께 1929년까지 줄곧 방사창의 발전을 이끌었던 한강금이 사망하자 제6기 고동회에서는 왕광은王廣恩을 후임으로 선출했다.[53] 왕광은은 봉천성 의현인義縣人이며, 대은고등공업학교大銀高等工業學校 출신으로 전임 협리였던 한강금과 마찬가지로 관료출신이 아니며 방사·방직 관련 업무에 정통한 인물이었다. 1931년 2월 1일에는 성정부령令으로 총리 손조창의 후임에는 왕광은王廣恩이 승임되었고, 협리에는 봉천 봉황성인鳳凰城人으로 북평고등공업학교北平高等工業學校 출신이며 당시 성립제2공과고급중학교省立第2工科高級中學校 교장이었던 두조성杜潮盛이 맡았다.[54] 이로써 1931년 시점에는 총·협리가 모두 봉

51) 「紡紗廠長之別聞」, 『盛京時報』, 1922.11.14.

52) 「紡紗廠內部改組」, 『盛京時報』, 1923.4.21.

53) 「遼寧紡紗廠概略」(1930.6.1), 『奉系檔案』第10冊, 89쪽.

54) 「杜潮昌膺任紡紗廠協理」, 『盛京時報』, 1931.3.19; 「奉天紡紗廠」, 『滿洲華商名錄』, 151-152쪽.

천성 출신으로 공업학교 출신이며, 상고동사에서 충원되었다.[55] 본래 관이 파견했던 총리에 상고동사 왕광은이 승임된 것은 "동·감의 임기 내에 만일 관고에서 충당될 인물이 부족하다면 별도로 상고에서 지명 파견할 수 있도록" 한 〈장정(제34조)〉 규정에 따랐던 것으로 보인다.

3. 경영성과의 배분

일반적으로 기업의 경영성과는 고동에게 귀속된다. 이를 귀속시키는 방법으로는 이익을 배당으로 지급하는 방식을 취할 수도 있고, 그것을 적립해서 기업을 청산할 때 돌려줄 수도 있다.[56] 보통은 주기적으로 결산해서 손익을 평가하고 이익이 있을 때 고동에게 분배하게 된다.

방사창의 영업년도는 매년 1월부터 12월 말까지로 하며, 매월 말 소결小結하고 매년 말 총결總結하여 결산기에 모든 회계를 마감했다. 1년마다의 단기적 결산방식을 취했다는 점에서 전통적 합고 상점기업이 주로 3년(혹은 2년)의 장기적 결산을 취했던 것과는 다른 점이 있다. 또 방사창의 모든 주요 회계는 신식부기를 사용하여 양력에 따라 장부를 작성했다. 회계마감과 함께 재산목록, 대차대조표, 영업보고서, 손익계산서, 공적금·준비금·잉여분배안 등 5개 항목의 장부를 만들어 감찰인에게 넘겨주고 심사대조 확인을 거쳐 잘못된 것이 없다면 기명날인해서 고동회 개회 시에 보고하여 승인을 청구하게 된다. 동사회에서 작성한 각 장부와 감찰인의 보고서는 정기고동회가 열리기 전에 방

---

55) 원래 官股董事가 맡아 왔던 총리직을 상고동사가 겸하게 되었는데, 〈장정〉 제34조에 의하면 동사·감찰인은 임기 내에 만일 官股에서 충당하기 어렵다면 별도로 商股에서 지명 파견할 수 있도록 규정하고 있다.

56) 일반적으로 公司는 영속성을 그 특징으로 하지만, 일부 公司는 회사의 존립기한을 장정에 기재함으로써 유한하게 한정하고 있다.

사창 본점에 비치해두고 고동이나 채권자가 이상 각 항목의 장부를 조사 열람할 수 있게 했다. |도표 5|는 이상 절차를 통해 공개된 회계내역을 바탕으로 필자가 확인가능한 선에서 1924년부터 1929년까지 총 5년간 봉천방사창의 순익 분배상황을 표로 나타낸 것이다.

|도표 5| 1924-1929년 봉천방사창의 순익 분배상황

(단위: 봉대양奉大洋 원元)

년도	총액 (A)			순익 분배액 (D)		공적금	고정자산 상각금	교육 기금	위로금	장려금	홍리 (E)	
		총순익 (B)	前期이월 (C)	奉大洋 (元)	비율 (%)	비율 (%)	비율 (%)	비율 (%)	비율 (%)	비율 (%)	奉大洋 (元)	비율 (%)
1924 (2기)	560,343.55	560,343.55	-	560,000	100	10	10	1	1	2	425,600	76
1926 (4기)	1,668,141.1	1,667,413.03	730.07	1,668,000	100	10	10	1	1	4	1,234,320	74
1927 (5기)	7,132,488.8	7,132,344.79	144.01	7,132,000	100	10	10	2	1	4	5,206,360	73
1928 (6기)	25,408,801.79	25,408,312.99	488.8	25,408,000	100	10	10	2	1	10	17,023,360	67
1929 (7기)	52,613,422.61	52,612,620.82	801.79	44,710,000	100	10	10	3	2	10	29,061,500	65

* 출처: 1924년분은 南滿洲鐵道興業部商工課編, 『奉天に於ける商工業の現勢』(1927), 313-314쪽; 1926년분은 「奉天紡紗廠第4期營業報告書(1926)」, 『奉系檔案』第6冊, 244-245쪽; 1927년분은 「奉天紡紗廠民國16年純益分配數目淸摺」, 같은 자료, 第6冊, 695-697쪽; 1928년분은 「奉天紡紗廠第6期營業報告書(1928年分)」, 같은 자료, 第8冊, 59-61쪽; 1929년분은 「遼寧紡紗廠第7期營業報告書」(1929.12 말 결산), 같은 자료, 第9冊, 409-411쪽.

위의 표에 의하면 방사창이 1923년 10월 정식 영업을 시작한 이래 1929년까지 매년 총순익(B)은 수치상 계속 증가하고 있다. 다만 1930년에 이르러 봉대양奉大洋 약 1,051만 9천 원(현대양現大洋 약 21만여 원에 해당)에 달하는 영업 손실이 발생한 것으로 보고되었다.[57] 그런데 관련 보고서가 봉천표奉天票 기준으로 계산되어 있어 당시 봉천표의 폭락을 고려하면 1929년까지의 총 순익의 수치만으로 영업상황을 평가하기는 곤란하다는 문제가 제기될 수 있다. 여기서의 주요한 관심은 영업평가 문제에 있지 않으며 전반적인 기업의 이익분배 구조를 확인하는 데 있으므로, 이상의 회계자료는 여전히 의미가 있다.

방사창의 결산은 연말마다 영업소득 순익을 총결산하는데, 총순익에서 우선적으로 법정 공적금, 고정자산 [감가]상각금 등의 명목으로 공제하여 적립한다. 그 외에 교육기금, 장려금, 위로금 등의 명목으로 약간을 공제하고 남은, 그 나머지가 홍리紅利가 된다. 결국 영업년도의 순익은 ①법정공적금, ②고정자산 상각금, ③교육기금, ④장려금, ⑤위로금, ⑥홍리 등 모두 6개 항목으로 배분된다.

여기서 주목되는 것은 방사창의 결산규정에는 과거 투자의 안정성과 높은 이윤확보를 위해 관행적으로 출자자에게 지급되어 왔던 관리官利(관식官息)나 이식利息 지급 항목이 없다는 사실이다. 홍리가 기업이윤의 분배라면, 관리는 영업이익의 유무를 불문하고 기업이 존재하는 한 계속 지출해야 할 자본에 대한 이자이다. 이자로서의 관리는 기업에 투자된 자본의 상업, 고리대자본의 성격을 드러내 보여주는 구체적 형태였

---

57) 「遼寧紡紗廠股東大會情形」, 『中行月刊』2-10, 1931, 86쪽. 손조창 총리시절 동북 토산의 生綿을 원료로 사용했지만 생산량이 부족하여 결국 미국면화를 수입하여 주원료로 사용하기 시작했다. 당시 金貴銀跌로 인해 서양 상인과의 거래가 모두 금본위로 이루어져 손실이 적지 않았다. 또한 1927-1929년 봉천, 길림, 흑룡강 3省의 군용피복창이 모두 방사창의 綿布를 썼던 것에서 판매실적이 매우 높았던 반면, 1929년 즈음부터 시장·금융의 부진과 사회구매력의 미약 등이 손실의 원인이 되었다.(「奉天紡紗廠」, 『滿洲華商名錄』, 1932, 151-152쪽) 1930년도 영업실적이 좋지는 않았지만 방사창이 봉천성내 관상합자의 유일한 실업기관이었기 때문에 실업제창을 위해 1년의 영업부진으로 인해 직원, 노동자를 감원하거나 영업범위를 축소하지는 않았다.(「爲實業倡導紡紗廠依舊進行」, 『盛京時報』, 1931.1.23)

다. 일반적으로 관리가 존재하기에 적립금 축적이 어렵고 심지어는 자본금을 꺼내 분배하는 경우도 있어 관리의 폐해로 지적되곤 한다. 한편 〈공사조례〉 제186조에서는 "공사기업의 준비가 설립등록 후 2년 이상 필요한 경우, 관청의 허가를 받아 '개업 전' 이식利息을 장정에서 정한 바로써 연간 6리厘를 초과하지 않는 선에서 분배할 수 있도록" 규정하고 있다. 얼핏 보면 관리가 고분유한공사에서의 이식(건설이식建設利息)[58]과 비슷한 점이 있어도 그 지불에서 이식 등은 〈공사조례〉의 제한규정에 근거, 영업개시 전 고동에게 지불할 수 있다는 점에서 차이가 존재한다. 즉 장기투자사업의 경우 설비를 해야 하기 때문에 영업을 바로 시작하지 못하고, 영업이익이 발생하지 않기 때문에 〈공사조례〉에서 영업개시 이전 이식利息을 지불하는 사례가 있지만, 이것도 반드시 장정에 기재된 범위에서 가능한 사항이다. 그런데 방사창 〈장정〉에는 관리에 대한 규정도, 제한 지불로써 이식에 대한 규정도 존재하지 않는다.

1930년대 동북지역에서도 합고合股 상점기업 뿐만 아니라 근대적 기업이라 할 수 있는 유한고분공사(주식회사)에서도 관리官利가 관행적으로 지불되고 있었던 사실은 어렵지 않게 확인할 수 있다. 물론 동북지역의 합고라 해도 모두 관리가 지급되었던 것은 아니다. 그러나 요녕연초유한공사遼寧煙草有限公司, 남양형제연초고분유한공사南洋兄弟煙草股分有限公司(요녕지점遼寧支店), 영구대흥통윤선공사營口大興通輪船公司 등 근대적 기

58) 〈공사조례〉에서는 '利息'이라 표현했는데, 〈公司法(1931년)〉에서는 '股息', 〈公司法(1946년)〉에서는 '股利'로 각각 달리 표현되고 있다. 1904년의 〈公司律〉에서도 잉여가 있다면 '股息'을 분배할 수 있다고 규정하고는 있지만, 이후 〈공사조례〉 등에서 제한을 둔 것처럼 "공사기업의 준비가 설립등록 후로부터 2년 이상이 되어야 끝이 나는 경우, 관청 허가를 받아 章程에 분명히 규정함으로써 개업 전에 고동에게 지불할 수 있다"는 제한을 상세히 규정하고 있지 않다는 점에서 '官利'와 동일한 의미로 해석이 가능한지는 명확하지 않다.

업에서 "결산 후 이익이 있을 때 공적금 외에 고식股息(관리官利)을 우선 공제, 지불하도록" 각 장정 내에서 규정하고 있다. 고식股息도 년年 1분分, 8리厘, 4리厘 등으로 각각 다양하게 나타난다.[59] 관리관행의 밑바탕에 깔려있는 자본의 투기성이 기업자본의 내부적 축적을 어렵게 하는 요인 중 하나였다는 점에 비추어 본다면, 관련규정이 없는 방사창은 기본적으로 유동자금의 내부적 축적을 가능하게 하는 조건을 갖추었다고 평가할 수 있다.[60] 다만 |도표 5|에서 볼 수 있듯이 실제 홍리의 분배율이 65-76%의 고율에 달하고 있다. 즉 관리 항목을 별도로 설정하지 않았지만, 실제로는 홍리 명목에 포함되어 배당되도록 변용된 것일 수도 있다. 이 문제는 단순하지 않으며 각 기업의 관리 지불 여부와 홍리 배당률과의 관계 분석을 통해서만이 그 실제를 확인할 수 있으며, 지금으로서는 그 변화의 본질을 평가할 방법이 없다.

|도표 5|에서 보면 순익은 매년 고동회에 보고된 영업 손익표의 이익과 손실 두 항목을 서로 상쇄하여 얻은 총순익(B)과 전기前期이월 수입액(C)을 합하여 해당년도에 분배 가능한 총액(A=B+C))이 산출된다. 총액 가운데 우수리를 다음 결산기로 이월하고 그 나머지가 해당 년도의 순익분배액(D)이 된다. 1929년 제7기 영업순익분배안에서는 예외적으로 총액(A)에서 우수리 1만 3,422원 6각 1분을 이월금으로 삼는 것 외에 나머지 5,260만원을 다시 100으로 나누어 15%를 특별공적금으로

---

59) 「遼寧煙草公司」(館藏號 17-23-01-42-06-001), 33-35쪽; 「南洋兄弟煙草公司」(館藏號 17-23-01-42-06-002), 31쪽; 「營口大興通輪船公司」(館藏號 17-23-01-42-21-001), 31쪽.

60) 〈공사조례〉 제183조와 제184조 '유한고분공사' 규정에 따르면 公司가 잉여를 분배할 때 우선적으로 공적금으로 1/20 이상을 꺼내 공적금 항목으로 떼어두고, 손실 보충 및 공적금을 꺼내 보존한 이후가 아니라면 잉여를 고동에게 분배할 수 없도록 규정되어 있다.

공제하고,[61] 나머지 4,471만원을 순익분배액(D)으로 삼았다.

이상 6개 분배항목 중에서 공적금과 감가상각금의 공제율은 각각 1/10로 〈장정〉에 분명하게 규정되어 있다. 공적금의 경우 〈공사조례〉 제183조에는 '1/20 이상'을 공제하도록 규정되어 있으므로 방사창은 기준 공제율의 2배를 공적금 항목으로 공제한 셈이다. 공적금 항목을 규정해 놓음으로써 기업내부 자본금의 보호 및 자본 축적을 통한 확대재생산의 기초를 마련했다. 한편 두 항목을 제외한 기타 교육, 위로, 장려금, 홍리 등 4개 항목의 분배율은 동사회의 결의를 통해 결정되었다. | 도표 5 | 에서 보면 순익이 증가되어 감에 따라 교육, 위로, 장려금의 분배율이 상승했던 반면, 홍리 분배율은 최고 76%, 최저 65%로 점차 감소 추세에 있다. 분배율의 감소추세에도 불구하고 총순익액이 크게 증가했기 때문에 홍리 총액이나 1고股 당 분배되는 홍리가 감소된 것은 아니었다. 홍리(앞의 순익분배액=D) 총액을 100으로 나누어 ①고동 73%, ②동사·감찰인 총2%, ③총리 5%, ④협리 3%, ⑤상주감찰인 1%, ⑥기타 각 직원 총16%를 분배받게 된다.(〈장정〉 제9장) 즉 고동이 73%, 전체 직원이 27%를 갖는 홍리 분배구조를 갖는다.

홍리 분배의 실태는 대체로 다음과 같이 정리할 수 있다. 첫째 관·상고(총 45,000고)를 소유한 고동은 홍리 항목 내에서 73%를 배당받도록 규정되었다. 이에 근거해서 각 년도 1고股당 받을 수 있는 홍리를 계산해 보면 다음과 같다. 1924년도 6.9원, 1926년도 20원, 1927년도 84원, 1928년도 276원, 1929년도 471원으로 1고당 배당금은 매년 증가

61) 1930년도에는 방사창 영업개시 이래 첫 번째 자본손실이 있었고, 이로 인해 現大洋 20만 원 적자 가운데 16만 원을 1929년 특별공적금에서 보충하였다.(「紡紗廠昨年虧損」, 『東三省官銀號經濟月刊』3-1, 1931, 1-2쪽)

했다.[62] 투자 자본과 이익을 비교해 보면 특히 1928~29년에는 홍리가 투자 자본의 각각 2.7배, 4.7배 이상에 달했다.

|도표 6| 1924~1929년 봉천방사창 홍리 분배

(단위: 봉대양奉大洋 원元)

년분	홍리총액 [100%]	고동[73%] (1股 홍리: 元)	동사·감찰인 [2%]	총리 [5%]	협리 [3%]	상주감찰 [1%]	기타 직원 [16%]
1924년분 (2기)	425,600	310,688 (6.9)	8,512	21,280	12,768	4,256	68,096
1926년분 (4기)	1,234,320	901,053.6 (20)	24,686.4	61,716	37,029.6	12,343.2	197,491.2
1927년분 (5기)	5,206,360	3,800,642.8 (84.45)	104,127.2	260,318	156,190.8	52,063.6	833,017.6
1928년분 (6기)	17,023,360	12,427,052.8 (276.15)	340,467.2	851,168	510,700.8	170,233.6	2,723,737.6
1929년분 (7기)	29,061,500	21,214,895 (471.44)	581,230	1,453,075	871,845	290,615	4,649,840

이상과 같이 결산이 끝나 고동에게 분배될 액수가 결정되면 고동회에서 승인을 거쳐 고동에게 통장 등 증빙서류와 도장을 휴대하고 방사창에 와서 수령증을 쓰고 수취해 가도록 통지했다. 방사창에서 직접 홍리를 지급했지만, 미수취자가 있을 경우에는 봉천 성성省城에 거주하는 고동은 총상회總商會에서 수령하고, 외현外縣에 거주하는 고동은 해당 각 현공서에서 수령하도록 했다. 방사창에서 미수취자의 홍리를 한데 모아 각 현으로 보내면 각 현정부가 중간에서 고동에게 나누어 전달하되 수령증을 모아 방사창으로 보내야 발급절차가 종료되었다.[63]

62) 각 년도 영업보고서와 〈장정〉내 분배규정 등을 고려하여 필자가 계산한 수치는 『盛京時報』 기사에서 언급된 홍리 액수와 완전히 일치한다.(「紡紗廠股東純利」, 1926.5.11; 「紡紗廠發給紅利」, 1927.4.23; 「紡紗廠通告領息」, 1928.4.18; 「分發紅利」, 1929.5.27; 「紡紗廠十八年度營業純利數目」, 1930.7.18)

둘째 이익이 발생하더라도 언제나 고동에게 그 이익이 돌아갔던 것은 아니었다. 일부는 방사창에서 홍리 항목으로 넣지 않고 보존했다가 다음 결산 때 재분배하거나,[64] 혹은 영업 확충을 위한 자금으로 그해 홍리를 사용하는 경우도 있었다. 예를 들어 1930년 3월 1일 제7기 정기 고동회에서 "본 공장이 …(중략)… 방기紡機 1만 추를 확충하여 생산을 증가시킬 필요가 있다. 1929년분 관상고官商股로부터 얻은 홍리로 자금을 확충하는데 사용하고 기기치판위원회機器置辦委員會를 설립"할 것을 결의했다.[65] 방사창에서는 정식 개업 이래 1929년까지 영업실적이 양호한 경우 기계추가구입이나 분창 건설 등을 통해 공장시설의 확대를 추진해 왔는데, 이처럼 해당 년도 고동의 홍리를 사용하기도 했다.[66] 이럴 경우 기업은 단기적 결산과 배당을 통해 고동의 이익을 실현하는 방향보다는 오히려 공장설비 확대와 분창설립에 치중한 나머지 양적 팽창에 집중한다는 문제를 야기할 수 있다. 고동 내부에서도 발생한 이익을 기업 확장에 재투자할 것인지, 아니면 이익배당을 실현시킬 것인지는 항상 일치되었던 것은 아니었다.

셋째 고동을 제외한 동사·감찰인, 총·협리, 상주감찰인이 홍리의 11%를 배당받고 기타 각 직원에게도 16%에 달하는 홍리가 분배되었다는 사실이다. 전통적으로 중국에서는 '전고錢股와 신고身股를 가진 자본출자자와 노무출자자간의 동업관계'에 기반하여 공동의 사업을 경영하고 얻은 이익을 일정한 비율로 분배하는 '관습적 영업활동 혹은 그 조

---

63) 「紡紗廠發給紅利」, 『盛京時報』(이하 같은 자료), 1927.4.23; 「紡紗廠通告領息」, 1928.4.18; 「紡紗廠催領紅利」, 1928.4.28; 「分發紅利」, 1929.5.27.

64) 「紡紗廠十八年度營業純利數目」, 『盛京時報』, 1930.7.18.

65) 「遼寧紡紗廠第7期股東常會議決錄(1930.3.1)」, 『奉系檔案』第9冊, 652쪽.

66) 「紡紗廠昨年虧損」, 『東三省官銀號經濟月刊』3-1, 1931, 1-2쪽; 「爲實業倡導紡紗廠依舊進行」, 『盛京時報』, 1931.1.23.

직'을 합고라 불렀다. 즉 합고 조직의 경리 및 직원층도 경영에 일정한 책임을 졌고, 경영을 통해 얻은 수익을 분배받았다. 이러한 측면에서 경영성과인 홍리가 자본출자자인 고동에게 배당되었던 것 외에도 경영자인 총·협리 및 직원에게도 홍리를 배분한 것은 전통 합고조직의 노무출자자로서 경리 이하 직원에게 홍리를 분배했던 것의 연속선상에서 이해할 수 있다. 고분유한공사가 기본적으로 '자본결합관계'를 기본으로 하는 근대적 기업형태임에도 불구하고, '동업관계'에 대한 신뢰를 기반으로 유지되었던 중국 전통기업의 이윤분배 시스템이 여전히 적용되고 있었던 것이다.[67]

|도표 7| 방사창 기본임금조사(1925년)

(단위: 봉천표奉天票 원元)

紡績部 (1일 평균 0.64)				織布部 (1일 평균 0.76)			
科別	최고	최저	평균	科別	최고	최저	평균
淸花部	2.00	0.30	0.78	準備部	1.14	0.25	0.67
梳綿部	2.10	0.27	0.57	機織部	2.90	0.20	0.70
粗紗部	1.90	0.29	0.58	整理部	1.92	0.50	0.90
細紗部	2.42	0.20	0.54	試驗室	2.15	0.35	1.41
搖紗部	2.54	0.30	1.04	噴霧部	1.80	0.38	0.82
撰花部	1.25	0.20	0.42	雜部 (1일 평균 0.78)			
精包部	1.76	0.20	0.76	包裝部	1.12	0.35	0.70
롤러部	1.85	0.30	0.58	電氣部	2.80	0.50	1.86
				修繕部	2.60	0.50	1.64

* 출처: 南滿洲鐵道 庶務部調査課 編, 『支那工場事情』, 1928, 146-148쪽.

67) 동북지역의 동업관계로서 합고조직의 특징에 대해서는 김희신, 「중국 동북지역의 상업자본과 상점네트워크」, 2014, 58-72쪽을 참조.

한편 당시 신문기사를 통해 기타 직원에 대한 홍리 지급실태를 살펴보면, 1926년 2월 전체 직원에게 급료 등급에 따라 홍리를 분배하도록 결정하였고 위원 · 기술노동자(공장工匠)는 월급 1원元당 홍리 4원元 5각角을, 견습공(공도工徒)에게는 월급 1원 당 2원 2각 5분을 발급할 예정이라 했다.[68] |도표 7|은 1925년 6월 말 실시한 만철의 노동임금조사에 근거해서 작성된 것이다. 방사창 노동자의 기본임금이 하루 평균 1원에도 미치지 못했던 것에 비해, 최고 기본임금은 2~3원에 달했다. 최고 기본임금이 비교적 높았던 것은 각 부部의 지도공指導工이 천진 등 방적공장에서 온 취업자였기 때문이다. 이 밖에 여공女工의 임금은 최고 0.78원, 최저 0.20원으로 평균 0.36원이며, 견습공은 최고 0.41원, 최저 0.20원으로 평균 0.34원에 불과했다.[69] 또 1928년도에 지급된 홍리는 방사창 직원 1년 총소득의 2배 남짓 이상 되었다고 보도되었다.[70] 방사창이 지급했다고 했던 홍리가 노동자에게 어떠한 의미였을지 짐작할 수 있게 하는 대목이다.

4. 근대성의 수용과 기업관행

본 연구는 중국의 기업발전과정에서 보이는 기업구조의 다양성을 염두에 두면서, 변화를 요구하는 새로운 제도의 실질적 운용과 개방성의 정도가 지역마다, 기업마다 어떻게 반영되고 구조화하고 있는가 하는

68) 「紡紗廠分紅辦法」, 『盛京時報』, 1926.2.5.
69) 南滿洲鐵道 庶務部調查課 編, 『支那工場事情』, 1928, 148쪽.
70) 「紡紗廠所得紅利額, 超過年薪兩倍有奇」, 『盛京時報』, 1929.3.5.

근대 기업연구의 일환으로 시도되었다. 특히 동북지역 근대 기업발전 과정을 이해하기 위한 개별기업의 사례연구로 1920년대 관상 합자기업인 봉천방사창의 기업지배구조에 주목하였다.

봉천방사창의 지배구조 분석을 통해 다음과 같은 몇 가지 주요한 특징을 확인할 수 있다. 일단 기본적으로 〈공사조례〉의 '고분유한공사' 규정에 따라 기업의 설립에서부터 청산에 이르는 전 과정이 제도화됨으로써 방사창의 지배구조는 전통적인 합자기업과는 다른 양상을 보였다. 첫째 기업공개를 통해 고분股分 발행을 통해서만 자본을 모집하고, 출자액만으로 책임이 제한되는 '유한책임'이었기 때문에 광범위한 자본 모집이 가능했고, 자본모집 범위가 전성全省에 걸쳐 있다. 둘째 고동은 익명이 아닌 기명을 사용해서 소유의 투명성을 확보하고, 외국인이 아니라면 방사창의 사전승인 없이도 자유롭게 고표를 거래할 수 있었다. 전통적 합고 기업에서 출자자의 익명투자가 광범위한 관행이었고, 전체 고동의 승인과 내부 거래를 우선시했던 합고의 양도관행과 달랐다. 셋째 고동이 방사창의 경영에 적극적으로 참여하고 있다. 고동이 기업 및 경영상태 전반에 대한 방향을 결정하는 주요한 의사결정수단은 고동회나 동사회를 통한 의결권행사였다. 관상 합자기업으로서 고동의 대표로 구성되는 동사회의 구성이나 방사창의 업무를 총괄할 경영자의 선임과정에서 고동의 권리행사를 둘러싼 갈등이 표출되었던 이유가 바로 여기에 있다. 넷째 방사창의 결산과 관련해서 회계는 신식부기를 사용하여 양력으로 작성되었고, 2-3년 마다 장기적 결산을 주로 했던 합고 기업과는 달리 1년 단기적 결산방식을 취했다. 또한 이익분배구조에서 전통적인 관리 지불규정이 없다. 관리관행의 밑바탕에 깔려있는 자본의 투기성이 기업자본의 내부적 축적을 어렵게 하는 요인 중 하나였다는 점에 비추어 본다면 방사창은 기본적으로 유동자금의 내부적 축적을 가능하게 하는 조건을 갖추었다고 평가할 수 있다.

이렇게 보면 국가의 법률 제도화를 통해 기왕에 존재했던 지역 간, 혹은 기업 간의 지배구조 혹은 관행의 차이는 축소될 가능성이 있고, 이에 따른 동질화라는 방향성은 존재했다. 다만 고분유한공사가 출현하고 제도로 정착하는 과정에서 동북지역의 사회경제시스템이 이를 받아들일 준비가 되어 있느냐의 문제가 남는다. 봉천방사창의 규정은 광범위한 자본모집이 가능한 구조였지만 상고 청약자는 여전히 드물었다. 지역 세력을 대표하는 상회의 역할에도 불구하고 상민 측의 자본조달은 방사창 초기자본의 절반에도 이르지 못했고, 최종적으로는 관영기업이었던 동삼성관은호를 상고로 삼아서 관·상고 자본의 균형을 맞출 수밖에 없었던 것도 이러한 이유에서였다. 더욱이 관상 합자라는 기업 특성상 관이 자본의 50% 이상을 차지하는 자본구조를 유지하고 있고, 대주주에 대한 의결권 제한이 없어 방사창의 경영은 관을 중심으로 한 독단적 경영체제 구축이 가능했다. 또한 고표는 중국인이라면 방사창의 사전승인 없이 자유로운 매매를 보장했다 해도 이것이 실현되기 위해서는 거래소와 같은 시장시스템이 형성되어야 했다. 즉 고분유한공사의 지배구조가 정착되는 실질적 과정은 동북지역의 사회경제발전과정과 밀접하게 관련될 수밖에 없다.

한편 고분유한공사가 근대적 기업형태였지만, 봉천방사창의 지배구조에는 전통적 합고 상점조직관행의 흔적들을 발견할 수 있다. 앞서 언급했듯이 방사창 〈장정〉에는 관리 지불규정이 존재하지 않는다. 다만 방사창 홍리의 분배율이 65~76%의 고율에 달하고 있어 관리 관행이 사라진 것이 아니라 실제로는 홍리 명목에 포함되어 배당되도록 변용된 것으로 평가할 수 있다. 또 고동에게 귀속되어야 할 홍리 중 일부가 경영진 이하 직원에게도 분배되었던 것은 전통 합고 조직의 노무출자자로서 경영자 이하 직원에게 홍리를 분배했던 합고 관행의 연속선상에서 이해할 수 있다. 이렇듯 봉천방사창에는 대주주 권한의 남용에 의한 자본평등성의 부재, 경영책임에 따른 경영인 및 직원층에 대한 이윤분배 시스템, 변용된 형태의 관리 등과 같은 전통성이 채무청산에 대한 유한책임구조, 근대적 재무관리와 합리적 의사결정구조, 자유로운 양도권 등의 근대성과 혼재되어 존재한다. 전통과 근대적 부분이 결합관계를 형성하는 가운데 기업이 이해관계자에 대한 이해를 관철시키고 기업경쟁력을 제고해 갈 수 있다면, 근대시기 전통은 극복의 대상이면서도 여전히 지속가능한 활용의 대상이었다.

중국 동북지역 외자기업의 설립 배경과 경영

_ 김지환

아편전쟁 이래 선진적인 서양의 이기를 수용하여 근대화를 성취하고 이를 통해 자주 독립의 국민국가를 수립하는 것은 중국의 오랜 염원이었다. 양무운동을 비롯한 근대화운동은 서구의 과학기술에 대한 신뢰를 바탕으로 철도, 전기, 윤선, 병기 등을 수용하여 근대화를 성취하려는 시도였다. 역사적으로 중국인은 오랜 기간 면의綿衣를 착용하여 왔으며, 의식주의 수급을 담당하는 방직공업은 매우 중요한 산업 부문으로서 근대공업의 발전 과정에서 매우 중요한 위치를 차지하고 있다.

중국 방직공업은 전통적으로 자급자족적 생산과 소비를 위한 가내공업의 형태로 이루어져 왔으며, 기타 관영이나 민간에서 수공업의 형태로 일부 시장의 수요를 충당해 왔다. 서구로부터 선진적인 기계설비를 도입하여 기계제 방직공업을 발전시키는 일은 중국의 근대화 과정에서 매우 중요한 의미를 지닌다. 기계제 생산은 종래 수공업에 의한 생산과 대비되는 개념으로서, 전기나 증기와 같은 동력을 구동하여 제품을 생

산하는 근대적 생산, 혹은 공장제 생산이라고 할 수 있다.[1)]

근대 이래 중국 방직공업이 타국과 구별되는 주요한 특징 가운데 하나는 바로 외국자본 기업, 특히 일본자본 방직기업在華紡의 존재라 할 수 있다. 이들은 중국자본 방직기업과 대등한 규모의 생산설비를 보유하여 중국경제의 총체적 성격을 규정할 정도로 영향력이 컸다.[2)] 이들 외자기업은 중국경제와 산업의 발전에 일정한 역할을 수행하는 동시에, 편무적 불평등조약과 치외법권의 보호를 바탕으로 설립되고 경영됨으로써 경제 침략의 주체로서 규정되기도 하였다.[3)]

중국 동북지역에서도 기타 지역과 마찬가지로 전통적인 수공업의 형태로 방직공업이 발전해 왔으며, 따라서 기계제 생산에 의한 근대적 공장제 방직기업의 설립과 발전은 이 지역의 근대화와 불가분의 관계를 가지고 있다. 중국 동북지역에서 최초로 설립된 기계제 방직기업은 1923년 중국자본으로 설립된 봉천방사창과 1924년 일본자본으로 설립된 만주방적주식회사이다. 이 글에서는 일본자본 방직기업인 만주방적주식회사의 설립 배경과 경영, 그리고 국가권력과의 관계를 동북지역

---

* 이 글은 『中央史論』제40집(2014.12)에 개재된 원고를 본 총서체제에 맞게 제목과 일부 내용을 수정한 것이다.

1) 농촌 수공업의 경우 생산에 주로 사용되는 동력은 인력이었다. 드물게 수력이 사용된 경우도 있었지만 이는 극히 소수의 사례로서 무시될 정도의 수치에 해당된다. Kang Chao, "The Growth of a Modern Cotton Textile Industry and the Competition with Handicrafts", 『China's Modern Economy in Historical Perspective』, Stanford University Press, 1975 참조.

2) 1931년 在華紡이 중국 방직공업에서 차지하는 비중을 살펴보면, 방추에서 1,715,792추로서 전체의 40%, 직기에서 15,983대로 전체의 44%를 차지하였다. 嚴中平, 『中國棉紡織史稿』, 科學出版社, 1957, 부록표2 및 劉國良, 『中國工業史-近代卷』, 科學技術出版社, 1992, 231쪽 참조.

3) 이들 외자기업에 대한 역사적 평가 등 기존의 연구 성과에 대해서는 金志煥, 「中國近代綿業史의 硏究動向 紹介」, 『中國近現代史硏究』6輯, 1998 참조.

면제품 시장의 변화와 수급관계에 초점을 맞추어 살펴보고자 한다.

러일전쟁 이후 일본은 중국 동북지역을 자국의 세력권으로 규정하였으며, 영미 등의 경제블럭에 대항하여 '일만선 경제블럭'의 주요한 대상지로 간주해 왔다. 일본 산업자본가들 역시 중국 동북지역을 '일본 경제의 생명선'으로 인식할 정도로 중요한 시장으로 인식하였다.[4] 따라서 이 지역에 대한 일본의 투자와 기업 설립 및 경영은 정치, 경제적 조건의 차이로 말미암아 중국 관내의 재화방과는 구분되는 개별단위체로서 분석할 필요가 있다고 보여진다. 재만방에 대한 연구는 중국 동북지역을 둘러싼 역사적 전개와 관련하여 매우 중요한 단서를 제공할 수 있다. 만주방적주식회사는 중국 동북지역에서 설립된 만주복도방적주식회사, 내외면주식회사 등 재만방在滿紡 설립의 효시로서, 일본에게는 향후 이 지역에서 기업을 설립하고 발전시키기 위한 시금석으로 간주되었다.

그럼에도 불구하고 현재까지 만주방적주식회사나 혹은 재만방과 관련된 전론적인 연구가 전혀 부재한 상황이다. 이러한 이유는 관련 일차 사료 및 기타 자료의 부재와도 불가분의 관계가 있다. 이 글에서는 당시 발행되었던 신문과 기간물을 비롯하여 현재 남아있는 일본 정부문서 등을 가능한한 수집하여 위에서 언급한 문제들을 규명해 보고자 한다. 본고가 주목하고 있는 만주방적주식회사에 대한 연구가 금후 재만방 전체의 형성과 발전, 경영, 국가권력과의 관계, 나아가 동북지역의 사회와 정치, 경제적 변화, 그리고 그 역사적 평가 등과 관련된 제문제를 해명할 수 있는 단서를 제공하게 되기를 희망한다.

4) 江口圭一, 「滿洲事變と東アジア」, 『世界歷史』24, 岩波書店, 1976, 235-236쪽.

1. 중국 동북시장과 일본 방직공업

중국 동북지역에서 면제품의 수급은 전통적으로 수직업에 의한 자가 소비용의 생산에 크게 의존하고 있었다. 그러나 청대 가경嘉慶, 도광道光 연간에 중국 관내의 상인들이 면포를 이 지역으로 수입하면서 전통수직업의 발전은 정체되었으며, 특히 구미로부터 수입된 면제품이 물밀듯이 밀려 들어왔다. 중국 동북지역의 수출입 무역에서 면제품은 매우 높은 비중을 차지해 왔다. 1922년 수입 총액은 1억 5천만 량이었는데, 이 가운데 면사와 면포 등 면제품류가 30~35%를 차지하여 매년 5천만 량 정도가 수입되고 소비되었음을 알 수 있다.5)

영국 면포가 최초로 수입된 1882년에는 면제품의 수입액이 120담擔에 불과하였으나, 1888년에는 48,275담으로 급증하였다. 1889년부터는 인도 면사도 수입되기 시작하면서 1891년 면제품의 수입량이 128,782담으로 대폭 증가하였으며, 이 시기를 전후하여 미국 면포도 수입되기 시작하였다. 일본 면제품 역시 1897년부터 중국 동북지역으로 수출을 개시하였는데, 러일전쟁 이후 시장 점유율을 제고하였으며, 마침내 일차대전을 거치면서 수출을 크게 확대하였다.6)

후발 자본주의 국가인 일본의 국민경제에서 방직공업은 중추산업으로서 일본 자본주의가 성장하는데 매우 중요한 역할을 수행하였다. 방직공업은 중일전쟁 이전 일본의 전체 산업 가운데 가장 큰 비중을 차지하였으며, 무역 총액에서도 가장 많은 액수를 차지하였다.7) 1890년

---

5) 西川喜一, 『棉工業と綿絲綿布』, 日本堂書房, 1924.7, 475쪽.

6) 石原實, 『滿洲綿業の槪觀』, 橫濱正金銀行調査課, 1941.5, 1-2쪽.

7) 예를 들면, 1933년 일본의 공업 총 생산액은 78억 7,100만 엔이었는데, 이 중 방직공업의 생산은 30억 1,700만 엔으로서 전체의 38.3%로 가장 큰 비중을 차지하였

과잉생산에 의한 최초의 공황이 발생한 이후 일본 방직공업은 중국시장에 대한 수출을 통해 경영상의 어려움을 타개하고자 하였다. 특히 1894년 8월부터 1895년 4월에 걸쳐 약 9개월간 진행된 청일전쟁은 일본 방직공업이 성장할 수 있는 절호의 기회를 부여하였다. 일본 방직공업은 1896년 총 생산량의 10%, 1899년에는 약 40% 이상을 수출하였으며, 더욱이 수출량의 92%(1894년)-80%(1899년)가 중국시장을 향한 것이었다.[8)]

중국시장 중에서도 중국 동북지역은 일본 방직공업에게 매우 중요한 수출시장이었다. 만주는 러일전쟁을 거치면서 일본이 획득한 최대의 시장이었다. 당시 만주무역에서 유력한 지위를 차지하고 있던 삼정물산은 이 지역에 대한 일본 면포의 수출을 국가적 과제로 주창하여 직기 대수의 75%를 차지하고 있던 대판방적, 삼중방적, 금건제직, 천만직물, 강산방적 등 5개 방직기업과 함께 '면포수출조합'을 조직하여 만주로의 면제품의 수출 확대를 적극 모색하였다.[9)]

1899년 중국 동북의 면제품시장에서 각국의 점유율을 살펴보면, 인도가 53.1%, 일본이 21.8%, 영국이 1.6%, 중국이 23.4%로서, 일본은 전체 면제품시장의 5분의 1을 차지하고 있었다.[10)] 이러한 가운데 일본과 인도에 의해 양분되고 있던 중국 수입 면제품시장이 일차대전을 계기

다. 무역에서도 일본의 총 수출액 15억 1,200만 엔 가운데 섬유공업이 26억 9,200만 엔으로 56.2%의 수위를 차지하였다. 1934년 일본의 노동자는 총 240만 2천 명으로 집계되었는데, 이 가운데 섬유공업에 종사하는 노동자가 107만 2천 명으로서 약 44.6%를 차지하였다. 『ダイヤモンド』,1939.8, 24-27쪽.

8) 副島円照, 「日本紡績業と中國市場」, 『人文學報』33, 1972.2, 95쪽.

9) 飯島幡司, 『日本紡績史』, 創元社, 1949, 169쪽.

10) 楊天溢, 「中國における日本紡績業と民族紡との相克」, 『日中關係と文化摩擦』, 1982.1, 250쪽.

로 붕괴되면서 점차 일본 면사가 우위를 차지하게 되었다. 1915년 일본으로부터 수입된 면사는 인도 면사의 수입량과 비교하여 26만 담이나 많았으며, 1918년에는 중국으로 수입되는 면사의 3분의 2가 일본 제품이었다.[11)]

1913년 중국 동북지역으로 수입되는 면사는 462만 6,812해관량이었는데, 1922년에는 1,609만 108해관량으로서 총액에서 약 1,146만 3,296해관량이나 증가하였다. 면포의 경우 1913년에 2,270만 6,297량에 비해 1922년에는 4,907만 8,548해관량으로서 2,637만 2,251량이나 급증하였다.[12)] 일차대전이 발발한 1914년 중국 동북시장으로 수입된 면포 가운데 일본 제품이 3분의 1, 즉 약 33%를 차지하였음에 비해 1920년대 초 일본 면포의 수입은 총 수량의 무려 56%를 차지하였다.[13)]

|도표 1| 동북에서의 면사, 면포 수입 총액 중 일본 제품의 비율

(단위: 량兩)

연도	수입 총액		일본 제품		수입 총액 중 일본 제품 비중(%)	
	면포	면사	면포	면사	면포	면사
1917	29,491,269	7,147,254	16,998,345	6,278,924	58	87
1918	35,517,976	8,212,062	20,940,546	4,954,271	58	60
1919	54,067,693	13,525,346	36,964,167	5,959,798	68	45
1920	50,079,543	13,365,971	30,803,850	7,007,035	61	52
1921	46,347,826	16,659,074	22,994,838	8,539,929	49	51
1922	49,078,548	16,090,108	28,253,408	8,463,811	57	53

* 출처: 小川透, 『滿洲に於ける紡績業』, 南滿洲鐵道株式會社 庶務部 調査課, 1923.10, 13쪽.

11) 西川喜一, 『棉工業と綿絲綿布』, 日本堂書房, 1924.7, 251쪽.
12) 小川透, 『滿洲に於ける紡績業』, 南滿洲鐵道株式會社 庶務部 調査課, 1923.10, 4쪽.
13) 小川透, 『滿洲に於ける紡績業』, 南滿洲鐵道株式會社 庶務部 調査課, 1923.10, 8쪽.

그렇다면 일본 방직공업이 동북시장에서 이와 같이 약진할 수 있었던 원동력은 무엇이었을까. 일찍이 일본 방직공업이 생산한 면사포가 중국시장에서 인도 면제품과 경쟁하여 약진할 수 있었던 배경에는 일본정부의 강력한 지지와 후원이 있었다. 일본방적연합회는 총회 결의를 통해 정부에 수출세의 폐지를 청원하였으며, 마침내 1894년 수출세의 폐지를 통해 일본 면제품은 중국시장에서 가격 경쟁력을 크게 제고할 수 있었다. 이와 함께 1896년 원면 수입세를 철폐하여 면제품 생산에서 원료코스트를 저하시킴으로써 당시 중국시장의 주요한 수입 면제품인 인도 제품과의 경쟁에서 가격 경쟁력을 확보할 수 있었다.[14)]

이와 같이 19세기 말 일본 방직공업이 수출 경쟁력을 확보함으로써 중국, 특히 동북시장에서 약진할 수 있었던 배경에는 일본정부의 강력한 후원과 지지가 있었음을 잘 알 수 있다. 그런데 산업 발전과 수출 확대를 위한 일본정부의 지지는 일차대전을 거치면서 더욱 강화되었다. 구체적인 방법은 만주로 수입되는 일본 면제품의 수입 가격을 적극 경감함으로써 인도 면포나 미국, 영국 등 구미산 면포와의 가격 경쟁력을 제고하는 것이었다. 그렇다면 대전 시기에 수입 일본 면제품 가격의 경감은 어떻게 가능하였을까.

일본 면제품의 가격 경쟁력 제고는 바로 삼선연락운임제와 국경 통과 화물에 대한 관세 경감조치를 통해 실현될 수 있었다. 일본은 한반도철도와 만주철도를 잇는 안봉철도를 부설하여 일본(대판)-해상운송-한반도 종관철도-압록강철교-안동-안봉철도-봉천을 연결하는 새로운 유통로를 신설함으로써 기존의 일본(대판)-해상운송-대련-남만주철도-봉천의 유통경로에 비해 운임 코스트를 크게 경감할 수 있었다. 더욱이

14) 東洋紡績株式會社, 『東洋紡績七十年史』, 1953.5, 84-86쪽.

새로운 유통망을 활성화하고, 이를 통해 동북지역에 대한 자국 상품의 수출을 보다 확대하기 위해 일본철도-조선철도-안봉철도를 경유하는 삼선연락 화물에 대해 약 30%의 특별 할인 운임을 적용하기로 방침을 정하고, 마침내 1914년 5월 1일부터 이를 실행에 옮겼다. 삼선연락운임제의 핵심적인 내용은 안봉철도를 통과하는 화물 가운데, 면사, 면포, 기타 면제품, 한국미, 마대, 모자, 맥주, 염간어, 생과, 곤포, 도자기, 등제품 등 12개 품목에 대해 특별 할인 요금제를 실시하는 것이다.[15]

더욱이 일본정부는 만한간 국경 통과 화물에 대해 관세를 3분의 1 경감함으로써 일본 제품의 가격 경쟁력을 크게 제고할 수 있었다. 일찍이 러일전쟁 종결 직후인 1905년 12월 22일 중일 간에 체결된 〈회의동삼성사의정약會議東三省事宜正約〉의 〈부약附約〉 제11조에서는 "만한 국경 사이의 육로 통상에 대해서는 상호 최혜국조약에 따라 대우한다"[16]라고 규정하고 있다. 조약의 내용에 따르면 이미 중러 간의 국경무역에 대해 관세의 3분의 1을 경감하고 있었기 때문에, 일본이 한반도철도를 통해 육로로 중국 동북지역으로 수출하는 일본 상품에 대해서도 최혜국조약에 따라 동등한 혜택이 주어져야 했다. 이러한 이유에서 신해혁명 직후 일본 외무성의 특명전권공사 이주인 히코키치伊集院彥吉는 육징상陸徵祥 외교총장을 방문하여 조선철도를 통해 만주로 직통하는 수입품에 대해 관세의 3분의 1을 경감하는 조치를 취해주도록 요구하였다. 마침내 1913년 5월 29일, 북경에서 일본특명전권공사 이주인 히코키치와 총세무사 사이에 〈조선남만왕래운화감세시행판법朝鮮南滿往來運貨減稅

15) 金志煥, 「安奉鐵道 부설과 중국 동북지역 신유통망의 형성」, 『중국근현대사연구』 87輯, 2013.12, 328쪽.

16) 北京大學法律係國際法教研室編, 「會議東三省事宜正約-附約」, 『中外舊約章彙編』 第二冊-1, 三聯書店, 1959, 342쪽.

施行辦法〉을 체결하고 만한 간의 교역 상품에 대해 관세 3분의 1의 경감을 규정하였다.[17)]

면포 1곤梱(20反) 당 오사카大阪를 출발하여 대련까지 선박 운임은 70전, 선적비용 및 보험료 31전, 대련세관의 수입세 3엔 48전, 봉천까지의 철도 운임 및 수수료 94전, 운송 부대비용 16전으로서 운송 총 비용은 5엔 59전에 달하였다. 이에 비해, 대판발 안동 경유, 봉천 도착 면포의 운송비용을 살펴보면, 대판-봉천 간 철도 운임 2엔 9전, 운송 보험료 25전, 안동세관 수입세 2엔 32전, 철도 발착 수수료 4전, 운송 부대비용 6전으로서 총 4엔 76전에 달하였다.[18)] 이렇게 볼 때, 안동을 경유하는 육로 수송이 대련 경유에 비해 면포 1곤의 운송비에서 83전이나 저렴하여 가격 경쟁력을 갖추고 있음을 알 수 있다.

국경무역에서 3분의 1의 감세 특혜와 더불어 일만선 연계철도의 할인 운임이 실시되자, 운송비 및 제비용에서 대련항에 비해 안동은 채산상 매우 유리하게 되었다. 이러한 결과 중국 동북지역으로 수입되는 상품, 특히 면사, 면포가 대량으로 유입되면서 안동은 급속한 발전을 이루게 되었다.[19)] 1912년까지 만주로 수입되는 일본 면포는 대련 경유가 90% 내외를 차지하였으나, 반면 안동 경유는 10%에도 미치지 못하였다. 그러나 1913년에 이르러서는 이와같은 상황이 전도되어 안동 경유가 68%, 대련 경유가 32%, 더욱이 1914년에는 안동 경유가 90% 이상을 차지하였다. 이러한 이유는 "일본 제품은 국경관세 3분의 1 감세의

17) 北京大學法律係國際法教研室編, 「朝鮮南滿往來運貨減稅施行辦法」, 『中外舊約章彙編』第二冊-2, 三聯書店, 1959, 893-895쪽.
18) 金志煥, 「安奉鐵道 부설과 중국 동북지역 신유통망의 형성」, 『중국근현대사연구』 87輯, 2013.12, 329쪽.
19) 西川喜一, 『棉工業と綿絲綿布』, 日本堂書房, 1924.7, 477쪽.

특혜로 말미암아 안동 경유가 증가하여 60% 이상을 차지하며, 대련항을 거쳐 수입되는 것은 3분의 1에 지나지 않는다"[20]라는 기록에서 나타나듯이 관세 등 일본의 정책적 결과에 힘입은 결과라 할 수 있다.

|도표 2| 대련과 안동의 면제품 수입량 비교(1910-1914)[21]

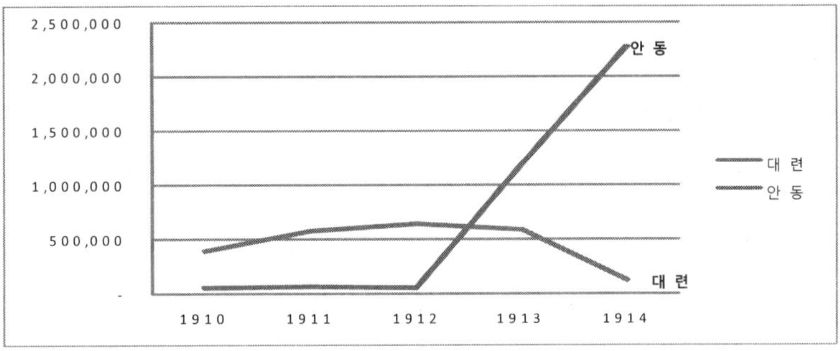

	1910	1911	1912	1913	1914

* 출처: 「安奉線割引疑義」, 『時事新報』, 1915.2.27의 안동, 대련 면포 수입액의 수치로부터 작성.

위의 그래프에 나타나듯이, 중국 동북지역에 대한 일본의 대표적인 수출품인 면제품의 유통 루트가 관세 경감과 삼선연락운임제의 실시 이후 기존의 대련으로부터 안동으로 크게 변화하고 있음을 알 수 있다. 1920년대 초 중국 동북시장으로 수입되는 면포의 수량을 살펴보면 일

20) 小川透, 『滿洲に於ける紡績業』, 南滿洲鐵道株式會社 庶務部 調査課, 1923.10, 70쪽.

21) 1910년도에 대련 경유는 394,544反임에 비해 안동 경유는 60,310, 1911년에는 대련 경유가 582,159반, 안동 경유가 74,986반, 1912년에는 대련 경유가 642,368반, 안동경유가 65,260반으로 대련을 통한 수입이 압도적으로 많았음을 알 수 있다. 그러나 삼선연락운임제가 실시된 1913년 이후 이와같은 추세는 크게 변하여 1913년 대련 경유가 591,939반임에 비해 안동 경유가 1,180,770반, 1914년에는 대련 경유가 120,817반임에 비해 안동 경유가 2,277,841반으로서 안동 경유가 대련을 압도하였음을 잘 알 수 있다. 「安奉線割引疑義」, 『時事新報』, 1915.2.27.

본 면포가 총 수입량의 무려 56%를 차지하여, 총 수입량의 3분의 1을 차지하고 있던 1914년에 비해 크게 신장되었음을 알 수 있다.[22] 일본 정부는 안동을 경유하는 유통망을 통해 동북시장에서 일본 면포의 가격 경쟁력을 제고함으로써 중국 동북지역으로 수출을 크게 확대할 수 있었던 것이다.

2. 일차대전과 중국 동북시장의 변화

일차대전의 발발은 중국 면제품시장에서 제품의 수급에 일대 변혁을 초래하였다. 구미 각국이 전시생산체제로 돌입하면서 이들 국가로부터 수입되던 공산품의 수량이 급감하였으며, 이는 다시 중국, 일본, 인도 등 아시아 각국에서 전시호황을 발생시켜 방직공업을 중심으로 한 산업의 급속한 발전을 촉진하였다. 일차대전 시기 동안 중국으로 수입된 면사의 수량을 살펴보면, 1913년을 100으로 계산하여 1914년에는 94.69, 1917년에는 77.78로 감소하며, 1920년 이후에는 50 이하로, 1925년 이후에는 20 이하로 급감하였다.[23] 수입 면사의 급감은 당연히 면사의 가격 급등을 초래하였으며, 중국 방직공업은 공전의 이윤을 획득할 수 있었다.[24]

---

22) 金志煥, 「安奉鐵道 부설과 중국 동북지역 신유통망의 형성」, 『중국근현대사연구』 87輯, 2013.12, 331-332쪽.

23) 陳眞編, 『中國近代工業史資料』第四輯, 三聯書店, 1961, 311-313쪽.

24) 이 기간 동안의 면사 가격의 변화를 살펴보면, 16번수 면사 1梱의 생산 비용은 1916년 97.56兩이었음에 비해, 판매 가격은 103兩으로서 5.45兩의 이윤을 획득할 수 있었다. 이러한 이윤은 1917년 26.40兩 , 1918년 15.33兩, 1919년에는 50.55兩으로 점차 확대되었다. 濱田峯太郎, 『支那に於ける紡績業』, 日本堂書店, 1923,

이와 같이 일차대전 시기 중국 방직공업은 외부적 환경의 변화에 힘입어 급속한 발전을 성취하였으며, 이를 바탕으로 국내시장의 자립에 매진하면서 일본 등 해외로부터의 면제품 수입을 대체해 나가기 시작하였다. 더욱이 중국정부는 자국 내의 산업 발전을 조장하기 위해 공사법公司法을 제정하는 등 다양한 공상업 보호정책을 시행함으로써 산업이 발전할 수 있는 제도적 환경을 조성해 나갔다. 특히 주목할 것은 공상업 보호정책의 일환으로서 관세 개정을 통해 보호관세로서의 성격을 강화한 점을 들 수 있다.

관세 개정은 일찍이 1912년 중국정부에 의해 발의되었으나, 영국, 미국, 독일 등 열강이 수용하지 않았으며, 결정적으로 일본의 반대에 부딪혀 실현되지 못한 바 있다. 그러나 1917년 중국이 연합국의 일원으로서 일차대전에 참전하자 종전 이후 중국의 관세 개정 문제가 다시 급부상하였다. 대전으로 말미암아 국제적 지위가 크게 향상된 중국은 1918년 관세자주권의 주창과 함께 관세 인상을 본격적으로 추진하였으며, 마침내 1919년 8월에 이르러 개정된 신관세에 근거하여 수입세율을 적용하였다.[25] 더욱이 개정된 관세는 중국 측이 제기한 관세자주권 회복이라는 주지를 반영하여 개정 이후 2개년이 경과된 시점에서 재개정한다는 조항을 포함하였다. 이러한 조항에 근거하여 마침내 1922년 2월 5%의 관세와 더불어 종가 2.5%의 부가세 징세를 승인한 〈중국 관세에 관한 조약〉이 영미 등 9개국에 의해 승인되었다. 1919년의 관세 개정에서 실질 세율은 3.5%로 여기에 자구반세子口半稅 1.75%를 추가하여 수입품 과세율은 5.25%였는데, 1922년의 개정으로 7.5%로 상승하였다.[26]

20-21쪽.

25) 米穀榮一, 『近世支那外國貿易史』, 生活社, 1939, 131쪽.

26) 北京大學法律係國際法教硏室編, 「九國間關於中國關稅稅則之條約」, 『中外舊約

특히 관세 개정을 통해 20번수 이하의 중中, 태사太紗에 높은 세율이 부과되었는데, 이는 기술상의 이유로 중저급품의 생산에 중점을 두고 있던 중국 방직공업을 보호한다는 취지가 관철된 것이다. 다시 말해, 관세 인상은 일본이 중국에 수출하고 있던 주종 상품인 16번수 면사의 가격 경쟁력을 약화시켜 중국 국내시장의 자립을 지향한 것이라 할 수 있다. 이러한 사실은 "중국 방직공업의 발전으로 20번수 이하의 태사 면사는 머지 않아 수출이 어렵게 될 것이라는 점이 우리 방직업자들의 일치된 의견이다. 중국 방직공업의 발전은 일본 방직공업의 가장 두려운 적이다."[27] "중국의 관세는 대부분 종량세이므로 고급 고가품에 유리하고 하급 저가품에는 불리하다. 따라서 일본의 하급 면제품은 중국 제품과의 경쟁이 불가피하며, 결국 관세 인상의 영향이 가장 큰 것은 바로 일본제품이다"[28]라는 기록에서도 잘 나타나 있다. 실제로 일차대전 직전인 1913년에 중국 국내에서 생산되는 면사의 수량은 전체 소비량의 37%에 불과하였으나 대전 직후인 1918년에는 면사 자급률이 70% 이상에 도달하였다. 일본의 대중국 면사 수출량은 1926년이 되면 생산의 10% 이하로 하락하였다.[29]

일본에서 생산된 제품과 중국에서 생산된 제품 사이에 관세, 운임 등은 양자의 시장 가격을 결정하는 주요한 요인이 되었다. 종연방적주식회사 사장 무토 산지武藤山治는 상해를 시찰하면서 방직기업 설립의 붐을 목격한 이후, 임금이 저렴하고 노동시간이 길며, 자국산 원료 면

章彙編』第三冊-1, 三聯書店, 1959, 342쪽.

27) 井上潔, 『我國の紡績業に就て』, 神戶高等商業學校商業研究所, 1921, 27쪽.

28) 大阪市商工課, 「支那に於ける紡織工業」, 『大日本紡績連合會月報』363號, 1922, 50쪽.

29) 高村直助, 『近代日本綿業と中國』, 東京大學出版會, 1982, 114쪽.

화가 풍부한 중국에 주목해야 한다고 주창하였다. 관세 장벽과 높은 임금, 조업시간의 통제에 묶여있던 일본 방직공업으로서는 중국에 자본을 투자하여 방직기업을 설립해야 한다는 뜻을 강조한 것이다.[30)]

일본 방직공업의 동업공회인 일본방적연합회日本紡績連合會 역시 관세 장벽을 회피하기 위해서는 중국, 특히 만주에 자본을 투자하여 기업을 직접 설립하는 편이 유리하다고 지적하며, "만일 만주 소재의 기업이 생산한 제품이라면 중국 제품과 비교하여 보다 저렴한 노임에 의한 생산비의 절감과 기타 운임 등의 절약으로 1곤당 30여 원을 절약할 수 있을 것이다. 따라서 장래 만주에서 방직기업을 설립한다면 경영상 매우 유리할 것"[31)]이라고 강조하였다.

일본 방직공업에서 생산된 면사포가 만주시장으로 수출될 경우 부담해야 할 세율과 상해 등 중국 관내에서 생산된 면제품의 이입 세율을 비교해 보면 다음과 같다. 1922년 관세 개정 이전에 일본 수입품은 3분 5리의 수입정세와 그 반액인 1분 7리 5모의 통과세를 합쳐 총 5분分 2리厘 5모毛를 부담하는데 비해, 중국 제품은 연안무역세와 기타 부과세를 합쳐 최고 1분 5리 상당의 세액을 부담하는데 지나지 않았다. 이러한 가운데 1922년 관세 개정으로 말미암아 신관세의 적용을 받는 일본 면제품은 도합 7분 5리의 세부담을 감내하지 않으면 안되었다. 반면 중국 제품은 여전히 1분 5리의 세금을 부과하는데 그쳤다. 이러한 결과 중일 양국 면제품 사이에 세금 부담에는 무려 6분의 차이가 발생하게

30) 종연방적 사장 武藤山治는 "국내에서 방직공업의 발전이 비관적이라고 하더라도, 이미 일본은 청일전쟁의 결과 중국에서 設廠權을 획득하였다. 따라서 가능한한 중국 내에서 일본기업을 건설함으로써 수익을 거둘 수 있다"라고 주창하였다. 「紡績業の前途」, 『萬朝報』, 1921.4.22.

31) 「滿洲に於ける紡績工業」, 『大日本紡績連合會月報』368號, 1923.4, 48쪽.

되었다.[32)]

|도표 3| 만주로 수입되는 일본 제품과 중국 제품의 세율 및 운임비 등 비교(1923)

국별	유통경로	제품	단위	관세(円)	운임(円)	제비용(円)	합계(円)
일본산	關門-大連-奉天	면사	1俵	7,956	7,140	0.500	15.595
		면포	同	11,385	3,380	0.500	15.245
중국산	上海-大連-봉천	면사	同	1,975	4,430	0.500	6,905
		면포	同	2,565	3,360	0.500	6,425

* 출처: 「滿洲に於ける紡績工業」, 『大日本紡績連合會月報』368號, 1923.4, 47쪽.

위의 표에서 명확히 나타나듯이 일본에서 생산된 면제품이 대련항을 통해 봉천으로 수입될 경우 상해에서 생산된 중국산 면제품과 비교하여 운임, 관세 등 제세 부담에서 상당히 불리한 입장에 처해있음을 알 수 있다. 이러한 상황은 종래 만주 면제품시장에서 적지 않은 세력을 확보하고 있던 일본 방직공업에게 위기감을 불러 일으켰다.

이러한 가운데 일차대전 종전 직후 21개조약에 반대하는 5·4운동이 발생하고, 연이어 일화배척운동 및 국산품 장려운동의 영향으로 중국 각지에서는 직기의 증설이 급속히 이루어졌다. 1923년에는 여대회수운동이 발발하여 대일경제절교운동이 확산되었는데, 특히 상해, 무한 등 장강유역에서 일본상품에 대한 단속이 엄격하게 실시되었다. 경제절교란 일본 제품의 구매와 사용을 금지할 뿐만 아니라, 일본인과의 모든 교섭을 단절하는 것을 의미하였다. 말하자면 일본인이 중국에서 경영하는 사업에 대해 이들과의 모든 관계를 단절하는 것으로서, 일본의 회

32) 「滿洲に於ける紡績工業」, 『大日本紡績連合會月報』368號, 1923.4, 47쪽.

사에 고용되지 않으며, 일본신문에는 광고도 게재하지 않으며, 화물을 일본상선에 적재할 수도 없었다. 일본의 보험회사에 가입할 수도 없었으며, 일본의 은행에 저축해서도 안되었다. 일본화폐를 수령하지 않으며 일본의 의원에 통원하는 일조차 금지되었다.[33)]

그런데 일화배척운동이 가장 활발하게 전개된 지역은 공업이 가장 발전한 상해, 무한 등 장강유역이었다. 이러한 이유는 종래의 일화배척운동이 학생 등의 지도를 통해 이루어졌다고 한다면, 경제절교운동은 자산계급의 동업단체라 할 수 있는 상해총상회上海總商會 등을 중심으로 조직적으로 전개되었기 때문이다.[34)] 이러한 사실은 일화배척운동의 배후에 일차대전 시기 급속히 성장한 중국공업과 자산계급의 역량이 있었음을 말해주는 것이다.[35)]

일화배척운동이 상해 등 장강유역에서 활발하게 전개되었음에 비해 중국 동북지역에서는 상대적으로 활발하지 않았다. 이러한 사실은 "2월 26일 여대 조차 만기에 맞추어 상해를 비롯한 전국 각지에서 여대회수운동이 발생하여 학생과 지방상인의 시위행렬과 배일의 기세가 드높았다. 5월 9일 국치기념일을 전후하여 배일운동은 더욱 고조될 것이

33) 菊池貴晴, 『中國民族運動の基本構造』, 汲古書院, 1974, 205쪽.

34) 「武漢地方の排日運動最近の情況」, 『大日本紡績連合會月報』371號, 1923.7, 48쪽.

35) 이러한 이유에서 일부 연구에서는 중국 동북지역에서 일화배척운동이 활발히 전개되지 못했던 이유를 이 지역에서 자본주의적 공상업의 발달이 충분치 못하였으며 이로 인해 자산계급의 성장이 불충분했던 것으로 설명하고 있다. 말하자면 상해 등에서 일화배척운동이 민족산업의 발달을 지향한 자산계급의 강력한 지원을 배경으로 전개된 것과 달리 중국 동북지역에서는 국영, 관영기관에 의한 공업의 발달이 진전되었으며 이러한 이유에서 공상업에 대한 중앙정부나 지방정부의 영향력이 강하였기 때문이라고 지적하였다. 이는 상해 등 지역에서 일화배척운동이 민족자산계급의 지원 하에 전개된 것과 대조된다고 할 수 있다. 菊池貴晴, 『中國民族運動の基本構造』, 汲古書院, 1974, 134쪽.

다. 그러나 만주는 친일파 장작림의 지배지역이며, 또한 일본 만철의 세력 범위에 속하기 때문에 배일 행위가 표면화되고 있지 않으며, 따라서 상거래에도 직접적인 영향을 미치지 않고 있다"[36]라는 기록에서도 잘 나타나고 있다. 일본수출면직물동업조합연합회 역시 "만주에서는 화중, 화남지역에서와 같이 일화배척운동이 노골적으로 전개되지는 않고 있다"[37]고 지적하였다. 이와 같이 일화배척운동이 상대적으로 활발하지 않았던 것 역시 이 지역에 일본기업을 설립하기 위해 고려해야할 조건의 하나가 되었다.

중국 동북지역이 상해 등 기타 지역과 비교하여 일화배척운동이 극렬하게 발생하지는 않았지만, 그럼에도 불구하고 이 지역의 관민들 역시 배일의 감정과 정서를 보편적으로 공유하고 있었다. 이러한 사실은 중국 동북지역에서 최초로 설립된 기계제 방직기업인 봉천방사창奉天紡紗廠의 설립 목적에서도 잘 나타나고 있다. 봉천방사창은 봉천성정부의 주도로 만주에서 최초로 설립된 중국자본 방직기업으로서, 총 자본액 450만 원을 투자하여 경영을 시작하였다.

봉천방사창의 설립 취지서를 살펴보면 외국으로부터 수입된 면제품을 대체한다는 목적을 뚜렷히 표방하였다. 취지서는 "3천 만 동삼성민이 필요로 하는 면사포를 상당 부분 외국으로부터의 수입품에 의존하고 있으며, 더욱이 대전 이래 수입품 가격의 상승으로 말미암아 이권의 유출이 막대하였다. 이러한 이유에서 1919년 봉천성장이 방직기업의 설립을 제창하는 동시에, 봉천성 재정청에 명령을 발하여 관민합판으로 설립하게 되었다"[38]라고 기록하였다. 이러한 이유에서 동북지역 수

36) 日本輸出綿織物同業組合聯合會, 『支那に於ける綿織物に就て』, 1924.2, 16쪽.
37) 「奉天綿絲布狀況」, 『大日本紡績連合會月報』382號, 1924, 82쪽.
38) 『滿洲新聞』, 1923.1.18.

입 면제품의 최대 부문을 차지하고 있던 일본으로서 위기의식을 느끼는 것은 당연한 일이었다.

일본에서는 중국에서 방직공업의 발전, 특히 만주에서 중국자본 방적기업의 설립에 주목하여 이 지역에 대한 투자와 기업 설립의 필요성을 본격적으로 제기하기 시작하였다. 일본정부 내에서도 "중국 내지에서 우리 면사가 점차 세력을 상실하고 있다. 이는 주로 중국인이 경영하는 방직기업이 증가하여 외국 수입품을 상당 부분 대체한 결과이다. 이에 대한 해법은 만주에서 대응책을 강구하는 것이다…. 만주에서도 중국 면제품의 영향으로 말미암아 일본태사의 어려움이 적지 않다. 종래 만주 각지에서 소비되는 태사 면사는 대부분 일본 수입품이었으나 이후 점차 쇠퇴하여 올해 1월 이후 서서히 자취를 감추고 있으며, 이를 대신하여 상해면사, 청도면사의 수입이 이루어지고 있다"[39]라고 인식하고 있었다.

일차대전 기간 동안 일본 방직공업이 장족의 발전을 성취하면서 구미제품과 경쟁하기 위해서는 세번수, 고급품의 생산으로 나아갈 수밖에 없었으며, 자연히 저번수, 중저급품의 생산라인을 중국 및 동북 현지로 이전하여 방직기업을 설립하는 경영방식을 취하지 않을 수 없었다. 이러한 과정에서 특히 동북지역은 상해 등과 비교하여 기업의 설립과 경영에서 유리한 점이 있었다.

중국 동북지역에서 면제품의 수요는 대부분 20번수 이하에 집중되었으며, 이러한 이유에서 외국으로부터 수입된 면제품이나 혹은 중국 내에서 생산되어 유입된 면제품 역시 20번수 이하가 70~80%에 달하였다.[40] 20번수 이상의 중번수 및 세번수 면사를 생산하기 위해서는 숙

39) 日本外務省,『支那紡績業ニ関スル雑報』分割二, 1923, 67쪽.

련공이 필요하지만 저번수, 저급품의 생산에는 비숙련 일반직공이나 혹은 여공 및 유년공의 사용으로도 충분하였다. 또한 중국 동북지역에서는 노동력의 공급 역시 풍부하여 생산코스트에서 노임이 차지하는 비중도 상대적으로 낮았다. 이밖에도 다음과 같은 몇 가지 장점을 들 수 있다.

1) 지가 및 건축 자재 등이 저렴하며, 교통이 편리하다
2) 수질이 양호하다
3) 석탄의 공급이 편리하고 또한 가격이 저렴하다.
4) 노동력의 공급이 풍부하며, 임금이 저렴하다.
5) 원동력 비용도 저렴하다
6) 시장 접근성이 뛰어나다.[41]

이러한 이유에서 중국 동북지역에 기업을 설립하여 직접 제품을 생산함으로써 관세 등의 장벽을 회피하고 이를 통해 가격 경쟁력을 확보하고자 하는 주장과 논의가 자연스럽게 제기되었다. 만주에서 일본자본으로 방직기업을 설립할 수 있다면, 관세와 운임의 절감, 저렴한 노임이라는 장점을 적극 활용할 수 있다. 더욱이 현지에서 생산되는 원면은 세번수의 생산에는 적합하지 않지만, 중저급품의 생산에는 사용될 수 있었다. 생산품의 판매시장을 위해서도 영구를 비롯하여 대련 등 항구를 갖추고 있었으며, 나아가 철도를 통해 하얼빈을 거쳐 멀리 시베리아 및 내외몽고의 수요까지 감당할 가능성도 제기되었다.[42] 이러한 이유에서 1920년대 중국 동북지역에서 일본자본으로 방직기업을 설립하

40) 南滿洲鐵道株式會社 調査課, 『滿洲の纖維工業』, 1931, 17쪽.
41) 滿洲紡績株式會社, 『滿洲紡績株式會社設立趣意書』, 1924.10.12, 5-6쪽.
42) 「滿洲に於ける紡績工業」, 『大日本紡績連合會月報』368號, 1923.4, 48쪽.

려는 계획이 속속 입안되었다.

|도표 4| 1920년대 일본자본 방직기업의 설립계획

기업명	관련기업	소재지
만주방적주식회사	富士瓦斯紡績	심양
남만방적주식회사	和歌山紡績	봉천
繞紗廠工場	上海棉紗廠	봉천
내외면주식회사	내외면주식회사	금주
不詳	福紡	철령
不詳	不詳	영구

* 출처: 「滿洲に於ける紡績工業」, 『大日本紡績連合會月報』368號, 1923.4, 48쪽.

3. 만주방적주식회사의 설립과 경영

일차대전 시기 전시호황에 힘입어 급성장한 중국 방직공업과 종전 직후 단행된 관세 개정으로 말미암아 중국, 특히 만주로 수출되는 일본 면제품의 수량이 급감하자, 동북지역에 직접 기업을 설립하여 면제품을 생산한다는 구상이 제기된 것은 자연스러운 일이었다. 만주에서 일본자본으로 최초로 설립된 방직기업인 만주방적주식회사의 설립 경위는 현재 일본 외무성에 남아있는 『만주방적주식회사설립취의서滿洲紡績株式會社設立趣意書』에 잘 나타나 있다. 이 기록에 의하면 일차대전 이후 일본 방직공업이 중국 동북지역에서 기업을 설립한 배경으로서 전후 물가의 상승, 임금의 상승, 공장법 적용으로 인한 심야작업의 금지, 노동운동으로 인한 노동생산성의 저하 등 내부적 요인과, 중국 방직공업의 발전 및 관세 개정 등 외부적 요인을 들고 있다.[43]

만주방적주식회사는 요양에 위치하여, 1923년 6월부터 공장, 사무소,

창고, 기숙사를 비롯하여 병원, 구락부 등의 부속건물을 속속 건설하고 마침내 1924년 9월 초순 공사를 완공하였다. 만주방적주식회사의 경영진은 1924년 10월 19일 요양 및 만철 연선 각지로부터 중국인 및 일본인 유지 200여 명을 초치하여 성대한 개업식을 거행하였다.

만주방적주식회사는 총 자본금 500만 원, 불입자본금 400만 원으로서, 공장부지는 총 5만 평에 달하였으며, 조차료는 평당 5리厘에 상당하였다. 기계설비는 방추 3만 추, 직기 1,000대를 구비하였다. 면사부문에서는 하루 주야 가동으로 16번수 평균 400방磅의 면사 75곤梱을 생산하여 1개년에 약 320일 작업으로 2만 4,750곤을 생산목표로 정하였다. 면포부문에서는 직기 1,000대를 가동하여 대당 평균 생산 11방 조포粗布 14반反 10마碼로 하루 2,750반 생산과 연 57만 7,500반을 생산하도록 설계되었다.[44]

|도표 5| 만주방적주식회사의 설비 내역 및 소요 경비

항목	내역	수량	비용	총비용
기업 창립비	기업 창립시까지의 일체 비용		5만원	
철도인입선 공사			1만원	
공장 및 기타 부속건물 공사비	공장, 방적부	2500평(평당 70원)	17만 5천원	52만 5천원
	공장, 직포부	2500평(평당 70원)	17만 5천원	
	창고	500평(평당 50원)	2만 5천원	
	수용품 창고	100평(평당 50원)	5천원	
	기관실, 변전소	100평(평당 100원)	1만원	
	수선실	100평(평당 50원)	5천원	
	2층 사무실	100평(평당 200원)	2만원	
	기숙사, 사택	1500평(평당 60원)	9만원	

43) 滿洲紡績株式會社, 『滿洲紡績株式會社設立趣意書』, 1924.10.12, 4-5쪽.
44) 日本外務省, 『支那各種紡績會社報告(6):滿州紡績株式會社』, 1925, 25-26쪽.

항목	내역	수량	비용	총비용
	출입문 및 잡공사		2만원	
방추 및 부속기기	방추 括束荷造,기타기기 針布,기타부속품 木管,기타용구 재료 및 공임	3만 추	1추당 47원	141만원 5만원 10만원 5만원 5만원
직포기 및 부속기기	직포기 준비 기타 기기 마무리 제기기 기타 부속 기구 재료 및 공임	1천 대(1대당 400원)	40만원 10만원 5만원 4만원 3만원	62만원
전기기기, 전도장치	전압기, 배전반 전동기 전등 전선전주 기타용품 샤프트,벨트,로프등 기타재료 및 공임	1식(1,200킬로와트)	6만원 7만원 2만원 2만원 10만원 2만 5천원	31만 5천원
방화장치 등	보일러,파이프 등 난방용 풍차 등 방화장치(수조포함) 수선용 제공구 기타 기기		6만원 4만원 6만원 3만원 3만원	22만원
이자 및 잡비	이자 잡비, 직공 모집 및 양성비		10만원 5만원	15만원
유동자금				45만원

* 출처: 日本外務省, 「起業目論見附屬說明書」, 『支那各種紡績會社報告(6):滿州紡績株式會社』, 1925, 4쪽.

주목할 점은 만주방적주식회사의 설립 과정에 일본정부의 국책적 지지와 후원이 있었다는 사실이다. 이는 만주에서의 일본 국책회사인 남만주철도주식회사의 적극적인 개입에서도 잘 드러나고 있다. 주지하다시피 국책기관이 식민지나 혹은 반식민지에서 외면상 기업의 형식을 취한 것은 국가권력의 직접적인 개입과 지배를 노골적으로 드러내지 않으면서도 실질적으로 이를 관철시키기 위한 방편이었으며, 이러한 형식은 러시아의 동철철도공사나 일본의 남만주철도주식회사, 그리고 영국의 동인도회사 등에서 잘 나타나고 있다.[45] 만주방적주식회사는 기업의 경영 실적 여하에 따라 장래 일본 방직공업이 만주로 진출할 수 있는 가능성을 가늠한다는 의미에서 중국 동북지역에 대한 일본 방직기업의 설립과 발전을 위한 시금석으로 간주되었다. 이러한 의미에서 일본정부와 방직업계는 만주방적주식회사의 설립과 경영에 주의와 관심을 집중하고 있었다.[46]

이와 같은 사실은 만주방적주식회사의 자본 구성을 살펴보더라도 잘 알 수 있다. 요양遼陽의 일본영사가 우치다 고사이內田康哉 외상에게 만주방적주식회사의 설립 경위를 보고한 자료에 따르면, 회사가 발행한 주식 총수는 10만 주에 달하였다. 그런데 주식을 인수한 대주주의 면면을 살펴보면, 일본 방직업계의 대표회사인 부사와사방적주식회사가 3만 주, 남만주철도주식회사가 2만 5천 주로서 최대 주주의 지위를 차지하였다. 이밖에 동회사의 주식을 수용한 주주는 대부분 일본의 자산가들로서 지역별로는 동경 2만 4천 주, 대련 9,770주, 고베神戶 4천 주, 요양 2,030주, 오사카大阪 1,400주, 가나가와神奈川 1,000주, 시즈오카靜岡 1,000주 이밖에 효고兵庫현 및 구마모토熊本현 260주, 이밖에 만주 각지(봉천, 안산, 낙성, 연대, 안동) 1,040주, 하얼빈 500주로서 합계 10만 주에 달하였다.[47] 이러한 사실은 만주방적주식회사가 일본 방직업계의 주도적인 투자와 더불어 일본정부의 적극적인 지원 하에서 설립되었다는 사실을 웅변해 주고 있다.

45) 金志煥, 『鐵道로 보는 中國歷史』, 학고방, 2014, 397쪽.
46) 日本外務省, 「滿州紡績會社ノ業態ニ関スル件」, 『本邦會社関係雜件』第七卷, 1926, 11쪽.
47) 日本外務省, 『支那各種紡績會社報告(6):滿州紡績株式會社』, 1925, 4쪽.

주식의 보유 비율로 보아 만주방적주식회사의 정책 결정에는 남만주철도주식회사 및 부사와사방적주식회사의 영향력이 매우 컸다고 볼 수 있다. 이러한 사실은 만주방적주식회사 이사회의 구성을 살펴보더라도 잘 나타나고 있다. 부사와사방적 측에서는 고문商談役으로 와다 도요지和田豊治, 전무이사에 엔도 소로쿠遠藤宗六, 이사 모리다 다츠미持田巽, 아사쿠라 츠네토朝倉每人, 감사 오구라 키요시小倉淸 등을 추천하였으며, 남만주철도주식회사에서는 이사 와다 케이조和田敬三, 감사 무카이호 세이이치로向坊盛一郎 등을 추천하였다.[48] 만주방적주식회사의 이사진 구성을 살펴보면 다음과 같다.

|도표 6| 만주방적주식회사 이사진 명단

사장	이토 분키츠(伊藤文吉)	
전무이사	엔도 소로쿠(遠藤宗六)	전 부사와사방적주식회사 가와사키(川琦) 공장장
상무이사	모리우에 다카아키(森上高明)	
이사	모리다 다츠미(持田巽)	富士瓦斯紡績 전무이사
	구라치 데츠요시(倉地鐵吉)	東亞勸業 社長
	아사쿠라 츠네토(朝倉每人)	富士瓦斯紡績 小山 공장장
	가와이 요시나리(河合良成)	日華生命 상무이사
	오타나베 도쿠시게(渡邊德重)	遼鞍每日新聞 사장
	시마다 요시미(島田好)	전 요양지방사무소장
	와다 케이조(和田敬三)	만철 이사
감사	오구라 키요시(小倉淸)	富士瓦斯紡績 경리부장
	오카자키 다다오(岡崎忠雄)	神戸岡崎銀行 전무이사
	야마다 산페이(山田三平)	상품신탁 사장
	우치야마 가츠오(內山勝雄)	만철 전임감사
	무카이호 세이이치로(向坊盛一郎)	만철 전임감사

48) 日本外務省, 『支那各種紡績會社報告(6):滿州紡績株式會社』, 1925, 4쪽.

그러면 만주방적주식회사는 왜 요양지역을 기업의 설립지로서 선택하게 되었을까? 주지하다시피 요양은 일본 만주수비군 사단사령부의 소재지로서 일본의 영향력이 매우 큰 지역이라고 할 수 있다. 만주방적주식회사는 국책회사인 남만주철도주식회사의 자본이 대량으로 투입되었을 뿐 아니라, 경영 과정에서도 적극적인 지원이 있었던 것으로 보인다. 기업의 설립 지역을 요양으로 결정한 사실 역시 남만주철도주식회사의 지원과 불가분의 관계를 가지고 있었다.

방직기업의 설립 지역을 결정하는 과정에서 제품의 판매시장과 상품의 유통망은 매우 중요한 고려 요소이며, 따라서 간선 철도인 남만주철도의 연선지역에 부지를 마련하는 것은 당연한 일이었다. 그런데 철도 연선지역에 방대한 기업부지를 마련하기 위해서는 막대한 비용의 지출이 불가결하였다. 남만주철도주식회사는 요양에 위치한 자사의 철도 부속지를 만주방적주식회사의 공장부지로 저렴한 지대로 대여함으로써 기업의 신속한 설립에 크게 기여하였다. 이러한 사실은 "봉천이나 기타 남만주철도의 철도역에서 가까운 연선 요지에 공장부지를 구하기 위해서는 막대한 고정자산이 필요할 뿐만 아니라, 적당한 부지를 구할 가능성도 거의 없다. 다행히 우리는 남만주철도주식회사로부터 요양의 철도 부속지에 공장을 건설할 수 있는 토지를 매우 저렴한 지대로 대여받는 특전을 얻었다"[49]라는 기록에서 이러한 사실을 잘 알 수 있다.

이와 같이 만철과 부사와사방적주식회사는 만주방적주식회사가 기업을 경영하는 과정에서도 적극적인 지원과 도움을 아끼지 않았다. 일본 방직업계의 영수이자 부사와사방적주식회사 사장인 와다 도요지和田豊治는 이 지역을 시찰하고 만주방적주식회사를 설립하려는 계획에 적

49) 滿洲紡績株式會社, 『滿洲紡績株式會社設立趣意書』, 1924.10.12, 9쪽.

극적인 지지의 뜻을 표명하며, 설립과 경영에 지원을 아끼지 않겠다고 약속하였다. 더욱이 자신의 감독 하에 사업계획서를 작성하였으며 유력한 기사장을 파견하였다. 이와 함께 남만주철도주식회사는 만주방적주식회사가 동북지역에서 최초로 설립되는 방직기업으로서 그 의의가 중차대하다는 사실을 인식하고 견실한 발전을 조장하는 의미에서 저렴한 지대로 부지를 대여하기로 약속하였다. 이와 함께 만주방적주식회사의 주식을 상당 부분 인수할 뜻을 표명하였다.[50]

만철이 대여해 준 철도 부속지는 공장과 기타 건축물을 부설하기 위해 매우 적합한 환경을 구비하고 있었다. 즉 이 지역은 지반이 매우 견고하여 지하 17척을 파 내려가도 수맥층에 도달하지 않았으며, 지층이 주먹만한 자갈돌로 구성되어 있어 기초가 견고하였다. 또한 현지의 건축재료가 매우 저렴하여 연와煉瓦와 같은 자재도 한 장에 1전 이하로 구입할 수 있었다. 또한 생산에 필요한 수자원은 인근 태자하太子河의 수자원流水을 활용할 수 있었으며 수질도 상당히 양호하였다.

더욱이 만철은 만주방적주식회사에 저렴한 석탄을 공급함으로써 생산설비의 가동을 적극 지원하였다. 요양은 동계에 기온이 낮아 보온이 필요한 기간이 일본과 비교하여 약 3개월 정도 길어 석탄의 소비량이 증가한다는 단점이 있었다. 그런데 요양 인근에는 바로 만철이 경영권을 행사하고 있던 무순탄광이 있었다. 일찍이 1909년 9월 4일 청조와 일본은 〈동삼성교섭오안조관東三省交涉五案條款〉을 체결하고, 조약의 제3조에서 일본이 무순탄광을 개발할 권리를 부여하였다.[51] 무순탄광은 매장량이 무려 58,000만 톤에 달하였으며, 만주방적주식회사에 분탄을

50) 滿洲紡績株式會社, 『滿洲紡績株式會社設立趣意書』, 1924.10.12, 9-10쪽.
51) 北京大學法律係國際法教研室編, 「東三省交涉五案條款」, 『中外舊約章彙編』第二冊-2, 三聯書店, 1959, 599쪽.

톤당 9원의 저렴한 가격으로 공급하였다.[52]

요양 현지에는 풍부한 노동력이 존재하였으며 만철 연선의 기타 지역과 비교하여 임금이 저렴하였다. 1926년 2월 현재 만주방적주식회사에서 근무하는 일본인 노동자는 52명(남 38명, 여 14명), 중국인 노동자는 총 2,861명에 달하였다. 중국인 직공 가운데 통근공이 1,199명(남자 1,017명, 여 182명), 기숙공이 1,662명(남 1591명, 여 71명)이었다.[53]

|도표 7| 일본과 중국 동북지역의 방직노동자 임금 비교

지역	일급(엔)		월급(엔)	노동시간
요양	남공	30-45	6원(小洋)	12시간
	여공	25-30		
봉천	남공	50-65	12원(小洋)	10시간
	여공			
일본	남공	1.70		11시간
	여공	1.30		

* 출처: 滿洲紡績株式會社, 『滿洲紡績株式會社設立趣意書』, 1924.10.12, 10쪽.

원료 면화와 관련하여 만주방적주식회사는 중국산 면화와 인도산 면화의 두 종류를 사용하였으며, 면화는 상당 부분 일본면화주식회사와 동양면화주식회사로부터 공급받았으며, 일부는 오사카(大阪)의 부사와 사방적주식회사로부터 공급받았다.[54] 중국산 면화의 경우 일찍부터 일본정부는 만주에서 면화의 개량 및 증산에 많은 노력을 기울여 왔으며,

52) 滿洲紡績株式會社, 『滿洲紡績株式會社設立趣意書』, 1924.10.12, 9쪽.
53) 日本外務省, 「滿州紡績會社ノ業態ニ関スル件」, 『本邦會社関係雑件』第七巻, 1926, 14쪽.
54) 日本外務省, 「滿州紡績株式會社」, 『本邦會社関係雑件』第六巻, 1925, 4쪽.

특히 만주방적주식회사가 설립된 1924년을 전후하여 만주에서 면화를 개량하고 증산하기 위한 다양한 사업을 전개하였다.

일찍이 1907년 관동청은 농사시험장을 개설하고 면화를 시험적으로 생산하였다. 이후 1922년부터 본격적으로 면화의 개량, 증산에 착수하여 미국 면종 가운데 동북지역에 적합한 품종을 선별하여 다음해부터 대대적으로 파종 면적을 확대하기 시작하였다. 이와 함께 동북지역에서 일반농가에 면화의 생산을 장려하는 동시에 파종법, 시비법 등도 보급하였다. 이러한 결과 1924년이 되면 민간에서 면화를 파종한 면적이 160정보로 증가하였다. 이에 관동청은 농사시험장을 통해 우량면종의 선종 및 개량, 그리고 파종법에 대한 연구를 일층 진전시켰다. 특히 1924년 9월 관동청은 만주에서 면화의 개량 및 증산을 전담할 기구로서 만주면화협회를 설립하여 면종의 배급, 재배법의 지도 및 생산된 면화의 공동 판매, 그리고 이러한 사업을 확대하기 위한 제반 활동을 주도하도록 하였다. 더욱이 면화의 수매 및 배급을 보다 원활하게 시행하기 위해 1926년 11월 만주면화주식회사를 설립하였다.[55]

만주면화재배협회의 설립은 일본정부의 정책적 의지를 반영하는 것이며, 만주방적주식회사의 설립과도 불가분의 관계를 가지고 있었다. 요양지방은 남만주에서 면화 생산의 중심지로서 1924년 만주방적주식회사의 설립을 전기로 면화의 증식과 개량이 적극 추진되었다.[56] 만주면화재배협회 및 만주면화주식회사는 생산자를 유치하고 지도하였으며, 면화의 생산 및 판매를 위한 다양한 정책을 실시하였다. 이러한 결과 현지 농민들이 면화의 재배가 이윤이 남는다는 인식을 갖기 시작하

55) 關東廳農林課, 『關東州に於ける棉作奬勵』, 1934.10, 1-2쪽.

56) 滿鐵調査月報編輯部, 「滿州に於ける紡績業及棉花栽培の將來」, 『滿鐵調査月報』 13卷 11號, 1933.11, 260쪽.

면서 면화의 생산에 적극 뛰어들었다. 아래의 표는 만주면화주식회사의 지도 하에 1924년 이래 면화 재배 면적이 확대되고 있음을 잘 보여주고 있다.

|도표 8| 만주면화주식회사를 통한 면화 재배 면적의 추이(1924-1930)

연도	재배면적(町)	수확량(斤)	수매량(斤)
1924	163	146,781	50,505
1925	822	575,190	369,075
1926	780	372,792	151,746
1927	1,342	610,000	366,000
1928	1,565	654,988	348,000
1929	1,631	1,557,154	722,358
1930	1,707	1,137,432	519,523

* 출처: 關東廳, 『關東州に於ける棉作奬勵』, 1934.10, 2쪽.

만주방적주식회사는 생산된 제품에 요양의 역사적 건축물로 유명한 백탑白塔을 그려 요탑遼塔이라는 명칭을 붙여 상표로 삼았다. 주요한 목적은 중국 소비자의 기호에 부응하고자 한 것이다. 상표를 백탑이라 하지 않고 요탑이라 정한 것은 "요탑이라는 명칭은 탑 자체의 고유명사가 아니면서도 요양의 백탑을 의미하는 것이기 때문이며, 단순히 백탑이라고 칭할 경우 다른 지방에도 백탑이 존재하므로 어느 지역의 백탑인지 구별할 수 없기 때문이었다."[57] 만주방적주식회사는 이와같은 고려 하에 최종적으로 요탑을 상표명과 도안으로 결정하여 북경의 상표국에 등록을 청원하였다. 이로부터 만주방적주식회사의 전략은 비록 자본의 내원이 일본이기는 하지만, 그럼에도 현지에 기업을 개설함으로써 수

57) 日本外務省, 「滿州紡績株式會社」, 『本邦會社関係雜件』第六卷, 1925, 4쪽.

많은 중국인 노동자들의 고용을 창출할 뿐만 아니라, 현지 중국인들이 필요로 하는 제품을 공급한다는 의미에서 요양지방을 대표하는 현지기업임을 강조하고 있는 셈이다.

|도표 9| 만주방적주식회사 상표 도안

만주방적주식회사가 생산하는 면사를 살펴보면 16번수 3,400포包, 20번수 11,800포, 10번수 26,400포로서 대부분 20번수 이하의 중저급품을 생산하고 있었다.58) 생산된 제품은 일본면화주식회사와 동양면화주식회사 두 회사의 출장소에 견본을 보내 판매를 위탁하였으며, 현물은 회사가 직접 중국 상인에게 인도한 이후 대금을 두 회사로부터 수취하였다. 판매 지역은 하얼빈, 철령, 장춘, 사평가, 무순, 공주령, 안동의 일본면화주식회사 및 동양면화주식회사의 출장소를 통해 이루어졌으며, 이밖에도 요양, 봉천의 일본 및 중국상, 그리고 봉천피복창에도 판매하

58) 陳眞編, 『中國近代工業史資料』第二輯, 三聯書店, 1958, 581쪽.

였다.[59]

|도표 10| 만주방적주식회사 제품의 지역별 판매 상황 (1924-1926)

지역별	1924.10-1925.4		1925.5-10		11월		12월		1926.1	
	면사	면포	면사	면포	면사	면포	면사	면포	면사	면포
合爾濱	30		50	2,000	30					
長春	210	200	900	18,940		2,900		4,000		1,500
公主嶺	115		90							
四平街	52		15							
鐵嶺	925	400	389				50		150	
奉天	106	10,062	294	2,400		400				
安東	157		258		69		2		25	
無順	32	200	29		10					
營口	239	400	1,925	43,240	75	2,000		500		5,200
瓦房店			288		10					
遼陽	62	2,990	187	7,360			10	200	50	100

* 면사: 16번수(단위: 표(俵)), 면포: 조포(粗布)(단위: 반(反))
* 출처: 日本外務省, 「滿州紡績會社ノ業態ニ関スル件」, 『本邦會社関係雜件』第七巻, 1926, 17쪽.

일본 자본주의가 발전하는 과정에서 방직공업은 중추산업으로서 매우 중요한 역할을 수행하였으며, 총 생산량 가운데 수출의 비중이 매우 높았다. 후발 자본주의 국가였던 일본에게 수출시장의 확대는 국가경제의 성쇠와 불가분의 관계를 가지고 있었으며, 중국시장, 특히 동북시장은 매우 중요한 의미를 가지고 있었다. 일본 방직공업은 초기 발전의 과정에서부터 협소한 내수시장을 탈피하여 중국과 만주에서 판매시장을 구하였으며, 이러한 결과 수출 지향의 높은 무역 의존도라는 특징을 내포하고 있었다. 따라서 무역상의 장애는 바로 일본 경제의 위기로 이

59) 日本外務省, 「滿州紡績株式會社」, 『本邦會社関係雜件』第六巻, 1925, 33쪽.

어지게 되며, 중국 동북지역은 일본 산업자본가에게 '생명선'으로 받아들여질 정도로 매우 중요한 시장으로서 인식되었다.

일본 방직공업은 국가권력의 정책적, 제도적 지지 하에서 성장하고 발전할 수 있었으며, 그 대표적인 정책이 바로 원면 수입세와 면제품 수출세의 폐지라고 할 수 있다. 국가권력의 지지는 일차대전 시기 일본 방직공업이 중국 동북시장을 개척하고 확대하는 과정에서도 마찬가지로 출현하였는데, 수출품의 운송에 대한 국경관세의 경감과 삼선연락 운임제가 대표적인 정책이었다. 이에 힘입어 동북시장에서 일본 면제품은 점유율을 크게 제고할 수 있었으며, 이러한 배경에는 바로 자국 정부의 적극적인 정책적 지지가 있었던 것이다.

중국 동북지역은 러일전쟁 이후 일본의 세력권으로 편입되었으며, 일본은 이 지역을 중국 관내와는 구별되는 독점적 시장으로 간주하였다. 그러나 일차대전 기간 동안의 전시호황에 힘입어 크게 성장한 상해 등 중국 방직공업에서 생산된 면제품이 동북시장으로 급격히 유입되면서 일본의 수입품이 구축되는 상황에 직면하자, 일본 방직업계는 이 지역에 자본을 투자하여 직접 기업을 건설하고, 현지에서 제품을 생산하여 가격 경쟁력을 제고하는 방향으로 정책을 선회하였다. 이와같은 경제환경의 변화 속에서 동북지역에서 일본자본으로 최초로 설립된 방직기업이 바로 만주방적주식회사였던 것이다. 따라서 만주방적주식회사의 설립은 일본 방직공업과 중국 동북시장 사이의 관계와 그 성격에 일정한 변화가 발생하였음을 의미하는 것이기도 하였다. 다시 말해 일본 방직공업에게 중국 동북지역은 종래 상품의 수출시장으로부터 자본의 투자시장으로서 성격이 변화하기 시작하였음을 의미하는 것이다.

일본의 국가권력은 초창기 일본 방직공업이 성장하는 과정에서 적극적으로 지원했던 것과 마찬가지로, 중국 동북에서 일본자본 방직기업이 설립되고 경영하는 과정에서도 국책회사 만철을 통해 지지와 지원을 아끼지 않았다. 만주방적주식회사는 일본 방직업계의 대방적회사인 부사와사방적주식회사의 주도와 만철의 적극적인 후원 속에서 설립되었으며, 일본정부는 이 회사를 재만방의 건설과 경영의 시금석으로 간주하여 정책적, 제도적인 지원 방안을 적극 모색하였다. 상해, 청도, 천진 등 중국 관내의 재화방在華紡이 설립과 경영의 과정에서 민간자본의 주도적 성격이 강했다고 한다면, 재만방在滿紡은 일본정부의 적극적인 지지를 바탕으로 하는 국가주도적 성격이 두드러졌다는 점에서 양자 사이에는 일정한 차별성이 존재하였다.

만주방적주식회사는 일본 방직자본과 국가권력의 주도와 적극적인 지원 하에 중국 동북시장의 확보라는 국책적 견지에서 수립되었음을 알 수 있다. 일본정부는 만철을 통해 만주방적주식회사가 발행한 주식을 대량으로 매입함으로써 대주주의 신분으로 기업의 설립을 주도하였으며, 경영에 대한 지도를 위해 대주주로서 이사회의 구성에도 적극 참여하였다. 기업의 설립 과정에서 철도 연선지역에 방대한 부지를 저렴한 임대가격으로 제공하였으며, 원료 면화를 확보하기 위해 기업의 설립을 전후하여 대대적으로 면화의 개량과 증산에 착수하였다. 이와같은 경영환경의 조성은 일개 민간 기업의 차원에서 추진하기는 매우 어려운 일이었다.

기업의 설립과 경영에서 드러난 국가권력의 적극적인 개입과 관여는 만주방적주식회사의 주요한 특징이었다. 그러나 국가권력의 적극적인 지지가 기업의 조속한 설립과 경영의 정상화에 적지않은 도움이 된 것은 부인할 수 없지만, 만주방적회사의 이와같은 성격은 오히려 이후 양국간 외교관계의 변화에 따라 중국 중앙정부나 지방정부의 대응을 야기하였으며, 민간에서의 반감도 불가피하게 조성되었다. 따라서 만주방적주식회사의 경영과 재만방의 설립은 이후 중국 동북시장에 대한 일본의 이해를 관철할 수 있는지를 가늠하는 척도가 되었으며, 나아가 중국 동북지역의 역사적 전개 과정에서 매우 주요한 변수로 등장했다고 할 수 있다.

중국 동북지역 중일자본 기업의 경영 비교

_ 김지환

일차대전 시기는 중국 자본주의의 발전과정에서 매우 중요한 전기가 되었다. 대전으로 인해 기존 서구로부터 수입되던 공산품이 두절되면서 면제품 등 일용필수품의 가격이 급등하자 상해를 비롯한 청도, 천진 등 동부 연안지역에서 근대 기계제공업이 급속히 발전하였으며, 이러한 과정에서 방직공업은 주도적인 역할을 수행하였다. 이에 힘입어 1912년부터 1920년에 이르기까지 중국경제의 연평균 성장률은 무려 13.8%에 달하였다. 1913년 중국의 면사 총 소비량 가운데 국내생산 비율은 37%에 불과하였으나, 1918년도 면사 자급률은 70% 이상으로 상승하였다.[1)]

한편, 일본 방직공업은 대전기를 거치면서 동양방적東洋紡績, 대일본

* 이 글은 『중국근현대사연구』제65집(2015.3)에 개재된 원고를 본 총서체제에 맞게 제목과 일부 내용을 수정한 것이다.

1) 周秀鸞, 『第一次世界大戰時期中國民族工業的發展』, 上海人民出版社, 1958, 30쪽.

방적大日本紡績, 종연방적鐘淵紡績 등 거대방적회사의 독점체제를 구축하였으며, 전시 고이윤을 바탕으로 막대한 자본을 축적할 수 있었다. 전시 고이윤의 원천은 바로 중국시장에 대한 면제품 수출의 독점적 확대에 있었다. 그러나 대전기 중국공업의 경쟁력이 제고되면서 상대적으로 중일 간 임금 격차가 확대되고 결정적으로 관세 인상이 단행되자 일본 방직공업은 수출 경쟁력을 급속히 상실해 갔다.[2] 이에 거대 방직자본은 전시의 자본 축적을 바탕으로 상해, 청도, 천진 등을 중심으로 일본자본 방직기업在華紡을 설립하였다.[3] 1931년 중국 방직공업에서 재화방在華紡의 생산 비중을 살펴보면 방추紡錘에서 전체의 40%, 직기織機에서 전체의 44%를 차지하였다. 이와 같이 일차대전을 거치면서 중국 방직공업이 달성한 국내시장의 자립이란 엄밀한 의미에서 중일자본 사창의 공동 생산을 통해 이루어진 것임을 알 수 있다.

여기에서는 방직공업 부문을 통해 일차대전 종전 이후 중국 동북지역에서 나타난 산업발전의 양상과 그 성격을 중일자본 방직기업의 설립과 발전, 그리고 양자 사이의 경영 비교를 통해 규명해 보고자 한다. 중국 동북지역에서 최초로 설립된 중국자본 방직기업은 1923년에 설립된 봉천방사창이며, 최초의 일본자본 방직기업은 1924년에 설립된 만주방적주식회사였다.[4] 본고에서 양 기업의 경영을 상호 비교하는 것은

2) 중국시장에 대한 일본의 수출은 점차 감소하여 1928년에는 전체의 14%에 달하였으며, 관세 인상이 단행된 1933년에는 5%로 격감하였다. 小林英夫, 「1930年代滿洲工業化政策の展開過程」, 『土地制度史學』44號, 1969.7, 22쪽.

3) 在華紡에 대한 대표적인 연구는 金志煥, 『中國國民政府의 工業政策』, 신서원, 2004;高村直助, 『近代日本綿業と中國』, 東京大學出版會, 1982; 久保亨, 『戰間期中國の綿業と企業經營』, 汲古書院, 2005; 森時彦, 『在華紡と中國社會』, 京都大學學術出版會, 2005; 金志煥, 『棉紡之戰』, 上海辭書出版社, 2006; 淸川雪彦, 「中國纖維機械工業の發展と在華紡の意義」, 『經濟硏究』34卷1號, 1983;金志煥, 「棉麥借款과 在華紡」, 『東洋史學硏究』58輯, 1997.4 등 참조.

다음과 같은 의미를 갖는다.

첫째, 주지하다시피 일차대전 시기 중국공업의 발전民族紡과 일본기업의 자본 수출在華紡, 그리고 양자 간 대립구도의 형성과 역사적 전개 등 일련의 연구가 주로 상해 등 경제 선진지역에 집중됨으로써, 상대적으로 동북지역(만주)에 대한 연구는 매우 소략한 형편이다. 본고에서는 이들 양 기업의 경영을 상호 비교함으로써 대전기 동북지역 기업의 성립과 발전이 상해 등 관내지역과 비교하여 어떠한 특징을 가지는지 살펴보고자 한다.

둘째, 이들 양 기업은 설립과 경영 자체가 상호 불가분의 관계에 있었음에도 기존의 연구는 이와 같은 관계성에 크게 주목하지 못하였다. 본고에서는 대전기 동북지역에서 기업의 성립과 발전을 양자의 관계성 속에서 분석해 보고자 한다.

셋째, 동북지역에서 일본자본 방직기업의 성립과 발전在滿紡이 상해 등 관내지역在華紡과 비교하여 어떠한 특징을 가지는지 살펴보고자 한다. 특히 기존의 연구에서 상해 등 재화방의 성격에 대해 "대전 기간 축적된 과잉자본의 수출로서, 순수한 민간자본의 진출"5)이라고 규정한 바 있는데, 이와 같은 성격이 중국 동북지역에서는 어떻게 적용되었는지 살펴보고자 한다.

이 글에서는 위의 문제들은 양 기업의 설립 과정과 자본의 내원, 기

---

4) 만주방적주식회사에 대한 연구는 金志煥, 「중국 동북지역 외자기업의 설립 배경과 경영」, 『中央史論』40輯, 2014.12이 유일하며, 봉천방사창에 대한 연구는 김희신, 「중국 동북지역의 기업지배구조와 기업관행」, 『中央史論』40輯, 2014.12 ; 上田貴子, 「1920年代奉天紡紗廠と東北經濟圈の自立性」, 『中華民國の制度変容と東アジア地域秩序』, 汲古書院, 2008; 上田貴子, 「近代中國東北地域に於ける華人商工業資本の硏究」, 大阪外國語大學博士學位論文, 2002 등이 있다.

5) 高村直助, 『近代日本綿業と中國』, 東京大學出版會, 1982, 132쪽.

업의 지배구조와 국가권력과의 관계, 노동자의 모집과 교육, 노동운동, 원료 면화시장과 제품 판매시장 등과 관련하여 살펴보고자 한다. 이러한 과정을 통해 일차대전 시기 상해 등 경제 선진지역과 비교하여 동북지역에서 산업과 기업의 발전이 어떻게 전개되었으며, 중국경제 발전의 보편성과 동북지역의 특수성이 어떻게 관철되었는지 규명해 보고자 한다.

1. 중일자본 방직기업의 설립과 지배구조

일차대전으로 인해 구미로부터 수입되는 면제품은 전반적으로 급감하였지만, 이러한 공백을 틈 타 일본제품이 중국 동북시장에서 급속히 세력을 확장하였다. 1914년 동북시장에서 일본면포는 총 수입량의 3분의 1 정도를 차지하였으나, 1920년대 초 무려 56%로 급증하였다. 일차대전 기간 일본제품이 동북시장에서 약진할 수 있었던 배경에는 국경통과 수출화물에 대한 관세의 경감 조치와 철도 부설을 통한 운송비의 절감, 원료 수입세와 제품 수출세의 철폐 등 일본정부의 수출 드라이브 정책에 힘입은 결과였다.[6]

그러나 대전 시기 중국 방직공업 역시 급속한 발전을 성취하면서 동북시장에 대한 수출을 확대하자 일본제품의 수입은 관세, 운임 등에서 상대적으로 불리한 입장에 처할 수밖에 없었다. 더욱이 중국정부는 1918년 관세자주권의 주창 이후 1919년과 1922년 두 차례에 걸쳐 관세

6) 小川透, 『滿洲に於ける紡績業』, 南滿洲鐵道株式會社 庶務部 調查課, 1923.10, 8쪽.

인상을 단행하였다. 일본의 언론은 "관세개정으로 인해 17번수 미만의 면사에 대해서는 35%, 17번수에서 33번수 이하의 면사에는 45% 관세가 증가하였다. 따라서 중국면사는 외국면사와의 경쟁에서 매우 유리하게 되었다"[7]라고 보도하였다.[8]

이에 일본정부는 중추산업인 방직공업의 육성과 발전을 위해 중국에 직접 자본을 투자하여 기업을 설립함으로써 현지에서 생산에 착수하는 정책으로 크게 전환하였다. 이와 같은 정책적 변화의 연장선상에서 중국 동북지역에서 일본자본으로 최초로 설립된 방직기업이 바로 만주방적주식회사였던 것이다. 일본정부는 만주방적주식회사의 설립과 경영을 동북지역에서 일본기업이 본격적으로 발전하기 위한 시금석으로 간주하여 적극적인 지지와 후원을 아끼지 않았다.

만주방적주식회사는 1924년 10월 19일 개업식을 거행하고 본격적인 생산에 돌입하였다. 총 자본금은 500만 엔, 불입자본금은 400만 엔에 달하였으며, 발행 주식 총수는 10만 주에 달하였다. 이 가운데 일본의 부사와사방적주식회사가 3만 주, 남만주철도주식회사가 2만 5천 주로서 최대 주주였으며, 이밖에 지역별로 동경 2만 4천 주, 대련 9,770주, 고베神戸 4천 주, 요양 2,030주, 오사카大阪 1,400주, 가나가와神奈川 1,000주, 시즈오카静岡 1,000주, 이밖에 효고兵庫현 및 구마모토熊本현 260주, 만주각지(봉천, 안산, 낙성, 연대, 안동) 1,040주, 하얼빈 500주로서 합계 10만 주에 달하였다.[9] 1934년의 주식 보유 비율을 살펴보면, 부사와사방

7) 「支那紡績發展の趨勢(四)」, 『奉天新聞』 1922.1.11.
8) 중국의 관세개정이 갖는 보호관세 및 재정관세로서의 성격 및 그 효과에 대해서는 金志煥, 「南京國民政府時期關稅改訂的性質與日本的對策」, 『抗日戰爭硏究』(中國社會科學院近代史硏究所)2000年 3期 참조.
9) 日本外務省, 「滿州紡績株式會社」, 『本邦會社関係雑件』第六巻, 1925, 6쪽.

적주식회사가 55.0%, 남만주철도주식회사가 25.5%를 차지하였다.[10)]

만주방적주식회사의 이사회는 주식의 보유 지분에 따라 구성되었다. 사장으로는 일본 초대총리 이토 히로부미伊藤博文의 차자인 이토 분키치伊藤文吉가 임명되었으며, 일본정부와의 교섭에서 중요한 역할을 담당하였다. 이밖에 주식의 보유 지분이 가장 많았던 남만주철도주식회사 및 부사와사방적주식회사 관계자가 이사회를 구성하였다. 부사와사방적 측에서는 고문商談役으로 와다 도요지和田豊治, 전무이사에 엔도 소로쿠遠藤宗六, 이사 모리다 다츠미持田巽, 아사쿠라 츠네토朝倉每人, 감사 오구라 키요시小倉淸 등이, 남만주철도주식회사에서는 이사 와다 게이죠和田敬三, 감사 무카이호 세이이치로向坊盛一郞 등이 포함되었다.

이와 같이 만주방적주식회사의 자본 내원은 대전기 막대한 자본을 축적한 대방적회사의 자본과 국책회사인 남만주철도주식회사를 통한 일본 국가자본의 유입이었다. 이사회의 구성에서도 부사와사방적주식회사의 임원과 함께 남만주철도주식회사의 관계자를 포함시킴으로써, 일본의 국가권력은 자본의 투자뿐만 아니라 기업의 경영에도 적극 관여했음을 알 수 있다.

한편, 봉천방사창은 중국의 국가권력, 특히 봉천성정부의 주도로 설립된 동북 최초의 근대적 기계제 방직기업으로서, 설립의 취지에서 이미 강한 국책적 성격을 내포하고 있었다. 설립 취지서를 살펴보면 "일차대전 종결 이후 각국의 생산 공급이 부족하여 물가가 나날이 상승하며, 특히 3천 만 동삼성민의 일용필수품인 면사포의 상당 부분을 외국으로부터의 수입에 의존함으로써 이권의 유출이 막대하다. 이러한 견지에서 봉천성장 장작림이 방직사창의 설립을 재정청에 명령하였으며,

10) 日滿實業協會, 『昭和九年六月滿鐵關係會社業績調査』, 1934, 10쪽.

마침내 관상합판官商合辦으로 사창을 설립하였다"11)라고 기록되어 있다.

1919년 장작림의 지시에 따라 사창의 설립에 착수한 재정청은 관상합판으로 기업을 설립하기로 방침을 정한 이후 1920년 6월 1일 미국제 방추 1만 추와 직기 100대를 구입하기로 가계약을 체결하였다. 이후 9월에 들어 동삼성 내 각 현으로부터 주식의 모집에 착수하였다. 1921년 2월에 동덕일佟德一이 창장으로 임명되어 공장의 건설에 착수하였다. 공장부지는 봉천성 소서문외小西門外 십간방十間房 북상부계北商埠界 내에 위치하였으며, 현재의 심양시 서측에 해당된다. 머지 않아 창장의 명칭을 총리로 변경하였으며, 이를 보좌하기 위해 고등공업 출신으로 일본 유학의 경험이 있는 한강금韓岡芩을 협리 겸 공무과장으로 임명하였다. 이후 봉천상업학교장을 지낸 손생무孫笙舞가 총리로 임명되어 사창 내부의 제반 공사를 완공하였다.12)

봉천방사창의 자본은 봉천대양 450만 원에 달하였으며, 1주 당 100원 상당의 주식 4만 5천 주를 발행하여 관상합판으로 관주와 민상주를 수용하였다. 민간의 투자분은 민고民股라 하여 우선적으로 수용하도록 하는 한편, 부족분을 관이 인수하도록 하여 관고官股라 하였다. 관고는 2만 5천 주로서 봉천성 재정청이 250만 원을 지출하였다. 관고는 장래 민간의 투자가 확대될 경우 점차 민고로 전환함으로써 종국적으로 순수한 민간기업으로 전환시킬 방침을 정하였다.

봉천방사창의 주식 가운데 민고의 내역을 살펴보면 은행을 비롯한 금융권의 투자가 매우 많았다. 민고는 2만 주로서 모두 200만 원에 달하였다. 1925년 말까지 봉천방사창의 민고는 21,117주, 총액은 봉대양

11) 『滿洲新聞』 1923.1.18.

12) 日本外務省, 「奉天紡紗廠」, 『支那ニ於ケル紡績業関係雜件』, 1926, 3쪽.

211.17만 원에 달하였다. 이 가운데 동삼성관은호가 3,389주, 33.89만 원, 중국은행이 1,328주, 13.28만 원, 교통은행이 1,128주, 11.28만 원, 봉천저축회가 528주, 5.28만 원, 봉천총상회가 1,097주, 7.67만 원, 요양현 1,289주, 12.89만 원이었다.[13] 1928년의 민상주의 보유분 가운데 500주 이상을 소유하고 있는 주주의 내역은 다음과 같다.

|도표 1| 1928년도 봉천방사창의 민고(民股) 500주 이상 보유자 내역

주식 보유자	보유주식 수	보유주식 액수(봉대양)
동삼성관은호	3,395	339,500원
중국은행	1,128	112,800원
교통은행	1,128	112,800원
奉天儲蓄會	528	52,800원
봉천총상회	1,097	109,700원
瀋陽縣	767	76,700원
遼陽縣	1,292	129,200원
昌閣縣	531	53,100원
開原縣	1,155	115,500원
營口縣	779	77,900원
海城縣	575	57,500원
安東總商會	646	64,600원
東邊實業銀行	545	54,500원

* 출처: 遼寧省檔案館, 「奉天紡紗廠商股股款數目表(1928年)」, 『奉系軍閥檔案史料匯編』 七冊, 江蘇古籍出版社, 1990, 58-59쪽.

자본의 구성으로부터 동사회董事會의 구성을 살펴보면, 동사董事 9명, 감찰원監察員 3명으로서, 이 가운데 관고 측 동사 5명, 감찰원 2명, 민고 측 동사 4명, 감찰원 1명으로 구성되었다. 또한 총리와 협리協理를 두

13) 趙英蘭, 『東北經濟棉業初探』, 吉林大碩士論文, 2006, 29쪽.

어, 총리는 관주 동사로부터, 협리는 민고 동사로부터 호선하도록 하였다. 총리와 협리 아래에는 경리 1명을 두어 전반적인 사무를 처리하도록 하였다. 방사창 내부에는 판공처辦公處, 공무처公務處로 크게 나누었으며, 판공처는 영업부로서 그 안에 각 과를 두어 과장을 임명하였다. 이밖에 총계사總稽查를 두고 위생, 소방, 고용 질서 등의 업무를 관장하도록 하였다. 공무처는 전반적인 공무를 관리하였으며, 각 과에는 기사를 두었다.14)

이상에서 살펴본 바와 같이, 봉천방사창은 대전 시기 상해지역을 중심으로 발전한 방직기업과는 구별되게 국가권력(성정부)의 적극적인 주도와 지원 하에 설립되었음을 알 수 있다. 상해 방직기업이 대부분 상판商辦, 즉 순수한 민영기업이었음에 비해, 봉천방사창은 일용필수품인 외국 면제품의 수입으로 인한 은유출을 방지한다는 이권 회수의 국책적 목적에서 설립되었다. 따라서 자본의 내원뿐만 아니라 동사회의 구성에도 국가권력이 적극 참여함으로써 경영에 적극 관여하게 된 것이다. 더욱이 동삼성관은호와 중국은행, 봉천저축회 등은 봉천성의 재정 운용에 실질적으로 관여하고 있었으며, 따라서 이들 자본이 봉천방사창에 투자된 것을 단순한 민간영역으로 평가하기도 어렵다. 이러한 점에서 봉천방사창은 국가권력(성정부) 주도의 기업이라는 성격을 강하게 내포하고 있었다.

한편 중국 동북지역에서 일본자본으로 최초로 설립된 만주방적주식회사 역시 대전시기 거대자본을 축적한 일본 방직자본과 함께 남만주

14) 日本外務省, 「奉天紡紗廠」, 『支那ニ於ケル紡績業関係雑件』, 1926, 4쪽. 동사회와 구성과 관련하여 관고(정부투자) 지분과 민고(민간투자) 지분의 董事 명단과 직책 등 구체적인 내용은 遼寧省檔案館, 「奉天紡紗廠商股股款數目表(1928年)」, 『奉系軍閥檔案史料匯編』第七冊, 江蘇古籍出版社, 1990, 58-59쪽 참조.

철도주식회사를 통한 일본정부의 강력한 지원 하에서 설립되었다. 다시 말해, 중국정부가 단행한 보호관세의 장벽을 넘기 위해 기존의 주요 수출시장이었던 동북지역에 직접 자본을 수출하여 기업을 설립하고 현지에서 생산활동에 착수하게 된 것이다. 따라서 일본 산업자본의 입장에서 본다면 중국 동북지역이 기존 상품수출 시장으로부터 자본투자 시장으로 전환되었음을 의미하였으며, 이 지역에 대한 대규모의 자본수출을 위한 시금석으로서 의미를 가지고 있었다. 이러한 이유에서 일본정부는 자본의 투자를 비롯하여 경영에 이르기까지 적극적인 지원을 아끼지 않았던 것이다.

2. 방직노동자의 노무관리와 노동운동

1) 방직노동자의 모집과 노무관리

노동자의 고용, 교육, 임금 및 노무관리 등은 기업의 경영에서 매우 중요한 부분이다. 봉천방사창은 설립 과정에서 상해, 천진, 남통 소재의 방직기업에 대한 현지조사를 실시하였다. 이들 지역은 이미 일차대전 이전부터 방직기업이 설립되어 대전기를 거치면서 급속한 발전을 성취함으로써, 기업의 경영과 공장의 운영에서 높은 기술수준과 생산시스템을 보유하고 있었다. 이에 동조원佟兆元 등 봉천방사창의 경영진 5명은 1921년 4월부터 5월까지 약 40일 간에 걸쳐 현지조사를 실시하였으며, 이를 통해 각 공장의 건축설계 도면을 비롯하여 경영시스템, 규약장정, 물류유통 등 기업의 경영에 필요한 각종 자료를 수집하였다.

봉천방사창은 현지조사를 완료한 이후 직예성정부와의 협의를 통해 기술인원을 파견하여 연수시키기 위한 지역으로 기후와 풍속이 동북과 가까운 천진을 선정하였다. 직예성정부는 항원사창恒源紗廠, 유원사창裕元紗廠, 북양제일사창北洋第一紗廠 등 3개 기업을 연수처로 추천하였으며, 봉천방사창 동사회는 항원사창을 최종적으로 선정하였다.[15] 연수생은 시험으로 선발되었는데 중졸 이상의 학력이 요구되었으며, 공업학교 졸업생의 경우 더욱 환영받았다. 연수기간은 1년으로서, 연수기간 중 의식주와 정규 급료의 절반이 지급되었으며, 연수 종료 이후 3년 간의 근무가 의무로 정해졌다.[16] 1922년에 2명의 기사와 30명의 연수생을 항원방사창으로 파견되었으며,[17] 공장의 개업에 맞추어 다시 도공徒工 100여 명을 초빙하여 3개월간 기술을 습득하도록 하였다. 노동자는 공장工匠, 도공徒工, 여공 및 부역의 4종으로 나뉘었다. 1930년 5월 말의 통계에 따르면 총 1,862명으로서 이 가운데 공장 857명, 도공 547명, 여공 218명, 부역 240명에 달하였다.[18]

일반 공무직원工務職員은 갑종공업학교 졸업생 30명을 선발하여 천진의 사창으로 실습을 보냈으며, 공장으로 돌아온 이후 재능에 따라 적당한 부서에 임용하였다. 회사는 전문적인 지식을 갖춘 동서양의 유학생 및 상업학교 출신의 전문인재를 선발하여 각 공장의 기사技師나 기수旗手로 임용하여 방직 및 원동기계와 관련된 업무를 담당하도록 하였다.[19]

15) 上田貴子, 「1920年代奉天紡紗廠と東北經濟圈の自立性」, 『中華民國の制度変容と東アジア地域秩序』, 汲古書院, 2008, 90쪽.
16) 上田貴子, 「1920年代奉天紡紗廠と東北經濟圈の自立性」, 『中華民國の制度変容と東アジア地域秩序』, 汲古書院, 2008, 91쪽.
17) 上田貴子, 「1920年代奉天紡紗廠と東北經濟圈の自立性」, 『中華民國の制度変容と東アジア地域秩序』, 汲古書院, 2008, 90쪽.
18) 趙英蘭, 『東北經濟棉業初探』, 吉林大碩士論文, 2006, 31쪽.
19) 日本外務省, 「奉天紡紗廠」, 『支那ニ於ケル紡績業関係雜件』, 1926, 27쪽.

1923년도 직원표를 살펴보면, 기술자로서 천진 상해의 방사창에서 노동 경험이 있는 인재와 함께 영국 및 일본유학 경험자의 이름도 올라 있다. 이들 기사는 1928년의 직원표에서 관리직으로 승격되어 그 아래 1922년에 채용되어 천진에서 연수를 받았던 기사의 이름이 이어지고 있다.[20]

만주방적주식회사의 노동자 모집과 교육 등 노무관리는 1924년 6월 18일 심양의 일본영사 야부노 요시미츠藪野義光가 일본외상 시데하라 기주로幣原喜重郎에게 보고한 내용에 상세히 기술되어 있다. 만주방적주식회사는 노동자를 모집하는 과정에서 촌장이나 기타 지방관헌의 협조를 구하기 위해 다방면으로 노력을 기울였다. 예를 들면 인근 부락의 촌장이나 관구區官 및 기타 유력자들을 초치하여 화친의 자리를 마련하였으며, 중국인의 신앙생활에서 중요한 사당廟宇 등을 세우거나 보수비용을 기부하는 등 다양한 방법을 동원하여 노동자의 모집에 대한 현지 유력자의 협조를 구하였다.[21]

1924년 6월 1일의 통계에 따르면 총 410명의 노동자 가운데 남공이 377명, 여공이 33명이었다. 견습남공에게는 하루 18-20전錢이 임금으로 지급되었으며, 견습여공에게는 16-18전이 지급되었다. 노동자의 모집은 순조롭게 진행되어, 1924년 말에는 기숙사에 수용하는 노동자 800명과 출퇴근 노동자 9백여 명을 고용하였다. 특히 출퇴근 노동자는 통근이 가능한 요양 및 인근 촌락 농가의 자제들이 다수를 이루었다.[22]

---

20) 上田貴子, 「1920年代奉天紡紗廠と東北經濟圈の自立性」, 『中華民國の制度変容と東アジア地域秩序』, 汲古書院, 2008, 91쪽.

21) 日本外務省, 「滿州紡績株式會社」, 『本邦會社関係雑件』第六巻, 1925, 6쪽.

22) 1926년 실시된 노동자의 출신지 조사에 따르면 遼陽 4,981명, 撫順 494명, 安東 489명, 奉天 179명, 普蘭店 164명, 鐵嶺 130명, 기타 704명으로 총 7,285명에 달하였다. 日本外務省, 「滿州紡績會社ノ業態ニ関スル件」, 『本邦會社関係雑件』七

그러나 만주방적주식회사는 노동자의 모집 이후 이들의 관리에 적지 않은 어려움을 겪었다. 1924년 8월 23일 요양의 일본영사가 자국 외상에게 보고한 자료에 따르면, 혹서기임에도 불구하고 노동자들은 오전 6시부터 오후 6시까지 12시간의 노동에 종사하였으며, 기숙사도 완비되지 않은 상황에서 작업에 익숙치 않은 가운데 과로로 말미암아 결근자가 다수 발생하였으며, 그 결과 8월의 출근율은 60%에 머물렀다. 여공의 경우 퇴직자가 더욱 많아 일시 70명으로 감소하기도 하였다. 특히 농번기에 들어서면 남녀 공히 결근자, 퇴직자가 증가하였다.[23]

요양 인근지역에서 노동자를 용이하게 모집할 수 있다는 기대가 어긋나자, 회사는 광고를 통해 노동자를 모집하고 노동자 개인이 직접 지원하는 방식으로 채용방식을 변경하였다. 이와 함께 회사의 직원을 철도 연선지역을 거쳐 오지로 파견하여 노동자의 모집에 착수하였다.[24] 그러나 1925년에 들어서도 노동자의 이직률은 여전히 높았다. 1925년 6월 2,100명의 노동자 가운데 평균 1,800~1,500명이 출근하였으며,[25] 입사 후 3개월 이후 퇴사하는 경우가 가장 많았다. 회사에서는 창립 이래 1개년 이상의 근속자를 표창하기 위해 조사한 결과 입사시 약 5천명에 달했던 노동자 가운데 83명이 표창을 받는데 불과하였다.[26]

1926년 2월의 조사에 따르면, 일본인 노동자 총수는 52명(남자 38명, 여자 14명), 중국인 노동자는 2,861명, 이밖에 일본인 직원이 73명에 달하였다. 중국인 노동자 가운데 통근공이 1,199명(남자 1,017명, 여 182

巻, 1926, 14쪽.

23) 日本外務省, 「滿州紡績株式會社」, 『本邦會社関係雑件』第六巻, 1925, 10쪽.

24) 日本外務省, 「滿州紡績株式會社」, 『本邦會社関係雑件』第六巻, 1925, 10쪽.

25) 日本外務省, 『支那ニ於ケル紡績業関係雑件』, 1926, 39쪽.

26) 日本外務省, 「滿州紡績會社ノ業態ニ関スル件」, 『本邦會社関係雑件』第七巻, 1926, 14쪽.

명), 기숙공이 1,662명(남 1,591명, 여 71명)에 달하였다. 이 가운데 실제로 매일 상근하는 노동자는 통근공 약 800명, 기숙공 1,300명 정도였다. 중추절이나 농번기 등에는 물론 심지어 급료를 수령한 후 수일간 혹은 우천시에 수시로 결근이 자행되었다. 더욱이 봉직전쟁이 발발하자 군역부로 강제 징집되는 등 출근율이 격감하여 생산능률에 영향을 미쳤다.[27] 농번기나 설, 중추절 전후 시기에는 휴직하는 자가 많았으며, 급료를 받은 다음날 바로 퇴직하는 경우도 있었다. 회사는 설 기간 중 출근을 장려하기 위한 고육지책으로 설 다음날 출근자에게 복권 150원 상당의 추첨권(2등 50원, 3등 10원 등)을 증여하였다. 이러한 결과 전해 1,000여 명에 불과했던 출근자가 일거에 1,300여 명으로 증가하였다.[28]

2) 일화배척운동과 노동운동

일차대전 종결 후 파리강화회의에 참석한 중국대표는 외국군대의 철수와 산동반도에 대한 독일 이권의 반환, 일본의 21개조 요구 폐지 등을 주장했다. 그러나 열강은 중국의 요구를 받아들이지 않았으며, 오히려 독일의 이권을 일본에게 양도하도록 승인하였다. 이에 격분한 중국 관민들은 5·4운동을 시작으로 대대적인 배일운동과 일화배척운동을 전개하였다. 북경, 상해 등 관내지역과 비교하여 강도가 약하기는 하였으나, 배일운동은 대련시장을 비롯한 동북지역으로 확산되기 시작하였다.[29] 5·4운동 직후 봉천상무총회奉天商務總會는 상해에서 발생한 배일

27) 日本外務省, 『支那ニ於ケル紡績業関係雑件』, 1926, 24-25쪽.
28) 日本外務省, 「満州紡績會社ノ業態ニ関スル件」, 『本邦會社関係雑件』第七巻, 1926, 14쪽.

운동에 호응하여 일화배척운동과 국화제창운동을 실행하기 위한 회의를 개최하였다.[30]

일본이 만주방적주식회사를 설립한 것은 바로 이와 같은 사회적 분위기가 농후했던 1920년대 초였다. 따라서 만주방적주식회사는 공장 입지의 선정에서부터 노동자의 모집과 노무관리 등에 다대한 주의를 기울이지 않을 수 없었다. 만주방적주식회사의 최대 주주이자 설립의 주도세력인 부사와사방적주식회사가 동북 최대의 거점도시인 봉천이 아니라 요양을 기업 소재지로 선정한 것도 이와 같은 분위기와 불가분의 관계를 가지고 있었다. 일본의 언론도 "부사와사방적주식회사가 만주방적주식회사의 부지로 봉천이 아니라 요양을 선택한 이유는 면산지로서의 이익보다도 노동문제가 민감한 작금에 교통이 편리한 도회지 봉천보다도 인정이 소박한 요양지역이 노동자의 고용과 노무관리 등에서 더욱 유리하기 때문"[31]이라고 보도하였다.

그럼에도 비록 봉천과 같이 상회 주도의 일화배척운동이 전개되지는 않았지만, 요양지역 역시 배일의 기운이 농후하였다. 1919년 6월 5일에 요양의 일본영사 이리에 쇼타로入江正太郎는 자국 외상 우치다 고사이內田康哉에게 "일화배척운동의 여파가 만주 각지에도 직간접으로 영향을 미치고 있다. 요양은 일중 양국 간의 관계가 극히 원만하여 종래 배일적 행위가 없었으며, 아직까지는 일반에서 일화배척운동의 특별한 동향이 없는 편"[32]이라고 보고하였다. 그러나 6월 16일의 보고에서는 '북

---

29) "일본이 21개조약의 폐지 거부를 통고한 이래 상해를 중심으로 중국상인의 일화배척운동이 맹렬하다. 이와 같은 여파가 한구, 천진, 청도, 대련시장에도 파급되고 있다."「排貨懸念と日支棉業」,『大阪朝日新聞』, 1923.3.24.

30) 「日貨排斥各地益々熾也」,『報知新聞』, 1919.5.29.

31) 「滿州の紡績界勃興すべき機運」,『滿州日日新聞』, 1923.2.15.

32) 入江正太郎,『遼陽方面ノ排日形勢ニ関シ報告ノ件』, 1919.6, 2쪽.

경구국십인단北京救國十人團'의 명의로 "국산품國貨를 장려하고 죽어도 적인의 화물을 구매해서도, 돈을 적인의 은행에 맡겨서도 안되며, 적은행이 발행한 화폐를 사용해서도 안된다. 중국은행에서의 저축을 증대시켜 국력의 근원으로 삼는다. 모든 사람이 매달 국화 2각角 이상에서 1원까지 중국은행에 저축해야 한다"[33]라는 내용의 유인물 100여 장이 살포되었다고 보고하였다.

만주방적회사에서의 노동자 이직률이 상당히 높았던 것은 봉천방사창과 비교하여 상대적으로 낮은 임금수준으로부터 그 원인을 찾을 수 있다. 견습공의 경우 만주방적주식회사의 일급은 20전으로서, 봉천방사창의 25전과 비교하여 낮은 수준이었다.[34] 1920년대 만주방적주식회사에서는 노동운동이 끊임없이 발생하였는데, 주요한 요구 사항은 임금 인상 등 노동조건의 개선과 관련된 것이 많았다. 다음의 표를 살펴보면 봉천지역과 비교하여 요양지역 노동자의 임금 수준이 전반적으로 낮았음을 알 수 있다.

|도표 2| 일본과 중국 동북지역의 방직노동자 임금 비교

지역	일급(円)		월급(円)	노동시간
요양	남공	30-45	6원(小洋)	12시간
	여공	25-30		
봉천	남공	50-65	12원(小洋)	10시간
	여공			
일본	남공	1.70		11시간
	여공	1.30		

* 출처: 南滿洲鐵道株式會社 調査課, 『滿洲の纖維工業』, 1931, 156쪽.

33) 日本外務省, 『支那ニ於テ日本商品同盟排斥一件』第二卷, 1919.6, 5쪽.
34) 日本外務省, 「滿州紡績株式會社」, 『本邦會社関係雜件』第六卷, 1925, 6쪽.

만주방적주식회사에서는 1924년 5월 견습공의 채용과 훈련 과정에서 이미 동맹파업 형태로 노동운동이 발생하였다. 만주방적주식회사는 견습공으로 35명을 선발하여 견습을 실시하였는데, 이들 가운데 일부가 요양의 공장으로 복귀한 이후 임금협상 과정에서 동맹파업을 선언하였다. 사측은 이들이 "노동운동의 악습에 영향을 받았다"[35]고 간주하여, 5월 17일 일본인 감독관이 중국인 노동자를 구타하는 사건이 발생하였다. 이에 노동자들은 당일 업무가 종료된 이후 일본인 감독관 당사자를 구타하기로 모의하였으나, 마침 경비와 청원경찰의 제지로 실행에 옮길 수 없었다.

다음날인 5월 18일과 19일 이틀에 걸쳐 노동자가 한 명도 출근하지 않자 회사로서는 차후 유사한 행위가 발생할 경우 일본인, 중국인을 가리지 않고 해고하기로 약속한 이후 5월 20일부터 비로소 출근이 이루어질 수 있었다. 출근 이후 노동운동의 원인이 되었던 임금문제와 관련하여 협상이 진행되었다. 그러나 이번에는 여공들이 임금인하설 등의 풍문을 전해듣고 인사계실로 몰려와 문제를 제기하였다.[36] 저렴한 임금 수준 이외에 임금 지불시 본위화폐의 태환도 문제점으로 부상하였다. 만주방적주식회사를 비롯하여 일본기업은 통상적으로 임금을 금표金票로 지급하였는데, 금표를 받은 노동자가 현지에서 물자를 구매하기 위해서는 이를 소양전小洋錢으로 교환해야 했기 때문에 태환 수수료를 지불해야만 했다.[37]

---

35) 日本外務省, 「滿州紡績株式會社」, 『本邦會社関係雑件』第六巻, 1925, 7쪽.
36) 日本外務省, 「滿州紡績株式會社」, 『本邦會社関係雑件』第六巻, 1925, 7-8쪽.
37) 러일전쟁 이전 봉천에서는 일상 거래가 대체로 제전으로 이루어졌으나 1898년 이후 은화의 거래가 활성화되었다. 1905년 12월 봉천관은호가 설립되면서 小洋銀을 기초로 小洋票를 발행하였으며, 대청은행 봉천분행 등의 각 은행에서도 지폐를 발행하였는데, 이들 은행이 발행한 지표를 통칭하여 봉천표(봉표)라 지칭하였다.

만주방적주식회사는 노동운동의 발생과 확대를 차단하기 위해 임금 문제와 관련하여 조치를 강구하였다. 우선 1924년 8월 11일에 회사는 같은 해 5월 20일 이전부터 근속한 중국인 노동자에 대해서는 일급을 1전錢 증액하여 지급할 의사를 전달하였다. 이와 함께 종래 임금을 금표로 지급해 오던 방식으로부터 소양전으로 지급 방식을 변경하였다.[38] 그런데 1924년이 마침 소양전의 가치가 다소 하락하던 차라, 노동자들은 금표가 하락할 시에는 회사가 금표로 지급하고, 소양전의 가격이 하락할 때는 소양전으로 지급한다고 불만을 토로하였다. 일부 노동자들은 8월 12일부터 동맹휴업에 돌입하여 다음날 13일에도 출근을 거부하였다. 회사는 주모자 수명에 대해 다음날 아침까지 모두 복업하도록 지시하고, 따르지 않을 경우 해고의 의사를 전달하였다. 이에 이들은 14일 회사로 와서 11일부터 13일까지 3일간의 파업에 대해 근무한 자와 동일한 임금을 지급해 주도록 요구함과 동시에, 임금을 금표로 지급해 주도록 요구하였다.[39]

만주방적회사의 노동자 초임은 대체로 봉표 24전이었는데, 1925년 3월 이후 모든 노동자들의 임금을 일률적으로 인상하여 평균 임금이 일급 50전에 달하였으며, 특수기능을 요하는 작업의 경우 1일 1원에 이르기도 하였다. 그러나 1924년부터 진행된 봉천표 가치의 하락으로 말미

1916년 장작림은 소양표를 회수하여 大洋銀을 기초로 大洋票를 발행하여 금융의 안정화를 도모하였다. 1929년 5월 요녕사행호연합준비고가 결성되어 태환권인 現大洋票를 발행하였다. 금표는 대련, 본계호, 안산 등 일본인의 상업활동이 많았던 만철 연선지역에서 주로 사용되었다. 이와 관련하여 상세한 내용은 塚瀬進, 『中國近代東北經濟史硏究』, 東方書店, 1993, 109-114 참조.

38) 日本外務省, 「滿州紡績株式會社」, 『本邦會社関係雜件』第六巻, 1925, 10-12쪽.

39) 日本外務省, 「滿州紡績會社職工同盟罷業ニ関スル件」, 『外國ニ於ケル同盟罷業雜纂 / 支那之部』第一巻, 1924, 2-3쪽.

암아 물가가 현저히 상승함으로써 임금 수준이 이를 따르지 못하였다.[40] 만주방적주식회사는 봉천표의 가치 하락을 상쇄하기 위해 수차례 임금 인상을 단행하였으며, 기숙사의 확대와 식당의 개선, 목욕탕, 이발소, 매점, 병원 등을 부설하였다.[41]

일본 방직기업에서 노동운동이 발생하는 사례는 매우 보편적이었다. 1926년 4월 27일 동북지역 소재의 일본기업인 만주복도방적주식회사에서도 민족 탄압과 차별 대우를 이유로 1,000여 명의 노동자가 파업에 돌입하였다. 이들은 동맹파업을 결의하며 1)중국 노동자에 대한 일본인의 모욕 금지, 2)임금 인상, 3)노동시간의 단축, 4)휴일에도 임금 지급, 5)숙박비 지급 등을 요구하였다.[42]

봉천방사창의 경우 노동운동이 거의 기록되어 있지 않다. 다만 일부 기록에 따르면 만주사변 직전 중국공산당 지부의 활동과 그 결과로 인한 노동운동이 기록되어 있으나 매우 제한적이다. 1927년 7월 유소기가 중국공산당 만주성위원회 서기로 임명된 이후 방직기업에서의 노동운동을 강화하기 위해 8월에 성위 조직부장 맹견孟堅과 조직간사 양일신楊一辰으로 하여금 봉천방사창에서 파업 등 노동운동을 독려하도록 지시하였다. 봉천방사창은 노동자 1,862명을 거느린 최대의 기업이었으며, 이러한 이유에서 일찍이 1928년 중국공산당은 봉천방사창 내에 중국공산당 지부를 비밀리에 설립하여 노동운동을 영도하였다. 1929년에도 유소기가 봉천방사창 중국공산당지부 서기 상보옥常寶玉 등 지도부와 회합했

40) 遼陽總領事藪野義光, 『大正十四年支那暴動一件 / 損書賠償調査 / 滿州-遼陽』, 1925.6, 2-3쪽.

41) 滿州紡績製品二対シ機械製洋式貨物単一貨税ノ免典請求方ノ件」, 『中國ニ於ケル租税及負擔金関係雑件 / 滿州ニ於ケル関係』, 1926.4.21, 13쪽.

42) 郭鐵椿저, 신태갑역, 『일본의 대련 식민통치 40년사』2卷, 선인출판사, 2012.7, 45쪽.

다는 기록이 있으나, 어떠한 내용이 논의되었으며, 구체적으로 어떻게 노동운동이 진전되었는지에 대한 기록은 남아있지 않다.[43]

3. 원료 면화시장과 국가권력

세계 각지의 면화 재배지는 대체로 남위 30도 이상, 북위 45도 이하에 위치하며, 주로 북위 37도 이남에 집중되어 있다. 동북지역은 대부분 38도 이상에 위치하며, 면작지는 북위 43도 이남에 집중되었다. 주요 재배지역은 남부지방의 요동반도, 북평-산해관 간 철도 연선의 일부 지역에 한정되었으며, 흑산과 금주 및 요양 일대가 중심지역에 해당되었다. 1930년대 관동주에서는 매년 50-55만 근의 면화가 생산되었으며, 1933년 동북지역 전체의 면화 생산고는 7백만 근에 달하였다.[44]

일찍이 러일전쟁 종결 이후 일본은 여순과 대련을 조차지로 설정하여 남만주철도 연선의 20리 이내를 만철부속지로 설정한 이후, 이 지역을 중심으로 1907년부터 본격적으로 면화의 개량사업에 착수하였다. 금주농사시험장을 설립하여 미국 면종을 시험적으로 재배하였으나, 4년 간에 걸친 재배 끝에 양호한 성적을 거두지 못하자 사업이 중단되고 말았다. 이후 1921년에 목포면작장木浦棉作場으로부터 미면 조숙종을 도입하여 1.6무畝의 면작장에서 시험재배하였는데, 성적이 양호하여 면화 200근을 수확할 수 있었다.

43) 遼寧省檔案館, 「奉天紡紗廠」, 『蘭台世界』, 2014年 27期, 2014.8, 2쪽.
44) 滿鐵調査月報編輯部, 「滿州に於ける紡績業及棉花栽培の將來」, 『滿鐵調査月報』 13卷 11號, 1933.11, 264쪽.

앞서 살펴보았듯이, 만주방적주식회사가 기업의 부지로 요양을 선택한 이유 가운데 하나는 바로 풍부한 현지 면화를 확보하기 위한 것이었다.[45] 중국 동북지역에서 요양지방은 남만주에서 면화 재배의 중심지였으며, 특히 만주방적주식회사의 설립을 전후하여 이 지역에서 면화를 개량하고 증산하기 위한 다양한 사업이 적극 추진되었다.[46] 1923년부터 관동청의 주도로 관동주 내에서 총 20정보町步(16무)에 걸쳐 면화를 시험재배한 결과 양호한 성적을 거두었다. 마침 면화의 수익이 고량이나 옥수수의 두 배에 이르자 다음해에는 면화의 생산 면적이 161畝로 증가하였다. 관동청은 1924년 9월 만주면화재배협회를 조직하고 면종의 배급, 재배법의 지도 및 생산 면화의 공동판매, 기타 면화의 보급과 발전을 위한 각종 사업을 전개하였다.

이와 함께 1926년 자본금 100만 엔을 출자하여 실행기구로서 만주면화주식회사를 설립하여 면화를 증산하기 위한 10개년계획을 수립하였다. 주요한 내용은 이들 양 기관의 협력 하에 1932년까지 면전 면적을 8만 무로 확충하고, 면화 수확량을 6,400만 근으로 증대시키는 것이다.[47] 이와 함께 우량종자의 육성을 위해 '관동주면화단속규칙'을 제정하고 만주면화주식회사로 하여금 관동주 면화의 매입 및 조면을 전담하도록 하는 동시에, 우량 면종의 배급을 지시하였다.[48] 만주면화재배협회는 매년 관동청으로부터 4만 엔, 남만주철도주식회사로부터 2만 엔을 보조금으로 지급받아 농민들이 면종을 구입할 수 있도록 자금을

45) 「滿州の紡績界勃興すべき機運」, 『滿州日日新聞』, 1923.2.15.

46) 滿鐵調査月報編輯部, 「滿州に於ける紡績業及棉花栽培の將來」, 『滿鐵調査月報』 13卷 11號, 1933.11, 260쪽.

47) 碧公, 「東北纖維原料之探討」, 『華商紗廠聯合會半年刊』11卷 2期, 1933.12, 4쪽.

48) 關東廳農林課, 『關東州に於ける棉作奬勵』, 1934.10, 1-2쪽.

대여하였으며, 각지에 기술자를 파견하여 농민을 지도하였다.[49]

|도표 3| 봉천방사창과 만주방적주식회사의 면화 사용 수량 내역 비교

(단위: %)

		인도면화	중국면화	미국면화	동북면화	기타면화	총수량(斤)
1926	봉천방	11.04		21.59	55.73	11.62	5,765,000
	만주방	69.07	23.54	4.13	3.24		5,391,371
1927	봉천방	6.73		24.19	64.27	4.79	6,460,000
	만주방	88.82	0.71	10.45			5,572,419
1928	봉천방	7.38		27.30	55.43	9.87	7,189,000
	만주방	68.53	29.79	0.76	0.89		5,564,434
1929	봉천방	8.52		28.96	54.80	7.70	8,738,000
	만주방	78.28	20.57		1.14		7,170,133

* 소수점 세자리 이하 버림
* 출처: 南滿洲鐵道株式會社 調査課, 『滿洲の纖維工業』, 1931, 38-41쪽으로부터 작성.

위의 표로부터 봉천방사창과 만주방적주식회사가 사용하는 면화의 내원이 뚜렷이 구별되고 있음을 알 수 있다. 만주방적주식회사가 인도면화와 동북 이외 지역에서 생산된 중국면화의 사용 비율이 높았던 반면, 봉천방사창에서는 동북 현지에서 생산된 면화의 소비 비중이 압도적으로 높았음을 알 수 있다. 그렇다면, 앞서 설명한 바와 같이 일본정부는 만주방적주식회사의 설립을 계기로 동북지역에서 면화의 생산과 개량에 적극 노력하였음에도 불구하고, 어떠한 이유에서 동북산 면화를 충분히 확보하지 못하였을까.

1926년 중국 동북지역에서 생산된 면사의 종류를 살펴보면 총 생산

49) 碧公, 「東北纖維原料之探討」, 『華商紗廠聯合會半年刊』11卷 2期, 1933.12, 5쪽.

량 41,795곤 가운데 10번수가 1,175곤, 12번수가 744곤, 16번수가 31,641곤, 20번수가 7,965곤, 40번수가 270곤으로서 99.35%가 20번수 이하의 중저급품에 속하였다.[50] 중국 동북지역에서 생산되는 면화는 세번수 면사 등 고급 면제품의 생산에는 적합하지 않으나 중저급품의 생산에는 문제가 없었다. 이렇게 볼 때, 봉천방사창이나 만주방적주식회사 모두 현지 면화를 사용하는 편이 운송비 등에서 경비를 절감할 수 있는 최선의 방법이었다. 인도면화 역시 중저급품의 생산에 적합하였으나 유통비용 등을 고려할 경우 현지 면화의 사용에 비해 상대적으로 많은 비용을 지불하지 않으면 안 되었다.

만주방적주식회사는 원료 면화의 매입과 조달의 상당 부분을 일본면화주식회사와 동양면화주식회사로부터 공급받았으며, 오사카大阪의 부사와사방적주식회사로부터도 일부 조달받았다.[51] 일본자본 유통회사가 동북 현지시장에 접근하기에는 어려움이 있었으며, 현지의 상업유통망에 의존할 수밖에 없었다. 대련, 본계호, 안산 등 일본인의 거주나 활동이 많았던 지역에서는 결제통화로서 금본위의 금표를 사용하기도 하였으나, 1920년대 만철 연선의 봉천성 각 현에서 가장 많이 보급된 통화는 역시 봉천표였다.[52] 일본상인은 금표를 통화로 사용했기 때문에 봉천표로 결제한 경우 이를 다시 금표로 환전해야 했는데, 가격 변동에 따른 손실이 적지 않았다. 심해철도 연선지역의 경우 금표를 환전할 수 있는 금융기관이 부재한 이유로 일본상인은 봉천표를 가지고 거

50) 南滿洲鐵道株式會社 調査課, 『滿洲の纖維工業』, 1931, 27쪽.
51) 日本外務省, 「滿州紡績株式會社」, 『本邦會社関係雑件』第六巻, 1925, 4쪽.
52) 塚瀬進, 『中國近代東北經濟史研究』, 東方書店, 1993, 112쪽. 1920년대의 만철 연선 주요 도시에서의 통화 유통에 대해서는 「滿洲主要都市に於ける通貨流通狀況(上,下)」, 『大連商工月報』132 · 133號, 1930을 참조.

래하지 않을 수 없었고, 봉천표 가치의 하락이 극심할 경우 수익을 거두기 어려웠다.[53)]

만주방적주식회사가 현지산 면화를 확보하기 위해서는 일본자본과 중국자본의 중층적 구조로 형성된 유통망을 거쳐야했으며, 결과적으로 저렴한 원면의 확보가 쉽지 않았다. 반면 관상합판의 형태로 동북의 상인자본을 주요한 내원으로 설립된 봉천방사창의 경우 당연히 현지 상업유통망에 접근이 용이했을 것이며, 그 결과 현지에서 생산된 면화의 확보에서도 경쟁력을 가질 수밖에 없었던 것이다.

더욱 주목할 점은 동북지역에서 생산된 면화의 유통과정에 국가권력, 즉 성정부의 적극적인 개입이 있었다는 사실이다. 봉천방사창은 설립의 취지서에서 일본으로부터 수입된 면제품을 대체한다는 목적을 명확히 표방하였다. 봉천방사창은 면화의 파종 시 현지에 직원을 파견하여 수매를 약속하는 한편, 농가에 대해 다른 곳으로의 판매를 엄금하고 선대금으로 10무당 봉천표 50원을 무이자로 대여하고, 모종이 날 때에 다시 50원을 대여하였다. 수확시 매입가격에서 대여금을 제하고 결제하였으며, 매입가격은 인도시의 시가로 결정하였다.[54)] 성정부는 방직공업의 발전을 원료 면화의 개량과 증산을 통한 농업의 발전과 긴밀히 연계하여, "동삼성에 이민이 날로 증가하여 면제품의 수요가 확대되니 일인日人들이 온갖 방법을 동원하여 발전을 도모하고 있다. 봉천성당국은 봉천방사창을 창설하고 이를 통해 면화의 생산을 증대함으로써 이권의 회수를 주창하였다. 농민이 재배한 면화는 일괄적으로 봉천방사창으로 하여금 수매하도록 하였으며, 면화 재배 농가가 증가하면서 이

53) 塚瀨進, 『中國近代東北經濟史研究』, 東方書店, 1993, 155쪽.
54) 『盛京時報』 1923.3.29. 및 1923.5.13.

러한 정책이 효과를 거두고 있다"[55]고 평가하였다.

면사 1포包를 생산하기 위해서는 면화 182킬로그램이 소요되며, 1년에 면사 1만 5천 포를 생산하기 위해서는 원면 273만 킬로그램이 소요되었다. 봉천방사창은 요양에 면화의 수매를 위한 판사처를 설립하였으며, 가을에 직원을 대석교大石橋, 금현錦縣, 의현義縣, 흑산黑山 등에 파견하여 직접 면화를 수매하였다.[56] 봉천방사창은 설립 초부터 자창에서 소비되는 면화를 모두 동북 내에서의 생산으로 충당할 계획을 수립하고 면화의 생산을 적극 장려하였다.[57] 봉천방사창은 면산지 각 현과의 협력 하에 면화의 증산에 적극 나섰다. 봉천방사창은 창립 직후 협리를 중심으로 각 현지사에게 협조를 구하여, 농민들로 하여금 면화의 생산을 장려하는 동시에 구체적인 장려방법을 다음과 같이 정하였다.

1) 동삼성 면화의 수출을 엄금한다.
2) 동삼성에서 생산된 면화는 모두 본 공장이 수매한다.
3) 면화의 재배법을 간단한 설명서로 작성하여 현지 농민들에게 배부함으로써 식면의 방법을 알려주고 면화를 경작함으로써 얻을 수 있는 이익을 알려 준다.
4) 농민 가운데 면화를 재배하려 해도 재력이 부족한 자 가운데 확실한 보증인이 있거나 혹은 담보가 있을 경우 저리로 대출하여 식면植棉할 수 있도록 편의를 제공한다.
5) 직원을 각 현에 파견하여 전문적으로 면화의 식면을 지도하고 장려한다.[58]

55) 熙春, 「東三省之棉業」, 『錢業月報』7卷 2號, 1927.3, 13쪽.
56) 遼寧省檔案館, 「奉天紡紗廠」, 『蘭台世界』2014年 27期, 2쪽.
57) 関東都督府, 「大正十三年四月第參旬報」, 『関東都督府政況報告並雜報』第十九卷, 1924.4, 8쪽.

이와 같이 봉천방사창은 동삼성 내에서 생산된 면화를 모두 자창에서 소비하기 위한 계획을 수립하였다. 1923년 6월 11일 봉천방사창은 성내에서 생산되는 모든 면화를 독점적으로 수매할 수 있도록 성정부에 요청하는 동시에, 각 현에서 생산된 면화를 일본상인에게 판매하는 행위를 금지해 주도록 성공서省公署에 요청하였다. 성공서는 6월 19일부로 각 현 앞으로 상황을 참작하여 이를 실행하도록 지시하고, 구장區長과 경찰관警察官으로 하여금 단속을 지시하는 한편, 상회商會 앞으로도 이와 같은 뜻을 전달하여 일상日商에게 면화의 판매를 금지해 주도록 요청하였다.[59)]

이와 같은 지시는 상당 지역에서 관철되었으며, 이러한 사실은 안동安東 주재 일본영사 니시자와 요시유키西澤義徵가 외무대신 시데하라 기주로幣原喜重郎에게 올린 보고서 가운데에서도 확인된다. 보고에 따르면, 안동현공서가 봉천성장으로부터 훈령을 접한 이후 지사知事가 바로 각 경구警區에게 면화의 단속을 명령하였으며, "근일 일본방사창이 직원을 봉천성 각지로 파견하여 면화를 구입하고 있는 바, 이는 봉천방사창의 원료 확보에 미치는 영향이 심대하므로 금지한다"는 내용이 포함되어 있다고 보고하였다.[60)] 일본의 신문도 "1926년 5월 봉천성 방사창계는 성장 명의로 각 현지사에게 면화 재배 시 외인과의 청묘매매靑苗買賣를 금지하였다. 현재 만주방적주식회사가 대부분 원면을 상해나 인도의 면화에 의존하고 있어 당장의 영향이 크지는 않지만, 장래 면화의 생산량이 증가할 경우 청전매매 금지령의 영향이 적지 않을 것"[61)]이라고

58) 章有義, 『中國近代農業史資料』第二輯, 三聯書店, 1957, 170쪽.

59) 上田貴子, 「1920年代奉天紡紗廠と東北經濟圈の自立性」, 『中華民國の制度変容と東アジア地域秩序』, 汲古書院, 2008, 95쪽.

60) 日本外務省, 『輸出禁止 / 上海年末商況ト綿花禁輸問題』, 1925.1.6, 51-52쪽.

보도하였다.

4. 면제품의 판매시장과 경영 실적

만주방적주식회사는 방추 3만 추, 직기 1,000대를 구비하여, 면사부문에서는 하루 주야 가동으로 16번수 평균 400방磅의 조사粗紗 75곤梱을 생산하여 1개년 약 320일 작업으로 2만 4,750곤의 생산을 목표로 정하였다. 면포부문에서는 직기 1,000대를 가동하여 대당 평균 생산 11방 조포 14반反 10마碼로 하루 2,750반, 연 57만 7,500반을 생산하도록 설계되었다.[62] 1931년의 통계에 따르면 방추 31,360추, 생산량은 면사 29,000곤, 직포 182,000반에 달하였다.[63]

만주방적주식회사의 생산품은 16번수 3,400포包, 20번수 11,800포, 10번수 26,400포로서 주로 20번수 이하의 중저급품을 생산하고 있었다.[64] 제품의 판매는 원료 면화의 매입과 마찬가지로 일본면화주식회사와 동양면화주식회사 출장소에 견본을 보내 판매를 위탁하였으며, 직접 현물을 인도한 이후 대금을 이들 회사로부터 수령하였다. 판매는 하얼빈, 철령, 장춘, 사평가, 무순, 공주령, 안동 소재의 일본면화주식회사 및 동양면화주식회사의 출장소를 통해 이루어졌다.[65]

---

61) 「経済の満蒙」, 『中外商業新報』, 1928.2.20.

62) 金志煥, 「중국 동북지역 외자기업의 설립 배경과 경영」, 『中央史論』40輯, 2014.12, 269-270쪽.

63) 「滿洲に於ける紡績業及棉花栽培の將來」, 『滿鐵調査月報』13卷 11號, 1933.11, 262쪽.

64) 陳眞編, 『中國近代工業史資料』第二輯, 三聯書店, 1958, 581쪽.

65) 日本外務省, 「満州紡績株式會社」, 『本邦會社関係雑件』第六巻, 1925, 33쪽.

만주방적주식회사는 요양의 대표적인 건축물인 백탑白塔을 그려 요탑遼塔이라는 명칭을 붙여 상표로 삼았다. 자본의 내원이 일본이기는 하지만, 현지에서 수많은 고용을 창출하고 일용필수품의 공급을 담당하는 요양지역을 대표하는 현지기업이라는 성격을 내포하고 있음을 알 수 있다. 봉천방사창은 중국인의 기호에 부합하도록 면사는 쌍복雙福, 면포는 쌍학雙鶴을 상표로 사용하였다.

봉천방사창 상표(雙福)

만주방적주식회사 상표(遼塔)

봉천방사창 역시 주로 20번수, 16번수, 14번수 등 중저급품을 생산하였으며, 원료면화는 주로 흑산, 북진, 요양 등 지역에서 생산된 동북산 면화를 사용하였다. 방추는 2만 추로서, 매일 16번수 면사 55곤을 생산하였으며, 직기는 200대로서 매일 조포 350반을 생산하였다. 조업일수는 일년 330일로서 총 생산량은 면사 1만 8,050곤, 조포 11만 5,500반에 달하였다.[66] 1933년의 조사에 의하면 면사 29,000곤, 면포 120,000

반을 생산하였다.[67)]

1920년대 봉천방사창은 면사, 면포, 목양말 3종의 상품을 생산하였으며, 면사의 일일 생산량은 2만 3,300방, 도합 10,578킬로그램이었으며, 면포의 일일 생산량은 605필匹, 연 생산량은 95,395만 필에 달하였다. 목양말은 일일 생산량 360켤레, 연산 11만 5천 켤레를 생산하였다. 봉천성 내 대리점은 50여 곳이 있었으며, 소매점은 동삼성 전역에 걸쳐 있었다. 만주사변 직전 봉천방사창은 면사, 면포, 염색, 목양말 등 4종 50여 품목을 생산하였다.[68)]

|도표 4| 봉천방사창과 만주방적주식회사의 면사 판매시장 지역별 비교

(단위:곤梱)

	봉천방사창					만주방적주식회사			
지역별	1926	1927	1928	1929	지역별	1926	1927	1928	1929
봉천	5000	6000	7300	6500	요양	1212	1804	2440	3275
장춘	3200	4300	3100	2500	봉천	447	513	863	2688
사조철도	1600	2200	2100	2300	철령	2235	5235	2428	2391
심해철도	500	700	1200	1300	장춘	911	3977	2618	4796
경봉철도			1300	1300	하얼빈	20	633	357	105
동청철도				3500	안동	752	810	92	323
기타	3226	2221	2125	3383	동북내기타	1417	119	79	43
					동북외				
합계	13726	15421	17125	20783	합계	6994	13091	8877	13621

* 출처: 南滿洲鐵道株式會社 調査課, 『滿洲の纖維工業』, 1931, 39쪽 및 44-45쪽으로부터 작성.

66) 日本外務省, 「滿州紡績株式會社」, 『本邦會社関係雜件』第六巻, 1925, 28쪽.

67) 滿洲に於ける紡績業及棉花栽培の將來」, 『滿鐵調査月報』13巻 11號, 1933.11, 262쪽.

68) 遼寧省檔案館, 「奉天紡紗廠」, 『蘭台世界』2014年 27期, 2쪽.

봉천방사창과 만주방적주식회사의 판매지역을 살펴보면 각각 고유한 시장을 확보하고 있었음을 알 수 있다. 위의 표에서도 알 수 있듯이, 양사의 판매시장은 무엇보다도 철도를 중심으로 한 상품의 유통망과 불가분의 관계를 가지고 있었다. 봉천은 남만주철도의 중간에 위치하고 있으며, 경봉철도, 안봉철도 등과 연결되어 화북지방과 조선방면으로 판로를 확대할 수 있었으며, 부근 향촌지역으로도 마차의 왕래가 빈번하였다. 봉천은 교통의 중심지로서 중국자본으로 부설된 사조철도, 심해철도, 경봉철도를 통해 상품을 유통시킴으로써 이들 철도 연선지역을 자신의 고유한 시장으로 형성하였다. 봉천방사창은 경봉철도 봉천총역(심양북역)과 만철 봉천역(현재 심양역)으로부터 모두 12리 이내에 위치하였으며, 경봉철도의 지선이 공장 내로 들어와 물자 운송이 매우 편리하였다. 봉천은 철도를 통한 편리한 운송을 바탕으로 흑산과 요중, 요양 부근에서 생산된 면화의 집산지이기도 하였다.[69]

심해철도의 원래 명칭은 봉해철도奉海鐵道로서 장작림의 주창으로 부설되었다. 1924년 4월에 동북교통위원회를 설립하고 중국 동북지방에서의 철도부설계획을 수립한 이후 이에 근거하여 부설된 철도이다.[70] 1927년 9월 봉해철도의 전 구간이 개통된 이후 봉천방사창의 면사가 연선지역으로 판매되었으며, 경봉철도를 경유하여 영구항으로 반출되었다.[71] 이밖에도 봉천방사창의 면제품은 1923년 10월에 완공된 사조철도 연선지역으로 다량 판매되었다.[72] 이와 같이 봉천방사창의 주요한 판매시장은 기업 소재지 봉천과 근거리의 장춘, 그리고 중국 국유철

69) 南滿洲鐵道株式會社 調査課, 『滿洲の纖維工業』, 1931, 150쪽
70) 金士宣, 『中國鐵路發展史』, 中國鐵道出版社, 2000, 273쪽.
71) 金士宣, 『中國鐵路發展史』, 中國鐵道出版社, 2000, 274쪽.
72) 李占才, 『中國鐵路史』, 汕頭大學出版社, 1994, 186쪽.

도나 성유철도省有鐵道의 연선지역에 집중적으로 분포되어 있었다. 이로부터 봉천방사창의 판매시장 개척과 발전과정에서 중국정부나 성정부의 적극적인 지원이 바탕이 되고 있음을 알 수 있다.

이에 비해 만주방적주식회사의 시장은 일본 소유의 남만주철도와 불가분의 관계를 가지고 있었다. 요양은 남만주철도 본선에 위치하며, 철도의 종단항인 대련까지 불과 7–8시간이면 도달할 수 있어 제품의 운송에 매우 편리하였다. 또한 중국 관내지역으로의 무역에서 매우 편리한 영구항까지지도 2시간이면 도달할 수 있었다. 더욱이 요하에 접속할 수 있는 태자하太子河를 끼고 있어 수로를 통해 영구에 도달할 수도 있었다.[73] 요양지역은 만주방적주식회사의 소재지로서 주요한 판매시장이었으며, 요양을 비롯하여 철령, 장춘, 하얼빈, 봉천은 모두 남만주철도의 주요 역에 해당된다.[74] 이와 같이 만주방적주식회사는 설립에서부터 경영, 그리고 제품 판매시장의 개척에서 남만주철도주식회사의 지원이 매우 중요했음을 알 수 있다.

그러나 만주방적주식회사는 1926년부터 경영상 어려움에 직면하기 시작하였다. 같은 해 11월 4일 요양영사관 사무대리 요시이 히데오吉井秀男가 시데하라 기주로幣原喜重郎 외상에게 올린 보고서에 따르면, 1926년 5월 25일의 동경출장소에서 개최된 만주방적주식회사 제6회 정기주주총회에서 결산 승인, 이사진 개편 등과 함께 회사의 영업상황에 대한 보고가 이루어졌다. 여기서 봉천표 가치의 하락과 변동으로 인해 면사의 가격이 하락하면서 손실액이 무려 33만 3,867원에 이르고 있으며,

73) 南滿洲鐵道株式會社 調査課, 『滿洲の纖維工業』, 1931, 162쪽.

74) 남만주철도는 대련을 출발하여 금주, 개평, 대석교, 해성, 안산, 요양, 봉천, 철령, 창도, 사평가, 공주령, 장춘을 거쳐 하얼빈으로 이어진다. 塚瀨進, 『中國近代東北經濟史硏究』, 東方書店, 1993, 84쪽.

전기 이월금 14만 6,117원 73전을 제하고 18만 7,749원 83전의 적자를 차기로 이월하였다. 더욱이 결손액은 회사가 보유하고 있는 원면을 시가보다 약 50% 정도 높은 가격으로 계산한 것으로서, 만일 이를 전월의 시가로 계산할 경우 38만 5,178원 13전이 되어 당기 손실은 무려 71만 9,045원 69전에 달하였다. 더욱이 창업 당시 조선은행으로부터 차입한 200만 원을 비롯하여 수시로 재고품을 담보로 자금을 차입하여, 동양면화주식회사와 일본면화주식회사에 원면 공급의 대금을 지불할 수 없어 50여만 원이 연체되어 있었다. 그 결과 경영상 어려움을 타개하기 위한 방안으로서 일본 방직기업과의 합병을 건의하였다.[75]

반면 봉천방사창은 설립 이후 대체로 양호한 수익을 거둘 수 있었다. 설립 당해년도인 1923년에 순익이 봉대양 300,414.11원에 달하였으며, 창업비용 112,073.29원을 제하고도 주주들에게 홍리紅利로 주당 2.25원을 배당할 수 있었다.[76] 1924년에는 순익이 560,343.55원에 달하였으며, 6.9원 상당의 홍리를 배당하였다. 1925년에는 순익 1434846.35원, 주당 홍리는 17원에 달하였다. 1926년에는 순익이 1667413.3원, 주당 홍리는 20원, 1927년에는 순익이 7132488.8원, 주당 홍리는 276원, 1929년에는 순익 52,612,620.82원, 주당 홍리는 470원에 달하였다.[77]

봉천방사창의 1926년도 총 수익은 166만 7,413원 3角, 그리고 전년

75) 日本外務省, 「滿州紡績會社ノ業態ニ関スル件」, 『本邦會社関係雜件』第七巻, 1926, 2쪽.

76) 중국기업과 공장의 경영에서 보편적으로 존재했던 관행 가운데 官利와 紅利가 있다. 관리는 경영의 회계년도가 끝날 때 이윤의 유무와 관계없이 주주의 출자에 대해 우선적으로 일정한 이자를 지불하는 것이다. 이에 반해 경영의 결과 획득된 순수한 이윤(순익)에 대한 배당을 홍리(紅利)라 지칭하였다. 金志煥, 「'官利慣行'이 중국기업 경영에 미친 영향」, 『중국근현대사연구』49輯, 2011.3, 69쪽.

77) 遼寧省檔案館, 「奉天紡紗廠第五期營業報告書」, 『奉系軍閥檔案史料匯編』第六冊, 江蘇古籍出版社, 1990, 696-697쪽.

도 수익금으로 전환된 금액이 730원 7각角 1분分으로서 총 166만 8,141원 1분, 그리고 감가상각 141원 1분을 준비금으로 제할 경우 잔액이 166만 8,000원에 달하였다. 공적금은 10%로서 봉대양 16만 6,800원, 감가상각으로 10%인 16만 6,800원, 교육기금이 1%로서 1만 6,680원, 위로금이 1%인 1만 6,680원, 장려금이 4%인 6만 6,720원, 홍리紅利가 74%인 123만 4,320원으로 배분되었다.[78)]

중국 동북지역에서 최초로 설립된 기계제 방직기업은 중국자본 봉천방사창과 일본자본 만주방적주식회사였다. 이들 양 기업은 설립에서 경영에 이르기까지 국가권력의 주도성과 적극적 지원이라는 점에서 상해, 청도 등 공업 선진지역에 설립된 방직기업과는 일정한 차이가 있었다. 봉천성정부는 봉천방사창의 설립을 주도하였을 뿐만 아니라 관상합판의 형식으로 관고官股 투자를 통해 동사회董事會의 구성에도 참여함으로써 기업의 설립과 경영에 적극 관여하였다.

만주방적주식회사 역시 일본정부의 적극적인 주도 하에서 비로소 설립이 가능하였으며, 국책회사인 남만주철도를 통해 이사회의 구성에 참여함으로써 기업의 설립과 경영에 적극 관여하였다. 후발 자본주의 국가인 일본의 국민경제는 수출 의존도가 매우 높았으며, 특히 중국시장은 중요한 의미를 가지고 있었다. 일차대전을 거치면서 급속한 발전을 성취한 중국공업은 정부에 산업 보호정책의 실시를 요구하였으며, 중국정부도 관세개정을 통해 이에 화답하였다. 더욱이 동북지역에서 봉천방사창 등 중국기업이 설립되고, 보호관세의 장벽이 높아지면서

78) 遼寧省檔案館, 「純益分配案」, 『奉系軍閥檔案史料匯編』第七册, 江蘇古籍出版社, 1990, 245쪽.

일본의 수출 경쟁력이 약화되자, 일본의 산업자본가들은 동북시장을 사수하기 위해 현지에서 기업을 설립하여 직접 생산과 판매에 종사하는 전략으로 전환하였다. 일본 산업자본의 입장에서 본다면 일차대전 이후 동북시장은 기존 상품의 수출시장으로부터 자본의 투자시장으로 크게 전환된 것이다.

중국 동북지역은 소위 '일본경제의 생명선'으로 간주되었으며, 일본정부는 만주방적주식회사의 설립을 해당 지역에서 일본기업이 발전하기 위한 시금석으로 간주하였다. 이러한 이유에서 일본정부는 기업의 설립을 위한 자본의 투자뿐 아니라 남만주철도를 통한 유통, 그리고 만주면화주식회사의 설립을 통한 대대적인 면화의 증산과 개량사업을 적극 추진하였다. 이와 같은 방대한 규모의 사업을 일개 민간기업의 차원에서 추진하기는 어려운 일이었다. 따라서 "대전기 축적된 과잉자본을 바탕으로 한 순수한 민간자본의 진출"을 주요한 특징으로 하는 상해 등 일본자본 방직기업在華紡과는 그 성격상 일정 정도 구별된다고 할 수 있다.

봉천방사창은 설립의 취지에서 표방했듯이 배일적 성격을 내포하고 있었다. 대전시기 동북지역의 주요 일용필수품인 면제품이 일본으로부터의 수입에 대부분 의존함으로써 이권의 유출이 심화되자, 일화배척운동과 이권회수운동의 차원에서 봉천방사창을 설립하게 된 것이다. 봉천방사창은 관상합판의 형식으로 성정부 자본의 관고官股와 일반 성민의 자본인 상고商股로 구성됨으로써 상판商辦의 상해기업과는 구별된다. 이러한 결과 봉천방사창의 경영 자체가 동북관민의 이해와 불가분의 관계를 가지게 되었으며, 성정부로서도 기업의 경영을 적극 지원하지 않을 수 없었다. 상고 역시 은행이나 상인자본으로 구성됨으로써 봉천방사창은 자금의 융자나 원료 면화의 매입, 제품의 판매 등 유통 과정에서 일본기업에 비해 유리한 입장에 있었다.

봉천방사창은 1920년대를 통해 안정적인 수익을 거둘 수 있었으며, 그 바탕에는 국가권력, 즉 성정부의 적극적인 정책적 지지가 있었다. 정부와 관민의 일체적 지원 속에서 봉천방사창은 안정적인 수익을 거둘 수 있었으며, 주주에 대한 홍리의 배당도 순조로왔다. 반면 만주방적주식회사는 1920년대 중반 이후 수익이 악화되면서 경영난에 직면하였다. 만주방적주식회사는 상품의 유통에서 금원권을 봉천표로 태환해야 하는 불리한 입장에 처해 있었다. 더욱이 5·4운동 이래 동북으로 파급된 일화배척운동은 만주방적주식회사의 경영에 부정적인 영향을 미칠 수밖에 없었다.

그러나 국가권력의 적극적인 지지를 바탕으로 하는 봉천방사창의 경영방식은 국내, 국제정세의 변화에 따라 1920년대 말부터 크게 동요하기 시작하였다. 군벌전쟁의 여파가 동북지역에 파급되면서 기업은 전쟁을 수행하기 위한 재정 부담으로부터 자유로울 수 없었으며, 군벌전쟁의 와중에서 기업에 대한 국가권력의 지지도 효율적으로 이루어지기 어려웠다. 더욱이 만주사변과 만주국의 수립 이후 기존 중국정부의 적극적인 지지 속에서 발전해 왔던 경영방식은 정치적 환경의 변화 속에서 오히려 불리한 요인으로 작용할 수밖에 없었다.

중국 동북지역의 역사경험과 일본기업의 투자전략

/ 김지환 · 김송죽 · 석주희

아시아 각국에 대한 일본기업의 본격적인 투자와 진출은 1970년대 초 오일쇼크로 인한 엔고로 말미암아 촉발되었다. 특히 단순 노동집약적이며 저비용으로 기업을 설립하여 이윤을 창출할 수 있는 섬유, 의복, 전기전자 조립부문의 기업들이 아시아 각 지역으로 진출하였다. 1990년대에 들어 등소평의 남순강화 이후 중국에 진출하는 외국기업들이 증가하면서 일본기업 역시 중국에 대한 투자를 확대하기 시작하였다.[1)] 이 같은 분위기 속에서 동북3성에 대한 일본기업의 관심 역시 점차 고조되었다. 동북3성은 현재까지보다도 향후의 경제성장이 기대되는 지역이라 할 수 있다. 더욱이 중국 내에서 뿐만 아니라 동북아시아 경제권이 하나의 지역경제공동체로 부상하면서 동북3성의 경제적 가치

* 이 글은 「중국 동북지역의 역사경험과 일본기업의 투자전략」, 『중국연구』제62권, 2014년 12월에 게재된 원고를 수정한 것이다.

1) 柴生田敦夫, 『日本企業の対中投資』, 経済産業研究所(RIETI), 2006, 13쪽.

에 대한 관심이 집중되었으며, 이러한 이유에서 일본기업 역시 본격적인 투자를 준비해 왔다.

1990년대 동북3성은 일본기업에게 인적, 기술적, 지리적 차원에서 중국의 기타지역에 비해 우위를 가졌다. 임대료, 전력사용료 등 기업 운영의 측면에서도 상당한 이점을 갖추었으며, 당시 동북3성은 중국 내 여타 대도시와 비교하여 면적 당 평균 임대료가 3분의 1 정도의 수준으로 저렴했다. 또한 전력이 풍부하고 자급자족이 가능하여 일본기업의 투자가 주목되었다.[2) 또한 이 지역은 일본과 근접한 거리에 위치하면서 기간산업이 집적해 있는 지역이기도 하다. 이러한 이유에서 일본은 1970년대부터 동북3성 개발계획을 수립하였으며, 1990년대 이후 대련大連지역에 대한 집중적인 투자를 바탕으로 점차 동북3성 지역으로 확대했다.

그러나 동북지역이 갖고 있는 경제적, 지리적 등 다양한 이점에도 불구하고, 동북3성은 과거 만주국으로 불리며 일본과 특수한 역사적 경험을 공유한 지역이다. 특히 대련은 일본이 중국을 침략하기 위한 경제적 거점으로서 활용되었다. 중국 동북지역에 대한 일본기업의 진출은 이미 만주국시기에 매우 활발하게 이루어졌음은 주지의 사실이다.[3) 러일전쟁 이후 1908년에서 1912년까지 일본이 대련에 설립된 공장은 77개에서 204개로 급증하였고 자본금은 420만 엔에서 2,242만 엔으로 증가하였다.[4) 대련의 철도공장은 일본의 침략전쟁에 필요한 군수물자의 공급을

2) 최수웅, 『日本의 中國 東北3省 進出現況과 展望』, 對外經濟政策硏究院地域情報센터, 1994, 9-11쪽.

3) 만주국시기 일본의 중국 동북지역에 대한 투자 및 경제침략은 塚瀨進, 『中國近代東北經濟史硏究』, 東方書店, 1993; 安富步, 『滿洲の成立』, 名古屋大學出版社, 2010; 신태갑 외역, 『일본의 대련 식민통치 40년사』, 선인, 2012; 孔經偉, 『中國東北地區經濟史』, 黑龍江出版社, 1990 등 참조.

보증하기 위하여 고속으로 운행되었으며 1945년 전후까지 군수품 생산의 기지가 되었다. 대련 철도공장은 일본이 중국에 대한 군사 확장 및 경제 약탈, 대륙정책을 실현하는 중요한 기지로 간주되었다.5)

기업이 특정지역에 대해 자본을 투자하고 기업을 설립하여 경영하기 위해서는 당연히 이를 위한 제반 기업환경을 고려하지 않으면 안된다. 이러한 조건에는 임금이나 원료, 시장, 유통망, 교통 등의 요인과 관세, 해당지역의 경제정책 등 다양한 경제적 요인뿐만 아니라 비경제적 요인과 그로 인해 조성된 기업환경 역시 주요한 고려의 대상이 아닐 수 없다. 동북3성의 경우, 특히 일본과 관련하여 부정적인 역사적 경험이 일본기업의 투자 및 진출에 대한 해당 지역 및 지역주민의 인식과 반응을 결정할 수 있는 가능성이 있기 때문에 매우 중요한 고려 요인이 아닐 수 없다. 따라서 이와 같은 고려 위에서 기업의 투자전략 역시 수립되지 않으면 안되었다. 이러한 이유에서 일본기업은 '대동아공영권의 부활', '경제침략' 등 오해의 소지를 불식시키기 위해서라도 적극적이면서도 신중한 전략을 취하지 않을 수 없었다. 동북3성에 대한 투자와 기업의 설립 및 경영을 위해서 어떠한 전략을 통해 상호 협력을 증진시키면서 갈등을 관리해 나가야 하는지에 대한 신중한 모색이 불가피하였음은 당연한 일이었다.

이 글은 1990년대 이후 일본기업의 동북3성 진출과정을 검토함으로써 동북지역의 사회경제 발전에 따른 일본기업의 투자전략과 그것이 지역별, 즉 각 성별로 어떻게 적용되었으며, 각각은 어떠한 특수성을 갖는지 살펴보는데 주요한 목적이 있다. 이를 위하여 일본 내 중국연구

4) 郭鐵樁, 『日本植民統治大連四十年史』, 社會科學文獻出版社, 2008, 284쪽.
5) 郭鐵樁, 『日本植民統治大連四十年史』, 社會科學文獻出版社, 2008, 311쪽.

기관들의 연구보고서와 및 2차 문헌을 중심으로 질적 분석하고자 한다. 보고서로는 현대중국학회, 아시아정경학회[6], JETRO[7], 일본국제문제연구소[8]와 같은 국가연구기관의 자료를 검토한다.

1. 일본기업의 대중국투자 현황과 동북3성

1980년대 후반부터 2000년대 초반까지 중국에 대한 일본의 투자는 크게 세 국면으로 나누어 살펴볼 수 있다.[9] 첫 번째 시기는 1980년대 후기 심양특구 등 동남연해지역에 대한 투자로서, 개혁개방을 실행하면서 중국이 이를 지원하는 다수의 정책들이 있었기 때문에 가능한 일이었다고 할 수 있다. 대체로 1985-87년의 시기는 엔고현상이 진전되던 시기로서, 일본기업은 대련을 중심으로 면직, 잡화, 식품가공 등 주로 경공업 분야에 진출하였다. 1990년 일본경제신문의 조사에 따르면 조사 대상 일본기업 가운데 39.6%가 향후 10년 동안 가장 투자가 유망

---

6) 아시아정경학회(アジア政経學會)는 일본 내 최대규모의 아시아 관련 연구소로 정치경제 관련 연구보고서 발행 및 학회지 발간, 경제무역투자 관련 정보등을 수집하는 기관이다. 주로 동북아시아 및 동남아시아 지역의 정치경제와 관련된 이슈를 분야별로 나누어 연구한다.

7) JETRO(일본무역진흥기구)는 최근까지 일본기업의 현지진출을 지원하기 위해 중국의 법 제도와 같은 투자환경 변화에 주목하여 보고서를 발표해왔다.

8) 일본국제문제연구소(日本國際問題研究所)는 일본의 중장기적인 외교・안보정책을 연구하는 싱크탱크로서 지역별, 외교사안별로 정책집을 발간하고 있다.

9) 중국에 대한 일본의 직접투자는 1979년에 비로소 본격적으로 시작되었으며, 이러한 경향은 1985년 이후 더욱 확대되었다. 1980년대 말부터 1995년까지 일본의 대중국투자 총 건수는 이미 일만 건에 달하였으며, 실제 집행금액도 60억 달러를 넘어섰다. 孫建利, 「中日貿易與日本對華投資存在的問題及對策」, 『社會科學輯刊』 遼寧省社會科學院, 1997, 83쪽.

한 국가로 중국을 꼽았으며, 일본기업의 56%는 향후 중국에 대한 투자를 확대할 의사를 표명하였다.[10] 1988년 중국과 일본은 상호 〈투자보호협정〉을 체결하였으며, 일본의 대중국 투자를 촉진하기 위해 〈중일투자촉진위원회〉 발족에 서명하고 1991년 6월 북경에서 제1차 연석회의를 개최하였다.

두 번째 시기는 1992년 등소평의 남순강화 이후의 시기로서, 등소평이 중국 남방 각지를 시찰하고 개혁개방정책을 실시해야 한다는 사실을 국내외에 선포하였으며, 이에 힘입어 일본기업도 투자를 늘리기 시작하였다. 대체로 1991~95년 사이에 등소평의 남순강화南巡講和로 대표되는 외자도입의 본격화와 시장경제화의 가속화에 힘입어 화남華南지역을 중심으로 전기전자사업이나 기기 사업에서 생산거점을 마련하였다고 할 수 있다.

세 번째 시기는 중국이 WTO에 가입하고 서부대개발西部大開發전략, 동북구공업기지진흥東北地區等老工業基地振興계획 등을 실시하면서 부터이다. 이 시기는 급속한 중국의 경제성장과 더불어 IT붐이 고조되었던 2000년대 초반으로 일본뿐만 아니라 구미, 대만계 IT산업이 중국에 진출하여 대중투자가 증대되었다. 또한 2001년 중국의 WTO 가입으로 기존에 제조거점이었던 중국은 내수시장을 위한 판매거점, 우수한 인재활용을 위한 연구개발거점으로서 위치를 점하기 시작하였다. 이에 일본은 중국정부 및 정책에 대한 신뢰감과 자신감을 가지고 적극적인 투자를 실시하였다.[11]

2001년 중국이 WTO에 가입한 이후 일본의 대중국투자는 급격히 증

10) 『일본경제신문』, 1991.3.25.
11) JETRO, 『中國市場に挑む日系企業』, JETRO, 2004.

가하여, 2004년도 중국에 대한 일본의 투자는 3,454개 항목에 달하였으며, 2005년도 투자 총액은 계약액 119.20억 달러, 실제 이용 외자총액은 65.30억 달러로 미증유의 기록을 세웠다. 2000-2005년 사이에 일본의 대중국투자 계약총액은 매년 26.5% 성장하였다.12)

|도표 1| 일본기업의 대중투자동향

	80년대 후반	90년대 전반	90년대 후반	2000년대~
투자 요인	① 저렴하고 우수한 노동력	①과 ②인프라 구축 ③시장경제화	①~③과 ④부품조달	①~④과 ⑤시장 ⑥WTO가맹 ⑦R&D
주요 지역	대련	대련, 주강	주강, 장강	주강, 장강, 북경
주요 업종	면직, 잡화, 식품가공	면직, 잡화, 식품, 전기, 기계, 자동차	면직, 잡화, 식품, 전기, 전자, 기계, 화학, 전자부품, 기계부품	면직, 잡화, 식품, 전기, 전자, 기계, 화학, 전자부품, 기계부품, 소프트개발, R&D 센터, 자동차

* 출처: 柴生田敦夫, 『日本企業の対中投資』, 経済産業研究所(RIETI), 2006, 5쪽

위의 표에서 잘 나타나듯이, 일본기업은 동북3성 지역에 대한 진출을 꾸준히 확대해 왔으며, 특히 진출의 과정에서 다음과 같이 두 가지 특징이 확연히 나타나고 있음을 알 수 있다. 첫째, 일본기업은 대련을 중심으로 전략적 기축을 마련하였으며 둘째, 2000년대 이후 대련 중심에서 동북3성 중심으로 점차 투자 범위를 확대하였다. 1990년대에는 대련에 투자를 집중하고 기타 지역에는 소극적인 접근을 하는 등 차별적인 전략을 내세웠으나 2000년대 이후에는 동북3성에 대한 전반적인 투자 확대로 나타난다는 점을 들 수 있다.

12) 張威, 「從問卷調查結果看日資企業發展動向」, 『國際商報』2007年 4月號, 3쪽.

특히 대련에서 일본기업은 동북3성을 포함하여 동북아시아 진출을 위한 전략적 기지로서 경제적 기반을 구축해 나갔다. 1990년대 구축한 환황해경제권環黃海經濟圈과 환동해경제권環東海經濟圈은 모두 일본과 대련을 연결하는 선을 기축으로 하고 있다. 이러한 관점에서 일본기업에게 대련은 그 자체가 독립된 경제단위이며 동북아경제권의 중요한 거점으로 간주되었다. 1990년대 일본기업의 대련지역에 대한 투자는 규모에서 외국인 총투자의 45.5%를 차지하여 중국전체에서 가장 높은 비중을 차지하였다. 투자업종은 건축자재와 전자가 각각 30.0%와 26.9%로 주력 업종을 차지하였다. 이밖에 일본기업은 국내에서 입지가 불리해진 노동집약형의 업종에 대한 투자를 늘리면서 제조업에 대한 투자도 확대하고 있다. 이처럼 중국에 대한 전반적인 투자가 확대되는 가운데 중국 동북3성 가운데에서도 요녕성에 진출한 기업의 수가 335개로 가장 많으며 동북3성 가운데 90.8%를 차지하였다. 전국과 비교하면 식료품 가공이나 기계의 비율이 높고 역으로 도매업의 비율이 낮다.[13]

동북3성 내에서 요녕성은 전기기기회사(54개사)를 필두로 운송용기기, 면직 등 제조업을 중심으로 발전하였으며 도매업(42개사)이나 IT등 서비스 산업에도 진출해 있다. 대표적인 기업으로는 中國華錄·松下電子信(대련), 大連動芝電視(대련), 日本電產(대련), 瀋陽航天三菱發動機製造(심양)등이 있다. 또한 길림성은 자동차 관련 산업을 중심으로 운송용기기회사(8개사), 흑룡강성은 식품가공회사(4개사)등이 설립되었다.

13) JETRO, 『中國市場に挑む日系企業』, JETRO, 2004.

|도표 2| 동북3성에 진출한 일본기업의 주요 10개 직종 (2007년도)

(단위: 회사(수), 구성비(%))

지역	전국		요녕성		길림성		흑룡강성	
업종	회사	구성비	회사	구성비	회사	구성비	회사	구성비
식료품	241	3.9	24	7.2	1	4.3	4	36.4
면직	381	6.1	18	5.4	1	4.3	-	-
화학	535	8.6	26	7.8	1	4.3	-	-
기계	388	6.3	27	8.1	-	-	2	18.2
전기기기	817	13.2	54	16.1	1	4.3	-	-
운송기기	379	6.1	11	3.3	8	34.8	1	9.1
운수관련	286	4.6	17	5.1	-	-	-	-
도매업	1,322	21.3	42	12.5	3	13.0	1	9.1
서비스업	330	5.3	18	5.4	-	-	1	9.1
기타	753	12.2	45	13.4	2	8.7	2	18.2
총계	6,197	100.0	335	100.0	23	100.0	11	100.0

* 출처: JETRO『中國市場に挑む日系企業』, JETRO, 2004, 190쪽

일본기업의 기능별 분포를 살펴보면 전국과 비교하여 동북3성은 생산제조거점인 기업이 가장 많아 요녕성은 220개 사(65.7%), 길림성은 18개 사(78.3%), 흑룡강성은 7개 사(63.6%)로 되어있다. 이와 더불어 요녕성은 도매, 서비스 등과 관련된 기업의 비중이 많았다는 점도 주목된다. 이처럼 동북3성에 진출한 일본기업은 지리적인 우위와 낮은 가격을 중시하여 전략적으로 진출하였으며, 특히 요녕성을 중심으로 사업거점을 구축해 나가고 있음을 알 수 있다.

반면 흑룡강성과 길림성은 일본과의 거리는 상대적으로 가까우면서도 요녕성에 비하여 기업의 주목을 받지 못했다. 그러나 2000년대 들어 시장으로서의 잠재성과 풍부한 천연자원, 중국 중앙정부로부터 개발 지원과 교통망의 정비, 일본어 구사가 가능한 조선족 등 일본기업 진출에 유리한 조건들이 알려지기 시작하였다[14]. 흑룡강성은 2007년 말 이후 기업수가 증가하여 모두 307개 기업이 창립되었으며, 이 가운

데 58개 기업이 하얼빈에 위치하였다. 흑룡강성에 진출한 일본기업은 미쓰비시三菱, 미쓰이三井, 마쓰시타松下 등 일본 상위 100위 내의 대기업도 포함되어 있다.

흑룡강성에 진출한 일본기업의 특징은 다음과 같다. 첫째, 흑룡강성에서 일본기업의 투자규모는 타 지역에 비하여 비교적 낮다. 1989년 흑룡강성이 외자 이용의 직접허가심의권을 얻은 이후 외자 도입의 수속이 크게 간소화되어 증가하기 시작하였으나 여전히 미미한 수준이었다. 2008년에 투자액이 급증하는데 이는 중국정부의 투자정책 완화로 인한 것으로 일본기업의 내륙 투자가 활발해졌기 때문이다. 당시 흑룡강성에 대한 일본의 투자는 2,465만 달러로 기존의 398만 달러에서 약 6배 이상 상승하였다.[15] 그러나 흑룡강성은 위치, 교통여건, 기후조건 등 환경이 열악하여 일본기업의 대대적인 진출은 이루지 못하였다. 이 때문에 2008년 이후 투자가 증가했음에도 다른 지역에 비하여 평균투자액이 낮게 나타났다.

길림성에서는 '경제협력중점 50프로젝트'를 중심으로 기업 진출을 추진해 나갔다. 구체적인 내용으로는 장춘 하이테크산업단지 조성, 장춘시의약연구소개발, 길림성 5만km 신형케이블 설치 프로젝트, 자동차복합재료 생산프로젝트, 길림경제기술개발, 길림경제기술개발구역 탄소공업단지, 길림성 자원개발-알루미늄과 마그네슘합금 개발, 금형개발프로젝트, 통화시 약용인삼 가공 프로젝트, 통화시 한방약 추출생산 프로젝트, 블루베리 재배, 가공건설 프로젝트, 백산시 마그네슘 합금 40만 건 프로젝트, 송원松原시 연간 15만 톤 폴리에테르 폴리올 프로젝트 등으로 철광, 기술, 농작물 재배 등에 집중되어 있다.[16]

---

14) 福岡銀行, 『アジア四季報』, http://www.fukuokabank.co.jp/fuku/kaigai/asia/asia200610/
15) JETRO, 『黒竜江省概況』, JETRO, 2012, 9-10쪽.
16) GUO, Li, "The Economic Development and the Opening-Up Strategy of the

2. 동북3성에 대한 일본기업의 투자전략

중국의 『환구시보環球時報』는 중일수교 40주년 기념일인 2012년 9월 29일 자사 홈페이지를 통해 '중일수교 40주년의 양국 현주소'를 묻는 설문조사를 실시하였다. 응답자 32,000명 가운데 가장 많이 꼽은 내용은 중일관계의 최대 걸림돌로서 역사적 원한(47.4%)을 들었다.[17] 2013년 8월 차이나데일리와 일본언론 NPO日本言論NPO가 공동으로 실시한 '중일관계 여론조사'에 따르면 역사인식 문제 등의 영향으로 상대국에 대한 감정은 역대 최악의 수준으로 악화되었다.[18] 또다른 조사에서 중국인은 일본에 대해 "중국을 침략한 역사에 대해 사과와 반성을 하지 않는 점(63.8%)"을 일본에 대한 인상이 좋지 못한 주요 원인으로 꼽았다.[19]

2012년 9월 18일 북경에서는 수천 명의 중국인들이 일본의 만주사변 81주년을 맞이하여 일본대사관 앞에서 시위에 참여하였다. 때마침 중일 사이에는 조어도의 영유권 문제를 둘러싸고 외교적 갈등이 첨예화된 상황에서, 일본의 동북침략에 항의하는 반일시위는 역사경험이 해묵은 과거의 문제가 아니라 현실문제와 관련하여 언제든지 돌출하여 나올 수 있는 매우 중요한 현안이라는 점을 다시 한 번 각인시켜 주었다. 시위에 참여한 군중들은 일본제품의 불매를 외치며 산토리(suntory), 도요타, 소니 등 일본상품 목록을 열거하며 일화배척운동을 주창하였다.[20]

Border Areas in China's Heilongjiang Province", 『ERINA REPORT』Vol.201, 環日本海経済研究所, 2011, 10-18쪽.

17) 『環球時報』, 2012.9.29.

18) 김수한, 「한중 교류의 새로운 방식」, 『韓中社會科學研究』11卷 4號, 한중사회과학학회, 2013, 258쪽.

19) 김수한, 「한중 교류의 새로운 방식」, 『韓中社會科學研究』11卷 4號, 한중사회과학학회, 2013, 260쪽.

일화배척운동으로 말미암아 중국 내의 일본기업은 연이어 영업을 정지하거나 일시 중지하였다. 일본의 도요타자동차와 혼다자동차는 반일시위 중 영업을 중지하였으며, 파나소닉 등 일본의 전자관련 공장과 상점도 연이어 문을 닫았다. 마쓰다 남경공장도 생산을 중단하였으며, 미쓰비시, 미쓰이 등도 중국에서의 영업을 일시 중단한다고 발표하였다.[21] 이같이 사회, 문화적 갈등은 중국에 진출한 일본자동차회사 및 항공사, 기타 일본기업의 경영악화를 가져오는 등 상호 경제관계에 악영향을 끼치고 있다.[22]

이러한 영향으로 2013년 상반기 일본기업의 동남아에 대한 투자액은 무려 1조 엔에 달하여 전년도인 2012년에 비해 4배로 급증하였다. 이는 비단 중국에서 경제적 요인에 의한 기업환경의 악화를 반영할 뿐만 아니라 중일관계의 악화에 따른 기업환경의 악화와 불가분의 관계에 있다고 생각된다.[23] 2013년 상반기 일본의 해외투자는 총 54,286억 엔에 달하여 전년도에 비교하여 13% 증가하였는데, 동남아시아에 대한 투자는 3.2배인 9,986억 엔에 달하였다. 다른 한편 중국에 대한 일본기업의 투자는 오히려 18% 감소한 4,701억 엔이었는데, 이는 바로 중국 내의 반일정서와 불가분의 관계를 가지고 있었다. 일본기업은 중국 국내에 투자하려던 계획을 변경하여 동남아 각지로 진출하였다.[24]

일본기업은 중국 동북지역에 자본을 투자하고 기업을 건설하는 과정

---

20) 「反日示威波及中日貿易」, 『FT中文網』, 2012.9.19.

21) 釣魚島主權爭議恰逢九一八反日活動致多家日企關廢在華業務」, 『路透』, 2012.9.18.

22) 『연합뉴스』, 2012.10.10.

23) 2000년대 들어 중국의 반일감정의 악화와 더불어 기업환경과의 관련성에 대한 연구도 나타나고 있다. 小林良樹, 「中國における「対日感情」に関する考察」, 『アジア研究』Vol.54, アジア政経學會, 2008.

24) 『日本經濟新聞』, 2013.8.11.

에서 중앙정부를 매개로 하는 방식을 적극 배제하였다. 다시 말해, 일본기업은 국지경제권局地經濟圈[25])을 통해 중앙정부의 직접적 지원보다는 지방정부 및 경제관련 단체, 협회 등을 적극 활용함으로써 해묵은 역사적 갈등을 불식시키고, 나아가 불필요한 국가 간 마찰을 회피하는 전략을 적극 도입하였다. 지방정부는 기업이나 민간단체에 비해 안정적인 재정력과 기획력을 보유할 뿐만 아니라 공공기관으로서의 공신력을 바탕으로 한 교류와 협력을 전개할 수 있다. 특히 지방정부는 중앙정부와 비교하여 국제정세 및 영토, 역사분쟁 시 국가 핵심이익으로부터 정책결정 및 집행과정이 강하게 제약을 받는 중앙정부에 비해, 이러한 이슈로부터 벗어나 지속적이고 안정적인 국제교류를 전개할 수 있다.[26])

이러한 전략은 1984년에 설립된 〈중일동북개발협회〉와 2000년에 설립된 〈중일경제협력회의〉의 사례에서 잘 살펴볼 수 있다. 이들 단체는 1984년 대련의 개방도시 지정을 계기로 일본과 중국 동북지역과의 경제교류를 촉진하려는 목적으로 발족되었다. 이에 관하여 회칙에서 "일본과 중국 동북지역 간의 경제 및 기술교류를 촉진하고 양국 간 경제관계의 발전에 기여하는 것을 목적으로 한다"고 밝히고 있다. 〈중일동북개발협회〉는 일본기업의 중국 동북지역 진출을 지원하고 경제협력회의를 개최하거나 인적교류를 다방면으로 추진해 왔다. 설립 이래 30년간 중국 동북지방과 일본 경제계의 가교역할을 추진해 왔다. 이를 통해 첫째, 동북지역에 대한 일본기업의 투자를 촉진하고 둘째, 일본공업단지의 건설을 추진하며, 셋째, 일본의 ODA정책을 통한 대련의 대요만

25) 인접한 국가의 지방간 경제교류의 심화를 나타내는 말로 인적 물적 교류가 지방정부나 민간차원에서 활성화 되는 지역을 지칭한다.

26) 김수한, 「한중 교류의 새로운 방식」, 『韓中社會科學硏究』11卷 4號, 한중사회과학학회, 2013, 271쪽.

신항 건설 및 흑룡강성 삼강三江평원개발, 넷째, 길림성 종합개발조사 등의 활동을 전개하였다.[27]

〈중일동북개발협회의〉의 사업보고서(2004)[28]에 따르면, 중국은 2007년 8월부터 동북진흥정책의 제2단계로 '동북지역진흥계획'을 발표하면서, 동북개발계획의 범위를 동북3성 및 내몽고內蒙古자치구 동부지역으로 지정하고 2010년 1인당 GDP를 2002년의 두 배로 할 것을 목표로 내걸었다. 또한 2009년에는 요녕성遼寧省의 〈요녕연안경제벨트개발계획遼寧沿海経済ベルト発展計畫〉과, 길림성吉林省의 장춘長春・길림吉林・두만강図們江을 선도구로 하는 〈장춘・길림・두만강 개발개방선도구長春・吉林・図們江開発開放先導區〉를 국가전략으로 추진하기로 결정하였다. 여기에 2010년 〈심양경제구〉와 〈대련장흥도임항공업구大連長興島臨港工業區〉를 국가프로젝트로 추진하기로 하였다. 위의 보고서에 따르면 중국은 국유기업의 개혁을 중점으로 민영화・주식화・시장화 등을 진전시키고 다양한 소유경제, 대외개방을 추진하며 중점적으로 민생문제도 해결해 나가고자 하였다. 그러나 동북 진흥을 제약하는 회사체계, 시장메커니즘, 산업구조 등에서 자본주의 시장과의 모순도 발생하고 있다.

2000년대에 들어 중국 동북3성의 주요 관계자와 일본기업인 간의 대면 교류를 추진하기 위하여 〈중일경제협력회의〉를 개최하였다. 〈중일경제협력회의〉는 지방정부와 민간차원의 경제협력을 위한 협의체로서 매년 1회 동북3성의 주요 도시인 심양시, 대련시, 장춘시, 하얼빈시, 호화호특시와 일본의 센다이시, 니가타시, 삿포로시, 가와사키시의 지방정부 대표가 각각 참석하여 협력방안을 논의하고 있다. 2012년에 개최

---

27) '日中東北開發協會', http://www.jc-web.or.jp/JCCont.aspx?SNO=003&b=003&s=007&k=014
28) '日中東北開發協會', http://www.jc-web.or.jp/JCCont.aspx?SNO=003&b=002&s=&k=025

된 회의내용을 구체적으로 살펴보면 첫째, 중일 동북지방 간, 지방정부, 기업, 관련단체, 연구소 등이 참여하여 정기적인 협력을 위한 제도적 방안의 구축을 논의하였으며, 둘째, 흑룡강성과 밀접한 교류관계와 특히, 길병헌吉炳軒 흑룡강성 서기 등 중일 주요 정부인사 간 긴밀한 의견교환이 이루어졌다. 셋째, 이밖에 흑룡강성 13개시와의 교류회, 지역시찰 등 협력안건을 논의하였으며 각 분과회에서는 녹색식품·녹색농업, IT등의 분야에서 중일 관계기업 간 정보교류가 이루어졌다. 동기관의 2014년 보고서2014年度事業報告에 따르면 중일교류 사업단에는 요녕성, 길림성, 흑룡강성의 주요 상업 및 무역관련 인사들이 다수 포함되어 있다.[29] 이러한 협의체를 바탕으로 2000년대 이후 최근까지의 중국 동북3성에 대한 일본의 투자 추이는 다음의 |도표 3|과 같다.

|도표 3| 중국 동북3성에 대한 일본의 투자 추이(실행금액 기준)

(단위: 만 달러, %)

	2000	2001	2002	2003	2004	2005	2006	2007	2008
요녕성	44,910	65,881	80,675	85,252	85,972	41,003	73,991	51,079	98,480
길림성	n.a.	n.a.	n.a.	n.a.	4,958	3,155	5,163	13,347	1,593
흑룡강성	n.a.	1,379	2,360	4,056	762	119	988	398	2,465
동북3성 투자비중*	-	-	-	-	16.8	6.8	17.4	18.1	28.1

* 출처: JETRO·アジア経済報告書, "中國東北３省に対する日本の投資推移"를 바탕으로 작성

* 주: 이 가운데 동북3성 투자 비중은 일본기업의 중국전체 투자액 중 비중을 나타냄

동북3성에 대한 일본의 투자 비중은 꾸준히 증가하여 2008년에는 대중국 전체 투자의 약 28%를 차지하였다. 부분적으로 보면 요녕성의 경

29) '日中東北開發協會', http://www.jc-web.or.jp/JCCont.aspx?SNO=003&b=002&s=&k=048

우 대련을 중심으로 2000년대 이후 2008년까지 두 배 이상 증가하였다. 길림성의 경우 연도별로 편차가 있어 2007년의 경우 가장 많은 투자를 실시하였다. 흑룡강성은 2000년대 중반 다소 주춤하였으나 2008년에는 적지 않은 투자를 받았다. 전체적으로 볼 때 2005년에는 눈에 띄게 투자금액이 감소하였으나 이후에는 지속적으로 증가하였다.

3. 투자전략의 동북 각 성별 적용과 그 특징

중국 전역에 대한 일본기업의 투자는 총체적으로 보아 연안지역을 중심으로 이루어져 왔다. 동북지역에 대해서는 요녕성, 길림성, 다음으로 흑룡강성의 순서로 투자가 이루어졌다. 특히 2012년을 기점으로 중국 동북3성에 진출해 있는 일본기업의 수는 1,300개 사로 이 가운데 90%인 1,200개가 대련시에 있다.[30] 대련이 항구를 포함하여 동북아시아 중심지에 위치하는 등 지리적인 우위를 가지고 있기 때문에 이처럼 동북지역에서 일본의 투자가 가장 집중되었다. 일본기업 진출에 대한 동북3성의 적용과 그 특징을 비교하면 다음 |도표 4|와 같다.

30) 高橋徹, 「中國東北地域における日本企業の新規市場開拓への支援」, 『中國経済』, JETRO, 2012, 1쪽.

|도표 4| 일본기업 진출에 대한 동북3성 지역별 비교

	특징	주요 투자산업	주요 교류도시
요녕성	• 동북3성 가운데 일본기업 진출 및 투자가 가장 높은 지역 • 항구 보유와 해안지역으로 인한 지리적 이점 • 일본어 가능 인재 다수 확보	IT산업	대련
길림성	• 〈장춘, 길림, 두만강 개발개방선도구〉건설을 통한 지역발전계획 구축 • 중일 지방정부 간 경제교류	자동차산업	장춘
흑룡강성	• 동북3성 가운데 일본기업 진출 및 투자가 가장 낮은 지역 • 중일합병방식 선호 • 공공서비스·금융기관 인프라 미비	제조업, 자원산업	하얼빈

요녕성의 경우 일본의 투자는 이미 식민지 시기부터 대련을 중심으로 매우 활발하게 이루어진 역사적 경험을 가지고 있다. 러일전쟁에서 승리한 일본은 종래 러시아가 요동반도에서 가지고 있던 조차권과 모든 특권을 승계한 이후 이 지역에 대한 투자를 대대적으로 확대하기 시작하였다. 이러한 과정에서 일본정부는 다양한 지원과 지원을 통해 일본기업의 진출을 지지하였다.[31] 이미 1912년에 대련에 위치한 일본기업은 총 204개에 달하였으며 자본총액은 2,242만 엔에 달하였다. 1920년에는 368개 기업으로서 연간 총생산액이 5,722만 엔에 달하였으며, 1927년에는 400개 기업, 연간 총생산액은 1억 2,283만 엔에 이르렀다. 주요한 업종은 제조업, 식음료업, 일용화학공업이 주를 이루었다.[32]

31) 일본정부는 각종 지원정책과 특혜를 기업에 부여하였으며, 장기저리 대출을 비롯하여 재정적 지원에도 적극 나섰다. 따라서 이 시기 일본기업의 동북 진출은 다분히 중앙정부의 직접적 지원과 정책 속에서 이루어졌다고 볼 수 있다. 孔經偉, 『中國東北地區經濟史』第一卷, 黑龍江人民出版社, 1990, 672쪽.

32) 顧明義, 『日本侵占旅大四十年史』, 遼寧人民出版社, 1991, 286-287쪽.

요녕성은 일본기업에 가장 우호적인 태도를 견지하는 지역으로서, 이에 힘입어 동북3성 가운데 가장 많은 일본기업이 진출해 있는 지역이기도 하다. 이러한 이유에서 대련은 일본기업의 동북지역 진출을 위한 거점으로 활용되고 있다. 2008년을 기준으로 동북3성에 진출해 있는 일본 상장기업은 전체 530개 사로 이 가운데 약 4분의 3에 해당하는 기업이 대련에 집중되어 있다. 분야별로 나누어 살펴보면, 제조업은 208개로 동북3성의 약 57%를 차지하며, 소매업(18%), 운송관련업(10%)의 순으로 그 뒤를 잇고 있다. 동북3성에 진출한 일본 비상장기업의 경우도 마찬가지로 대련에 집중되어 있다. 일본 비상장기업은 749개로서 이 가운데 절반 이상인 574개 기업이 대련에 위치하고 있으며 이 중 320개가 제조업 관련 기업에 속한다.[33] 최근에는 제조업뿐만 아니라 정보통신업도 진출을 확대하고 있다. 대련으로 유입되는 일본인 인구도 꾸준히 늘어나 2003년 2,312명에서 2009년 5,395명으로 증가하였다.

오사다 슈이치長田修一의 경험적 연구에 따르면 일부 기업의 경우 완연히 일본식 기업문화가 관철되고 있다. 예를 들면, 개점 전에 종업원들이 점장이 함께 접객을 준비하거나 서비스 교육을 받기도 하였다. 제지업의 경우 기숙사와 음식을 사원들에게 무료로 제공하였으며, 이러한 이유에서 중국인 고용인들 가운데에는 결혼 후에도 기숙사에 그대로 머무는 경우도 비일비재하였다. 이 기업은 세무서로부터 과거 수십년 간의 세금을 일시에 부과받았으나 대련시 유력자의 도움을 받아 세금을 크게 경감하기도 하였다. 또한 오너와 종업원 간의 의사소통과 인적교류에 적지 않은 어려움을 겪기도 하였다. 이러한 이유에서 현재는 중국인 중간 관리자를 배재하고 종업원과 일본인 오너 간의 신속한 의

33) 21世紀中國総研編, 『中國進出企業一覧(非)上場會社篇』, 倉倉社, 2007/2008.

사교환이 이루어질 수 있도록 조직체계에서도 변화를 모색하고 있다는 것이다.[34)]

뿐만 아니라, 대련에 진출한 일본기업은 의도적으로 일본어 사용이 가능한 인재 육성을 적극 지원하기도 하였다. 대련 경제개발구에 최초로 가입한 것은 제조를 중심으로 한 일본계 기업으로 당시 일본어 인재에 대한 요구는 주로 통역과 번역 수준에 그쳤다. 그러나 2001년 GENPCAT유한공사가 설립되어 일본어가 가능한 인력을 모집한 이래 높은 수준의 IT기업이 유입되기도 하였다.[35)]

대련일본상공회大連日本商工會[36)]는 법제도 개정이나 전력 공급 문제 등 일본기업의 필요에 대응하여 대련시장과 직접 접촉할 수 있도록 하는 제도를 마련하였다. 이밖에 대련시 정부기관에서도 일본기업이 직면할 수 있는 다양한 문제점에 대해서 적극적으로 해결 방안을 마련하고자 노력하였다. 이러한 결과 일본기업과 대련시 정부 간 법적, 인적 네트워크 구축을 통해 대련이 동북3성의 일본기업 활동을 위한 주요 거점이 될 수 있었다.[37)]

---

34) 長田修一, 「海外リポート"大連の日系企業動向とビジネスの可能性」, 『FFG調査月報』, ふくおかフィナ ンシャルグループ, 2008, 23-24쪽.

35) 林楽青・西尾林大郎・孫連花, 「大連における「日本語人材」の需要について一日系企業を中心一」, 『現代社會研究科研究報告』, 愛知淑徳大學, 2012, 40쪽.

36) 대련일본상공회는 1983년 6월 설립되었으며 총 19명의 이사를 두고 있다. 이들의 운영방침에서 최우선 원칙으로 대련시 및 중국정부기관과의 원활한 관계를 유지하는 것을 명시하고 있다. 또한 기업활동뿐 아니라 중일관계에 관해서도 민감하게 주시하고 있다. 센카쿠제도(중국명: 댜오위다오)문제로 중국 내 반일 시위가 격심했던 2012년부터는 홈페이지 내에 '최근 중일관계 주의 환기'라는 제목의 공문서가 지속적으로 게재되었다. (출처: 대련일본상공회 홈페이지, http://www.jcci-dalian.org/)

37) 長田修一, 「海外リポート"大連の日系企業動向とビジネスの可能性」, 『FFG調査月報』, ふくおかフィナ ンシャルグループ, 2008, 24쪽.

그러나 대련, 요녕성에 대한 투자 집중의 추세는 점차 완화되고 동북의 기타 지역, 즉 길림성과 흑룡강성으로 투자 확대 경향이 뚜렷하게 나타나고 있다. 2007년도 조사에 따르면, 대련에 대한 일본기업의 투자는 전년도인 2006년도에 비해 42.3% 감소한 3억 1,000만 달러였으며, 요녕성에 대한 투자 역시 전년도에 비해 30.9% 감소한 5억 1,000만 달러였다. 반면 2007년도 길림성에 대한 일본기업의 투자는 2006년도에 비해 158.5% 증가한 1억 3,300만 달러였으며, 2006년도 흑룡강성에 대한 일본기업의 투자는 전년도에 비해 무려 19.7배 증가한 2억 4,680만 달러였다.[38] 이와 같이 소위 '북방의 홍콩'이라 불리는 대련을 기지로 일본기업의 투자가 점차 북상하여 동북3성 전역으로 확대되고 있음을 잘 알 수 있다.

중국정부는 2003년 10월 〈동북지구 등 노후 공업기지의 진흥전략에 대한 약간 의견關於實施東北地區等老工業基地振興戰略的若幹意見〉이라는 동북진흥전략을 발표하고 동북지역을 중국 경제성장의 4대축의 일환으로 하는 지역경제 발전전략을 추진하고 있다.[39] 또한 동북지구진흥정책과 관련하여 길림성에는 〈장춘 · 길림 · 두만강 개발개방선도구長春 · 吉林 · 図們江開発開放先導區〉 건설을 추진하고 있다. 이는 길림성 두만강 지역을 핵심지역으로 한 장춘시와 길림시, 그리고 연변자치구 일대를 중심으로 한 지역개발전략으로 중국정부가 2009년 8월 30일 발표한 〈창지투長春 · 吉林 · 図們江개발, 개방 선도구를 위한 중국의 두만강 구역 합작개발 규획강요〉에 근거하고 있다.[40] 이처럼 '창지투'는 길림성의 잠재력을

38) 藤原弘, 「日本企業在東北三省的動向和日本貿易振興機構事業的展開」, 『首屆東北亞區域合作發展國際論壇』第1602號, 2006, 12쪽.

39) 박상수 · 두헌, 「중국의 신비지니스 거점화전략에 대한 연구」, 『中國學』40輯, 대한중국학회, 2011, 416쪽.

충분히 발휘하여 이 지역을 동북아 개방의 주요 창구 및 동북아 경제 및 기술협력의 주요 기지로 발전시켜 동북지역의 새로운 성장거점으로 육성한다는 방침의 일환이다. 또한 이를 위해 일본 등 해외자본 유치를 강화하는 구체적 계획을 입안함으로써 사실상 길림성의 본격적인 개발에 나선 것으로 볼 수 있다.[41]이에 대하여 일본은 재일조선상공인 투자를 시작으로 1998년까지 약 20개 사가 관광호텔, 식음료, 수산가공식품, 목재가공분야에서 약 1,000만 달러를 투자했다.[42]

길림성의 경우 지방정부와 지역전문가를 적극 활용하여 경제교류를 추진하고 있다. 길림성 기업의 대부분은 국유기업 또는 국가투자기업이 절대 다수를 차지하며, 이들이 기업 혁신의 주도적인 역할을 맡고 있다.[43] 특히 이 가운데 장춘시는 자동차와 자동차 부품 산업을 중심으로 괄목할만한 성과를 거두었다. 이 지역에 진출한 일본상공클럽 회원기업 수는 37개 사로 3분의 2가 자동차와 관련된 기업이다. 길림성에는 자동차, 공업, 석유화학공업, 농업기계설비 등 10대 산업기지가 형성되어 있다. 또한 장춘에서 연길延吉까지 고속도로를 건설하였다. 이처럼 물류기반 개선됨에 따라 투자 가능성이 지속적으로 높아지고 있다고 전망하고 있다.

길림성은 1991년부터 일본의 니가타현新潟県과 경제협력을 위한 지방정부 간 교류를 실시해왔다. 1991년 길림성 학술교류단이 니가타현에

40) 박상수 · 두헌, 「중국의 신비지니스 거점화전략에 대한 연구」, 『中國學』40輯, 대한중국학회, 2011, 420-421쪽.

41) http://www.near21.jp/kan/center/publication/journal/84/kajita84.pdf#search='

42) 李燦雨, 『図們江開発地域の現状と直面する問題』, 日本國際問題研究所, http://www2.jiia.or.jp/pdf/asia_centre/h14_ne_asia/7_lee.pdf#

43) 이정태, 「중국의 변경인식과 변경정치-동북지역을 중심으로」, 『중국 동북연구 방법과 동향』, 동북아역사재단, 2010, 84-85쪽.

방문한 이래 매년 항로 개척, 유학생 교류, 무역관련 세미나를 개최하는 등 상호 밀접한 관계를 유지해 왔다. 1995년과 1998년에는 길림성 부副성장이 니가타현에 방문하여 길림성 개발과 투자를 유치하기도 하였다. 1999년에는 중국 길림성과 일본 서북연안 4개 현의 제1차 기업정보교환회를 실시한 이래 거의 매년 이와 유사한 세미나를 개최해 오고 있다.[44)]

길림성은 미야기현宮城県과도 우호적인 관계를 맺고 있다. 미야기현과 길림성은 1980년대 길림성 농업시찰단이 처음으로 미야기현을 방문한 이후 마침내 1987년에 미야기현-길림성 간에 상호우호현성조약을 체결하였다. 체결 당시에는 농업이나 의료, 문화적인 측면의 교류가 대부분이었으나 2000년대 들어 경제교류도 활발히 진행되었다. 2011년은 우호체결 25주년이 되던 해로 미야기현 지사를 비롯하여 경제단체, 기업관계자들로 구성된 방문단이 길림성을 방문하였다.[45)]

흑룡강성은 동북3성 가운데 일본기업의 진출 비율이 가장 낮은 실정이다. 흑룡강성은 중국 최동북부에 위치하고 있으며 자원류의 산업이 주도적인 위치를 점하고 있다. 그러나 흑룡강성은 환경과 기업혁신 부분에서 다른 지역에 비하여 상대적으로 부정적인 평가가 주류를 이루며 그 원인은 다음과 같이 지적되고 있다.

---

44) http://www.pref.niigata.lg.jp/kokusai/1203613250989.html 2009년에는 길림성 경제 무역 대표단 120명이 방문하였으며 자동차 부품, 식품가공, 석유화학공업, 의료, 전자 정보 등 5대 산업의 기업책임자로 구성되었다. 대표단은 두만강지역의 개발, 특히 장춘과 길림, 두만강지역의 개방개발 선도구계획, 환일본해(동해) 수상항로, 공업단지 조성 등 지역의 경제적 우위를 소개하고 일본의 경제계와 긴밀한 협력을 전개해 나가고자 하였다. 『人民網日本語版』, 2009.4.22.

45) 『2012年度 DBJ 東北經濟ミニレポート』No.4, 이와 동시에 센카쿠제도를 둘러싸고 발생한 중국 내 반일시위 등은 일본기업의 경영활동에 적지 않은 영향을 미쳤다.

첫째, 흑룡강성은 정부의 관리가 철저히 관철되지 않으며, 심지어 금품 수수나 인맥을 중시하는 풍토로 말미암아 일본기업으로서는 경영을 위한 인적 네트워크를 구축하는데 적지 않은 어려움을 겪기도 하였다. 또한 행정업무 처리가 지연되는 등 사무 처리의 효율성이 상대적으로 저조하였다. 둘째, 정부 및 관련기관이 제공하는 투자 정보 역시 부족한 실정이다. 특히 흑룡강성은 동북3성 가운데에서도 개방의 정도가 기타지역보다 제한적이며, 외국투자자가 흑룡강성의 투자환경과 관련된 조건이나 통계자료를 필요로 할 경우 정부기관에서 열람하는 것조차 쉽지 않은 실정이다. 셋째, 흑룡강성의 금융기관이나 이들의 서비스 체계가 불비하다고 인식되었다. 게다가 일본계 금융기관의 미비와 이로 인한 금융서비스의 제약이 흑룡강성에 진출한 일본계 기업의 자금조달이나 지속적인 발전을 저해하는 주요한 요인의 하나로 지적되고 있다. 넷째, 흑룡강성에서는 금융기관뿐만 아니라 일본기업을 위한 서비스를 제공하기 위한 관련 제반시설과 기구 역시 매우 한정적인 실정이다. 전체적으로 흑룡강성과 일본기업의 협력이 전체적으로는 진전되고 있기는 하지만, 진전의 속도는 다분히 한정적이라고 할 수밖에 없다는 것이다.[46)]

흑룡강성에 대한 일본기업의 진출과 투자는 1979년부터 본격적으로 이루어지기 시작하였다. 이 시기에 중국이 처음으로 외국직접투자법中外合資京營企業法을 공포하였으며 이러한 결과 1981년 중국에서 처음으로 중일합병회사가 설립되었다. 이러한 조건을 바탕으로 1990년대 이후 일본기업은 본격적인 대중국 투자를 시작하고 도시바東芝, 파나소닉三洋,

46) 이정태, 「중국의 변경인식과 변경정치-동북지역을 중심으로」, 『중국 동북연구 방법과 동향』, 동북아역사재단, 2010, 85-86쪽.

히타치日立, 마쓰시타松下 등이 생산기지를 구축하였다.

그럼에도 불구하고 일본기업의 흑룡강성에 대한 투자는 그 규모가 상대적으로 적으며 대련시와 비교할 경우 크게 미치지 못한다고 할 수 있다. 2009년 말 흑룡강성에 사무소를 건립하여 이 지역과의 무역, 투자, 기술협력, 인재교환 등을 실시하는 일본기업은 중일합병기업을 포함하여 약 1,000개에 달하였으나 투자의 상대적 비중은 지속적으로 감소하고 있다.[47] 더욱이 흑룡강성에서는 일본기업의 투자규모가 제한적일 뿐만 아니라, 진출의 형태 역시 주로 중일합병의 방식을 선호하였다. 투자분야는 대부분 제조업으로서 전체의 70%를 상회하며, 그 다음으로 식음료업, 서비스업 등이 30%를 차지하고 있다. 특히 농업과 입업 등 1차산업에 대한 투자는 매우 적은 형편이다.[48] 이처럼 흑룡강성에 진출한 일본기업은 무엇보다도 정부기관과 금융기관과의 관련 업무처리에서 적지 않은 어려움을 겪는 것으로 나타나고 있다.

이러한 기업환경을 극복하고 일본기업의 적극적인 진출을 촉진하기 위한 노력의 일환으로서 중일경제협력회의를 통한 정책추진이 주목받고 있다. 2012년 8월 1일 흑룡강성 하얼빈시에서 개최된 중일경제협력회의에는 중국에서 흑룡강성, 요녕성, 길림성, 내몽고자치구 인민정부와 연구기관, 기업, 언론사로부터 약 310명의 인원이 참가하였다. 일본측은 중일동북개발협회, 중일경제협회, 재중일본대사관, 일본지방 현지사, 연구기관, 기업, 언론인 등 약 150여 명이 참석하였다.

본 회의에서는 흑룡강성과 일본기업 간 상호교류 방안이 적극 논의

47) 宇山博・宋成華・花房征夫・日向裕彌, 「中國東北３省の日系企業の進出現況調査報告(その1)」, 『國際研究論叢』24(3), 大阪國際大學, 2011, 207-208쪽.
48) 宇山博・宋成華・花房征夫・日向裕彌, 「中國東北３省の日系企業の進出現況調査報告(その1)」, 『國際研究論叢』24(3) 阪國際大學, 2011, 209쪽.

되었다. 참석자들은 양자 간의 산업협력을 위한 다양한 방안을 제안하고 이를 심도있게 논의하였으며, 경제계 회담, 거시경제정책, 산업우위성, 무역투자 등에 관해서도 의견을 교환하였다. 이 기간 동안 흑룡강성의 13개 시와 일본의 지방현, 기업 간 상호교류회가 개최되었으며 향후 무역과 투자부문에서 전면적인 협력을 추진하기 위한 방안이 제시되었다.[49]

4. 동북지역에 대한 일본기업 투자전략의 시사점과 함의

중국의 동북지역은 지역적 경제적인 가치를 인정받으며 동북아시아의 핵심지역으로 부상하고 있으며, 동북아시아 경제권이 하나의 지역경제공동체로 부상하면서 동북3성에 각국의 관심 역시 고조되고 있다. 동북지역이 갖는 인적, 기술적, 지리적 차원에 더하여 중국정부의 이 지역에 대한 항만과 철도, 도로시설 확충 및 제도적 지원의 확대는 일본, 러시아, 한국 등 주변 국가들이 이 지역에 대한 기업진출을 모색하는데 크게 기여하였다. 특히 일본정부와 일본기업은 중국 동북지역을 동북아시아의 거점지역으로서 간주하고 있다.

그러나 다른 한편, 중국 동북지역은 역사적으로도 일본과 밀접한 관련을 맺어온 지역으로서, 양자 사이에는 갈등과 협력이 공존하는 곳이기도 하다. 일본기업의 경우 1930년대 일본의 만주국 식민지배라는 역사적 경험이 자본의 투자 및 기업의 설립 과정에서 매우 민감하고 복

49) 日中経済協力會議, 「2012年(黑龍江)日中經濟協力會議 備忘錄」, http://www.jc-web.or.jp/

잡한 고려 요인으로서 개재하고 있는 것이다. 다시 말해, 기업의 투자 및 진출, 그리고 경영이라는 경제적 문제가 역사적 경험의 토대 위에서 결정되고 이루어지는 국면이 출현한 것이다.

이러한 이유에서 동북지역에 대한 일본기업의 투자와 기업의 설립, 경영은 자연히 이와같은 제반문제의 고려 속에서 입안되고 시행되지 않으면 안되었던 것이다. 이에 일본기업은 최대한 역사적 이슈와 중일관계 등과 같은 외적변수의 개입을 억제하면서 자체적으로 전략적인 접근을 모색해 왔다. 이러한 결과 일본기업의 동북 진출은 지방정부나 경제관련기구, 혹은 이들과의 연계 속에서 민간기업의 독자적 진출이라는 형태로 나타나게 되었다.

이 때문에 일본기업은 중일관계를 주변적인 요인으로 두고 중앙정부의 직접적인 지원이나 매개를 통하지 않고, 지방정부나 경제단체 등과의 협력을 통해 이 지역에 대한 투자에 적극 나섰다. 이러한 노력은 특히 지방정부와의 협력이나 경제단체, 즉 중일경제협력회의나 중일동북개발협회 등을 중심으로 추진되었으며, 이를 통해 일본기업은 동북3성으로 진출하기 위한 제도적 기반을 구축 할 수 있었다. 이러한 전략을 통해 중일 국가 간 관계로부터 야기될 수 있는 제 문제를 회피하는 동시에 지방정부 간, 혹은 경제단체와의 협조를 통한 실질적인 관계망을 구축할 수 있었다.

이러한 전략은 실제로 일본기업이 동북3성에 진출하는 과정에서 기본전략으로 적용되었다. 이 지역에서 일본기업은 대련을 중심으로 동북지방에 진출하였으며, 2000년대에 들어 대련을 거점으로 요녕성, 길림성, 흑룡강성으로 일본기업의 진출이 확대되었다. 즉, 1990년대에는 대련에 투자를 집중하는 반면 기타 지역에는 소극적인 접근을 하는 등 차별적인 전략을 내세웠으나 2000년대 이후에는 동북3성에 대한 전반적인 투자확대로 나타났다.

그러나 다른 한편으로는 기존의 연구자들이 지적하듯 중국지방의 정치조직은 중앙정부에 비하여 권한이 제한적이거나 비효율적인 행정을 지닌다고 볼 수 있다. 이러한 이유에서 민간-지방정부 간 협력은 궁극적으로 중앙정부의 지원이 불가피한 것으로 볼 수 있다. 더욱이 중국 내 타 지역, 특히 동부 연안지역에 비해 낙후된 동북지역의 기업 환경은 해외기업 진출에 장애요인으로 남아 있다. 그럼에도 불구하고 중국 동북지역에 대한 일본기업은 투자와 진출은 역사적 경험이라는 경제외적 요인의 고려 속에서 이루어졌음을 알 수 있다. 일본기업은 중앙정부의 배제전략을 통해 비교적 성공적으로 기업의 투자와 진출을 달성할 수 있었으며, 이러한 전략은 마찬가지로 기업의 경영과 시장, 상품의 유통 과정에서도 적용될 수 있을 것이다.

2

중국 동북지역의 화폐와 금융

요녕사행호발행준비고 연구

_ 동신(董昕)

요녕사행호발행준비고의 정식 명칭은 '요녕성성사행호연합발행준비고遼寧省城四行號聯合發行準備庫'이다. 중국 근대 금융발전사 가운데 연합준비제도의 발전에 대해서 말하자면, 대체로 두 가지 형태로 대별할 수 있다. 이 가운데 하나가 바로 연합발행준비제로서, 주요한 형식은 몇몇 금융기관이(반드시 동일 지역은 아님) 연합하여 모종의 태환권을 발행하는 것이다. 가장 대표적인 기구가 바로 북사행발행준비고北四行發行準備庫이며, 여기서 준비금의 성격은 발행준비금에 상당한다고 할 수 있다. 또 다른 형태가 바로 연합공공준비제聯合公共準備制로서, 주요한 형식은 특정지역에서 여러 금융기관이 공동으로 자본을 투자하여 공고公庫나 준비고準備庫를 설립하는 것이다. 이를 통해 돌발 사태에 대처함으로써 해당지역에서 금융질서를 수호하려는 필요성에서 조직된 것이라 할 수 있다.

이러한 가장 전형적인 기구가 바로 1930년대 초 상해은행공회上海銀行公會의 회원이 주체가 되어 설립한 상해은행업연합준비위원회上海銀行業

聯合準備委員會, 약칭으로는 '연준회聯準會'이다. 준비금의 성질은 발행준비금과 예금준비금存款準備金의 특징을 모두 포함하고 있다. 원래 이들 두 특징이 가지고 있는 각각의 기능에 대해 설명하자면, 중앙은행中央銀行의 직능이 결여된 근대 중국의 사회, 경제적 환경 속에서 전자의 기능은 '발행은행'으로서의 역할을 수행하는 것이고, 후자의 기능은 '은행의 은행'으로서의 역할을 수행하는 것이다.

요녕사행호발행준비고는 요녕성의 성도인 심양 소재 네 은행[1]의 네 개 은행의 연합으로 조성된 연합발행기구였으며, 조직의 형식은 연합발행준비제로서 북사행발행준비고와 유사하다. 최근 몇 년간 중국 근대 금융사 연구자들 사이에서 연합준비제도와 관련하여 상당히 관심이 고조되었으나, 실상 이와 관련된 연구 성과는 그다지 많지 않은 형편이다.[2] 특히 본고의 주제인 요녕사행호발행준비고와 관련된 연구성과는 매우 적으며, 지방금융사와 관련된 논저 가운데 언급되는데 그치고 있는 형편이다.[3] 필자는 요녕사행호발행준비고를 구체적으로 분석함으

---

1) 1929년 2월, 남경국민정부는 봉천성(奉天省)을 요녕성(遼寧省)으로 개칭하였으며, 4월에는 다시 성도인 봉천 역시 심양으로 개칭하였다. 李鴻文, 張本正 주편, 『東北大事記(1840~1949)』 吉林文史出版社, 1987, 676쪽 및 678쪽 참조.

2) 북사행준비고에 대한 연구 성과로는 康金莉, 「四行準備庫鈔票發行研究」, 『中國經濟史研究』 2010年 3期, 101-107쪽;田興榮, 「民國時期北四行漢口准備庫述評」, 『江漢大學學報(社會科學版)』 2011年 4期, 74-77쪽 참조. 연합공공준비제도에 대한 연구 성과로는 鄭成林, 「近代上海銀行聯合准備制度述略」, 『華中師範大學學報(人文社會科學版)』2008年 5期, 70-77쪽 참조.

3) 이와 관련된 대표적인 연구로는 다음을 들 수 있다. 東北物資調節委員會研究組編, 『東北經濟小叢書』, 1948年版은 준비고와 관련된 개황(概況)에 대해 서술하였다. 吳振強, 尚思丹, 楊尊聖等主編, 『東三省官銀號奉票』, 遼沈書社, 1992는 별도의 장절로 구성하여 요녕사행호발행준비고의 개황, 준비고가 발행했던 지폐의 정황 등을 서술하였다. 張福全主編, 『遼寧近代經濟史(1840-1949)』, 中國財政經濟出版社, 1989는 제15장에서 중외은행의 건립과 일본이 금융의 명맥을 장악하고 있는 상황에서 준비고와 관련된 내용을 설명하였다. 戴建兵, 『中國近代紙幣』, 中

로써, 이를 통해 동북지방사의 연구 성과를 풍부하게 하고자 한다.

본고의 내용과 관련된 자료에 대해서는, 이전에 간행된 정기간행물 가운데 『성경시보盛京時報』, 『동삼성관은호경제월간東三省官銀號經濟月刊』, 『은행주보銀行周報』 등에 관련 내용이 수록되어 있는데, 이들 간행물은 정기적으로 요녕사행호발행준비고의 발행준비검사보고發行準備檢查報告를 게재하였다. 요녕성당안관의 봉천성장공서당奉天省長公署檔(JC10) 당안자료 중에서도 일부 이와 관련된 내용이 수록되어 있다.[4] 이밖에도 금융사, 지방사의 자료집 가운데 일부 이와 관련된 내용이 포함되어 있다. 예를 들면, 중국은행요녕성분행中國銀行遼寧省分行 등이 편찬한 『중국은행동북지구행사자료회편中國銀行東北地區行史資料彙編:(1913-1948)』 가운데 한 장을 별도의 장으로 편성하여 전문적으로 요녕사행호발행준비고와 관련된 자료를 수록하였으며, 1990년 강소고적출판사江蘇古籍出版社와 홍콩지평선출판사香港地平線出版社가 발간하고 요녕성당안관遼寧省檔案館이 편찬한 『봉계군벌당안사료회편奉系軍閥檔案史料彙編』의 내용 중에도 요녕사행호발행준비고의 장정章程 등이 수록되어 있다.

國金融出版社, 1993의 하편 제4장에서는 요녕사행호준비고와 여기서 발행했던 지폐의 정황을 소개하고 있었다; 馬尚斌主編, 『奉系軍閥全書 · 奉系經濟』, 遼海出版社, 2001은 별도의 장절에서 요녕사행호발행준비고의 개황에 대해서 논술하고 있다.

4) 예를 들면 『奉天省長公署檔』(JC10-9638) 중 「遼寧四行號聯合發行准備庫呈送十九年三月至二十年八月兌換劵准備金月報冊各情況」 등의 관련사료가 포함되어 있다.

1. 요녕사행호발행준비고의 시말

요녕사행호발행준비고는 동삼성관은호, 변업은행, 중국은행 심양분행, 교통은행 심양분행의 네 금융기관이 연합하여 1929년 5월 심양(당시 봉천)에서 설립되었으며, 이후 1931년 말 만주중앙은행滿洲中央銀行에 병탄되었다. 비록 요녕사행호발행준비고가 존속했던 기간이 2년 남짓에 불과하였지만, 동북근대사東北近代史에서 중요한 위치를 차지했던 금융기관으로서 그 역사적 의의가 매우 컸다고 할 수 있다.

요녕사행호발행준비고가 설립되기 직전은 봉표의 가격이 지속적이면서도 대폭적으로 하락했던 매우 특별한 시기였다. 물론 그 이전에도 봉계군벌 세력이 끊임없이 일으켰던 군벌전쟁으로 말미암아 봉표의 가치가 하락하는 문제가 없었던 것은 아니지만, 그럼에도 불구하고 북양군벌 시기에 봉계군벌의 실력이 전반적으로 부단히 상승하는 추세였기 때문에, 봉표 가치의 지지와 유통은 큰 틀에서 볼 때 대체로 변함없이 유지될 수 있었다.

1928년 6월 황고둔皇姑屯사건이 발생한 후, 장작림張作霖이 열차 폭파사고로 사망에 이르고, 장학량張學良이 동삼성보안총사령東三省保安總司令으로 취임하여 지휘권을 접수하였다. 국민정부國民政府가 북벌전쟁에서 승리함에 따라 봉계군벌이 패퇴하면서 화북에서 화중 각 지역에 걸쳐 유통되어 왔던 봉표 역시 점차 동북 각 지역으로 역류해 왔다. 이미 큰 폭으로 잠식되어 태환준비금兌現準備金이 충분치 못했던 봉표로서는 현양現洋에 대한 가치가 부단히 하락하자 상대적으로 물가가 크게 뛰면서 금융상황이 일대 혼란에 빠지고 말았다. 이와 같은 형세에 직면하여 1928년 11월 봉천성장공서奉天省長公署는 '봉천재정정리위원회奉天財政整理

委員會'를 설립하기로 결정하였다. 위원회의 회장은 성장城長이 겸임하고, 부회장은 성장이 임명해 파견한 재정청장財政廳長이 겸임하도록 하였다.[5] 결국 위원회의 활동을 통해 재정경제 상황을 정돈함으로써 지방의 금융질서를 안정시키고자 시도하였던 것이다.

봉표는 동삼성에서 주로 유통되던 일종의 지역성 화폐로서, 봉소양奉小洋의 태환 위기 이후인 1918년에 발행되기 시작했고, 성질상 회태권彙兌券[6], 즉 불태환 지폐不兌現紙幣에 속했다. 1928년 초부터 1929년 6월까지는 봉표의 가치가 급격히 하락했던 시기였다.[7] 예컨대 봉표를 은화로 태환하는 시장가격은 1928년 1월에는 8원 남짓이었는데, 1929년 초기에는 이미 30원 안팎까지 가치가 하락하였다. 같은 해 4월 초 50원과 100원 등 액면가격이 큰 지폐가 출현한 이후 5월 태환의 기준가는 54원까지 하락하였고, 6월 24일에는 72원으로 하락하였다. 상황이 이렇게 되자, 6월 25일 성정부는 비로소 관영은행으로 하여금 이를 환수함으로써 화폐의 가치를 유지하도록 하였다. 관가는 봉표 60원과 현양 1원을 태환하도록 규정하였으나,[8] 암시장의 가격은 이보다 훨씬 낮았다.

이와 같이 혼란스러운 금융환경을 일신하기 위해 장학량이 실권을 장악하고 있던 요녕성정부는 1929년 5월 중교변업中交邊業의 각 은행 및 관영은행으로 하여금 연합을 통해 준비고를 설립하도록 하고, 각각 상

---

5) 『奉天省長公署爲組織整理財政委員會並制定章程給各廳道縣訓令』(1928年 11月 7日), 『奉系軍閥檔案資料彙編』7冊, 江蘇古籍出版社、香港地平線出版社, 1990, 665쪽.

6) 匯兌券은 본위 화폐와의 교환이 보증되어 있지 않은 불환지폐에 해당된다. 匯兌券을 발행한 목적은 봉천에서의 태환청구를 회피하고, 동시에 은본위 지폐로서 통용되는 불환지폐를 유통시켜 태환문제를 종식시킨다는 점에 있었다.

7) 魏福祥, 「論奉票毛荒極其衰落」, 『社會科學戰線』 1986年 3期, 1986, 240쪽.

8) 東三省政務委員會, 『東三省金融整理委員會報告書』, 1931, 88쪽.

당한 기금을 마련하여 태환지폐를 발행하여 유통을 원활하게 하도록 방침을 세웠다.[9] 뒤이어 성정부는 〈요녕성성각은행호연합발행준비고잠행장정遼寧省城各銀行號聯合發行準備庫暫行章程〉을 공포하였는데,[10] 그 내용은 다음과 같다.

1. 요녕성의 각 은행은 태환권의 신중한 발행과 태환권의 사용가치를 유지하기 위한 목적에서 연합발행준비고를 조직한다.
2. 준비고가 독점적으로 처리하는 사항은 아래와 같다.
   (1) 태환권의 발행
   (2) 태환권의 인쇄
   (3) 태환권의 현금 태환
   (4) 준비금의 보관
3. 준비고는 위 조항에서 열거한 사항 이외에 기타 영업을 겸업할 수 없다.
4. 준비고가 발행한 태환지폐의 경우 그 준비금으로 반드시 7할 정도는 준비하고 있어야 하며, 나머지 3할은 유가물품 등으로 준비보증이 가능하다.
5. 전항의 준비현금은 은괴銀塊, 원보元寶와 기타 은량銀兩으로 충당한다.
6. 준비금은 준비고에서 맡아 관리, 보관하며, 각 은행으로부터 파견된 직원이 감독하도록 하고, 이밖에 각 상회 및 법단法團 역시

9) 「東北邊防軍司令長官公署, 遼寧省政府布告(제11호)」(1929年 6月 5日), 『奉系軍閥檔案資料彙編』8冊, 江蘇古籍出版社、香港地平線出版社, 1990, 465쪽.
10) 『遼寧省城各銀行號聯合發行準備庫暫行章程』(1929년 6월); 『奉系軍閥檔案資料彙編』8冊, 江蘇古籍出版社、香港地平線出版社, 1990, 466쪽.

감독권을 행사할 수 있다.

7. 준비고의 준비금 및 기타 자산은 결코 다른 용도로 사용할 수 없다.
8. 준비고에서 발행된 지폐와 대양大洋은 일률적으로 통용하고, 본고에서 무제한으로 태환할 수 있다.
9. 각 은행이 준비고에서 태환권을 수령하여 사용할 경우 각기 자신만 알아볼 수 있는 기호暗字를 표시해 둔다. 준비고가 매일 일정 액수를 태환할 경우 원래 수령한 각 은행의 태환 수량에 따라 충분한 현금을 불입한다.
10. 준비고의 장부는 완전히 독립적으로 관리되어야 하며, 각 은행에서 의외의 영업손실이 있더라도 준비고와는 무관하게 처리한다.
11. 준비고의 경비 및 기타 손익은 본고에 가입한 각 은행이 수령한 태환권의 수량에 따라 균등하게 할당하도록 한다.
12. 각 은행이 준비고로부터 수령한 태환권은 제4조의 규정에 따라 현금 7할을 불입하고, 나머지 3할은 기타 유가물품으로 불입할 수 있다. 기타 각 상업은행 및 견실한 전장錢莊 역시 준비고로부터 태환권을 수령할 수 있다. 그러나 이 때에도 반드시 충분한 준비금을 불입해야 하며, 이와 관련된 장정은 별도로 정한다.
13. 준비고는 감리관監理官 한 명을 두고, 성정부 위원회가 감찰監察 수 명을 파견한다. 감리관과 감찰은 각 은행의 총판總辦, 총리總理, 행장行長 등으로 하여금 충원하도록 한다. 이밖에 주임主任 한 명과 판사원辦事員 수 명을 둔다. 이들은 모두 각 은행이 선발하여 파견하며, 이들의 급료는 각 은행이 지불한다.
14. 준비고에서 발행되는 지폐에는 반드시 감리관의 도장을 찍어야 한다.
15. 준비고의 장부 및 준비금, 발행되는 태환권의 수량에 대한 감찰

은 수시로 감사를 받아야 한다.

16. 준비고가 발행하는 화폐와 준비금의 수량에 대해 매주 각 은행에 한 차례 보고하며, 매월 말 문건을 작성하여 성정부에 보고한다.
17. 준비고는 매년 6월 말 및 12월 말 각각 한 차례 결산하며, 6월 말을 연도결산기로 삼는다.
18. 준비고가 발행하는 태환지폐는 당분간 변업은행권을 사용하여 발행하며, 지폐 위쪽에 '연합발행준비고'란 글자가 새겨진 도장을 찍어 변업은행권과 구별한다. 이후 다른 명의로 변경하여 발행할 경우 미발행분은 반드시 그 액수 만큼 변업은행에 반환해야 하며, 이미 발행된 액수는 준비고로 하여금 책임지고 현금으로 태환하도록 한다.
19. 준비고는 임시로 변업은행, 또는 상회 및 기타 이에 상응하는 지역에 둔다.
20. 준비고의 업무 세칙은 별도로 규정한다.
21. 본 장정은 성 정부의 심사를 거쳐 비준한 이후 비로소 실행한다.
22. 만일 본 장정 가운데 수정해야 할 부분이 있다면, 각 은행이 회의를 소집하여 결정한 이후 이를 성정부에 상신하여 비준을 거쳐 수정해야 한다.

5월 17일 첫 번째로 준비고에 가입한 네 은행은 연명으로 『동삼성공보東三省公報』에 연합하여 준비고를 조직한다는 내용의 공고를 게재하고, 잠행장정을 첨부하였다. 네 은행은 각각 현은 175만 원, 도합 700만 원을 출자하였으며, 그밖에 성 공채로 300만 원을 조달하여 총계 1,000만 원의 현금을 태환을 위한 전용기금으로 마련하였다. 준비고의 사무소는 성도 내 종루남대가鍾樓南大街에 설치되었으며, 감리관에는 적문선翟文

選이 임명되었다.[11] 준비고는 설립 직후 바로 200만 원 상당의 현대양 태환권을 발행하여 시중에 유통시켰다. 입고 은행은 수령한 태환권을 사용할 시 각자 지폐 상에 서로 다른 기호를 인쇄하였다. 준비고는 현금으로 태환된 이후 각각 은행의 기호에 따라 분류하여 금액을 산출하였으며, 그 결과를 각 은행에 통지하였다. 이에 각 은행은 그에 상당하는 액수의 현금을 불입하고 난 이후 비로소 태환권을 계속 사용할 수 있었다.

이와 함께 성정부는 〈요녕성성금융관리 및 금지현금출경장정遼寧省城金融管理及禁止現金出境章程〉을 반포하고, 준비고권准備庫券을 요녕성 내에서 유일하게 통용되는 태환지폐로 사용되도록 하였다. 화폐의 사용 시 할인을 금지하였으며, 성 내에서 다른 지역의 은행에서 발행된 태환지폐의 유통을 금지하였다. 준비고권은 준비고에 가입한 각 은행으로 하여금 제한없이 태환하도록 허용하였으나, 단 환수수료는 현금 송금비용을 초과하지 못하도록 하였다. 이와 함께 모든 현금은 성 밖으로 나가지 못하도록 제한하였으며, 만일 상민이 특별한 필요가 있을 경우 현금 100원 이하만을 휴대하고 출경出境할 수 있도록 허락하였다.[12]

요녕성연합발행준비고에 실제로 가입한 은행이 총 네 곳이었기 때문에 '요녕성성사행호발행준비고遼寧省城四行號發行准備庫'라고 칭했다. 준비고에 가입한 은행은 동삼성관은호, 변업은행, 그리고 중국은행 및 교통은행의 봉천분행이었다. 요녕사행호연합발행준비고는 설립 이후 총고를 변업은행 내에 설치하였으며, "준비고의 장부는 독립되었지만 고정자

---

11) 「遼寧的准備庫和現大洋票」, 『中國銀行東北地區行史資料彙編(1913-1948)』, 1996, 346쪽.

12) 「遼寧省城金融管理及禁止現金出境章程」(1929年 6月), 『奉系軍閥檔案資料彙編』 8冊, 江蘇古籍出版社、香港地平線出版社, 1990, 466쪽.

산이 존재한 것은 아니었기 때문에, 경비 지출과 영업 손익은 각 은행이 수취한 고권庫券의 할당량에 비례하여 나누었다."[13] 발행된 태환권은 변업은행권을 차용했으며, 화폐 지면에 '연합발행준비고'라는 글자가 새겨진 도장을 찍고, 수시로 제한 없이 현금으로 태환할 수 있었다. 준비금은 현금 7할, 유가증권 3할로 이루어졌다. 준비고는 매월 말 발행 수량과 준비금 액수를 성정부에게 보고해야 했으며, 공상총회, 각계 단체를 불러 사행호로부터 파견된 직원들과 함께 준비고를 검사하도록 하였다.[14] 1931년 만주사변이 발생한 바로 다음날 일본군은 요녕성 성도 심양의 주요 금융기관을 점령하였는데, 여기에는 준비고에 가입한 네 은행도 포함되어 있었다.[15] 일본군은 준비고의 자금과 장부에 대한 조사를 진행함으로써 장학량에 대한 군비의 공급을 차단하였다.[16] 1932년 4월 30일 만주국정부는 별도로 〈요녕사행호연합준비고정리판법遼寧四行號聯合准備庫整理辦法〉을 제정하여 준비고 해산을 선포했는데, 정리판법 4조는 다음과 같다.

제1조. 요녕사행호연합발행준비고는 본 판법에 의거하여 해산한다.

제2조. 요녕사행호연합발행준비고가 발행한 태환권 가운데 중국은행 혹은 교통은행이 수령한 부분은 당연히 해당 은행에서 수령한 액수에 따라 동삼성관은호에 현금으로 지불하거나 혹은 동삼성관은호나 변업은행의 태환권으로 지불한다.

---

13) 吳振強, 尚思丹, 楊尊聖, 『東三省官銀號奉票』, 遼沈書社, 1992, 37쪽.

14) 東三省政務委員會, 『東三省金融整理委員會報告書』, 1931, 108쪽 및 112쪽.

15) 佟冬主編, 『中國東北史』第五卷, 吉林文史出版社, 2006, 478-479쪽.

16) 日本關東軍接管中國系統銀行號」(吉林省金融研究所編)『偽滿洲中央銀行史料』, 吉林人民出版社, 1984, 54쪽.

제3조. 앞의 조항에서 규정한 판법에 따라 태환권을 청산한 이후 동삼성관은호는 요녕사행호연합발행준비고가 발행한 총액에 대한 태환의 의무와 중국은행과 교통은행의 태환 책임은 모두 종결된다.

제4조. 본 판법은 공포일부터 시행한다.[17)]

1932년 7월 1일 만주중앙은행이 개업을 선포한 이후 동삼성관은호, 변업은행, 길림영형관은호吉林永衡官銀號, 흑룡강성관은호黑龍江省官銀號 등 주요 은행이 강제로 병합되었다. 요녕사행호연합발행준비고 역시 합병을 피할 수 없었으며, 합병은 동삼성관은호 및 변업은행의 고문이 주도하여 처리하였다.[18)] 관할지역 내에서의 화폐 사용과 유통을 통일하기 위하여 만주중앙은행은 이전에 반포했던 화폐법貨幣法에 근거하여 원래 유통되고 있던 각종 화폐에 대한 태환을 진행하였는데, 여기에는 준비고권과 사행호가 발행한 기타 종류의 화폐들이 포함되어 있었다. 구화폐를 접수하는 과정에서 만주중앙은행은 고의로 태환가격을 낮추었다. 예를 들면, '봉대양표奉大洋票'와 '길소양표吉小洋票' 각 50원 혹은 '동원표銅元票'는 60원을 위폐僞幣 1원과 태환할 수 있었다.[19)] 요녕성성사행호연합준비고가 발행한 태환권의 경우도 유통이 금지되었으며, 만주중앙은행이 발행한 신폐 1원을 구폐 1원과 태환하도록 하였다.[20)] 이로부터 이 고권류의 화폐 가치가 당시 비교적 높았다는 사실을 잘 알 수 있다.

---

17) 『滿洲國政府公報』1932年 4號. 국무원 총리에는 정효서(鄭孝胥)가 임명되었다.
18) 「僞滿洲中央銀行籌建日記(1932년 5월 11일)」, (吉林省金融硏究所編)『僞滿洲中央銀行史料』, 吉林人民出版社, 1984, 83쪽.
19) 吉林省金融硏究所編, 『僞滿洲中央銀行史料』, 吉林人民出版社, 1984, 9쪽.
20) 「新舊貨幣兌換率」(1932년 7월 1일), (吉林省金融硏究所編) 『僞滿洲中央銀行史料』, 吉林人民出版社, 1984, 135쪽.

2. 요녕사행호발행준비고의 업무 전개

요녕사행호연합발행준비고는 설립 이후 "현대양 태환권現大洋兌換券의 발행과 준비금의 보관, 그리고 태환에 관한 업무를 전담하여 처리하였다."[21] 준비고의 조직 장정을 살펴보면, 고권 발행 및 준비 액수는 매월 말 성정부에 보고하도록 되어 있었다. 이와 함께 준비고가 성립된 이후부터 매월 각 은행과 사회단체 대표가 공동으로 태환권의 발행 및 준비금의 상황을 검사한 보고서를 공포하였는데, 보고 내용이 사실에 근거하여 신뢰성이 매우 높았다. 가입 은행이 준비고권을 수령할 때에는 반드시 먼저 준비고에 준비금(7할 현금과 3할 유가증권을 모두 포함)을 지불해야 했으며, 그러한 이후 비로소 준비고라는 글자가 새겨진 도장을 찍은 태환권을 수령하여 사용할 수 있었다. 준비고에 가입한 네 금융기관이 지불한 준비금은 준비고에 보관되어 공동으로 감독하였다. 준비고가 존속하는 동안 모두 27차례에 걸쳐 검사 보고가 이루어졌는데, 모두 사실에 근거하여 태환권의 발행 총액, 준비금 총액, 현금 준비 및 준비금의 보관 상황 등에 대한 보고가 이루어졌다. 매번 이루어진 요녕사행호연합발행준비고의 검사 보고에 따르면, 태환권 유통액의 발행 변화 상황은 아래의 표와 같았다.

21) 東三省政務委員會, 『東三省金融整理委員會報告書』, 1931, 108쪽.

|도표 1| 요녕사행호준비고의 태환권 월말 유통 상황

(단위: 만 원)

검사보고차수	시간	발행총액	준비총액	현금준비	보증준비 (유가증권)
제1차	1929.6	200	200	140	60
제2차	1929.7	290	290	203	87
제3차	1929.8	390	390	273	117
제4차	1929.9	500	500	350	150
제5차	1929.10	500	500	350	150
제6차	1929.11	550	550	385	165
제7차	1929.12	830	830	581	249
제8차	1930.1	1000	1000	700	300
제9차	1930.2	1080	1080	756	324
제10차	1930.3	1105	1105	773.5	331.5
제11차	1930.4	1130	1130	791	339
제12차	1930.5	1130	1130	791	339
제13차	1930.6	1130	1130	791	339
제14차	1930.7	1180	1180	826	354
제15차	1930.8	1360	1360	952	408
제16차	1930.9	1500	1500	1050	450
제17차	1930.10	1500	1500	1050	450
제18차	1930.11	1500	1500	1050	450
제19차	1930.12	1500	1500	1050	450
제20차	1931.1	1400	1400	980	420
제21차	1931.2	1400	1400	980	420
제22차	1931.3	1400	1400	980	420
제23차	1931.4	1200	1200	840	360
제24차	1931.5	900	900	630	270
제25차	1931.6	800	800	560	240
제26차	1931.7	660	660	462	198
제27차	1931.8	630	630	441	189

* 출처: 『盛京時報』, 『銀行周報』에 실렸던 요녕성성사행호연합발행준비고의 준비금 검사 보고

* 주1: 매월 준비금 검사보고는 일반적으로 해당 월 말에 공개 발표했다.(춘절(春節) 전

후를 제외)

* 주2: 관련 자료의 소실로 인하여 검사보고 제11차, 제13차, 제14차에는 정리된 데이터가 없는 관계로, 본 표 중의 통계수자는 |도표 2|의 자료에 의거하여 정리한 이후 첨가한 것이다. 위에서 기술한 세 차례의 검사 시간과 이에 대응하는 입고행호발행총액(入庫行號發行總額)은 각각 1,130만 원, 1,130만 원, 1,180만 원이다.

* 주3: 제17차 검사 후 사행호발행준비고에 대한 발행 한도를 다음과 같이 규정했다: "요녕사행호연합발행준비고가 발행하는 지폐는 1930년 9월 말까지 1,500만 원으로 한정하고, 10월 중에는 더 발행하지 않는다. 이후 1,500만 원을 한도로 정하고, 이를 초과하여 발행할 수 없다."

위의 도표에 따라 관련 통계를 꺾은선 그래프로 표시해 보면, |도표 2|에 보이는 바와 같이 보다 명확하게 요녕사행호연합발행준비고권 발행액 증감의 변화 상황이 한 눈에 드러난다.

|도표 2| 요녕사행호연합발행준비고권 발행액의 증감 상황

(단위: 만원/선: 발행액)

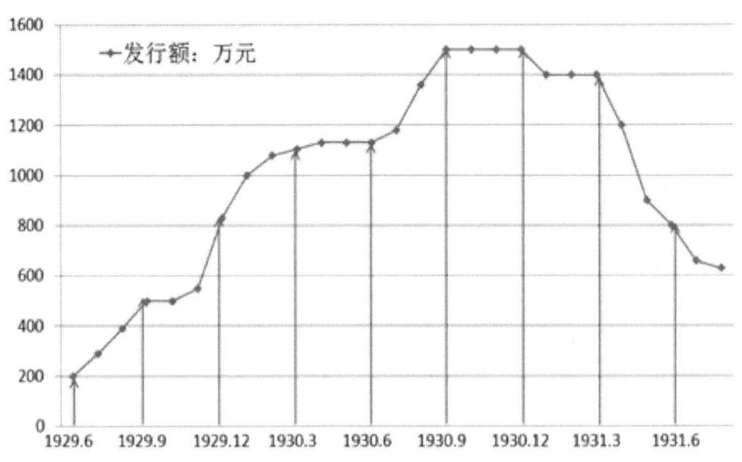

위의 그래프에서 알 수 있듯이, 요녕성사행호발행준비고의 업무 상황이 순조롭게 이루어진 것은 아니었다. 성립 이후부터 1930년 9월에

이르기까지 준비고권의 발행액은 줄곧 상승 추세에 있었고, 당해년도 말까지 비교적 안정적인 상황이었다고 할 수 있다. 그러나 같은해 10월 장학량이 중화민국육해군부총사령中華民國陸海軍副總司令으로 취임하고 나서 신고권新庫券 및 동삼성관은호, 그리고 변업은행이 발행한 현대양現大洋 태환권이 관내關內로 유입되어 통용되기 시작하였다. 신고권도 동북지폐東北紙幣 가운데 신용도가 매우 높았던 통화의 하나로 평가되고 있었다.[22] 그러나 유감스럽게도 호시절이 오래 가지 않듯이 안정기가 불과 3개월이라는 단기간에 한정되고 이내 준비고권은 끊임없이 발행량이 하락하는 추세로 접어들기 시작하였다. 1931년이 되면 발행총액이 가장 많았던 시기의 절반 정도로 감소하고 말았다.

그렇다면 준비고에 가입한 네 은행은 구체적인 태환권의 수령과 운용의 과정에서 모두 적극적으로 임하였을까. 이에 대한 답안은 네 은행에서 각각 운용하던 준비고권의 액수 변화 속에서 찾을 수 있을 것이다. 구체적인 내용은 아래 |도표 2| 및 |도표 4|와 같다.

|도표 3| 요녕사행호연합발행준비고 태환권 월 말 유통 상황표

(단위: 원)

검사보고차수	시간	동삼성관은호	중국은행	교통은행	합계
	1929. 5	600,000	–	–	600,000
제1차	1929. 6	2,000,000	–	–	2,000,000
제2차	1929. 7	2,900,000	–	–	2,900,000
제3차	1929. 8	3,900,000	–	–	3,900,000
제4차	1929. 9	5,000,000	–	–	5,000,000
제5차	1929.10	5,000,000	–	–	5,000,000
제6차	1929.11	5,500,000	–	–	5,500,000
제7차	1929.12	7,900,000	–	200,000	8,100,000

22) 吳振強、尙思丹、楊尊聖, 『東三省官銀號奉票』, 遼沈書社, 1992, 38쪽.

검사보고차수	시간	동삼성관은호	중국은행	교통은행	합계
제8차	1930. 1	9,300,000	200,000	500,000	10,000,000
제9차	1930. 2	9,300,000	500,000	1,000,000	10,800,000
제10차	1930. 3	9,300,000	750,000	1,000,000	11,050,000
제11차	1930. 4	9,300,000	1,000,000	1,000,000	11,300,000
제12차	1930. 5	9,300,000	1,000,000	1,000,000	11,300,000
제13차	1930. 6	9,300,000	1,000,000	1,000,000	11,300,000
제14차	1930. 7	9,300,000	1,000,000	1,000,000	11,800,000
제15차	1930. 8	11,500,000	1,000,000	1,000,000	13,600,000
제16차	1930. 9	13,000,000	1,000,000	1,000,000	15,000,000
제17차	1930.10	13,000,000	1,000,000	1,000,000	15,000,000
제18차	1930.11	13,000,000	1,000,000	1,000,000	15,000,000
제19차	1930.12	13,000,000	1,000,000	1,000,000	15,000,000
제20차	1931. 1	12,000,000	1,000,000	1,000,000	14,000,000
제21차	1931. 2	12,000,000	1,000,000	1,000,000	14,000,000
제22차	1931. 3	12,000,000	1,000,000	1,000,000	14,000,000
제23차	1931. 4	10,000,000	1,000,000	1,000,000	12,000,000
제24차	1931. 5	7,000,000	1,000,000	1,000,000	9,000,000
제25차	1931. 6	6,000,000	1,000,000	1,000,000	8,000,000
제26차	1931. 7	5,000,000	800,000	800,000	6,600,000
제27차	1931. 8	5,000,000	500,000	800,000	6,300,000
	1931. 9	5,000,000	500,000	800,000	6,300,000
	1931.10	5,000,000	500,000	800,000	6,300,000
	1931.11	4,100,000	500,000	800,000	5,400,000
	1931.12	4,000,000	500,000	750,000	5,250,000
	1932. 1	4,000,000	500,000	750,000	5,250,000
	1932. 2	4,000,000	500,000	745,000	5,245,000
	1932. 3	4,000,000	500,000	735,000	5,235,000
	1932. 4	4,000,000	500,000	735,000	5,235,000
	1932. 5	3,753,712.5	—	—	3,753,712.5
	1932. 6	3,475,712.5	—	—	3,475,712.5

* 출처: 「滿洲各種紙幣流通額統計表」(1935), 『中國銀行東北地區行史資料彙編(1913-1948)』, 1996, 349-350쪽.

더욱 명확하게 준비고에 가입한 은행이 준비고권을 수령하여 사용한 액수의 변화 상황은 표 2의 통계를 근거로 작성한 아래의 꺾은선 그래

프 |도표 4|에 잘 나타나 있다.

|도표 4| 요녕사행호연합발행준비고권 발행액의 은행별 증감 상황

(단위: 만원/선: 발행액)

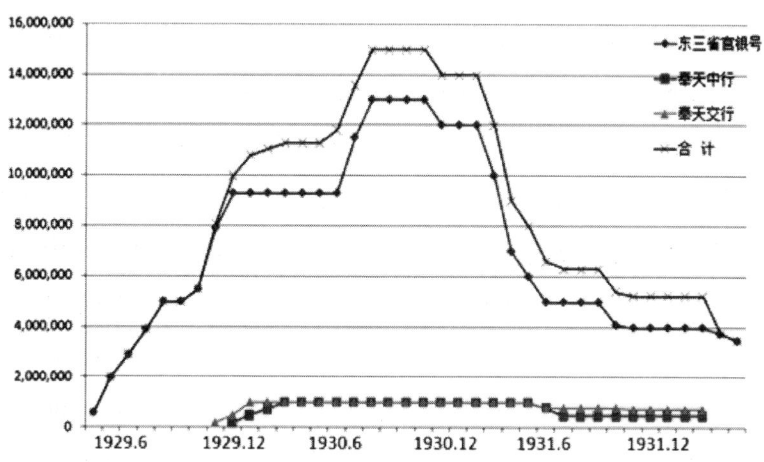

위의 도표로부터 알 수 있는 것은 실제 준비고권을 운용하고 발행했던 은행이 동삼성관은호, 중국은행, 교통은행의 세 은행에 불과했으며, 변업은행의 활동은 전혀 나타나고 있지 않다는 사실이다. 실제로 변업은행의 화폐 발행은 이미 준비고로부터 완전히 이탈해있었으며, 아무런 통제도 없었다. 더욱이 중앙은행과 교통은행의 봉천분행이 발행한 액수도 매우 적었으며, 최고액도 100만 원을 넘지 않는 수준이었다.[23] 뿐만 아니라 교통은행 봉천분행은 1929년 12월에 들어서야 비로소 준비고권을 발행하기 시작했고, 중앙은행 봉천분행도 1930년 1월부터 비로소 발행을 시작하였다. 이 시기는 요녕사행호연합발행준비고가 성립

23) 張福全, 『遼寧近代經濟史(1840-1949)』, 中國財政經濟出版社, 1989, 311쪽.

된 지 이미 반 년도 넘었기 때문에, 두 은행은 모두 준비고권의 발행과 사용에 그다지 적극적이지 않았으며, 단지 고권의 발행업무를 형식적으로 처리하고 있었을 뿐이다. 요녕사행호연합발행준비고권의 주요 발행자는 실질적으로 오로지 동삼성관은호 한 곳뿐이었다. 이러한 이유에서 동삼성관은호의 준비고권 발행이 등락하는 정황과 준비고권의 발행 총액의 변화 추세는 기본적으로 일치했던 것이다.

준비고권의 사용과 유통의 정황에 관해서는 1929년 말 봉천성 내 현대양표現大洋票의 유통정황으로부터도 개략적인 단서를 살펴보는 것이 가능하다. 당시 성내에서 유통되던 현대양표는 총 2,270만 원이었는데, 여기에는 준비고권 830만 원, 변업은행권 1,200만 원, 중국은행천진지명권中國銀行天津地名券 40만 원, 교통은행천진지명권交通銀行天津地名券 200만 원이 포함되어 있었다.[24] 변업은행은 북양정부 시기에 화폐 발행권을 보유하고 있던 상업은행商業銀行으로서, 여기서 발행된 태환권이 성내에서 유통되던 현대양 태환권 가운데 상당 부분을 차지하였다. 이러한 이유에서 많은 비용과 노력을 들어 연합발행준비고가 발행하는 신권新券에 가입할 필요가 없었던 것이다.

동삼성관은호가 이전에 발행한 봉대양표奉大洋票는 회태권의 일종이라고 할 수 있어서 유통을 통해서만 회수될 수 있었고 현금으로의 태환은 불가능하였다. 1929년 5월 준비고가 설립된 이후 비로소 입고되어 현대양권現大洋券을 발행하기 시작하였기 때문에, 준비고 설립과 발권 후의 업무 처리를 가장 적극적으로 추진했던 주체가 바로 동삼성관은호였던 것이다.[25] 중앙은행 봉천분행과 교통은행 봉천분행의 경우

24) 「奉天票流通史(下)」, 『錢業月報』 11卷 3號, 1931.3 참조.

25) 위에서 진술한 내용은 「現大洋票各月末總發行額表」(「(僞)滿洲各種紙幣流通額統計表」(1935), 中國銀行遼吉黑三省分行等編, 『中國銀行東北地區行史資料彙編

이전에 봉표의 가치가 지속적으로 하락하던 시기에 은밀히 본행의 천진지명권(즉 현대양표)을 봉천성 내로 옮겨와 사용하였으며, 1929년 8, 9월이 되면 이입량이 더욱 증가하였다.[26] 따라서 준비고의 설립과 발전에 대해서도 그다지 적극적이지 않았던 것은 이러한 연유에서 기인한 것이므로 그다지 이상한 일이라 할 수 없다.

실제로 준비고권을 수령한 세 은행은 고권을 사용할 때 모두 표면에 자신만의 독특한 기호를 인쇄하였다. 만주국 시기의 일본 측 자료에 따르면, 구체적인 기호는 하나의 한자漢字였으며, 세부적인 표기 정황은 다음과 같았다. 동삼성관은호가 고권에 덧붙인 기호는 '래徠', '변邊', '술述'자였고, 중국은행 봉천분행이 사용하던 고권에는 '축築'자가 표기되어 있었으며, 교통은행 봉천분행이 고권에 덧붙인 기호는 '휘彙'자 였다.[27] 구체적인 실물자료에 의하면, 단일 한자를 기본으로 하였으며 다른 자모와 부호도 함께 새겼다. 동북지역에서 발행된 화폐를 전문적으로 수집한 전문가인 조홍趙洪은 요녕사행호연합발행준비고권을 종류별로 수집하였는데, 여기에 따르면 기호의 구체적 표식은 다음과 같다. 즉 동삼성관영은행에서 사용되던 고권의 표기는 'ㄨ'(w)와 '래徠', 'ㄍ'(g)와 '녹錄', 'ㄜ'(e)와 '구逑'자로 나뉘며, 고권에는 5원 권과 10원 권이 있었다. 교통은행 봉천분행에서 사용되던 고권의 표기는 'ㄎ'(k)와 '축'이었으며, 5원 권과 10원 권이 있었다. 중국은행 봉천분행에서 사용되던 고권의 표기는 'ㄙ'(s)와 '풍渢'자였으며, 마찬가지로 5원 권과 10원 권이

(1913-1948)』, 1996, 351-354쪽.

26) 「遼寧的准備庫和現大洋票」, 『中國銀行東北地區行史資料彙編(1913-1948)』, 1996, 347쪽.

27) 「(庫劵)暗號別流通額表」(1931년 6월 말)(「(偽)滿洲各種紙幣流通額統計表」, 『中國銀行東北地區行史資料彙編(1913-1948)』, 1996, 351쪽.

있었다. 실물을 놓고 보면 후자의 경우가 더욱 준비된 화폐였음을 알 수 있다. 다만 고려해야 할 점은, 각 은행이 고권을 사용하던 초기에는 인쇄된 기호가 실제 하나의 한자였는데, 만주국정부 수립 초기에 만주중앙은행이 신폐를 발행하기 위해 구폐를 회수하던 시기에 당시 시중에 유통되던 각종 준비고권은 원래의 단일 한자의 기초 위에서 다시 자모를 더하여 인쇄함으로써 당시 유통되고 있던 준비고권에 대해 확인작업을 진행하였다. 말하자면 단지 기호를 새겨 인쇄한 것에 한해 유통시킴으로써 일종의 '개인법폐蓋印法幣'[28]로서의 자격을 부여하는 것이다. 근대 중국은행업이 발행한 태환권에 표기된 기호의 다수는 한자와 숫자였다. 이는 필자가 미루어 판단한 것으로서, 역사적 실증작업이 필요할 것으로 보인다.

이밖에 준비고가 설립된 초기에는 당초의 구상인 "충분한 준비금을 두어 태환을 보증한다"는 원칙에 입각하여 성 내의 각 상업은행과 전장錢莊 등 금융기구로 하여금 준비고에 준비금을 지불하고 고권을 수령하도록 하였다.[29] 이를 통해 풍부한 자금을 마련하여 건전한 금융환경을 조성함으로써 이를 통해 화폐와 관련된 법제도적 환경錢法을 정비한다는 구상을 가지고 있었다. 그러나 실제로 업무가 전개되자 민영 금융기관은 준비고에 가입하지 않았을 뿐만 아니라, 고권을 사용하지도 않았다. 준비고에 가입한 네 은행 역시 다분히 준비고의 업무에 대해 소극적인 태도로 일관하였다. 앞에서 서술했던 것처럼 준비고권의 발행 주체는 동삼성관은호였으며, 더욱이 1930년 7월에는 스스로 별도의 현대양표現大洋票를 발행하기 시작하여, 당월에만 30만 원을 발행하였다. 현

28) 도장을 찍어 법폐로서의 자격을 부여하는 것.
29) 吳振強、尚思丹、楊尊聖, 『東三省官銀號奉票』, 遼沈書社, 1992, 37쪽.

대양표의 발행액이 1931년 8월 2,742만 원에 달함으로써 각 은행이 발행한 준비고권 총액인 630만 원을 훌쩍 넘어섰다. 같은 시기 변업은행이 발행한 현대양표의 액수는 763만 원에 달하였다. 세 은행의 점유율을 백분율로 나누어 보면 66.3%, 15.2%, 그리고 18.5%였다. 이 또한 요녕사행호연합발행준비고의 업무가 머지않아 나락으로 떨어지고 말 운명에 처했음을 보여주는 지표라 할 수 있다.

3. 요녕사행호발행준비고에 대한 평가

요녕사행호연합발행준비고는 다음의 몇 가지 점에서 평가가 가능할 것으로 생각된다. 무엇보다도 요녕사행호연합발행준비고의 설립과 운영은 지방정부가 금융을 정비하여 건전한 금융환경의 조성을 지향한 비교적 성공적 사례의 하나였다고 볼 수 있다. 준비고는 장학량이 동북을 주관하던 시기에 관할구역 내 금융질서를 정돈하기 위한 목적에서 설립된 것이다. 준비고의 설립은 이미 북사행연합발행준비고가 성취한 성공적인 선례를 본보기로 삼았다. 북사행발행고는 금성은행金城銀行, 염업은행鹽業銀行, 대륙은행大陸銀行, 중남은행中南銀行 등 네 민영은행의 연합출자로 조직된 발행기관이었다.[30] 각 은행이 준비고에 납부하는

30) 염업은행, 중남은행, 금성은행, 대륙은행의 준비고(즉 북사행준비고) 규약은 『銀行周報』348號에 수록되어 있어 참조할 수 있다. 구체적인 내용은 다음과 같다. (1)네 은행은 연합처(聯合處) 아래, 사행준비고를 설립하고, 중남은행초표의 발행준비와 태현 등의 사무를 처리한다. (2)위 항의 사무의 비용과 기타 손익에 관해서는, 네 은행이 공동으로 분담한다. (3)준비고의 장부는 완전히 독립된다. 네 은행은 준비장정(准備章程)을 준수하고, 초표를 환용(換用)한다. 만일 네 은행에 의외의 일이 발생하더라도 그 손실은 준비고와는 무관하다. (4)사행준비고의 존립기

준비금(원래는 10할 모두 현금으로 충당해야 했으며, 이후에는 6할을 현금으로 충당, 4할은 보증 준비로 변경)과 중남은행의 초표鈔票를 수령하여 발행하였다. 북사행준비고는 상해, 천진, 한구 등 지역에 분고分庫를 설립하였으며, 신용도가 높아 1930년대의 민영 금융기관 가운데 발행액에서 높은 순위를 차지하고 있었다.

연합발행준비고의 체제는 일찍이 북양정부 시기에 창립된 '공고제公庫制'와 유사하였다. 민국 초기 중국의 화폐제도는 분산발행제分散發行制였기 때문에 폐제국幣制局이 "공고公庫를 설립하여 발행권을 집중시키도록 제의하였다. 여러 곳에서 화폐를 발행하는 폐해에 비추어 단일제를 시행함으로써 이와 같은 혼란을 바로잡으려 시도한 것이다." 중앙은행의 설립이 결코 쉬운 일은 아니었기 때문에, 각 지역의 은행공회는 공고를 함께 조직하여 공고태환권公庫兌換券을 발행하고자 의견을 모음으로써 이를 통해 점차 화폐발행의 통일을 위한 기초를 모색한 것이라 할 수 있다. 만약 각 지역의 은행공회가 공고를 조직하여 재정부 폐제국의 감독을 받게 된다면, 이는 "연합준비제聯合準備制에 가까운 형태가 되어"[31] 바로 1920, 30년대 미국의 연합발행준비은행체계聯合發行準備銀行體系와 유사하다고 할 수 있다.[32] 금융질서를 정돈하는 시기에 요녕성

간은 네 은행 중 어떤 일행의 영업기한도 기한으로 삼지 않는다. 네 은행 중 만약 한 은행이 휴업에 들어가더라도 준비고의 존립과는 무관하다. (5)사행준비고는 이미 성립되었고, 네 은행 각자의 동의를 얻지 않더라도 취소할 수 없다. 네 은행 중 하나가 마음대로 굴더라도 다른 은행이 발행하는 어떠한 종류의 초표도 회수하거나 사용하거나, 다른 이익을 취할 수 없다. (6)사행준비고장정 및 초표준비금의 장정은 네 은행에서 대신하여 결정한다.

31) 靜如, 「紙幣發行與集中公庫之硏究」, 『銀行周報』331號 참조.

32) 述人, 「對遼寧省城各銀行號聯合准備庫成立之評議」, 『東三省官銀號經濟月刊』 1929年 1期. "연합발행준비고제는 미국 전국 48주에서 창설되었다. 12구로 나누어 매 구마다 각각 연합준비은행을 두어 지폐 발행을 전담하도록 하였으며, 기타

지방당국은 요녕성 내 발행고를 조직하기 위한 첫 번째 기관을 선택하는 데 착수하였으며, 도합 네 곳이 선정되었다. 동삼성관은호가 바로 준비고에 참여한 첫 번째 기관이 되었는데, 이 기관은 근대 동북지역 봉계군벌 집단이 정권을 장악한 시기에 가장 중요한 관판 금융기관이었다. 모두 80여 가의 분지점을 거느리고 있었고, 발행권과 수많은 부속기업을 보유하고 있었으며, 상당히 오랜 기간 동안 지역 내 중앙은행으로서의 기능을 수행하였다.

변업은행은 1919년에 설립되었으며, 본래는 관독상판은행官督商辦銀行이었으나 재정부와 폐제국의 특별 허가로 발행권을 획득할 수 있었다. 1925년에 총행總行이 북경에서 천진으로 옮겨지고 그 이듬해는 다시 봉천(심양)으로 이전되면서 장작림, 장학량 부자를 영수로 하는 봉계군벌의 통제를 받게 되었다.[33] 이 은행은 이미 현대양 태환권을 발행하고 있었는데, 특히 은행이 보유하고 있던 화폐의 발행권으로 인해 준비고에 가입되어 흡수되었다. 중국은행 봉천분행과 교통은행 봉천분행은 북양정부 시기와 국민정부 시기 모두 실질적으로 국가은행으로서의 지위와 권능을 보유하고 있었다. 이러한 이유로 준비고에 가입이 허락되었으며, 이를 통해 요사행준비고의 기초를 보다 공고히 하고자 하였다. 하지만 이 두 은행은 요사행준비고의 설립과 운영에 그다지 적극적으로 임하지 않았으며, 이러한 이유는 이전의 국가은행 세력이 줄곧 동북지방정부를 배척한 사실과도 일정한 관계를 가지고 있었다.

은행들에게는 발행을 허락하지 않았다. 미국은 이 제도를 시행하면서부터 폐제를 통일하였으며, 지폐의 신용도 제고되었다. 이에 부응하여 이 제도는 마침내 전 세계로 퍼져나갔다. 중국에서도 대륙, 금성, 염업, 중남 네 은행의 연합준비고를 두었다." 薑宏業, 『中國地方銀行史』, 湖南出版社, 1991, 119쪽.

33) 戴建兵, 於彤, 『中國近代商業銀行紙幣史』, 河北教育出版社, 1996, 361쪽.

요녕사행발행준비고가 설립된 이후 변업은행의 권료券料를 차용해 준비고의 도장을 찍은 후 현대양태환권의 발행으로 삼았으며 신뢰도 역시 양호했으나 준비고권의 집권태환율執券兌現率은 높지 않았다. 1929년 5월 15일부터 12월 말까지 태환된 현대양 총액은 843,035원, 1930년 1월 1일부터 5월 말까지는 태환된 현대양 총액은 1,857,900원으로서, 월 평균 태환된 현대양은 22.5만 원이었다.[34] 이는 준비고권의 발행액 및 증가량과 비교할 때 상대적으로 낮은 수준이었다. 이러한 사실은 당시 요녕성 내에서 이와 같은 고권의 사용이 비교적 원활하였으며, 봉표의 가치가 하락한 이후 성 내에서 신용이 크게 실추된 우량한 양화良幣의 수요에 어느 정도 대응할 수 있었음을 보여주는 것이다. 이밖에도 기타 금융을 안정시키기 위한 다양한 정책을 시행한 데 힘입은 결과이기도 하였다. 더욱이 요사행준비고권의 화폐 가치와 신용도가 비교적 높았던 것은 만주중앙은행의 여러 종류의 구폐에 대한 회수율로부터 잘 알 수 있다.

다음으로 요녕사행발행준비고의 업무 변천은 그 조직과 발전과정 중에 수많은 불리한 요인의 영향을 받아 전기(1931년 9월 이전)의 발전이 순조로웠던 시기를 제외하면 이후 급속도로 위축되어 성립 초기의 구상과는 차이가 매우 컸다. 이러한 사실은 다음의 몇 가지 방면에서 살펴볼 수 있다.

첫째, 요녕사행발행준비고가 초기에 설립된 목적 가운데 하나는 바로 '남방세력南方勢力의 침입'을 억제하기 위해[35] 서둘러 조직된 것으로서, 동기가 불순하고 준비도 촉박하였다. 여기서 말하는 '세력'이란 바

34) 東三省政務委員會, 『東三省金融整理委員會報告書』, 1931, 108-109쪽.

35) 「遼寧的准備庫和現大洋票」, 『中國銀行東北地區行史資料彙編(1913-1948)』, 1996, 344쪽.

로 국민정부의 금융세력을 가리킨다. 이 때가 바로 남경국민정부가 성립된지 두어 해가 지나 중앙은행을 건립하고 폐제 정리에 착수한 시기였다. 그리하여 이미 1929년 2월에는 각 성으로 하여금 성 내 잡폐雜幣를 회수하도록 명령하고, 이와 함께 손상은원孫像銀元을 본위화폐로 주조하기 시작하였다. 5월에는 한 걸음 나아가 동북사성東北四省, 즉 열하성熱河省을 포함한 지역에 금융상황보고서와 (남경) 중앙은행이 발행하는 지폐에 대한 사용보고서를 작성해 올리라고 요구하는 동시에, 요녕성 성도인 심양과 흑룡강성의 하얼빈에 중앙은행의 분점을 설립하기 위한 행동에 착수하였다. 요녕성 당국은 매우 수세적인 형세에서 대책을 궁리했고, 이것이 바로 요녕사행발행준비고를 설립하는 발단이자, 또한 중국은행 봉천분행과 교통은행 봉천분행을 그 구성원으로 강제편입시킨 이유로서, '정부'와 '관방'의 색채가 매우 농후하였다. 요녕사행발행준비고가 성립된 시기에 '준비고'의 도장이 찍은 지폐를 발행하지 않고, 다만 변업은행권을 차용하여 '연합발행준비고'의 도장만 찍은 후 발행하여 사용한 것으로부터도 설립을 위한 준비가 부족했음을 알 수 있다. 만약 객관적인 사회경제적 상황에 변화가 발생한다면 요녕사행발행준비고가 계속 존재할 필요성이 있을지 장담할 수 없었다. 이러한 이유에서 1930년 초에 이미 고권의 발행 한도를 최고 1,500만 원으로 한정시키고,[36] 당초 '준비고권'으로 요녕성 내 각종 화폐를 회수, 통일하겠다는 초기의 계획도 실현되지 못하고 말았다.

둘째, 요녕사행발행준비고의 구성원 선정과 발전 방향은 준비고 업무의 순조로운 전개에 매우 불리했다. 동삼성관은호를 요녕사행발행준비고의 주체로 삼는 것은 당연한 일이었다. 봉표를 가장 많이 발행했던

36) 「四行號准備庫定額一千五百萬元」, 『盛京時報』, 1930.3.15.

금융기관이 바로 동삼성관은호였으며, 관은호가 이전에 발행한 봉대양권은 성격상 회태권에 속하여 단지 환어음으로서 회수할 수 있을 뿐, 현금과 태환할 수는 없었다. 그러나 관은호가 발행한 회태권은 요사행준비고권이 이미 순조롭게 유통된 이후 전혀 회수, 정리할 계획이 없었다. 세간에서는 심지어 지폐 발행의 목적이 "한편으로는 동전을 아끼면서도, 다른 한편으로는 화폐의 유통을 늘리기 위한 목적"에 불과하다고 평가하였다.

이밖에도 봉표는 요녕성 유일의 지폐로서 장구한 역사를 보유하고 있어 매우 보편적으로 유통되고 있었다. 일반시민들이 볼 때도 봉표는 여타 종류의 지폐와 비교하여 더욱 깊은 인상을 주고 있었다. 하물며 지방 세수稅收를 납부할 경우에도 봉표가 주요한 수단으로 사용되었다. 이러한 의미에서 비단 폐기할 수 없을 뿐 아니라 더욱이 성정부는 적극 봉표의 유통을 지지해 왔다… 따라서 현양지폐現洋紙幣를 발행한다고 하더라도 봉표에 주는 영향은 거의 없었으며, 또한 봉표가 존재한다고 해서 현양의 유통에 장애가 되는 것도 아니었다."[37] 이와 같이 새롭게 발행된 준비고권이 폐제 정돈에 기여한 역할은 대폭 축소되었다고 할 수 있다.

또한 변업은행의 경우도 원래 발행했던 현대양태환권이 수요자들에게 비교적 환영받았기 때문에, 굳이 준비고에 가입하여 진일보한 발전을 추구할 필요가 없었다. 따라서 실제로 준비고권을 발행하지도 않았으며(|도표 2|와 |도표 4|를 참조), 요사행준비고의 업무에 대해서도 그다지 적극적이지 않았다. 중국은행 봉천분행과 교통은행 봉천분행의

37) 述人, 「對遼寧省城各銀行號聯合准備庫成立之評議」, 『東三省官銀號經濟月刊』 1929年 1期.

경우 원래부터 요녕성 지방정부와의 관계가 그다지 좋지 않아 일종의 '상업은행'으로 간주되었으며, 요사행준비고의 설립 초기부터 줄곧 소극적인 태도로 일관하였다. 중국은행 봉천분행과 교통은행 봉천분행은 이미 화폐의 발행권을 보유하고 있었으며, 요사행준비고가 설립되기 이전부터 부분적으로 '천진' 지명권을 도입하여 유통시켜 사용했기 때문에, 마찬가지로 준비고에 가입할 필요성을 느끼지 않았다. 요녕성정부의 입장에서 이 두 은행을 준비고에 가입시킨 이유는 주로 준비금을 조달하고 준비고의 신용을 유지하기 위한 필요에 있었다. 그런 까닭에 요사행준비고의 주체는 실질적으로 동삼성관은호에 불과했으며, 객관적인 형세가 변화되었을 때 변업은행과 중국은행 봉천분행, 교통은행 봉천분행이 동삼성관은호와 더불어 준비고권 발행의 책임을 공동으로 부담한다는 당초의 구상은 이미 존재하지 않게 된 것이다.[38]

요녕성금융정리위원회遼寧省金融整理委員會 역시 이 점을 의식하고, 1931년 동북정무위원회東北政務委員會에 올린 보고서 중 한 걸음 더 나아가 '동삼성준비은행東三省准備銀行'을 설립한다는 계획을 제출했다. 그러나 요사행준비고에 관해서는, "관은호는 변업은행의 현대양을 빌어 화폐를 발행하는 외부外府"에 불과하다는 말이 정곡을 찌른다. 이 준비고는 "자체가 모름지기 관은호로 귀결되어, 별도로 명칭을 세워 단독으로 존재할 필요가 없다"[39]고 언급하였다. 이로부터 알 수 있듯이, 요녕성정부는 동삼성관은호를 동북지방의 금융명맥을 장악하기 위한 기구로 삼고자 하는 의도를 일관되게 견지하였다. 따라서 요녕사행발행준비고는 임시로 시기에 따라 필요에 부응하여 설립한 것으로서, 결코 철저히 금

---

38) 「遼寧的准備庫和現大洋票」, 『中國銀行東北地區行史資料彙編(1913-1948)』, 1996, 348쪽.

39) 東三省政務委員會, 『東三省金融整理委員會報告書』, 1931, 247쪽.

융을 정리하려는 방책이 될 수는 없었다.

다음으로 요녕성과 동북지역의 정치 경제 형세의 발전 추세에서 보자면, 1930년 전후에 이르러 요녕사행발행준비고는 이미 필요 없는 존재가 되고 말았다. 1928년 말 동북 역치易幟 이후 봉계군벌 집단은 동북지역에 대한 자신들의 통치를 보다 공고히 하기 위해 장학량을 우두머리로 하는 지방정부는 군사, 재경 등 각 방면에 걸쳐 조정과 개혁을 단행하였다. 1929년 말에 이르러 동북의 정국은 이미 비교적 안정되었으며, 재정 수입도 처음으로 수입과 지출의 균형상태에 도달하였다. 1930년 동삼성의 재정은 한층 더 안정되었다. 봉성국지세奉省國地稅의 연 수입은 3,000여만 원이었는데, 이 가운데 군비가 3분의 2를 차지하였으며, 나머지는 정무비政費로 간주되었다. 교통 수입은 교통위원회에 귀속되어 교통의 건설에 사용되었다. 길림성과 흑룡강성 양 성의 재정은 모두 이익을 기록하여 손해가 없었다.[40] 동성특별구東省特別區, 홍안둔간구興安屯墾區도 모두 잉여가 발생하였으며, 유독 열하 한 성만이 적자를 기록하였다. 화폐 금융의 상황은 나날이 안정되었으며, 시장 또한 점차 활기가 넘쳤다. 동삼성관은호는 1930년의 보통예금액이 이미 17억여 원(봉대양, 이하 같음)이었고, 특별당좌예금은 5.2억 원, 각 서호署戶예금은 16.74억 원이었다.[41] 동북의 대외무역 수출 초과액은 1930년 4,000만 원에 이르렀으며, 1931년에는 6,000만 원에 달하였다. 이에 동북의 정치 경제 형세는 크게 호전되었다.

장학량은 태환이 가능한 요녕사행연합준비고권을 발행하는 동시에, 남경국민정부 재정부와의 논의를 거쳐 요녕성권遼寧省卷인 연통세고권煙

40) 荊有岩, 「張學良執政時期東北, 華北財政概況」, 『遼寧文史資料』12輯, 33쪽.
41) 王維遠, 「論張學良時期東北經濟的發展」, 『遼寧大學學報』1983年 3期, 58쪽.

統稅庫劵 3,000만 원을 발행하여 현금 2,700만 원을 확보할 수 있었다. 이와 함께 관은호의 동산動産, 부동산 합계 총 7, 8천만 원을 합쳐 준비금으로 삼았다. 봉표는 당시 시장가격에 따라 50원 봉대양 또는 60원 봉소양을 현대양 1원에 대한 태환가격으로 정하였다.[42] 이와 같이 봉표의 계속적인 존재와 유통은 특정한 객관적 조건을 만들어냈다. 요녕사행준비고권이 비록 유통화폐로서 비교적 우세를 점유했지만, 봉표의 지위와 작용을 완전히 대체하기는 어려웠다. 또한 요녕사행준비고권의 발행 한도는 줄곧 유통 중 필요한 현대양권의 총액에 못 미쳤으며, 당시 동북지역 내에서 유통되고 있던 여러 화폐 가운데 하나일 뿐이었다. 더욱이 요녕사행발행준비고는 줄곧 직접 인쇄하여 제작하거나 사전 예약하여 인쇄한 지폐를 발행하지 않고, 단지 변업은행고에 보관되어 있던 현대양권에 준비고의 인장을 찍은 후 시장에 내 놓았을 뿐으로서, 역시 임시적인 조치로 간주될 수밖에 없었다.

시장에 유통된 지폐 가운데 태반은 동삼성관은호와 변업은행에서 인쇄 발행된 현대양태환권이었다.[43] 요녕사행준비고의 고권 발행액도 1931년 중 급격하게 하락하였다. 만주사변 전에 요녕사행준비고권의 발행 총액은 630만 원에 불과하였는데, 같은 시기 동삼성관은호의 현대양표 발행 총액은 2,724만 여 원에 달하였다. 이에 따라 요녕사행준비고의 작용과 존재의 의의 역시 매우 한정적일 수밖에 없었다. 현대양권은 사실상 금속화폐의 대용품이었으며, "은행이 사회의 수요에 부응

42) 王瑞之, 「張作霖統治時期的東北金融概略」와 遼寧省政協學習宣傳和文史委員會編, 「張作霖·奉系軍事集團」, 『遼寧文史精萃』第1卷, 遼寧人民出版社, 1999, 590쪽. 봉표와 현대양의 비교가격은 70원 전후를 유지하였다. 荊有岩, 「東北近代金融概述」, 『遼寧文史資料』6冊, 150쪽.

43) 吳振強、尚思丹、楊魯聖, 『東三省官銀號奉票』, 遼沈書社, 1992, 38쪽.

하여 비로소 지폐를 발행한 것이다."[44] 1930년 12월 말, 요녕성정부는 〈관리금융잠행장정管理金融暫行章程〉을 제정하였으며, 이 가운데 제2조는 관은호 및 요녕사행준비고가 발행하는 현양태환권現洋兌換券을 본위화폐로 삼는다는 점을 명확히 표명하였다.[45] 동삼성관은호는 이미 이름에 걸맞게 신용이 높은 지폐를 발행할 수 있었던 반면, 상대적으로 요사행준비고권의 발행은 보잘 것 없는 것이 되고 말았다. 이 또한 요녕성과 동북지역 내 여러 방면에서의 환경 변천이 가져온 요사행준비고의 종말이기도 하였다.

오랫동안 사람들은 줄곧 요녕사행호연합발행준비고가 변업은행 금융개혁의 산물이라고 여기는 착오를 범해왔다. 그 중요한 원인 중 하나는 바로 준비고가 발행했던 지폐가 변업은행 현대양태환권을 기본 화폐로 차용했고, 더욱이 지폐 표면에 '연합발행준비고'라는 표식만을 덧붙였고, 기호만을 붙였으며, 그 주체가 실제로는 '요녕성성사행호연합발행준비고'라는 점을 강조하지 않았기 때문이다. 이러한 이유로 말미암아 사람들은 쉽게 이런 종류의 착오에 빠지게 된 것이다. 예컨대 저서 『'천랑天良' 도장이 찍힌 신변업은행권新邊業銀行券』의 내용 가운데 저자는 이 은행이 1928년에 '사행호연합준비고'와 '동삼성'이라는 글자의 도장이 찍힌 대양태환권大洋兌換券을 발행했다고 간주하였으며,[46] 이러한 종류의 지폐를 명백히 변업은행이 발행한 지폐 계통으로 분류하였다.

저자는 또 "신변업은행에서 가장 먼저 발행한 초표에는 모두 '천랑' 두 글자가 새겨진 빨간색 혹은 검정색 도장이 찍혀있는 것을 찾을 수

44) 史亞擘, 「遼寧金融突變之原因」, 『東三省官銀號經濟月刊』1929年 1期, 1929.
45) 『遼寧省政府爲公布遼寧省管理金融暫行章程的訓令』(1930.12.27), 『奉系軍閥檔案資料彙編』7冊, 江蘇古籍出版社、香港地平線出版社, 1990, 284쪽.
46) 葉真銘, 「有"天良"戳記的新邊業銀行券」, 『江蘇錢幣』2008年 3期, 2008, 11쪽.

있다"고 언급하였다. 그렇지만 기타 연구자 또는 화폐소장가는 이렇게 설명한 적이 없다. 변업은행권에서 흔히 보이는 지명으로는 하얼빈, 봉천, 그리고 '경진통용京津通用'이라는 글자가 있다. 또한 저서 『만주국 건국 전 동북지구의 화폐 체계僞滿建國前東北地區的貨幣體系』의 내용 가운데에서는 "변업은행이 1928년 심양총행을 통해 현대양태환권을 발행하기 시작했다. 사행호연합발행제도가 실시된 후 변업은행이 발행하던 화폐는 여전히 시장에서 유통되었다"[47]고 했는데, 이 역시 사실과 부합하지 않는다. 변업은행은 줄곧 직접 현대양권을 발행했을 뿐 아니라, 사행호연합발행제도가 실시된 이후에도 발행을 중지하지 않았으며, 요녕사행호준비고가 변업은행의 화폐를 차용했을 따름이다.

47) 付麗穎, 「僞滿建國前東北地區的貨幣體系」, 『外國問題硏究』 2013年 2期, 2013, 18쪽. 원문에서는 인쇄된 연도가 '1828년'으로 되어 있었으나, 사실과 문장 내용에 기초해 1928년이 되어야 하니, 특별히 주를 단다.

청대 동전東錢 연구

_ 따이젠빙(戴建兵)

청대 동전東錢은 매우 독특한 화폐제도의 일종으로 160문文을 1천串 혹은 1조吊라고 하며, 1,000문에 해당되는 것으로 간주하였다. 주로 동북지역과 북경 동쪽의 영평부永平府를 중심으로 한 지역에서 유통되었다. 이 글에서는 동전東錢이 ①동북지역의 화폐 부족에서 초래된 것으로 ②사소전私小錢을 이용한 실질화폐[1]이며 ③지폐가 사소전을 대체해 유통되면서 동전東錢이라는 이 가상화폐[虛錢] 본위를 강화시켜 주었다고 생각한다. 이는 근대 동북지역에서 주조된 제전制錢[2]이 가볍고 작았다는 점과, 제전의 부족으로 인해 비교적 이른 시기에 국내에서 은원銀圓, 동원銅圓을 주조한 점에서 입증된다.

---

1) 실질화폐는 화폐 그 자체가 시장에서 가치를 갖는 것이다. 예를 들어 금화, 은화는 그 자체의 가치로도 화폐에 상당한 가치를 갖는다. 명목화폐는 국가에서 보증하고 국민들이 가치를 인정한 화폐로서. 국가의 신용도에 따라 화폐의 가치가 큰 영향을 받게 된다. 국가의 보증이라는 의미에서 실질화폐와는 구별되며, 그 자체의 가치는 미미하다.

2) 명청(明淸) 시기 법으로 정해진 규격에 따라 관영 용광로에서 주조된 동전.

1. 동북 동전東錢제도 형성의 화폐 수급 환경

청대 이래 동북의 일부 지역에서 오랜 기간 사용했던 매우 독특한 화폐제도를 동전東錢이라 부른다.

"청대 동전은 관동關東지역에서만 유통된 화폐이다. 2개의 동제전銅制錢은 10문(속칭 일성一成), 3개는 20문, 4개는 30문, 6개는 40문, 8개는 50문, 10개는 60문, 12개는 70문, 13개는 80문, 15개는 90문, 16개는 100문으로 간주한다. 160개를 한 조吊라고 하고, 7조 200문이 바로 은원現洋 1원에 상당한다. 다른 지역에서는 사용하지 않고, 경동京東 영평부永平府 소속 및 동북 각 지역에서만 사용하기 때문에 동전이라고 한다."[3)]

동전이라는 이 대단히 독특한 화폐제도의 형성은 동북지역에서 주조한 화폐 수량이 적었다는 이유와 깊은 관련성을 가지고 있다고 생각된다. 청대 초기 누르하치는 여진을 통일한 후 만력萬曆 44년(1616) 허투아라赫圖阿拉 (요녕성遼寧省 신빈新賓 만주족 자치현 지역 내)에 금金나라를 세웠다. 역사에서는 후금後金이라 부르며, 연호는 천명天命으로 정하였다(1616-1626). 『청사고 식화지清史稿 食貨志』는 "태조가 처음 천명통보전天命通寶錢을 주조하면서 만문滿文과 한문이 새겨진 별개의 두 종류 동전을 만들었으며, 만문으로 된 것이 한문으로 된 것보다 컸다"라고 기록하고 있다.[4)]

현재까지 학계에서는 천명전을 주조한 시기와 장소에 대해 아직 정설이 없다. 다만 요양遼陽의 동경성東京城 부근에서 대량의 만문과 한문

3) 黃世芳、陳德懿, 『鐵嶺縣志』, 民國 22年(1933) 鉛印本 卷6 「財政: 國家稅」.
4) 『二十五史』, 上海書店, 上海古籍出版社, 1986, 9274쪽.

천명전이 자주 발견되고, 유통되지 않은 주조전의 불량품이 다수 출토되고 있다. 또한 이 지역에서 한문 천명통보 주조에 쓰이는 돌거푸집이 출토된 적도 있었다. 이러한 이유에서 천명전은 명의 천계天啓 원년(1621) 누르하치가 요양을 함락하고 동경성에 새 도읍을 건설한 후 그 지역에서 주조한 것으로 판단할 수 있다.[5] 누르하치가 주조한 화폐는 대량으로 유통된 적이 없으며, 이후 "은이 넉넉해져 주조할 필요가 없다"[6]는 이유로 주전을 중지시켰다.

둘째, 만문 화폐는 실제로 품질에 문제가 있었다. 1987년 봄과 여름 사이, 요녕성 해성시海城市 해성하海城河 남안의 향당촌響堂村에서 촌민들이 집수리를 위해 땅을 파다가 오지동이陶罐 하나를 파내었다. 그 안에는 1.5킬로그램의 동제전이 들어 있었는데 일부는 이미 부식된 상태였다. 정리 작업을 통해 사용된 적이 없는 만문 '천명한전天命汗錢'으로 확인되었다. 300개 가까이 되었는데 이미 부스러져 조각난 것도 있었다. 두께 0.3센티미터, 0.299센티미터, 0.2센티미터가 각각 한 개씩 있었고, 그 나머지는 0.14-0.18센티미터 사이였다. 지름은 최대 3.05센티미터, 최소 2.66센티미터, 무게는 최고 15.6그램, 최저 7.3그램이다. 동전에 새겨진 글자는 비교적 세밀한 것도 있고 조잡한 것도 있었다. 동전 뒷면과 내부의 네모난 구멍이 잘못된 경우도 있었다. 대부분 정면 틀은 좁고 뒷면 틀은 넓었다.[7] 따라서 후금 초기의 화폐 주조는 기술에서 제도에 이르기까지 모두 아직 제대로 완비되지 않았음을 엿볼 수 있다. 무게 15그램 내외인 동전이 7그램인 것과 같은 가치로 유통되는 것은 상상하기 어렵다. 만약 등가로 유통되지 않았다면, 유통하였을 때 화폐

5) 劉未, 「談滿文天命汗錢」, 『中國錢幣』2002年 4期.
6) 『滿文老檔 太祖』第6卷.
7) 齊維志, 『遼南重鎭海州城出土後金貨幣』.

발행제도에 필연적으로 변화를 야기하였을 것이다. 다른 지역에서 출토된 천명전도 이 점을 증명해주고 있다.

셋째, 홍타이지皇太極는 당십전當十錢만을 주조하였는데, 당십전의 출현은 일반적으로 화폐 주조량 부족 및 인플레이션과 밀접한 관련이 있었다. 후금의 화폐제도는 분명히 백은白銀을 매개로 명나라 화폐와 매우 밀접하게 연결되어 있었다. "누르하치는 요동을 함락한 후 무역을 관리하는 어전額真을 설치하였다. 상품의 가격과 세금 징수는 명나라 규정을 가져와 따랐다."[8]

넷째, 천명전 자체에 유통상 어려움이 존재하였다. "태조가 처음 천명통보전을 주조하면서 만문과 한문이 새겨진 별개의 두 종류 동전을 만들었으며, 만문으로 된 것이 한문으로 된 것보다 컸다[9]"고 기록되어 있다. 천명 만문전과 한문전은 원래 크기가 달랐으므로 무게도 다르다. 하지만 만문전 하나가 한문전 두 개와 동등한 가치의 화폐제도는 결코 아니었으므로, 양자의 가치는 같아야 한다. 이렇게 되면 유통 과정에서 악화가 양화를 구축하는 문제가 나타나, 만주전은 유통되지 못하고 사람들에게 축장[10]되었을 것이다. 하지만 후금정권은 확실히 시장에서 유통되는 화폐가 모두 한문 화폐인 것을 보고 싶어 하지 않았을 것이다.

다섯째, 순치順治 연간 청 정부가 대대적으로 지방의 주조소鑄局를 개설하였을 때 성경국盛京局에서 주조된 기간은 매우 단기간에 한정되었다. 순치 4년(1647) 청정부는 성경에 주조소를 세우는 것을 비준하였지만, 순치 5년(1648) 바로 생산을 중단시켰다.[11] 주조한 수량이 틀림없

8) 『滿文老檔 太祖』第23卷.

9) 『清史稿 · 食貨志』

10) 축장화폐(蓄藏貨幣) : 장롱 속에 쌓아 놓은 화폐와 같이 유통되지 않고 있는 화폐

11) 席裕福 沈師徐 輯, 會典事例, 『皇朝政典類纂』, 錢幣7 「直省錢局」, 臺灣文海出版社.

이 적었으므로 전 동북지역의 제전制錢 역시 분명히 부족했을 것이다. 지금까지 성경주조소에서 특수 표시가 있는 화폐를 아직 발견하지 못했지만 명나라의 광배전光背錢을 모방했을 가능성이 대단히 높다.

여섯째, 동북은 조선과 지역적으로 비교적 가깝고 후금이 조선과 특별한 관계를 맺고 있었으므로 조선에 대한 화폐 공급을 담당하고 있었다. 1650년 개성유수開城留守 김육金育은 진위사陳慰史로 중국에 와서 15만 문의 중국 동전銅弊을 한꺼번에 구입하여, 조선 서북지역에 유통시켰다.[12] 1670년대 말에 이르러 동전銅錢은 이미 조선 각지에서 유통되었다. 조선정부는 많은 주전기관을 세웠고, 거기에서 주조된 일부 상평통보전常平通寶錢은 중국에까지 유통되었다. 위와 같은 모든 배경 상황에 따라 동북은 화폐 공급이 부족한 지역이 될 수밖에 없었다.

2. 동전東錢 제도의 형성

청대 동전東錢에 관한 연구 가운데, 일본학자 야마모토 스구무山本進는 『청대동전고淸代東錢考』에서 이를 단맥短陌[13]의 하나로 정의하였다.[14] 사

12) 朝鮮民主主義共和國科學院歷史硏究所, 『朝鮮通史』, 上卷 第3分冊 吉林人民出版社, 1975, 822쪽.

13) 중국에서 制錢 계산의 일반적 방법으로서, 1개를 1문(文), 100개를 100문, 1,000개를 1조문(一吊文)이라고 하였으나, 100개 이하를 100문, 1,000개 이하를 1조문으로 하는 경우가 있어, 후자와 같은 계산법을 단백(短陌)이라고 불렀다. 즉 단맥(短陌)이란 화폐의 가치를 실제보다 높게 평가하는 관행이 있었다. 이 뜻은 100문이 안되더라도 이를 100문으로 계산해 준다는 의미로서, 통상적으로 70문이면 100문으로 계산해 주었다. 남송의 동전이 금나라로 들어오면서 심지어 10-20문을 100문으로 계산하기도 하였다.

14) 山本進, 「淸代東錢考」, 『史學雜誌』2005年 3期 참조.

사키 마사야佐佐木正哉는 『영구營口의 상인』에서 청대 동전에 대해 한 장章을 할애하여 논술하였는데, 동전을 은본위제 하에 발행된 전표錢票라고 보았다.[15] 중국학자 황감휘黃鑒暉는 『중국전장사中國錢莊史』에서 동전을 일종의 가상虛擬 본위화폐로 간주하였다.

현재 학계의 대다수는 동전을 단맥이라고 생각하지만 사실 대단히 특수한 단맥의 일종으로, 정치 및 다른 요인들이 분명히 추가로 존재하였을 것이다. 역사상의 단맥은 대부분 유통영역에서 화폐가 부족하여 발생하며, 민간에서 먼저 유행된 이후에 정부가 다시 확정하는 화폐제도이다. 사실 단맥은 유통영역의 통화 부족으로 인해 원래의 실질화폐의 바탕 위에 하나의 새로운 가상 화폐제도를 창조한 것이라고 할 수 있다. 하지만 동전이 160문을 1,000문으로 계산한 것은 동북의 화폐 부족이라는 원인 이외에, 필연적으로 만주족의 명나라 정복 문제가 덧붙여져 있었을 것이다. 뿐만 아니라 만문 천명전과 한문 천명전 유통의 모순, 관내關內에 들어온 이후 명대 화폐 제조에 대한 태도, 청초에 존재한 사소전私小錢 등 일련의 문제들과도 관련이 있음에 분명하다.

황면당黃冕堂은 『중국 역대 물가문제에 대한 고찰中國歷代物價問題考述』에서 동전東錢에 대해 다음과 같이 언급하였다: "청대에는 관부官府에서 동제전銅制錢을 주조하여 제전制錢 혹은 대전大錢이라 하였다. 하나 하나의 크기와 무게는 일정하지 않지만, 한 개는 대부분 1전錢 2푼分이었다. 강희康熙 시기에 한때 소전小錢을 주조하였는데 무게는 8푼밖에 안 되고 '경전京錢'이라고 불렀으며 주로 북경 천진과 산동 일대에서 유통되었다. 일반적으로 경전京錢 2개로 제전制錢 1개를 바꿀 수 있다고 규정되었다. 별도로 동전東錢이라 부른 것이 있는데 동북지역에서 유행한 소

15) 佐佐木正哉, 「營口的商人」, 『近代中國硏究』第1輯, 1958.4.

전小錢을 가리키며, 대략 6-7문에서 10문을 제전制錢 1문에 해당되는 것으로 계산하였다.” 황면당은 동전을 하나의 실체가 있는 소전으로 정의하였다.[16] 하지만 정봉程鵬은 『청대동전고淸代東錢考』에서 이 관점은 성립할 수 없다고 보았다.[17]

중국역사에서는 화폐 주조량이 경제상의 수요에 미치지 못하였기 때문에 단맥현상이 일찍부터 출현하였으며, 이런 화폐제도는 명나라 시대까지 여전히 기능을 발휘하였다. 일찍이 홍치弘治 3년 역대 고전古錢을 어쩔 수 없이 사용했을 때부터, 명왕조는 ‘역대 구전舊錢 2개를 1개로 사용’하는 정책을 실시하였다. 명대의 사전私錢과 고구전古舊錢은 당시 주조된 새 돈의 절반 가치로 유통되었다. “명나라 제전은 경성京城과 지방의 차이가 있다. 경전京錢은 ‘황전黃錢’이라고 하며, 매 문의 무게가 1전 6푼으로 70문은 은 1전에 해당된다. 지방전은 ‘피전皮錢’이라 하며 매 문의 무게가 약 1전이고, 100문은 은 1전에 해당된다.”[18] 이 화폐제도는 주조하여 만든 동제전의 무게가 다름으로 인해 발생한 문제이다.

명대 『벽리잡존碧裏雜存』에서는 정덕正德 연간 경사京師의 거래는 조악한 화폐인 ‘판아板兒’를 사용하여 “악화 두 개를 양화 한 개로 바꾸었는데 단지 개수에 맞으면 동전의 질은 상관하지 않고 취하였고, 사람들은 모두 이를 편리하다고 생각한다”고 기술하였다. 『야획편野獲編』에도 기록이 있다: “현재 경사에서는 악화 두 개를 양화 한 개로 사용하는 방법을 취하고 있으며, 악화를 ‘소전小錢’이라고 하고 양화는 ‘노관판아老官

16) “丙戌. 諭戶部, 朕頃謁陵時見用小錢者甚衆, 所換之數亦多舊錢及兩局之錢, 使用者少. 此實非益民之事也.……先年科爾坤,、佛倫、管錢法時題請將錢式改小. 朕每謂錢改小易, 改大難. 錢價若賤則諸物騰貴. 後因題請再三方始准行. 今果如朕言(『淸實錄 康熙朝實錄』 康熙36年 丁醜 十一月).

17) 程鵬, 『淸代東錢考』, 山西大學碩士學位論文, 2011.

18) 『續文獻通考』卷11.

板兒'라고 부른다." "생각하건대 경사의 풍습에서 관판전官板錢 한 개는 두 개에 해당되며, 모든 거래에서 돈을 계산할 때 100문이면 실제로는 50개를 사용한다." 『속통고續通考』에는 "은銀 1전이 호전好錢 70문에 해당되고 저전低錢 140문에 해당되었다. 앞서 명나라 때 이미 저전 두 개를 한 개로 사용하는 법이 있었다"라는 가정嘉靖 3년 조서의 기록이 남아있다.[19] 이는 훗날 경사에서 사용했던 경전京錢 500을 1,000으로 쓰는 화폐제도와 일정한 관계가 있다. 이밖에 강희 연간 소전小錢을 주조한 적이 있었으며, 두 개는 제전制錢 하나에 해당되었다. 이는 훗날 경전의 형성과 일정한 관계가 있는 것으로 보인다.

고염무顧炎武는 명저 『일지록日知錄』에서 "현재 경사에서는 전 30을 100맥陌으로 사용하고 있는데 금지함이 마땅하다"[20]고 하였다. 고염무가 지적한 것은 청대 초기의 일일 것인데, 금서文禁 문제[21]로 후대 사람들은 대부분 고사기高士奇의 『천록식여天祿識餘』속의 '전맥錢陌'의 주석을 인용하였다: "현재 경사에서는 33문을 100문으로 계산하는데 최근에는 더욱 줄어 30문을 100문으로 삼기에 이르렀다. 연회에서 다른 사람에게 줄 때 이상하다고 여기지 않고 통용되고 있다." 이는 사람들이 30문을 100문으로 사용했던 습관을 기술한 것이다.

동전東錢에 대한 기록은 필기소설에 비교적 많이 등장하는 편이지만, 가장 오래된 기술도 대부분 도광道光, 함풍咸豊 시기에 나온 것이다. 도광 연간 심도沈濤가 저술한 『슬사총담瑟榭叢談』에서 "경사에서는 500을 1,000으로 사용하는데 경전京錢이라 한다. 선군宣郡에서는 333을 1,000으

19) 『日知錄集釋』, 529쪽.

20) 『日知錄集釋』, 528쪽.

21) 고염무는 명 말 청 초 시기 청조에서 벼슬하기를 거부한 저명한 3대 遺老 중의 하나였으므로, 청대 그의 저작을 함부로 인용할 경우 문자옥의 가능성이 있었다.

로 사용하는데 선전宣錢이라 한다. 통주通州 동쪽에서 산해관山海關까지의 지역에서는 166을 1,000으로 사용하며 동전東錢이라 부르는데 언제부터 생긴 것인지는 알 수 없다. 전대인 명나라 때 병사의 봉급이 부족해지자 동전의 수를 줄였기 때문에 지역에 따라 차이가 있다고 전해져 온다[22)]"라고 기록하고 있다.

『청우총담聽雨叢談』 권7 경전에 따르면 "고강촌高江村의 학사學士가 전맥의 제도에 대해 연구하였다. 양梁나라 시대 파령破嶺 이동 지역에서는 80을 100으로 계산하였는데 이를 동전東錢이라 하였다. 강주江州와 영주郢州 이북 지역에서는 70이 100이 되었는데 서전西錢이라 하였다. 그 때 당시 경사에서는 90이 100에 해당되었으며 장전長錢이라 하였다. 중대동中大同[23)] 원년 족맥足陌을 사용하라는 명을 내렸지만 백성들이 따르지 않았다. 말기에는 35를 100으로 사용하기에 이르렀다. 또한 우리 왕조의 경사에서는 33문을 100문으로 하였는데, 심지어 30문이 100문이 되기까지 하였다. 연회에서 다른 사람에게 줄 때 이상하다고 여기지 않고 통용되고 있었다고 전해진다. 현재 도성都中에서는 30이 100이 되는 법을 취하지 않으며, 제전制錢 50문을 경전京錢 100문으로 계산하는 법을 취한다. 또한 49문을 구팔전九八錢이라고 부르며 100문으로 계산하는 법도 있었다. 화폐 단위에는 1문에서 11문까지는 제전으로 계산하는데, 11문에서 1문을 더하면 경전으로 계산하여 12문의 제전은 24문의 경전에 해당하였다. 반면 경성 동북지역에서 산해관까지의 지역에서 제전 16문을 100문으로, 165문을 1,000문으로 계산하는 방법을 동전東錢이라 하는데 아주 특별한 방법이었다."

22) 沈濤, 『瑟榭總談』卷上.

23) 원문에는 대동(大同)으로 되어있지만 양무제 시기의 연호는 중대동(中大同)이 맞으므로 수정하였다.

『청우총담聽雨叢談』은 청대 풍습의 연혁에 대한 기록으로서 총 12권이 있으며, 저자는 청나라 복격福格이었다. 복격(생졸년 미상)은 본성이 풍馮이며 자는 신지申之였다. 청 내무부內務府 한군漢軍 양황기鑲黃旗 사람으로서, 건륭 시기의 대학사 영렴英廉의 증손자였다. 함풍 5년(1855) 봄에 혜주통판惠州通判으로 셍게린친僧格林沁 (Sengge Rinchen)의 군대에 남아 부대 내에서 사무를 관할하는 동시에 행영行營의 공문 발송과 심사를 총괄하였다. 후에 산동 거주莒州 지주知州로 취임하였으며, 동치同治 6년(1987)에 사망하였다. 기록에 따르면 165, 166문을 1,000으로 계산하다가 후에 160문을 1,000으로 하는 이유는 통화 과정 중에 민간의 조절로 볼 수 있다.[24] 청대 중기에 동전東錢이 이미 동북지역 곳곳에 유통되는 화폐제도가 되었는데, 사람들은 점차 이런 화폐제도가 왜 생긴 것인지 궁금해지기 시작하였다.

우리는 경전의 형성에서 문제점을 찾아낼 수 있다. 강희 연간에 소전小錢을 주조한 적이 있었는데, 소전 2개를 제전制錢 1개로 사용했던 기록이 있다. 제전 중량이 감소하기 때문에 사적으로 돈을 주조하고 사리를 취하는 사람들이 있었다. 따라서 사전私錢이 범람하며 화폐 중량이 날로 감소하게 되었다. 강희 41년(1702) 조정은 사주私鑄를 단속하기 위해 순치 14년의 제도에 따라 매 문의 무게를 1전 4푼으로 회복하고 '중전重錢'이라 하였으며, 1,000문으로 은 1량兩을 바꿀 수 있는 법을 반포하였다. 또한 급사중給事中 탕우증湯右曾의 품계에 따라 1문 당 무게 7푼(2.6그램)의 작은 제전인 '경전輕錢'을 따로 주조하였는데 1,000문으로 은 7전錢을 바꿀 수 있었으며, 경輕, 중重 두 가지 제전을 동시에 유통시켰다. 실제 통화 중에는 경전 2개가 중전 1개의 가치에 상당하였다. 따

24) 본 절 마지막 산서(山西)의 사례 참조.

라서 강희통보康熙通寶 때의 중(대)전이 절이전折二錢이 된 것이다.

조정이 경전을 주조한 것은 사소전私小錢을 중전, 대전 등 화폐와 등가로 유통되지 못하게 하는 데에 목적이 있었으며, 대전을 녹이는 것에 대비하고 사주私鑄를 단속하기 위한 것이었다.[25] 이 사실도 후에 경전의 형성과 일정한 관계가 있는 것으로 볼 수 있다. "우리 왕조에서는 전에 강희 소제전을 주조한 적이 있으며, 현재는 경돈자京墩者라고 한다. 무게는 8푼에서 1전 사이로, 원래 2문을 1문으로 사용하기 위해 제조한 것이다. 현재 천진에는 경전 200문이라 하지만 실제로는 제전 100문에 해당된다. 현재 경돈자京墩者는 각 성省으로 퍼져 유통되고 있다."[26]

뿐만 아니라 각 지방에서는 모두 강희 경소전輕小錢을 주조하였는데 단지 어떤 전국錢局은 경전을 주조하여 유통시킨 시간이 짧아 후세에 전해진 경소전이 적어졌을 뿐이다. 여유양餘留粱이 바로 강희 경전 실물을 세트로 소유하고 있는 사람이다.[27] 팽개상彭凱翔에 따르면 요동, 산동 지역에서 유통되었던 동전東錢은 두 개의 단위부터 동전으로 계산되었는데 1성成이라 하고, 16개가 10성 즉 동전 100문이 되며, 1조吊가 제전 160문, 혹은 164문이 되었다. 비록 그 후 동전의 소전과의 환산 관계가 중단되었지만 처음에는 소전, 구전 등 실질화폐에 대응하였을 가능성이 높았다. 2개를 1성으로 계산하는 방법은 바로 그 때 소전 10문(약 1성)을 제전 2매로 바꾸는 관례를 반영한 것이다. 북경 주변지역에서는 보편적으로 가치가 낮은 위조화폐가 유통되었는데 경전은 절반, 선전宣錢은 3:1, 동전은 선전의 절반으로 계산하였다.[28]

25) 張國民, 「康熙輕錢初探」, 『江蘇錢幣』2008年 1期.

26) 『續文獻通考』卷21, 「錢幣考3」.

27) 張國民, 「康熙輕錢初探」, 『江蘇錢幣』2008年 1期.

28) 彭凱翔, 「京鏹考」, 『江蘇錢幣』2013年 2期.

민국民國 시대까지 각 지방시장에서 화폐제도는 그 영향력이 상당히 컸다고 볼 수 있다. 또한 이 중에서 화폐제도, 특히 구팔전九八錢, 구육전九六錢 등에서 잔소전殘小錢과의 관계를 볼 수 있었다. 민국 연간 산서성山西省의 비석에 새겨진 글귀를 사례로 들어 살펴보자.

의정소서문과목채시사전기議定小西門果木菜市使錢記

한보국韓輔國

대저 옛날에는 화폐제도의 공시昭垂가 있었지만, 지금은 자금 융통의 흐름流貫이 중요하다. 그러므로 공정한 교역을 이루어 상인과 백성들을 편하게 하기 위해서는 반드시 어디서나 같은 법도를 정해야 이후 폐단이 없을 것이다. 우리 청원淸源의 시장市面에서 통용되는 화폐제도는 '94전錢'으로 100은 94문으로 제정하여 관할하는 지역 내에서는 일률적이라 편리하지 않은 바가 없다고 하였다. 그런데 서소문西小門의 과목채시果木菜市에서 요즘 들어 장사하는 자들이 다투어 90문을 채우지 않고 심지어 81~82문까지 줄여 제각각이어서 이를 '난전爛錢'이라 한다. 촌민들이 물건을 파는데 종종 행상하는 자들과 이 문제로 시비가 붙어 말다툼으로 시작하지만, 서로 지지 않으려고 하기에 사단이 일어나게 된다. 이는 지역 질서가 문제 없도록 하는 데에 커다란 장애가 되고 있다. 심지어 두메산골의 시골사람들이 그 물품을 지고 멀리 성城에까지 가서 교역하고 청원에 오지 않는 것은 화폐제도가 매우 문란한 까닭에 그리하는 것이다. 그것은 특히 지방의 권력과 관계가 있으므로 시급히 고쳐 해결하지 않으면 안된다. 이에 서팔촌西八村은 함께 의논하여 금후로 일률적으로 94전을 사용하며, 조금이라도 달라 균등하지 않은 것은 사용할 수 없도록 정하였다. 8촌은 윤번제로 계절마다 교체하여 사람을 보내 모여서 엄밀하게 조사하여, 만약 옮겨서 받는 자가 있다면 조사를 거쳐 함께 처벌을 의논하며 가혹하게 처리함을 꺼려하지 않을 것이다. 대저 누적된 폐단을 없애고 다툼의 실마리를 잘 다스려 교역이 공정하고 상인과 백성들이 편안해진다면 이 지방이 또한 어찌 보잘 것 없어지겠는가.

중화민국 6년(1917) 봄철 상순 길일에"[29]

이 비문을 통해 지방의 화폐제도 가운데 화폐 자체로 인해 발생한 문제는 협상을 통해 변경할 수 있는 특징을 알 수 있다.

3. 초기 동전東錢의 실질화폐

일반적으로 학계에서는 보통 동전 초기에는 실질적으로 화폐로 유통된 경우는 거의 없었던 것으로 보고 있다. 그러나 화폐학의 측면에서 볼 때, 동전의 형성은 확실히 일부 사소전의 유통과 일정한 관계가 있

29) 楊拴保, 『清徐歷史文化叢書 · 清徐碑碣選錄』, 山西出版傳媒集團 北嶽文藝出版社, 2011, 119쪽.

었을 것이다. 청대 초기, 즉 순치와 강희 전기는 청대 화폐제도의 형성기에 해당된다. 건륭 연간 청대 화폐제도가 기본적으로 확립되기까지 청조 역시 사소전私小錢의 유통문제를 해결하지 못했으며, 사소전의 유통은 오히려 청대 화폐제도를 지탱하는 바탕이 되었다.

사소전은 일찍이 순치 연간에 대량으로 출현하였다. "각 성에 주조소가 너무 많고 주조가 정밀하지 않아, 간사한 백성들이 기회를 틈타 위조하여 인플레이션이 일어나며 사전私錢이 공공연하게 유통되어 관전官錢이 유통되지 못하고 정부와 백성이 모두 피해를 입었다." 강희 22년(1683) "동전 무게가 (액면가보다) 무거워 녹여서 사용하는 문제가 발생하자 중량을 예전처럼 1전으로 바꾸었다. 이 때문에 사주私鑄가 다투어 발생하여 41년에 다시 1전 4푼의 제도를 회복하였다." 옹정 연간 "호광湖廣, 하남 등 여러 성에서 사주현상이 특히 심하였다." 옹정 3년(1725) "경국京局에서 매년 화폐 주조를 독려하였기 때문에, 제전 수량이 계속 늘어나야 하지만 각 성으로 유포되지 않았기 때문에 관전을 녹여 사주를 하는 자가 있다. 하남 호광 등 성에서 사주하는 현상이 특히 심하다고 들었다"라고 황제가 말하였다. 건륭 초에는 "강서江西의 화폐가 가장 잡다하여 사용하는 것은 모두 소광전小廣錢이고 거기에 또 사주한 조악한 사전砂錢까지 혼용되어 그 가격이 대전大錢과 서로 같을 정도였다." 건륭 26년(1761) 호남지역 소전을 회수하라는 명을 내렸다. 이 지역에서는 소전 2개에 제전 1개, 소전 3개에 제전 1개로 사용하였기 때문이다. 가경 26년(1820) 어사禦史 왕가상王家相의 상주에 따라 "근래 강성江省 보소국寶蘇局에서 주조된 관전은 구리가 적고 납이 많으며, 관동官銅을 훔쳐 소양전을 주조하였는데 1,000문의 무게는 4근도 되지 않는다. 민간에서 이를 국사局私라고 하며 소송蘇松에서 절강浙江, 강서江西지역까지 광범위하게 침투되어 유통되었다."[30)]

청대 많은 지역의 주조소에서 사적으로 소전을 주조하였는데 이를 '국사局私'라고 불렀으며 청대 초기 강서, 호남지역에서 많이 출현하였다. 건륭 59년(1794) "각 성의 주조 관원들이 관전 무게를 사적으로 줄여 정해진 수량 외에 소전을 많이 주조하였다…각 성에서 날이 갈수록 이러한 현상이 심해지고, 운남, 귀주, 사천四川지역이 특히 심하였다." 건륭 60년까지도 경성에는 사전이 잔존하였다. 가경 원년(1796) 각 성에 소전이 만연하였다. 소전 가운데 일부는 청 정부가 지방에 구리가 부족하다는 이유로 비준하여 허락한 것이다. 건륭 11년(1746) 호북湖北 보무국寶武局은 구리가 부족해서 무게가 8푼에 불과한 소전을 주조하였지만 여전히 대전의 가치에 따라 구리를 분배하였다.[31] 건륭 연간 다수의 자료에서 당시 봉천제전奉天制錢이 부족하여 봉천소전奉天小錢의 소각을 정지했다고 말하고 있다.[32] 구체적으로 동북지역에서는 강희제가 36년(1697) 겨울 성경盛京으로 성묘하러 갔을 때 "소전을 사용하는 백성이 매우 많으며, 유통되는 돈 역시 구전舊錢이 많고 양국兩局에서 주조된 돈을 사용하는 사람이 적었다." "소전이 어디에서 들어왔는지 물어 보니 다들 산동에서 가져온 것이라고 하였다."[33]

화폐 실물을 보면 청대 문헌에 기록된 것과 큰 차이가 나는 것을 발

---

30) 『皇朝文獻通考卷十三』15 참조.

31) 『皇朝文獻通考』卷19 참조.

32) 嘉慶朝朱批奏折 No.04-01-03-0139-016, 마이크로필름 No. 04-01-03-005-0263, 제목: 「盛京將軍琳寧、盛京戶部侍郎祿康奏爲奉省錢價過賤籌劃辦理兵丁餉銀請複舊制事」, 작성 시점: 嘉慶 4年 3月 24日; 乾隆朝朱批奏折 No.04-01-35-1344-011, 마이크로필름 No.04-01-35-063-1169, 제목:「盛京將軍琳寧奏報遵旨籌辦調劑錢法暫停搭放兵餉錢文事」, 작성 시점: 乾隆 59年 7月 18日; 乾隆朝朱批奏折 No.:04-01-35-1282-027, 마이크로필름 No.04-01-35-061-2880, 제목: 「盛京工部侍郎雅德奏請暫緩收買奉天小錢事」, 작성 시점: 乾隆 37年 正月 22日.

33) 『淸聖祖實錄』卷186.

견할 수 있다. 우선 청대 제전의 중량은 문헌에 기록된 몇 몇 종류뿐이 아니었으며 대전大錢은 보통 그레셤의 법칙[34]에 따라 시장에서 잘 볼 수 없었다. 그러나 실제로 시장에서 유통된 강희소전의 경우 문헌에 남아있는 기록은 매우 적지만 각 성에서는 일반적으로 모두 주전하고 있었다. 건륭전乾隆錢 같은 경우에는 이 때 이미 강희전康熙錢에 비해 중량이 많이 줄어든 상태였지만 각 성에서는 아직도 무게를 줄인 화폐들이 대량으로 유통되고 있었다.

필자는 오랜 기간 청대 사전私錢 자료와 화폐 실물자료 수집에 주력하였는데 순치 1리전順治一厘錢 사소전 한 개의 무게가 1그램 내외인 것을 발견하였다. 여기에서 필자의 생각을 촉발한 것은, 사소전에는 주조할 때 반드시 필요한 순치전 뒷면의 국명局名과 1리 등의 문자가 있다는 점이다. 이는 단지 사전을 후대에 주조한 것이 아니라 바로 그 시대에 주조한 것이라야 이를 설명할 수 있다. 특히 만 개 가까운 건륭 연호의 사소전을 발견한 이후 이러한 인식이 더욱 강해졌다. 청대 화폐의 중량을 비교해 보면 다음과 같다.

- 강희통보대전康熙通寶大錢 4.5683그램
- 강희소전康熙小錢 2.3735그램
- 건륭통보궁전乾隆通寶宮錢 6.2649그램
- 건륭통보乾隆通寶(寶泉, 寶源局) 세 종류의 중량 각각 4.2416그램, 4.1024그램, 4.3025그램

34) '악화는 양화를 구축한다.' 한 사회 내에서 귀금속으로서의 가치가 서로 다른 두 재화가 동일한 화폐가치로 유통될 경우 귀금속으로서의 가치가 낮은 재화가 귀금속으로서의 가치가 높은 재화보다 훨씬 많이 유통되는 현상이 발생해 결과적으로 귀금속으로서의 가치가 높은 재화의 유통을 배제시킨다.

- 건륭성국(乾隆省局)화폐 중량 4.2420그램
- 건륭성국(乾隆省局)소전 중량 2개 3.3904그램; 4.0328그램

청대 사소전 중에서 18개를 수집하여 무게를 측정한 결과 다음과 같았다.

|도표 1| 18개 소전 중량표 (그램)

0.6537	0.8275	1.0554	1.0888	1.1670	0.6584
1.0039	0.8535	1.5295	0.7859	0.9515	1.0638
0.9247	1.0726	1.2380	1.0895	1.2339	0.8160

중량 1그램인 사소전과 유통량이 비교적 많은 중량 4그램인 건륭전을 비교해 보면, 사소전과 건륭 정규 제전 사이에 1:4의 관계가 존재하고 있으며, 동전東錢의 16은 바로 4의 배수인 사실을 알 수 있다. 이 외에 1그램 소전은 앞에서 말한 화폐들과 모두 일정한 배수관계에 있다.

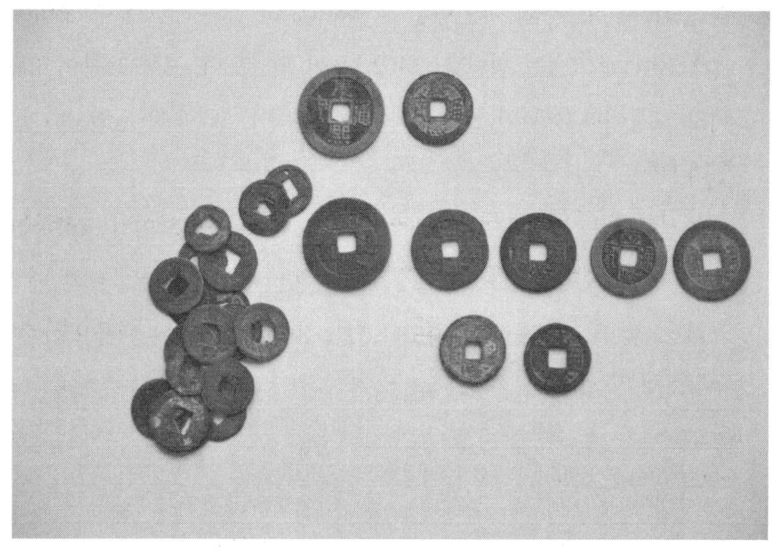

위 그림의 맨 위 부분은 관주官鑄의 강희통보대전康熙通寶大錢과 소전, 중하부는 건륭통보궁전乾隆通寶宮錢(제일 큰 것)과 통행제전通行制錢이며, 좌변[35]은 18개의 건륭통보사소전乾隆通寶私小錢이다.

4. 동전東錢의 유통시기 및 범위

사료의 기록에 따르면, 직예지역에서 동전東錢이 사용된 가장 초기의 기록은 창리현昌黎縣의 강희 50년 토지세 징수이다. “현재 정안靜安 서망하탄西茫河灘의 토지 2경頃 27무畝는 강희 50년 관에 귀속되었으며 매년 동전 40관貫을 조세로 내고 있다.”[36] 순의현順義縣은 옹정, 건륭 이후 비로소 동전을 사용하였다. “청대 초기 통용된 것은 경제전京制錢이라 했는데 500문이 1조吊가 되었다. 별도로 구팔전九八錢이라는 종류도 있었는데 490문을 9성成 8로 계산하여 100으로 계산하기 때문에 구팔전이라 했다. 옹정, 건륭 시대 이후 동제전東制錢을 사용하면서 975문이 6조吊가 되어 매 조吊는 실제로는 162.5문이 되었으며, 보통 16문이 100이 되고 32문이나 33문이 200이 되어 총 65문이 400(속칭 일별一瞥)이 되었다.”[37]

동전의 사용 범위 및 범주는 가경 연간 이후 많이 보이기 시작하는데 『청실록』을 예로 들어보자: 가경 11년 객민客民이 산해관을 나갈 때 “험금괘호驗禁掛號 비용을 징수하였다. 한 장마다 지필紙筆 비용으로 동전

35) 원고에는 우변(右邊)으로 되어 있으나 좌변의 오기.
36) 何崧泰 馬恂 何爾泰, 『昌黎縣志』, 同治 5年刻本(1866), 卷4 「學田」.
37) 禮闊泉 楊德馨, 『順義縣志』, 民國 21年鉛印本(1932), 卷11 「金融」.

200을 걷었는데 제전 33문에 해당된다." 가경 12년 지방 직예直隸 낙정樂亭현의 관원들은 황제의 천진 순시를 핑계로 "해당 현의 서역胥役들이 집집마다 강제로 염출한 금액이 동전 7,400조吊 이상이나 되었다."[38)]

도광道光 원년 6월 투모터土默特의 아찰랍인알해阿咱拉因嘎海 및 그 아들 온조언溫朝彥은 100일 내에 머리카락을 잘랐으므로[39)] 매를 맞고 동전 12,000천串을 사취당하였다.[40)] 도광 5년 4월에 몽골지방에 동전 1,200천 남짓을 강탈당한 사람이 있었다.[41)] 도광 7년 10월 봉천부奉天府 치중治中인 오곤吳昆은 곡물가게 한 곳에서 동전 수만을 강취하였다.[42)] 도광 16년 11월 "푸터하布特哈에는 식량, 가축, 장정이 없어 생계가 대단히 어렵습니다. 청컨대 은 10만 량을 빌려주어 봉천에 교부하여 이자를 얻을 수 있을 것입니다…각 성城의 상인들은 이미 이자를 내는 세 가지 대출을 수령하였으므로 매년 이자를 납부해야 합니다. 모두 합쳐 동전으로 24-25만 관 이하가 되지 않을 것입니다."[43)] 도광 17년 "직예 승덕부承德府 건창현建昌縣 사람 후기부侯起富는 동전 900조를 사취하였다."[44)] 도광 17년 10월 투모터에 속한 일부 지역에서는 "여러 해 동안 황무지를 개간하여 토지 임대 보증금壓租으로 은 2만 9,818량을 걷어들였고, 매년 임대 이자로 모두 동전 3만 443관을 거두어들였다."[45)] 도광 22년 8월

---

38) 『仁宗睿皇帝實錄』(三) 卷183, 嘉慶 12年 7月.
39) 만주족 풍습에서는 임금의 처가 죽을 경우 관원들은 100일 동안 머리카락을 자를 수 없도록 하였다. 입관 후 건륭제는 황후 富察氏가 죽자 이를 엄격하게 실행하여 관원 수십 명이 처벌받았다.
40) 『宣宗成皇帝實錄』(一) 卷19, 道光 元年 6月上.
41) 『宣宗成皇帝實錄』(二) 卷81, 道光 5年 4月.
42) 『宣宗成皇帝實錄』(二) 卷128, 道光 7年 10月下.
43) 『宣宗成皇帝實錄』(五) 卷291, 道光 16年 11月.
44) 『宣宗成皇帝實錄』(五) 卷300, 道光 17年 8月.
45) 『宣宗成皇帝實錄』(五) 卷320, 道光 17年 10月.

훈춘琿春의 군대에 문제가 생기자 "병사들에게 동전 20관을 채워 넣도록 하였다."[46] 도광 30년 11월 개평蓋平현 복주復州 금주청金州廳 수암청岫岩廳 지방에 해적이 출몰하여, 강절江浙의 상선들이 정박해 있다가 피해를 입거나 약탈당하는 경우가 많았다. 또한 이 지역에서는 강도사건이 자주 발생하였다. 번역番役, 포역捕役들은 도둑을 방임해 훔친 장물을 같이 나누었다. "부패한 관리들은 직접 서리들과 결탁하여 법을 왜곡한 대가로 뇌물을 받았는데 (한 건에) 동전 1만 여 천이었다."[47]

함풍 원년 봉천에 속한 복주 개평현 등 지역에 절도사건이 많았다. "복주의 포역 등은 이미 도적떼와 돈독한 관계를 맺어 동전을 받은 것이 2,000여 관에 이르렀다."[48] 함풍 원년 절강浙江, 복건福建 등 성의 상선은 복주 금주錦州에 속한 양면洋面에 약탈당했는데, 매 달 동전 수백천串의 손실이 발생하였다.[49] "포호捕戶들은 연좌되어 처벌받을 것을 두려워하여 동전 1,400천串을 준비하였다."[50] 함풍 원년 직예 영평부永平府 천안遷安현에서는 "도적에 대비하기 위해 달마다 100여 량, 주비고籌備庫를 위한 지조地租로 은 8,300여 량과 동전 3,500여 조를 걷었다."[51] 함풍 5년 11월 직예의 준화遵化 계주薊州 각 주현은 "영제고永濟庫를 위한 지조로 은 3만 7,800여 량, 주비고를 위한 지조로 은 8,300여 량과 동전 3,500여 조吊가 연체되어 있었다." 함풍 6년 12월 직예 낙정현에는 "기조旗租는 1량을 동전 1만 7,000 남짓으로, 민조民租는 1량을 동전 1만 8,000 남짓으로 바꾸어 납부하고 있었다."[52] 함풍 6年 12月 경자庚子일

46) 『宣宗成皇帝實錄』(六) 卷379, 道光 22年 8月.
47) 『文宗顯皇帝實錄』(一) 卷21, 道光 30年 11月上.
48) 『文宗顯皇帝實錄』(一) 卷41, 咸豊 元年 閏8月上.
49) 『文宗顯皇帝實錄』(一) 卷41, 咸豊 元年 閏8月上.
50) 『文宗顯皇帝實錄』(一) 卷50, 咸豊 元年 12月下.
51) 『文宗顯皇帝實錄』(三) 卷183, 咸豊 5年 11月中.

에 "군기대신과 봉천장군奉天將軍 경기慶祺 등이 올린 상주문에 대해 유諭를 내렸다: 상인商戶들에게 날마다 이금厘捐[53]을 바치도록 기획하여, 시험 삼아 상황에 대처하여 길림에서 기획 처리하도록 명령을 내려 줄 것을 청하였다. 성경盛京의 군사비는 긴급하게 필요한데 재정은 옹색한 상황이니, 해당 장군 등은 이금厘捐과 포세鋪稅의 두 조목에 대한 초안을 세우도록 하라. 임시로 시험 삼아 처리하고 이를 참작하여 규정章程을 세우도록 하라. 상점들에게 명령하여 물건을 사는 상가에서는 구입하는 가치에 따라 동전 백 관마다 동전 1관을 빼서 바치도록[抽捐]하고 양식 10석石에 동전 1관을 내도록 한다. 여기에 못 미치는 경우는 비율에 따라 차례로 감액하도록 하라."[54]

동치同治 2년 몽골 패륵기貝勒旗 소속의 요응하鷂鷹河 등 지방에서는 "매년 정丁마다 임시로 동전 8조를 납부하도록 하였다."[55] 동치 2년 "관리들이 문서를 위조하여 흑지黑地지역을 기만하여 바오디寶坻 등 지역에서 토지세로 동전 1,400천을 속여 빼앗았다."[56] 동치 3년 "임유현臨榆縣에는 이금세가 있어 설립 이래 동전 5-6만 천 남짓을 거둘 수 있었다."[57] 동치 4년 2월 "임유에는 이금세 항목이 있어 장선長善이 성지를 받들어 조사한 바에 따르면 매년 동전 16-17만 천을 거둘 수 있었다."[58] 동치 5년 12월 "투머터기에서는 한 꾸러미에 동전 200조를 쓰는 사람이 있었다."[59]

---

52) 『文宗顯皇帝實錄』(四) 卷216, 咸豐 6年 12月下.

53) 이연(厘捐)은 이금(厘金)으로 청 말부터 1930년대까지 징수된 일종의 지방 상업세로 국내의 교역에서 징수하였다.

54) 『文宗顯皇帝實錄』(四) 卷215, 咸豐 6年 12月中.

55) 『穆宗毅皇帝實錄』(二) 卷71, 同治 2年 6月下.

56) 『穆宗毅皇帝實錄』(二) 卷85, 同治 2年 11月中.

57) 『穆宗毅皇帝實錄』(三) 卷121, 同治 3年 11月中.

58) 『穆宗毅皇帝實錄』(四) 卷129, 同治 4年 2月上.

동치 7년 봉천 영원주寧遠州 지방에서는 "이번에 성용聖容 실록 성훈聖訓 옥첩玉牒을 보내면서 이 지역을 지나갈 때, 해당 지역 지주知州가 상인과 백성들에게 동전 10여만 천을 강제 할당한 일이 있었다."[60] 동치 11년 임신壬申 "10월 몽골의 정자井子 삼하투三河套에서는 사사로이 불법 세금으로 동전 3만 5,970여 관을 걷은 경우가 있었다."[61]

광서光緖 4년 4월 전임 금주錦州 협령協領이 상인에게 동전을 빌린 사건이 있었다.[62] 광서 9년 12월 "순안順天 영하현寧河縣의 북당北塘에서는 양세糧稅를 걷는 서리 등이 때때로 법에 정해진 세금과 비교하여 양식 1석마다 몇 배로 더 걷어들일 뿐만 아니라 임의로 동전 2관을 사용하고 있었다."[63] 광서 20년 10월 "장춘長春 상인들이 중전中錢 30만 조를 바치고, 당초 제한적으로 교부되어 도착한 자금錢文을 사용할 수 있도록 해달라고 청하였다."[64] 광서 25년 4월 "성경盛京 호부시랑戶部侍郎 양궁良弓이 임의로 동전 20여만 조 이상을 지출하였다."[65] 광서 28년 8월 "봉천서奉天署에 따르면 요양주遼陽州 지주 마준현馬俊顯은 각 첩포帖鋪의 동전 12만 천을 받았다."[66]

청대 동전 유통에는 일정한 지역성이 있었다. 일본학자 야마모토 스구무山本進는 『청대동전고』에서 청대 동전의 유통지역을 봉천, 길림, 흑룡강, 직예 동북부인 승덕부, 영평부永平府, 준화부遵化府, 직예 서북부인 선화부宣化府, 경사 주변의 순천부라고 간주하였다.[67]

59) 『穆宗毅皇帝實錄』(五) 卷191, 同治 5年 12月上.
60) 『穆宗毅皇帝實錄』(六) 卷247, 同治 7年 11月下.
61) 『穆宗毅皇帝實錄』(七) 卷343, 同治 11年 10月下.
62) 『德宗景皇帝實錄』(二) 卷72, 光緖 4年 4月下.
63) 『德宗景皇帝實錄』(三) 卷175, 光緖 9年 12月上.
64) 『德宗毅皇帝實錄』(五) 卷352, 光緖 20年 10月.
65) 『德宗景皇帝實錄』(六) 卷442, 光緖 25年 4月上.
66) 『德宗景皇帝實錄』(七) 卷540, 光緖 28年 8月.

정봉程鵬의 연구에서는 다음과 같은 결론을 알 수 있다. 봉천성에서 최초로 동전 전법錢法을 시행한 지역은 청대에는 금주부錦州府 개평현이었는데 적어도 민국 4년까지 여전히 존재하였다. 그 위에 봉천성에서 동전을 사용하는 정확한 시간을 기록한 지역은 개평蓋平 요양遼陽 금주청金州廳 철령鐵嶺 승덕承德 무순撫順 흥성興城 금계錦溪 영원寧遠 의현義縣 광녕廣寧 수중綏中 집안輯安 해룡부海龍府 창도부昌圖府 봉화奉化 회덕懷德 신민부新民府, 봉황鳳凰의 직예청直隸廳인 산유암청山由岩廳 안동安東이었다. 동전 사용 기록이 있었지만 확실한 시간 기록이 없는 지역은 해성海城 개원開原 요중遼中 금현錦縣 반산청盤山廳 유하柳河 관전寬甸 영구직예청營口直隸廳 법고직예청法庫直隸廳이었다. 직접사료에 없는 동전 사용 지역은 본계本溪 임강臨江 통화通化 회인懷仁 동평東平 서풍西豐 서안西安 요원遼源 강평康平 진안鎮安 창무彰武 정안靖安 개통開通 안광安廣 성천醒泉 진동鎮東 안도安圖 무송撫松 주하직예청駐河直隸廳 휘남직예청輝南直隸廳이었다.

길림지역에는 이통하伊通河 이서 지역에서만 동전이 유통되었다. 몽골에서는 주로 탁색도맹卓索圖盟 지역에서 집중적으로 사용되었다. 직예 지역의 분포는 마치 한 줄기 직선처럼 산해관과 경사를 연결하였다.[68] 요컨대, 북경 동북방향의 직예 영평부永平府로부터 봉천, 몽골 동부, 길림 일부까지는 청 중기, 말기에 동전을 유통한 것으로 판단할 수 있다.

67) 山本進, 「清代東錢考」, 『史學雜誌』2005年 3號.

68) 程鵬, 『清代東錢考』, 山西大學碩士學位論文, 2011.

5. 길림吉林의 중전中錢

광서 17년『길림통지吉林通志』에는 "길림성의 전법錢法은 모두 50문을 1맥陌으로 삼고 중전中錢이라 하였다. 통주通州 서부지역에서만 16문이 1맥이 되며 시전市錢 3조吊가 중전 1조가 되어 봉천지역과 함께 유통되었는데 이를 동전東錢이라 하였다[69]"고 기록하고 있다. 선통宣統 연간 "동삼성 총독인 서세창徐世昌 등이 강성江省에서 생산되는 산물을 조사하였다고 상주하였다: 양식이 주를 이루며 과거에는 양연糧捐이라는 항목이 있어 석石당 중전 60문을 징세하고 있습니다."[70] 하지만 길림 영형관첩국永衡官帖局에서 지폐를 발행할 때에는 "이 지폐는 본판으로 인쇄하여 소은원小銀元 관첩官帖 1원은 공식적으로 길림중전吉林(中錢) 2조 200문으로 정하였다. 이른바 길전吉錢은 일종의 계산 단위로 흑룡강, 길림의 두 성에서 유통되었다. 최저 단위는 문文으로 10문이 1성成이 되고 100문文은 10성으로 1맥陌이라 불렀으며 1,000문은 1조吊가 되었다. 중전中錢 1문은 실제로는 현전現錢 반 개였으므로 1성은 50문, 1조는 500문이었다. 당시 은 1량은 공식적으로 길전 3조 300문으로 정해져 있었다. 이후 관첩의 소은원에 대한 교환 비율을 2조 500문으로 고쳤다."[71]

동북의 기타 지역과 달리 길림에서 경전京錢이 유통된 것은 이 지역에 있던 조선창이 (경전이 유통되는) 경사 관원의 유배지가 된 것과 관련이 있었을까. 이 점에 대해서 향후에 좀 더 자세하게 조사할 필요가 있다.

69) 長順修 李桂林 等,『吉林通志』光緒17年刻本, 1891, 卷40「錢法」.

70)『宣統朝政紀』, 41쪽.

71) 仲廉,「吉林官帖之硏究」(二),『銀行週報』16卷 4號, 1932.9.

6. 동전표東錢票와 동전東錢 화폐제도

동북지역에 순치 이후 광서 중기까지 어떠한 주전소도 세워진 적이 없고 또 사소전私小錢이 유통된 것은 동북지역에서 동전東錢 같은 극단적인 전법錢法을 출현시킨 것에 그치지 않았다. 더욱 중요한 것은 동북지역이 청대에 지폐가 가장 발달한 지역이라는 점으로, 이는 동북에 실질화폐가 부족했다는 사실을 반증하고 있다. 청은 입관入關 초기에 지폐를 발행한 적이 있었지만 군사행위가 거의 종결됨에 따라 순치 18년(1661년) 지폐 발행을 중지하였고, 이전 왕조의 교훈을 받아들여 이후 200년 가까이 지폐를 발행하지 않는 정책을 고수하였다. 가경 19년(1814년) 시강학사侍講學士 채지정蔡之定은 저초楮鈔를 발행할 것을 상주하였다가 처벌을 받았다. 그러나 동북지역은 도리어 이 제한령을 벗어날 수 있었다.

봉천제전奉天制錢의 부족이 빙첩憑帖 발행의 주요 원인이었다. 『흥성현지興城縣志』에는 "본 고을本邑은 청대 초기 이후 시중에서 유통되는 것은 아직 제전을 본위로 하고 있다. 사용법은 16매를 100으로 160매를 1조吊로 하여 역시 1,000천이라 부른다. 이후 제전이 부족해지자 자금을 회전시키기 위해 현지의 부자 상인(공의점公議店 전당포 부류)들이 지폐를 인쇄하여 시장에서 융통시키고 빙첩憑帖이라 이름붙였다[72]"라는 기록이 하나 있다. 『금현지략錦縣誌略』에는 "봉천성에는 과거 주전을 한 적이 없어 제전이 부족하였으므로 전당포에서 지권紙券을 인쇄하여 돈 액수를 써 넣어 빙첩이라 부르고 시장에서 서로 유통시켰다[73]"고 기록하

72) 恩麟 王恩士 楊蔭芳, 『興城縣志』, 民國16年鉛印本(1927) 卷7 「實業」.
73) 王文藻 陸善格 朱顯廷, 『錦縣志略』, 民國10年鉛印本(1921) 卷12 「實業 錢法」.

고 있다.

중국에서 지폐가 오래 전부터 발달했던 근본적인 원인은 경제의 급속한 발전 때문이 아니라 화폐경제 발전 이후 화폐 공급이 부족하게 되면서 촉발된 것이다. 송대宋代의 교자交子는 철전鐵錢 유통이 어려워 지폐의 출현을 야기한 것이었다. 청대에는 순치초順治鈔를 발행한 후에 전대 왕조의 멸망 원인을 받아들여 다시는 지폐를 발행하지 않았다. 동북지역만이 건륭 연간부터 지역 차원에서 지폐를 사용하기 시작하였다. 그 이유는 두 가지가 있다. 첫째는 정치적 우위로 만주족 거주지역이므로 금령을 어길 수 있었다. 둘째는 바로 화폐 공급이 부족해 현지 경제 운영에 지장이 초래되면서, 지방 차원에서 어쩔 수 없이 새로운 화폐 형식을 만든 것이다. 제전이 부족한 동북지역은 이를 대체하는 지폐를 선택하였다. 따라서 정부기관의 화폐 주조 부족으로 인해 통화 수요를 만족시키지 못할 때 전표錢票 같은 화폐 대용권이 나타나게 된 것이다.

흑룡강성에서는 일찍이 청대 건륭 연간부터 전표가 발행되고 있었다. 흑룡강성의 사표私票는 두 종류로 나누어진다. 하나는 상가商家가 사적으로 발행한 것인데 상첩商帖이라 하며, 상가의 영향력이 미치는 범위 내에만 유통되기 때문에 가첩街帖, 둔첩屯帖이라고도 불렀다. 다른 하나는 시첩市帖이라 하며, 지방 행정기관에서 발행된 것이다. 호란呼蘭은 건륭 때부터 광서 중기까지 모두 상첩商帖의 천하였다. 하얼빈에서는 도광 25년(1845년) 8월, 만륭천전萬隆泉錢에서 푼 전표가 무려 2,800여 조吊에 달하였다. 후에 허표虛票 즉 현금으로 태환할 수 없는 지폐만 다수 풀었다가 마지막에는 어쩔 수 없이 문을 닫게 되었다. 치치하얼에서는 도광 11년(1831년) 영태호永泰號 전포錢鋪가 사표를 발행하였다.

심양沈陽에서는 가경 23년(1818년) 현지의 협력호協力號 전포에서 발행된 전첩이 위조되는 일이 있었다. 개평蓋平지역에서는 전표 발행의 역사가 비교적 장구한데, 도광 14년(1834년) 개평의 천흥天興, 천덕天德, 동래東來, 영기永記, 항기恒記 다섯 개 전포에서 대량의 전표를 발행하였다. 그러나 이 전표들은 다른 상가의 전표로만 바꿀 수 있어 은이 유통되는 것을 볼 수 없었으므로 물가가 폭등하기 시작하였다. 지방 관원의 조사에 따르면, 해당 지역에서는 이미 도광 8년(1828년)부터 현전現錢으로 태환할 수 없는 이러한 전표가 유통되기 시작했는데 정부에서 여러 차례 조사하여 금지했지만 아무런 효과도 거두지 못했다. 이 지역에서 발행된 전표들은 현은現銀 현전을 바꿀 수 없으며, 단지 한 상가의 전표로 다른 상가의 전표를 바꾸어 지불할 수 있을 뿐이었다. 이러한 현상은 청대 지방관원의 주의를 끌게 되어 도광황제에게 상주하게 되었고, 뒤이어 전국적으로 전표의 존폐를 둘러싼 대토론을 불러 일으켰다.

길림에서는 함풍 6년(1856) 길림 통제관전국通濟官錢局이 설립되어 지폐 발행을 개시하였다. 길림 전표는 청대 초기부터 발행되었는데 동치 4년(1865)에 길림장군 부보阜保가 세금의 20%는 현전으로 받고 80%는 현전을 바꿀 수 없는 전첩으로 받는 규정을 정하였다. 동치 8년(1869) 길림성의 모든 세금은 전표로 받는 방식으로 전환되었다. 청대 길림 사첩私帖은 보통 20%를 현전으로 바꿀 수 있었는데, 1894년 이후 말태抹兌 즉 다른 상가의 전표로만 바꿀 수 있어 현전의 유통이 사라지는 현상이 나타났다. 광서 9년(1883) 길림장군 명안銘安이 이런 거래 방식을 폐지하는 명을 내렸지만 전표의 발행은 금지하지 않았고 단지 10조吊 전이면 2조의 현전을 지불해야 되는 것으로 바뀌었을 뿐이다. 광서 24년(1898년)이 되어서야 길림 영형관은국永衡官銀局에서 전표를 대량으로 발행하여 민간에서 유통되는 전표가 비로소 조금 감소하였다.[74]

동북에서 동전東錢이 유통되었던 지역에서 발행된 지폐는 동전의 명의로 발행된 것이며, 모두 동전의 대표인 것이 확실하다고 할 수 있다. 동전 지폐의 발행은 동전 화폐제도가 동북지역에서 가지는 지위를 극도로 강화시켰다. 이에 따라 동전은 실질화폐에서 벗어나 단지 지폐의 형식으로만 시장에서 유통될 수 있게 됨으로써 일종의 관념 상의 화폐, 즉 허수 본위虛本位가 되었다.

청대 말기에 이르자 발행자들은 제전制錢을 지급준비금으로 만들어 발행하는 한편 발행자들 상호 간에 유통 수요를 만족시키겠다고 보증하는 것을 통해 발행자의 신용에 대한 담보가 더욱 강화됨으로써 실질화폐에서 점차 벗어나게 되었다. 금현錦縣 상첩商帖의 발행자는 금첩錦帖의 발행에 순회담보를 실행함으로써, 금첩은 신용도가 높아져 동부로 심양까지 서부는 산해관까지 유통에 막힘이 없었다.[75) 『금서현지錦西縣志』에는 금첩 발행에 대한 상세한 기록이 있다. “성 서쪽 각 진鎭의 상호商號 가운데 상첩을 발행하는 경우는 반드시 금현에 환전소城櫃를 설치하여 태환하는 곳으로 만들어야 하며, 그렇지 않을 경우 거절당하여 사용할 수 없는데 이는 통례이다.”[76] 한편 상가들 간에 순환 담보를 실시하며 위험을 함께 감당하고, 다른 한편으로 상첩을 발행한 상가들을 금현으로 모은 것은 금첩이 지역의 제한 없이 유통될 수 있도록 하기 위한 것이었다. 그러나 제전을 바꾸려면 금현 현성縣城에 있는 환전소에서만 가능하며 금현의 다른 곳에서는 불가능하였다. 만약 상첩을 발행하는 상가가 금현에 환전소를 설립하지 않으면 거기에서 발행한 빙첩憑帖은 상가들이 순회담보 범위에 속한 것이 아니며, 따라서 유통할

74) 戴建兵, 『中國錢票』, 中華書局, 2001 참조.
75) 王文藻, 陸善格, 朱顯廷, 『錦縣縣志略』, 民國10年 鉛印本(1921) 卷11 「實業: 錢法」.
76) 劉煥文 張鑒唐 郭達, 『錦西縣志』, 民國18年 鉛印本(1929)] 「商業: 幣制」.

수 없었다.

7. 청 말의 통화 부족錢荒 및 보길寶吉 보봉寶奉의 신형 동전銅錢 주조

동북지역은 만청 시기까지 여전히 화폐가 부족한 지역으로서, 여기에는 두 가지 원인이 있었다. 첫째, 현지에서 화폐를 주조하지 않았다. 둘째, 조선에서 여전히 불시에 화폐를 구입하러 온 것이다. 동치 5년(1866), 조선의 대신 김병학金炳學은 중국의 함풍당백대전咸豊當百大錢을 본 떠 윗면에 당백當百이라는 글자가 있는 동전을 만들자고 건의하였다.[77] 이는 인플레이션을 불러 일으켰는데, 조선정부는 중국에 도움을 요청하였고 대원군은 청나라 화폐를 저가로 대량 구입하여 조선에 유통시켰다.[78]

길림성이 만청 시기 새로운 화폐 종류인 은원銀元과 동원銅圓을 중국에서 가장 먼저 주조한 것 역시 당시 동북지역의 화폐 부족을 말해주는 것이다. 광서 연간 동북에 전국錢局을 설립하여 동전을 주조하기 시작하였다. 광서 8년(1882), 길림장군 희원希元은 사후 보고 방식으로 기기국機器局에서 기계로 창평은원廠平銀元을 제조하여 시장 교역의 제전 부족을 해결하였다. 이는 중국 은원사銀元史에서 선구적인 사건이지만 당시 길림지역 경제는 그다지 선진적이지 않았다. 광서 13년(1887) 희

77) 李淸源, 『朝鮮近代史』, 三聯書店, 1955, 85쪽.

78) 朝鮮民主主義共和國科學院歷史硏究所, 『朝鮮通史』下卷, 吉林人民出版社, 1975, 12쪽.

원은 성성省城의 오랫동안 방치된 채 쓰지 않던 관영 용광로에 국局을 설치하라는 명을 내리고 '보길전국寶吉錢局'이라 하였다. 길림 성성의 영은문迎恩門 안에 위치한 옛 관철장방안官鐵匠房安의 용광로 4개로 제전을 시험 제작하기 시작했는데, 16년에 화재로 용광로 2대를 잃고 19년에 또 하나를 줄여 용광로 하나만 남겨 제전을 주조하였다. 15년(1889) 길림장군 장순長順이 용광로와 재료를 늘리는 동시에 상해上海로부터 기계를 구입해 와서 대량으로 제전을 만들었으며, 주조된 동전 뒷면에 만주어 '보길寶吉'을 새겼다. 이 화폐는 만주어 발음 때문에 항상 직예계진국直隸薊鎮局에서 주조한 것으로 여겨졌지만, 사실 광서 연간 계진에서는 용광로를 만들어 주전한 적이 없었다.

봉천奉天의 보봉국寶奉局은 광서 25년(1899)에 설립되었는데, 전통적 방법으로 제전을 만들었다.[79] 이밖에 봉천기기국奉天機器局은 기계를 사용해 제전을 만들었는데, 제전 뒷면에 만주어 '보봉寶奉' 및 한문 '관판사분官板四分' 글자가 있었다. 무게는 하나에 5푼으로 한 달에 1600여 천串을 생산할 수 있었는데, 얼마 후 동원銅圓의 유행으로 인해 중지되었다.

광서 25년 9월 13일, 성경장군 증기增祺가 상주하였다: "봉천성에서는 현전이 심각하게 부족하여 상인과 백성들이 자금을 회전시킬 수 없을 정도입니다. 변통시킬 방법을 생각해내어, 시험삼아 전문錢文을 주전하여 유통의 자본으로 삼으면 곤란함을 완화할 수 있습니다…전문을 주전할 때는 5할을 기준으로 구리와 아연을 절반씩 사용하여 녹여 훼손할 수 없도록 한 연후에 위조와 운반 판매에 대한 금령을 엄격하게 실행합니다. 이를 은원銀元 전첩錢帖과 서로 보완하여 회전시킵니다. 저는

79) 「奉天將軍增祺摺」, 中國人民銀行總行參事室, 『中國近代貨幣史資料』, 中華書局, 1964, 579쪽.

앞서 5월에 즉시 이를 처리하도록 하고 천진天津에서 장인을 불러 와 지난 달에 이미 용광로를 설치하여 시험 주조하도록 하였습니다. 두 개의 용광로에서 매일 동전東錢 1,600여 조吊가 생산되어, 현재 이미 3만 조가 주조되어 나왔습니다. 동전의 모양을 조사하여 보니 비록 기계로 만든 것 만큼의 정교함에는 미치지 못하지만 얇고 약하거나 문양이 모호한 등의 문제점도 없었습니다. 시험삼아 시장에서 사용하도록 하자 상인과 백성들이 오히려 편리하다고 말하고 있습니다. 다만 주전법을 변경하는 것과 관련된 사안이라 감히 마음대로 할 수 없으니 삼가 어떻게든 폐하의 은총을 간절히 바랍니다. 바라건대 근본이 되는 중요한 지역에서 민간의 어려움을 감안하시어 주전 방법에 변통을 승인하여 백성들로 하여금 괴로움에서 소생하게 하십시오. 광서 24년 각 성에서 주전할 때 8할을 기준으로 하도록 명하였습니다. 하지만 관외關外의 상황은 내지와 달라 장인을 천진에서 불러오므로 품삯을 넉넉하게 할 필요가 있고, 재료를 외국에서 구입하여 운반비가 크게 증가합니다. 현재 구리 가격은 100근당 은 31-32량, 아연 가격은 100근당 은 11-12량입니다. 만약 8할로 주조하도록 정해진 것에 따른다면 1,000전에 이미 은 1량 1전 남짓이 필요하고 공임과 운반비를 더한다면 손해가 대단히 크게 됩니다."[80)]

이 동전은 번사법翻沙法으로 주조한 것인데 황동 재질로 지름 1.95, 너비 0.5, 두께 0.1센티미터로, 무게는 1.6그램이었다. 상주문에서 이 전폐를 직접 동전東錢이라고 하였다. 이 동전을 각지의 다른 전국錢局에

80) 光緖朝朱批奏折, 문서 No.04-01-35-1375-049; 마이크로필름 No.04-01-35-064-1294. 제목: 「盛京將軍增祺奏報奉天變通試鑄錢文事」, 문서 작성 시기: 光緖 25年 9月 13日.

서 주조된 제전과 비교해 보면 보봉국 전폐錢幣는 가장 가볍고 작은 것의 일종이다. 이는 동전東錢 제도의 어두운 그림자와 관련이 있을지도 모른다.

8. 동전전법東錢錢法의 쇠망

동전전법은 제전의 소멸과 밀접한 관계를 가진다. 민국 시기에 들어와 1920년대 이후 제전이 날로 감소된 반면 새로운 화폐 특히 은행권銀行券이 대량으로 발행되어, 최종적으로 동전제도의 쇠망에까지 이르게 되었다.

민국 시대에 들어서 "보은寶銀과 은폐銀幣가 점차 많아지고 제전은 갈수록 적어져 동폐銅幣가 출현하자 제전은 자취를 감추기 시작하였다."[81] "창려昌黎 부근의 풍윤豐潤, 옥전玉田 등 현에서는 동원銅圓 한 개가 겨우 제전 8문에 해당되는 경우가 있었으므로, 창려의 시장에서 제전市錢이 갈수록 감소하였다."[82] 풍윤 옥전 등 현에서 당십동원當十銅圓 1개로 제전 8개를 태환(관에서 정한 비율은 당십동원 1개로 제전 10문을 태환)하자, 제전의 가치가 상승하여 수량이 점차 감소하는 추세를 볼 수 있다. 동원이 발행되고 제전이 점차 감소하자 동전東錢제도에도 변화가 발생하였다: 이전에 제전 16개를 동전東錢[83] 100문으로 태환하던 것에서 동원 16개를 동전 100문으로 태환하는 것으로 변했다. "은원 한 개

81) 關定保 於雲峯, 『安東縣志』, 民國20年鉛印本(1931), 卷5: 財政: 貨幣.
82) 陶宗奇 張鵬翱, 『昌黎縣志』, 民國23年鉛印本(1934), 卷5: 金融.
83) 원문에는 制錢이라 적고 있지만 制錢 16개를 制錢 100문으로 태환할 수 없으므로 오자.

는 동전 6성成 2리厘 5가 되었고, 은원 두 개는 동전 102성 5가 되며 은원 16개는 동전 1조가 되었다.[84] 노룡盧龍 지역 내에서는 습관적으로 96동전東錢을 사용하여 이전에는 제전制錢 160문이 1조였는데 지금은 은원 16개를 1조로 간주하였다."[85]

민국 이후 각 지역에서는 점차 동전전법을 취소하였다. 개원현開原縣에서는 "전법은 종전의 경우 오직 동전銅錢 16개를 100, 164개를 1전錢으로 삼았는데 속칭 1조吊이다. 은폐銀幣로 바뀌어 각 상점의 빙첩이 동원표銅圓票로 바뀐 후로부터 공문에 따라 금지하였다."[86] 계현薊縣의 동전전법은 민국 27년(1938)에 이르기까지 존재하였다. 바오디寶坻현에서는 동전 사용을 금지하였는데, 동전이 이미 허위 화폐虛錢가 되어버려 시장에 동전이 이미 없고 사용할 때에는 은원으로 환산해야 했기 때문에 1930년부터 동전 사용을 금지시킨 것이다.[87]

다음의 지폐에서 동전東錢의 희미한 자취를 조금이나마 엿볼 수 있을 것이다. 예를 들어, 북경지역의 【연경부증전민국계축년(1913)4조문권延慶阜增典民國癸醜年(1913)肆吊文卷】은 앞면이 남색이며, 상단에 '연경동가延慶東街' '부증전阜增典' 글자가 있고, 하단에는 '빙첩취연시전4조문정凭帖取延市錢肆吊文整' '자제호字第號' '중화민국계축년월일부증전표中華民國癸醜年月日阜增典票' 글자가 있다. 둘레에는 길상吉祥, 여의如意, 평안平安, 부귀富貴를 상징하는 도안이 있다. 네 귀퉁이에는 각각 '4肆'자가 있다. 하단 테두리 밖에 '랑방삼조유원인쇄공사인廊坊三條裕源印刷公司印' 글자가 있다. 뒷면은

84) 陶宗奇 張鵬翱, 『昌黎縣志』, 民國23年[역자주: 원고의 13년은 오자]鉛印本(1934), 卷5: 金融.
85) 董天華 胡應麟, 『盧龍縣志』, 民國20年鉛印本(1931), 卷9: 金融.
86) 章啓槐 趙家千, 『開原縣志』, 民國7年鉛印本(1918), 卷3: 錢法.
87) 「河北寶坻縣禁用東錢」, 『銀行週報』13卷 47期, 1929年.

녹색이며 전면에 고대 인물의 그림이 인쇄되어 있다. 중간에 '4조肆吊' 글자가 있고 또한 '유신세간留神細看' 글자도 있다. 우측 테두리와 좌측 테두리에는 각각 '실표부관失票不管' '개부괘호概不掛號' 문구가 있다. 【문두구상무임시유통권민국27년4매권門頭溝商務臨時流通券民國二十七年肆枚券】으로 예시 하나를 더 살펴보자. 앞면은 붉은색이며, 지폐 상단에는 '문두구상무임시유통권門頭溝商務臨時流通券' 글자가 있고, 중간에 '4매肆枚'가 있으며 하단에는 '문두구통용門頭溝通用' '민국27년民國廿七年' '임시구제적령부정臨時救濟積零付整' 문구가 있다. 네 귀퉁이에는 모두 '4매' 글씨가 있다. 뒷면은 빨간색이고 상단에 '4'자가 있고, 하단에 성문 그림이 있으며, 사각에는 각각 '4'자가 있다. 또한 【문두구치안유지회상무고민국27년권門頭溝治安維持會商務股民國二十七年券】 4매권肆枚券이 있는데 앞면은 붉은색이며, 상단에 '문두구치안유지회상무고門頭溝治安維持會商務股' 글자가 있고, 중간에 '4매' 글씨가 있으며, 하단에 '문두구통용' '민국27년' '임시구제적령부정' 문구가 있다. 사각에는 '4매' 글자가 있다. 뒷면은 빨간색, 상단에 '4'자가 있고, 하단에 성문 그림이 있으며, 사각에는 각각 '4'자가 있다. 6매권 앞면은 녹색이며, 상단에 '문두구치안유지회상무고' 글자가 있고, 중간에 '6매' 글자가 있으며, 하단에 '문두구통용' '민국27년' '임시구제적령부정' 문구가 있다. 사각에는 '6매' 글자가 있다. 뒷면은 빨간색, 상단에 '6'자가 있고, 하단에 성문 그림이 있으며, 사각에는 각각 '6'자가 있다.

천진天津 지역에는 【계현성내서가유홍포점민국7년권薊縣城內西街裕興布店民國七年券】 2조貳吊권이 있었다. 지폐 앞면은 짙은 녹색이고, 테두리에는 환상 무늬 장식이 있으며, 지폐 중간 부분 배경은 격자 모양이다. 상단에는 사자 두 마리 도안과 '계현薊縣' '성내서가城內西街' 글자가 있으며, 하단의 호형 테두리 안에는 '유흥포점裕興布店', 중간에 세로로 된 글자는 '빙첩취동전이조정凴帖取東錢貳吊整'이다. 우측에 '자제호', '전수시면錢隨市面' 문구가 있으며, 좌측에 '중화민국7년4월20일中華民國七年四月二十日' '유홍포점' 글자가 있다. 사각에는 '2貳'자가 있다. 뒷면은 빨간색이며 상단 호형 테두리 안에 '유신세간' 글자가 있고 하단에는 도안이 있다. 중간 원형 테두리 안에 '2'자가 있으며, 양측에는 '실표부관' '개불괘호' 문구가 있다. 하단에 열차 그림이 있다. 사각 화단(花團) 안에 하나씩 '유' '홍' '포' '점' 글자가 있다. 6조陸吊권은 앞면이 남색이고 상단 호형 테두리 안에 '계현성내서가' 글자가 있고 하단에 '유홍포점', 중간에 '빙첩취조凴帖取吊'라고 세로로 쓰여있다. 우측에는 '자제호', '전수시면' 글씨가 있고 좌측에 '중화민국7년4월초5일中華民國七年四月初五日' '유홍포점' 글자가 있다. 표면 도안은 팔선과해八仙過海, 용 두 마리, 기린麒麟, 상운祥雲이다. 사각에 각각 '6陸'자가 있다. 뒷면은 흑회색이며 테두리에 능형 무늬로 장식하고 상, 하단 원형 테두리에 각각 '6'과 '육陸'자가 있으며 중간에 '실표부관' '개불괘호' 문구가 있다. 사각 화단 안에 각각 '유' '홍' '포' '점' 글자가 들어 있다. 이 지폐는 천진의 궁북동宮北東 화석인국華石印局에서 인쇄한 것이다. 또한 【계현하창진덕성륭민국12년4조권薊縣下倉鎮德盛隆民國十二年肆吊券】을 보면 앞면은 검은색이며 지폐 테두리에는 꽃무늬 장식이 있고 네 귀퉁이에 널링작업[88]으로 '4肆'자가 인쇄되어 있다. 지폐 중앙에 파란색 물결 배경이 있는데 상단에 '계현하창진薊縣下倉鎮' '덕성륭德盛隆' 글자가 있으며 하단에 세 칸으로 나뉘어 있다. 우측에 '자제호' '인표부인인 개부괘실표認票不認人 概不掛失票', 중간에 '빙첩취○전4조정凴帖取○錢肆吊整', 좌측에 '민국12년4월초3일民國十二年四月初三日' '덕성륭

88) 주로 원통 형상의 공작물의 외면에 미끄럼을 방지하기 위한 목적으로 만들어지는 깔쭉깔쭉한 모양을 가리킨다.

표德盛隆票' 글자가 각각 있다. 뒷면은 녹색이고 테두리는 꽃무늬 장식이 있고 사각에 널링작업으로 '4肆'자가 인쇄되어 있다. 상단에 '덕성륭德盛隆'이라는 글자가 있으며 중간에 빵 모양 테두리 안에 '4肆'자가 있고 양측에 '실표부관 개불괘호' 문구가 있으며 하단에 각루閣樓 건물 도안이 있다. 【계현상회민국18년6조문권薊縣商會民國十八年陸吊文券】은 앞면이 남색이며 천각天格은 '계현성내상회薊縣城內商會'이고 지각地格은 '빙첩취전(매적합동원13매)6조정憑帖取錢(每吊合銅圓十三枚)陸吊整)'이며, 우측에 '자제호', 좌측에 '민국18년8월일신의후표民國十八年八月日信義厚票' 글자가 있다. 우측 하단에 '여동원불편이은원수시작가如銅圓不便以銀元隨市作價' 문구가 있고 사각에는 '계현상회' 글자가 있다. 테두리 도안은 쌍용해수도雙龍海水圖이다. 그 외에 【계현방균진상업협조회4조권薊縣邦均鎮商業協助會肆吊券】도 있는데 정면은 짙은 자주색이며 상단에 '계현' '방균진', 하단에 '상업협조회', 중간에 '빙첩취(148)시면전4조적정憑帖取(一四八)市面錢肆吊整', 양측에 '자제호', '전수시면' '민국년월일표(民國年月日票)' 문구가 각각 있다. 표면 도안은 팔선과해도八仙過海圖인데 사각에 각각 '4肆'자가 있다. 뒷면은 빨간색이며 배경은 원형 물결선이다. 상하 단에는 꽃무늬 도안이 있으며 원형 테두리 안에 숫자 '4'가 있고 중간의 화보花符 안에 '4肆'자가 있다. 양측에 '시훼도말 개부부전撕毁塗抹 概不付錢' 문구가 있으며 사각에 각각 '유留' '신神' '세細' '간看' 글자가 있다. 그리고 이 지폐는 천진 북마로北馬路의 화동석인국華東石印局에서 인쇄된 것이다.[89)]

한 가지 흥미로운 일이 있는데, 바로 1916년 호남성 상하동재신전공방창잔湘河東財神殿龔坊倉棧에서 액면가 32문과 16문의 지폐 두 종류가 발

89) 실물은 戴建兵主編, 『中國錢幣大辭典 · 民國縣鄉紙幣』卷1-3冊, 中華書局, 2015 참조.

행된 것이다. 하지만 이 화폐제도가 대체 어떤 화폐제도이고 동전東錢과 어떤 관련이 있는지는 알 수 없다.[90] 가장 마지막 단계의 사례는 항일전쟁이 발발한 후 북평北平에 하북은전국河北銀錢局이 생겨나 4매肆枚, 6매陸枚 지폐를 발행한 것으로 북경 부근에서만 유통할 수 있었다. 그 이후론 동전東錢 및 그 흔적이 전혀 보이지 않았다.

90) 戴建兵主編, 『中國錢幣大辭典 · 民國縣鄉紙幣』卷1-3冊, 中華書局, 2015.

청 말 민국 초기 동북지방 외채에 관한 연구

_ 마링허(馬陵合)

지방외채는 각 지방정부의 명의로 차입하는 외채를 가리킨다. 근대 중국에서 지방외채는 두 종류의 기본 형식을 포괄하고 있다. 첫 번째는 지방정부의 명의로 자금을 차입하여 대내외 전쟁이나 정부의 운용비용으로 충당하는 군정외채이다. 두 번째는 지방정부의 명의로 자금을 빌려 관판기업을 유지하고, 금융 불안을 해결하는 등 실업을 진흥시키기 위한 외채이다. 지방외채는 순수하게 지방정부가 스스로 차입하여 사용하고 상환하는 외채가 아니고, 국채로서의 특징을 가지고 있었다. 근대 시기 지방외채의 특수성은 근대 재정체제의 과도적 성격과 관련이 있으며, 외교체제와 권력 구조의 산물이기도 하였다.

소위 지방은 중앙과 비교하여 그 범위가 주로 성省정부를 대상으로 한다. 본 연구자는 근대 중국의 지방외채 문제에 대해 관심을 가지고 있다. 지방외채에 대한 개념은 그 사용에 차이가 있으며, 지방채, 지방정부의 차관, 지방차관,[1] 성채라고도 말한다.[2] 릉문연淩文淵은 국채와 지방채는 이론적으로 그 용도에 따라 국가의 행정비인가 혹은 지방의 행정비인가를 기준으로 구분되고, 성에 대해서는 그 이름을 보고 짐작할 수 있듯이 지방채로 그 용도가 지방의 행정비라고 간주하였다.[3] 청말 시기의 기록을 보면, "동서 각국은 지방채에 대해 각각 지방공단이 해당 지방에서 모집해 그 지역의 필요를 위해 지출하는 것을 가리킨다. 따라서 채무를 진 주체는 지방의 공단公團으로서, 정부가 차입한 국채와는 성질이 크게 다르다"[4]고 기술하고 있다.

이밖에도 지방채에는 지방정부가 차입한 채무가 포함되지 않는다는 주장이 있는데, 즉 "중국이 빌리는 신외채의 성질은 주로 국가채무 및 지방채무의 두 종류이다. 정부가 차입하는 경우는 국가채무로서 그 부담은 국민 전체에 미치고, 국민 전체가 부담하게 된다. 신하된 자가 자금을 차입하는 경우 그것은 지방의 행정경비로서 당연히 국가채무로서의 성격을 가진다. 그것은 지방채무로서의 성질을 갖기 때문에 성 차원

1) 許毅 主編, 『北洋外債和辛亥革命的成敗』, 經濟科學出版社, 2004, 306쪽에는 지방정부 차관과 지방차관을 서로 구별하고 있다. 지방차관은 지방정부의 차관일 뿐만 아니라 중앙이 지방의 기업, 또는 지방의 경제 실체에 준 차관을 포함해 비교적 범위가 크다.

2) 예를 들면, 민국 시기 淩文淵이 편찬한 『省債』에서는 성채의 범위를 다음과 같이 규정하고 있다: (1)재정부가 직접 빌리는 채무이고, 만약 외채이면 외교총장을 거쳐 정식으로 관련 공사국 공사에게 준비안에 대한 조회를 실시해야 한다. (2)중앙기관이 빌리는 채무로 재정부의 승인을 거쳐 상환한다. (3)중앙기관의 채무는 재정부의 승인과 보증을 거쳐야 하고, 그 기관이 승인하지 않거나 혹은 운영이 중지되었으면 배상을 요구하지 못한다. (4)외국정부 혹은 사인의 배상 요구는 모일 이전에 외교부 및 재정부의 정식 승인을 거쳐 제출한다. (5)교통부 및 그 부속 기관의 채무는 중국정부의 의견에 근거해 그 수입으로 정리할 수 없다. 이 5항 이외에는 국채에 속하지 않으며, 본 책이 나열한 것은 성채이다. 이 책에서 성채는 단순히 외채만을 지적하지 않고 내채를 포함한다.(淩文淵, 『省債』, 北平銀行月刊社, 1928, 例言, 2쪽.)

3) 淩文淵, 『省債』, 北平銀行月刊社, 1928, 例言, 2쪽.

4) 「述地方債之性質及其目的」, 『盛京時報』, 1909.11.13.

에서 상환계획을 세워야 한다. 사인의 자격으로 차입하는 경우에는 다른 성격으로서 본 주제의 범위 내에 포함 되지 않는다. 공법인이 차입하는 경우에는 대체로 지방채로 간주되며, 만약 공사가 차입을 주도하였다면 그 성질은 일본의 수리조합과 같게 된다. 지방채무의 성격을 가질 경우 그 부담은 지방민이 담당하게 된다."[5)]

지방외채의 채무 주체는 행정권력을 가진 정부기관이고, 일반기업이 스스로 돈을 빌린 경우에는 일종의 상업 신용행위로서 지방 재정에 대해 직접적인 영향을 미치지 않는다. 그러나 지방정부가 외채를 빌린 것 가운데에는 관영기업의 채무행위가 있는데, 이런 종류의 외채는 지방정부가 직접 체결한 차관계약의 경우만을 지방외채로 분류할 수 있다. 이로 인해 지방정부가 채무의 상환 책임을 지게 된다.

일반적으로 지방은 대부분 지방정부를 말한다. 재정학에서 본다면 지방은 주로 중앙 이외의 각급 행정구역을 포함한다. 청 말과 북양군벌정부 시기, 그리고 민국 시기에 지방 권력은 거의 전부 성급정부에 집중되어 있어 현 이하는 성에 부속되어 있었다. 중앙과 지방의 관계는 주로 중앙정부와 성급정부 사이에서 구현되었다. 그러나 동삼성은 청 말 민국 초기에 다른 지역과 비교할 때 성의 지위가 명확하지 않았으며, 동삼성은 종종 하나의 전체 개념으로 출현하였다. 청 말 시기 동삼성 총독은 지방외채를 교섭하는 주도자였다. 서세창徐世昌과 석량錫良에서 조이손趙爾巽에 이르기까지 모두 역대 외채 교섭 중 담판의 중국 측 대표였으며, 이들은 대외 교섭에서 지방의 이익을 유지하고 확대하였다. 민국 초기, 동북지방의 외채는 주로 봉천성을 중심으로 차입되었는데, 이는 봉천독군인 장작림이 이미 동삼성에 대한 실제적인 통제력을

5) 「論國民負擔力之前途」, 『振華五日大事記』第16期, 1907.

장악하고 있었기 때문이다. 봉천성의 외채는 이미 일반적인 의미의 성채가 아니었던 것이다.

청 말 지방외채는 규모가 크고 횟수가 많으면서 명확한 관리제도도 부족하였다. 이로 인해 지방외채는 재정을 곤궁하게 만들고 체제의 혼란을 초래하였다. 청 말 시기 재정상황을 개선하는 과정에서 재정을 통제할 필요성이 출현하였고, 그 결과 지방채무를 제한하는 것이 재정 개혁의 주요한 내용이 되었다. 동북지역에서는 독립된 지방행정 제도가 비교적 늦은 시기에 형성되었으며, 지방외채를 차입한 횟수 역시 매우 제한적이어서, 외채문제를 둘러싸고 나타난 중앙과 지방 사이의 분쟁 역시 다른 지역처럼 첨예하지 않았다. 그러나 이 지역을 둘러싸고 전개된 복잡한 외교관계의 영향으로 인해 청조 말기 몇 년 사이에 동삼성 지방의 관리와 중앙정부 사이에 외채문제를 둘러싼 갈등과 충돌이 매우 첨예하게 돌출되었다. 상대적으로 민국 초기에 동북지역이 정치적으로 독립적이었으며 외채를 차입하는 횟수도 점차 증가하면서 지방외채가 많은 지역으로 부상하였다. 그러나 왕영강은 외채를 청산하려는 노력을 통해 동북지방의 재정과 금융업에 대해 정리와 개혁을 추진하였다.

1. 청 말 시기 동북지방의 차관

청 말 시기 동삼성의 외채는 외교문제와 불가분의 관련을 가졌기 때문에 협약을 통해 최종적으로 차입된 차관은 매우 적었다. 중국 관내지방의 각 성과 달리 동삼성의 외채는 주로 동북에 성이 설립되고 난 이후에 비로소 시작된 것으로서, 그 이전에 발행된 지방채는 매우 적었다. 사료에 따르면, 8개국 연합군이 침략한 이후에 봉천장군이 러시아와 동북문제에 대한 교섭과 반환문제를 논의하면서 도승은행道勝銀行으로부터 차관 30만 량을 차입하여 후속조치를 처리하기 위한 자금으로 준비해 두었다.[6] 차관은 실제로 28만 량에 달하였으며, 1년 기한에 이자는 8리였다. 차관의 원금과 이자는 기한 내에 상환되었다.[7]

동삼성의 제도 개혁 이후, 서세창과 석량 등 동북지방의 고관들은 적극적으로 차관을 도입하여 금융업과 실업을 발전시키고 지역의 경제력을 증강하면서 일본과 러시아의 동북지방에 대한 통제력을 약화시키기 위한 방안을 다방면으로 모색하였다. 현재까지 찾아볼 수 있는 자료로부터 살펴보면, 1908년 이전에 서세창이 철도의 중요성을 강조하기는 하였지만, 그는 철도를 실업을 발전시키기 위한 수단의 하나로 간주하였을 뿐 가장 주요한 방안으로 고려한 것은 아니었다. 그는 차관을 요구하는 상소 가운데 다음과 같이 말하였다. "동삼성을 통치하기 위해서는 가장 먼저 재정 수입을 정비해야 하고, 재정을 개선하려면 먼저 은행을 개설하는 것으로부터 시작해야 한다. 은행은 경제적 어려움을 구제하는 기구로서 이익을 만들어 내는 원천이며, 화폐를 올바르게 운용하는 중추기관이다." 따라서 반드시 먼저 차관을 도입하여 은행을 발전시켜야 한다는 것이다.[8] 그는 은행의 기능을 매우 중시하여 차관 수천만 량을 도입하여 은행의 설립에 사용하려고 생각하였다. "외채를 차

6) 中國人民銀行總參事室, 『中國清代外債史資料 (1853-1911)』, 中國金融出版社, 1991, 687쪽.
7) 中國人民銀行總參事室, 『中國清代外債史資料 (1853-1911)』, 中國金融出版社, 1991, 689쪽.
8) 『退耕堂政書』卷9, 奏議九, 10쪽.

입할 수 있다면, 이를 통해 화폐에 신용이 발생할 것이며, 화폐제도를 정돈함으로써 상품이 유통될 것이며, 이를 통해 실업의 발전을 이룩할 수 있다."[9)]

중앙정부로 하여금 자신의 계획에 동의하도록 설득하기 위하여 그는 권력의 핵심에 있는 인물들을 적극 설득하기 위해 나섰다. 예를 들면 경친왕에게 보내는 편지 중에서 다음과 같이 청원하였다. "동삼성을 지배하려면 먼저 재정을 정비하는 일부터 시작해야 하고, 재정을 정비하려면 먼저 은행을 개설해야 하며, 은행을 개설한 이후 2, 3천만 량의 자본을 동원하여 상품을 유통시켜야 한다. 무거운 잡세를 면제하고 낭비를 억제하여 생계를 도모해야 한다." "이자를 지불하고 2, 3천만 량 혹은 3, 4천만 량에 달하는 국채를 차입하는 것도 하나의 방법이다."[10)]

서세창이 동북지방에서 차관을 도입하려는 계획에 대해 원세개는 이를 적극적으로 지지하였으며, 모든 수단을 동원하여 이를 실현할 수 있도록 도왔다. 원세개의 적극적인 노력 하에서 "서태후도 이러한 계획을 윤허하였다."[11)] 1907년 7월 22일, 청조는 군기대신에게 다음과 같이 명령하였다. "동삼성을 부흥시키기 위해서는 행정사무와 관련된 비용이 필요하며, 이를 조달하여 행정을 정돈해야 한다. 이자를 부담하고 서양으로부터 차관을 들여와 2, 3천만 량에 달하면 그것이 전성의 재정에 미치는 영향이 매우 크다. 따라서 반드시 동삼성이 자본을 상환할 수 있다는 확신이 있어야만 비로소 후환을 피할 수 있다." 이렇게 볼 때, 청조가 동삼성의 외채 차입을 금지하는 명령을 내린 것은 아니지만, 동삼성정부가 차입하려는 외채에 대해 매우 신중한 태도를 견지하였음을

9) 『退耕堂政書』奏議9, 7쪽.
10) 『退耕堂政書』, 卷35, 函牘, 2-3쪽.
11) 「徐世昌借款問題」, 『中國日報』, 1907.11.27.

알 수 있다.

8월, 다시 외채를 차입하고자 하는 서세창의 청원에 대해 청조는 "여전히 상세하게 계획하고 철저하게 대비하라"고 회답하였다. 9월, 군기대신은 "해마다 이자가 막대한 금액에 이른다." "상환해야 할 시기에 이르러 자본을 마련하지 못하면 어떠한 요구를 할지 모른다"는 이유로 서세창이 차관 요청을 철회해야 한다고 반박하였다. 비록 서세창이 다시 한 차례 노력 분투한 결과 청조가 먼저 1천만 량의 차관을 허가하였으나, 이는 어디까지나 정책적인 허가일 뿐이고 실제로 차관 항목을 비준한 것은 아니었다.[12)]

그러나 이때 탁지부가 마침 지방에서 차입하는 차관에 대해 제한을 가하는 조치를 결정하였다. "각 성 총독總督과 순무巡撫는 이후 사업을 위한 자금을 현지에서 마련해야 하며, 함부로 외채를 도입해서는 안된다. 이는 손해를 방지하고 대국을 유지하기 위함이다."[13)] 탁지부 상서 재택載澤은 더욱 신중하여 "차관을 도입해서는 안된다고 간주하였다."[14)]

재택은 서세창의 차관 요청을 명확하게 거절하지는 않았지만, 4항의 전제조건을 제시하였다. 1)탁지부의 재정을 동삼성이 외채를 빌리는 담보로 설정해서는 안 된다. 2)상환의 책임은 동삼성이 완전히 부담해야 하고, 국가에 손해를 끼치지 말아야 한다. 3)차관은 생산 사업에만 사용하고, 여분이 발생하더라도 이를 전용해서는 안된다. 4)최저 이자를 제시하는 국가의 차관을 도입해야 한다.[15)]

12) 「東督借用日款仍議主駁」, 『申報』, 1907.9.24; 「徐世昌不得外債不休」, 『振華五日大事記』, 1907年 第38期 ; 「借外債須經度支部認准」, 『盛京時報』, 1908.1.27.

13) 「度支部奏預籌裁制外債以顧大局摺」, 『東方雜誌』第4年 第12期.

14) 周秋光, 『熊希齡集』上, 湖南出版社, 1996, 392쪽.

15) 「徐世昌借款問題」, 『中國日報』, 1907.11.27.

이는 실제로 서세창에게 상당한 제한 요인이 되었다. 동삼성은 일본과 러시아의 핵심적인 세력범위에 해당되는 지역으로서, 외채를 빌리는 문제는 틀림없이 외교적인 분쟁을 만들어 낼 가능성이 컸다. 복잡한 외교적 상황으로 말미암아 청조는 동삼성이 외채를 차입하는 문제에 대해 수시로 태도를 바꾸었다. 지방에서 차관을 도입하는 사안을 외교문제로 간주하여 해당지역의 독무로 하여금 처리하도록 하는 동시에, 외교적인 문제와 깊은 관계가 있다는 구실로 지방의 독무가 차관을 도입하는 과정에 끊임없이 관여하기도 하였다.

서세창은 부임 초기에 청조에 외채의 외교적 기능을 명확하게 지적하지 않았으며, 단지 동삼성의 재정적 어려움을 강조하며 "외채의 도입을 간절히 희망하며, 동삼성의 어려운 상황에 비추어 외채 도입의 이익은 매우 크며 해로움이 없다"고 지적하였다. 서세창의 노력 하에 청조는 외채 1,000만 량을 도입하도록 허가하였다. 그러나 서세창은 차관의 용도를 명확하게 지정하지도 않았으며, 총액 5,000만 량 규모의 외채를 세, 네 국가로부터 각각 나누어 차입하려는 계획을 수립하였다.[16)]

채권단을 선택할 때에, 그는 먼저 구홍기瞿鴻禨와 혁광奕劻을 통해 왕대섭汪大燮에게 부탁해 영국으로부터 차관을 도입하고자 모색하였다. 왕대섭은 이에 대한 중앙정부 내부의 태도가 일치하지 않은 것을 알았기 때문에 차관에 대해 그다지 적극적으로 나서지 않았다. 왕대섭이 판단하기에, 차관은 서세창의 개인적인 행위로서 당시 외교를 담당했던 나동那桐 조차 이 문제에 대해 알지 못하였다. 더욱이 담보도 설정하지 않았으며, 반환할 방법도 명확하게 명시하고 있지 않았으며, 단지 동삼성의 철도와 광산으로부터 발생하는 이익을 가지고 상환할 수 있다고

16) 「徐世昌實行與利益於外人均沾」, 『振華五日大事記』第39期, 1907.10.21.

되어 있을 뿐이었다.[17]

당시 중영공사 총판 복란덕濮蘭德은 이 차관의 도입을 논의하기 위해 친히 동북지방으로 가서 서세창과 이 문제를 논의하였다.[18] 다른 외국 은행도 이 차관의 도입에 참여하기 위해 분분히 몰려 들었다. 일본과 러시아도 뒤처지는 것을 바라지 않았다. 서세창은 정금은행正金銀行으로부터 500만 원, 도승은행道勝銀行으로부터 500만 원을 차입하고자 하였으나,[19] 이내 탁지부[20]에 의해 기각되고 말았다.[21]

그는 부임 후 사방에서 차관을 도입하고자 했으나 실현에 이르지는 못하였다. 이러한 사태에 대해 "외채를 차입하고자 계획을 세웠으나 결국 실현되지 못하였다"[22]고 책망하였다. 각 분야의 질책에 대해 그는 동삼성을 위한 불가피한 일이라고 해명하였다. "밤낮으로 거액의 차관을 도입하고자 모색하고, 근본 계획을 보전하기 위해 어떤 방안을 채택할까 고민하는데 헐뜯기만 하는구나."[23] 이와 동시에, 서세창이 큰 기대를 걸었던 동삼성관은호로부터의 차관도 곧 그림의 떡이 되고 말았다. 동북의 철도에 대해 흥미를 가진 미국의 철도왕 해리먼E. H. Harriman은 월가 금융위기의 영향으로 말미암아 이미 동삼성은행을 설립하기 위한 차관을 제공할 여력을 상실하였다.[24]

1908년 8월, 동삼성 총독 서세창은 다시 "동삼성의 재정에서 편성하여 지출해야 할 항목이 나날이 증가하고 있다. 모든 신정 관련 정책도

17) 上海圖書館, 『汪康年師友書劄』 (2), 上海古籍出版社, 1986, 931쪽.
18) 「徐督借款近聞」, 『中國日報』, 1907.12.4.
19) 「東省借款於日比俄」, 『中國日報』, 1907.12.8.
20) 청 말의 관청으로서, 오늘날의 재정부에 해당된다.
21) 「某持郎請駁東督借款」, 『大公報』, 1907.11.23.
22) 『退耕堂政書』卷33, 說帖條議, 5쪽.
23) 『退耕堂政書』卷9, 8쪽.
24) 吳心伯, 『金元外交與列強在中國 (1909-1913)』, 復旦大學出版社, 1997, 12쪽.

시행하지 않을 수 없는 형편이다"라는 이유로 "중러도승은행으로부터 염리鹽厘를 담보로 40만 원을 차입할 예정"이라고 정부에 요청하였으나, 탁지부는 여전히 이에 동의하지 않았다. 이러한 이유는 무엇보다도 탁지부 상서 재택이 동삼성에서 차관을 도입하는 문제에 대해 부정적인 입장을 견지하고 있었기 때문이며, 따라서 당연히 지지를 얻을 수 없었던 것이다. 이와 같은 태도는 일관적으로 석량 시기까지 지속되었다.[25)]

1909년 4월 석량이 동삼성의 총독으로 부임한 이후 서양으로부터 거액의 외채를 도입하여 외교적으로 세력균형을 견지하고자 했던 서세창의 주장을 계승하였다. "현재 우리가 할 수 있는 현실적인 방안은 실업을 일으키는 것이다. 예를 들면 은행을 설립하고, 철도를 부설하며, 황무지를 개간하고, 상점을 개설하는 등의 일이다. 운영 경비는 적어도 천만 량에 달할 것으로 예상되는 바, 동삼성의 재력만으로는 이를 해결하기 어렵다. 탁지부, 육군부, 우전부郵傳部 등의 각 부에 필요한 재정을 청구하여 서둘러 실업을 부흥시켜 위기 상황을 구하는 길밖에 없다. 이런 식으로 꾸물거린다면 구습에서 헤어나지 못하고 이권은 모두 외국인의 손아귀에 장악될 수밖에 없다."[26)]

석량은 영국과 미국의 자본을 도입하여 금애철도錦瑷鐵道를 부설할 수 있다면, 이를 통해 종래 이 지역을 주요한 세력범위로 설정하고 있던 일본과 러시아의 영향력을 약화시킬 수 있다고 간주하였다. 이러한 이유에서 금애철도와 관련된 교섭을 적극 진행하였다. 중앙정부로서는 교섭의 과정에서 영향력을 행사하고자 하였으나 중국 측 교섭의 주요 담당자는 줄곧 석량을 영수로 하는 동북지방의 지방관헌이었다. 그러

25) 「東省財政支絀之一斑」, 『盛京時報』, 1908.7.13.
26) 「錫督興辦東省實業之計畫」, 『盛京時報』, 1909.4.18.

나 금애철도차관이 가지고 있는 지역적 특성으로 말미암아 오히려 차관의 교섭이 시작되자 바로 중앙정부, 특히 탁지부가 반대를 제기하였다. 탁지부 상서 재택은 동북에서 사용되는 자금은 모두 재정적 어려움을 해소하기 위한 용도로서, 당연히 모든 외채는 일률적으로 탁지부의 주도로 차입되어야 하며, 차입된 외채 역시 탁지부에 의해 동북지방에 교부되어야 한다고 주장하였다. 결국 금애철도의 차관 교섭이 유산되자 그 여파로 말미암아 동북지방의 외채에 대한 주도권이 점차 중앙정부로 이전되고 말았다. 비록 이와 같은 차관이 주로 동북지방에서 사용되는 것이기는 하였지만, 마찬가지로 중앙재정의 수요와도 관련된 일이었기 때문에 형식상 이미 지방외채로서의 특징을 상실하고 말았던 것이다.

1910년 7월, 일본과 제정러시아는 만주를 분할하기 위한 새로운 협정을 체결하였으며, 8월에 일본은 조선을 병합하였다. 이후 동북지방의 형세는 다시 악화의 일로에 처하였다. 이는 청정부와 지방관리들의 경각심을 불러 일으켰으며, 이들은 "동삼성은 이미 오래전에 일본과 러시아의 세력 하에 놓이고 말았다"고 인식하였다. 따라서 석량은 외채를 차입함으로써 이와 같은 어려운 형세를 해결하고자 하였다. "근래 양국 협의의 성립은 상황을 더욱 위태롭게 만들었다." "외채 2천만 량을 차입하여 1천만 량으로 동삼성에 실업은행을 설립하고, 5백 만 량으로 이민자들로 하여금 토지를 개간하도록 하며, 나머지 5백만 량으로는 광산을 개발하고 철도를 부설하는 데에 사용하려고 계획하고 있다"고 제안하였다. 탁지부와 외무부는 원칙적으로 동삼성이 차관을 도입하려는 계획에 대해, 중국정부가 담보를 제공하여 차관을 도입함으로써 이를 통해 세력의 균형을 도모하려는 목적에 원칙적으로 동의하였다.[27)]

9월 말 중국과 미국 사이에 폐제차관과 관련된 초보적인 합의가 달성된 이후, 탁지부 상서 재택은 차관 액수를 증가하여 여기에 동삼성의 차관을 포함시키는 방안을 제시하였다. 청조가 동북지방의 차관을 폐제차관에 포함시키려는 동기는 두 가지가 있었다. 첫째, 단독으로 차관을 도입할 경우에는 일본과 러시아가 동북지방에 대한 특수 이권을 구실로 이를 방해할 소지가 있어 이를 회피하기 위한 목적이었다. 둘째, 영국과 프랑스, 독일이 차관의 도입을 둘러싸고 전개할 분쟁을 역시 피할 수 있기 때문이다.[28]

부가조건으로 청조는 다음과 같은 3항의 보증을 제안하였다. 1)오로지 미국으로부터만 차관을 도입하며, 다른 여타 국가와는 차관협상을 진행하지 않는다. 2)차관의 담보는 충분히 설정한다. 담보의 절반은 동삼성이, 나머지 절반은 중국정부가 제공하고, 관세와 이금厘金 가운데 설정되어 있지 않은 부분을 담보로 삼는다. 또한 중국은 대외무역으로부터 획득한 자금을 가지고 자유롭게 차관을 상환할 수 있다. 3)청조는 미국인이 재정고문을 파견하여 폐제개혁에 협조하는 일에 동의한다. 재정고문은 순수한 고문으로서의 역할만을 수행하게 되며, 금번 차관과는 아무런 관련도 없다.[29]

여기서 우리는 청조가 미국과 연합하려는 의도와 의지를 명확히 읽을 수 있다. 그 대가는 당연히 미국에게 더욱 많은 이익을 허용하는 것이다. 이러한 결과 폐제차관은 동삼성 실업차관과 병합되고, 미국으로서는 녹스계획Knox Plan[30]을 계속 추진할 수 있는 좋은 기회를 얻게 된

27) 『清宣統朝外交史料』第16卷, 32-34쪽.
28) 吳心伯, 『金元外交與列強在中國』, 復旦大學出版社, 1997, 91쪽.
29) 美國外交文件』, 1910, 90쪽.(Papers Relating to the Foreign Relations of the United States, 1900, Washington Government Printing Office, 1912).
30) 1909년 미국 국무경 녹스가 중국 동북지역의 철도를 중립화하기 위해 제출한 계획을 말한다. 주요한 내용은, 기존 일본과 러시아가 이 지역에서 가지고 있던 독

것이다. 더욱이 청조가 이와 같은 보증을 확약함으로써 미국으로서는 당연히 모든 제안에 흔쾌히 동의하게 된 것이다. 1910년 10월, 중미 양국은 북경에서 〈폐제실업차관초계약幣制實業借款草合同〉을 체결하였다. 이 차관은 5,000만원으로 연이자 5리, 실제 수령액은 95%였으며, 담보에 대해서는 명확한 규정이 없에 차후에 상의해 결정하기로 합의하였다.[31]

폐제실업차관의 성공 가능성이 증대되면서 금애철도차관은 편협한 지방적 목표로 여겨져 중외교섭의 주요한 내용으로 채택되지 못하였다. 실제로 폐제실업차관은 동북지역의 지방적 업무와 전국적인 차관의 필요성이 혼재되어 있었다. 미국의 입장에서 폐제실업차관은 중립화 및 금애철도계획의 실패로 인해 국무원과 재계 간의 긴장관계가 조성되고, 월가도 채권 판매를 통해 구미 금융시장으로 진입하려는 배경하에서 출현한 것이다. 이러한 이유에서 이 차관은 각계의 환영을 받았다. 국무원은 폐제실업차관이 미국의 대중국 투자 기회를 촉진시키는 중요한 계기가 될 뿐만 아니라, 교착상태에 빠진 금애철도와 동북지방으로의 발전 계획을 추진할 수 있는 주요한 계기가 될 것으로 간주하였다.

녹스는 "동북지방의 차관에 대해 큰 관심을 가지고 있다"는 의사를 표명하였다.[32] "석량은 금애철도이든 폐제실업차관이든 모두 지방의

점적인 세력권을 타파하기 위해 미국이 중국정부에 차관을 제공하고 이를 통해 금애철도 등 일련의 철도를 부설함으로써 이 지역에서 자국 세력의 부식을 기도한 것이다. 상세한 내용은 仇華飛, 「諾克斯計劃:美國與日俄在華利益的爭奪」, 『同濟大學學報』2003年 3期 참조.

31) 馬幕瑞, 『各國對華條約彙編』第1卷, 851쪽.(John Van Antwerp MacMurray, 『Treaties and Agreements with and Concerning China, 1894-1919』VOL1 Oxford University Press, 1921)

32) 吳心伯, 『金元外交與列強在中國』, 復旦大學出版社, 1997, 91쪽.

실력을 증진시킬 수 있는 방안으로 간주하였다. 석량은 미국으로부터 차관을 도입하여 금애철도를 부설하려고 했는데, 비록 국방론에 미혹된 결과이기는 하였지만 행정 비용을 보충하려는 의도도 있었다. 이는 공공연한 비밀이었다. 따라서 금애철도는 일본과 러시아의 협약 체결 이후에 그 부설을 위한 희망이 더욱 감소되었다. 그러나 외채와 관련된 교섭 과정 중에 석량이 감수한 것은 주로 열강으로부터의 외교적 압력이 아니라 중앙정부가 담판의 과정 중에서 취한 애매모호한 태도와 함께 각 부서 간에 돌출된 상호 갈등이었다. 외채 교섭 중에 성과가 없자 석량은 중앙과 지방 간의 권력관계에 대해 불만을 표시하기 시작했으며, 지방총독과 순무의 권한 범위를 확대해 주도록 요청하였다.

무창기의武昌起義가 폭발한 이후, 각지의 총독과 순무는 차관을 도입하여 자강을 도모하고자 하였다. 동북지방도 예외는 아니었지만 소기의 성과를 거두지는 못하였다. 동북지방이 외채를 도입하기 위해 정책을 결정하는 과정에서, 이 지역 특유의 정치적 성격이 확연히 드러났다. 동삼성 총독 조이손은 "이후 동삼성과 관련된 사건은 외교와 내정을 막론하고 예외적인 일을 제외하고는 총독이 상주하여 처리하고, 상주하지 않는 것은 허용되지 않아야 한다"는 의견을 제시하였다. 이후 동삼성에 관련된 사안에 대해서는 어떠한 부서도 관여할 수 없게 되었다."[33]

이와 같은 특권을 획득한 이후 비록 국제교섭 및 신군 두 가지 사안은 여전히 내각 및 군자부軍咨府, 외무부와 상의하여 처리했지만,[34] 조이손은 동삼성에 대한 실질적인 관할권을 획득하였으며, 이는 차관에

33) 「趙次珊治東政策之第一義」, 『申報』, 1911.5.17.
34) 「新舊東督交替時種種」, 『申報』, 1911.5.31.

대한 중앙정부의 비준을 얻는데 큰 도움이 되었다. 이는 이 시기에 청조가 지방정치를 통제할 역량이 충분치 못했음을 웅변해주고 있으며, 조이손이 외채를 도입하는 시도에 대해 중앙정부가 실제로 통제하기 어려웠다는 점을 의미하기도 한다.

조이손은 무창기의가 발발했다는 소식을 전해듣고 나서, 즉시 정금은행 측에 500만 엔을 빌릴 수 있는지 여부를 타진하여 동삼성의 급한 용도에 대비하고자 하였다.[35] 우선 조이손은 10월 17일 독서탁지사督署度支使를 봉천에 파견하여 정금은행지점 사장인 고노小野와 교섭했고, 차관 기한 3년 내에 동삼성의 염리와 낙지세落地稅를 담보로 제공하겠다는 의사를 전달하였다. 동시에 외교 분쟁을 피하기 위해 정금은행이 비밀을 엄수하고 일본정부도 알지 못하도록 해 줄 것을 요구하였다. 하지만 고노는 자국 정부에 이를 즉시 보고하였으며, "차관계약은 반드시 총영사의 검증을 득해야 하고, 정부에 알리지 않는 것은 불가능하다." 또한 제공된 담보세도 이미 이전 외채의 담보로 충당되었으므로 "다른 담보를 찾아야 한다"는 의사를 전달하였다.

이에 대해 탁지사度支使는 "금번 차관은 출병 비용을 충당하기 위한 용도이다. 만약 정금은행이 받아들이지 않는다면 달리 방도가 없다"고 생각하였다. 10월 19일 그는 다시 고노를 방문하여, "연일 관은호에 예금을 인출하기 위해 예금자들이 몰려와 태환청구가 쇄도하고 있다. 그러나 잉여은의 비축은 200만 엔에 불과한 실정이다. 금후의 상황이 매우 우려된다." "만약 500만 엔의 차관을 제공하기 어렵다면 우선 100만 엔 상당의 차관이라도 성사될 수 있기를 희망한다." 더욱이 그는 "신속히 차관계약이 성사되기를 희망하며, 어떠한 조건이라도 수용할 터이

35) 「上渝」(1911.9.8), 『宣統政紀』卷62, 45쪽.

니 즉시 빌려줄 것을 희망한다"[36]는 의사를 전달하였으나, 정금은행은 여전히 미루며 답변하지 않았다.

조이손은 차관을 승인해 주도록 요청하면서 차관 액수를 300만 량으로 감액하였다. 담보도 지조 40만 량으로 충당하고, 부족하면 토지가옥 매매세 100만 량을 담보로 설정하는 것으로 수정하였다. 고노는 이 조건에 별로 관심을 두지 않고, 해룡海龍 및 조남洮南으로부터 남만주철도가 지나는 노선의 특정 지점에까지 철도를 부설하려는 계획 가운데 정금은행으로부터 차관을 도입하려는 계획이 있는지의 여부를 도독부督署에 문의하였다. 일본이 철도 부설에 차관을 제공하려는 의도는 이를 통해 이권을 차지하려는 속셈이었다. 그러나 당시 철도업무는 중앙정부 우전부의 관할로서 동삼성의 권한 밖이라 이에 대한 명확한 답변을 줄 수 없었다. 정금은행 부총경리 이노우에井上는 동삼성당국의 의견을 정금은행의 총재에게 전달하는 동시에, 주봉천 일본영사 고이케 초우조小池張造에게도 이를 즉시 보고하였다. 일본 외무대신 우치다 고사이內田康哉는 동삼성 도독부가 설정한 담보로서는 일본 측의 요구를 만족시킬 수 없다는 뜻을 고이케小池를 통해 전달하였다. 이와 함께 일본정부는 이미 정금은행이 중국 측이 요구한 차관에 대해 진행하지 않기로 결정했다는 사실을 주중국 일본공사에게 알리도록 시달하였다.[37] 결국 이 일은 여기서 일단락되었다.

조이손은 정금은행에 도움을 요청하는 동시에, 다른 한편으로 도승은행 하얼빈지점에도 차관의 공여를 요청하였다. 여기서 그는 북만주

36) 中國人民銀行總參事室, 『中國淸代外債史資料 (1853-1911)』, 中國金融出版社, 1991, 828쪽.
37) 中國人民銀行總參事室, 『中國淸代外債史資料 (1853-1911)』, 中國金融出版社, 1991, 830쪽.

의 관세와 염세, 산지세를 담보로 300만 루블이나 혹은 500만 루블 상당의 차관 도입을 요청하였다.[38] 러시아는 당초 동삼성당국의 요청에 대해 흥미를 가지고 검토하였으며, 러시아 재정대신 역시 다음과 같은 의견을 표시하였다. "현재 중국에 차관을 제공하는 것은 모험이지만, 나는 러시아가 이 차관으로 획득하는 이익이 차관 제공으로 생기는 금융 손실을 충분히 보상할 수 있다고 생각한다. 만주, 특히 북만주에서 여러 성의 관세를 통제해 중국에서 러시아의 지위를 크게 향상시킬 수 있다. 따라서 나는 이를 이용해 러시아의 세력을 강화하는 기회로 삼는 것이 타당하다고 생각한다."[39]

그러나 신해혁명이 파급되면서 러시아의 꿈은 일장춘몽으로 사라져 버리고 말았다. 10월 23일, 주중 러시아공사 코로초베츠Korostovetz는 상트페테르부르그에 다음과 같이 전보로 보고하였다. 즉, 북경의 정황이 혼란해 혁광을 수장으로 하는 황족내각이 실제로 존재하지 않으며, 신내각도 아직 조각되지 않았으며, 청정부에는 이미 책임질 사람이 없는 상황이라고 지적하였다. "1910년 만주장군들과 체결한 협정에서 이후에 북경정부에 의해 부인된 선례를 회고하면, 지방당국과의 협정 체결은 마땅히 신중해야 한다."[40]

또한 "자정원資政院은 최근 폐회 이전에 중국정부와 4개국 은행단이 군비와 관련된 3천만 량의 차관에 대한 토론으로 한정하여 예비협의를 진행하였다."[41] 본래 제정러시아정부는 차관에 대해 청조 중앙정부가 반드시 확인해 줄 것을 선결조건으로 요구했지만, 북경은 무정부상태

38) 中國社會科學院近代史硏究所,『沙俄侵華史』第四卷 下, 人民出版社, 1990, 750쪽.
39) 中國社會科學院近代史硏究所,『沙俄侵華史』第四卷 下, 人民出版社, 1990, 751쪽.
40) 中國社會科學院近代史硏究所,『沙俄侵華史』第四卷 下, 人民出版社, 1990, 751쪽.
41) 張蓉初 譯,『紅檔雜誌有關中國交涉史料選譯』, 三聯書店, 1957, 341쪽.

가 되어 이 조건을 실행할 수가 없게 되었다. 이로 인해 제정러시아정부는 전보를 받은 후 차관에 대한 위험이 너무 커 그 전망을 우려하였다. 또한 일본은 이미 조이손의 요청을 거절하였으며, 제정러시아정부의 신뢰도 동요하고 있었다. 24일, 제정러시아 외교부는 코로초베츠에게 다음과 같이 회답하였다. "이 차관의 계약 체결 문제에 관해서는 목하 형세가 급박하여 최종 결정을 연기해야 할 것으로 보인다."[42)]

이틀 후 이 문제를 주관하는 재정대신은 차관계획을 포기하는 것으로 최종 결정하고, 외교부에도 편지를 보내어 "현재 북경에는 어떠한 정부도 없어 우리들의 희망에 부합하는 계약을 체결할 수 없게 되었다"[43)]라고 전하였다. 같은 날 도승은행 이사회는 제정러시아 재정부의 명령을 받아 자국의 주봉천대표에게 차관 담판을 중지하도록 전보를 보냈다. 이로써 동삼성 총독 조이손이 지방외채를 차입하여 위급한 상황을 해결하려는 시도는 물거품이 되고 말았다.

2. 중앙의 통제 이완과 동북지방의 외채

신해혁명 이후 중국은 공화제 시대로 들어섰지만, 청 말 이후에 점차 긴장관계를 유지해 왔던 중앙과 지방의 관계가 정치제도의 변혁으로 완화되지는 않았다. 오히려 더욱 복잡한 시대로 진입하였다. 이와 같은 특수한 정국은 외채의 도입 과정에 더욱 명확하게 반영되고 있었다. 원세개정부 시기에 재정상의 거대한 수요로 말미암아 중앙과 지방

42) 中國社會科學院近代史研究所, 『沙俄侵華史』第四卷 下, 人民出版社, 1990, 752쪽.
43) 中國社會科學院近代史研究所, 『沙俄侵華史』第四卷 下, 人民出版社, 1990, 752쪽.

사이에 외채를 둘러싸고 갈등이 더욱 첨예하게 돌출되는 상황이 전개되었다. 각 지방이 독립을 성취한 이후에 중앙의 재정적 지지를 얻을 수 없는 상황 하에서 외채의 차입을 통해서만 비로소 재정의 부족을 해결할 수 있었고, 이는 중앙 재정을 더욱 곤궁하게 만들었다. 다른 한편 중앙정부는 지방의 차관을 제한함으로써 중앙 재정의 권위를 유지하는 정책을 추구하였다.

중앙과 지방의 권력 분쟁 중에 외채의 차입은 중앙과 지방 사이에 핵심적인 문제로 부상하였다. 그러나 실제 운영 중에 지방의 차관을 제한하는 유효한 조치를 취할 방도가 없었으며, 계속 지방의 차관을 금지한다고 거듭 강조하는 수준에 머물고 말았다. 지방정부는 당분간 청 말 시기에 외채를 차입하던 방식을 여전히 지속했으며, 따라서 관성적으로 계속되었다. 지방외채는 지역에 따라 상황이 각각 상이하였는데, 이러한 이유는 지방정부에 대한 중앙정부의 통제 정도의 차이와 관련이 있었다.

남경임시정부가 성립된 이후 중앙정부는 지방의 차관 도입을 통제하는 방안을 재정정책의 핵심적인 과제로 위치시켰다. 청 말 탁지부를 대신하여 성립된 재정부는 스스로 외국으로부터 차입한 채무의 당사자로 위치시켰으며, 이를 담당하기 위한 전문기관으로 공채사公債司를 설립하였다. 이와 함께 내외채의 활동과 기타 재정활동을 의식적으로 구분하여, 외채를 재정의 핵심적인 요소로 제도화하였다. 1912년 한 해 동안 중앙정부는 계속해서 외채와 관련된 정책을 내 놓았으며, 그 결과 철도, 광산, 전부田賦와 관련된 지방외채에 대해 특별 규정을 두어 명확하게 지방외채의 도입을 제한하였다. 1912년 3월 28일, 재정부는 각국 공사에게 조서를 보내어 "현재 중화민국은 이미 남북이 통일되어 각지의 관상민이 외국상민과 민국 주권 및 지방 공공재산과 관련된 계약 등을 체결하는 행위에 대해 중앙정부의 비준을 거치지 않을 경우 이를 승인하지 않을 것"[44]이라고 확인하였다.

1913년 초 원세개정부는 한 걸음 더 나아가 재정부가 외채를 도입하는 유일한 주체라고 강조하였다. 이를 위해 재정부는 관련 각 성에 대해 비준없이 직접 외채를 도입하지 말도록 재차 확인하였다. "이후 차관을 도입하는 행위에 대해 재정총장이 전적으로 책임을 지고 관리한다…중앙과 지방 각 처를 막론하고 어떠한 차관도 재정총장의 서명 없이는 효력을 발휘할 수 없다. 차관은 외적으로 국제신용과 관련되고 내적으로는 일반 백성의 부담을 가중시키는 일이므로, 만일 조금이라도 차질이 발생한다면 열강으로부터 신용을 잃게 되고, 후일 큰 부담을 지게된다."[45]

정책상의 제한으로 인해 각성이 차관을 도입하기 위해서는 반드시 먼저 재정부에 비준을 상신해야 비로소 그 가부에 대해 논의할 수 있게 되었다. 따라서 각종 차관 가운데 실제로 성사되는 경우는 많지 않았다.[46] 그러나 민국 원년에 지방외채는 여전히 재정상의 큰 부담이 되었다. 원세개정부 시기 지방외채는 모두 40건으로 총액이 31,519,731원에 달하였다. 이후 환계皖系, 안휘파 통치 시기(1916년 6월-1920년 7월)에는 32건으로 24,015,744원에 달하였다. 이 두 시기의 차관이 북양정부 시기 전체 지방외채 가운데 90% 이상을 차지하였다.

이들 지방외채는 대부분이 군정외채로서 실업차관은 매우 적었으며,

44) 財政科學研究所中國第二歷史檔案館, 『民國外債檔案史料』第1卷, 檔案出版社, 1990, 63쪽.

45) 財政科學研究所中國第二歷史檔案館, 『民國外債檔案史料』第1卷, 檔案出版社, 1990, 76쪽.

46) 賈士毅, 『民國財政史』第四編 國債, 第五章 地方公債, 商務印書館, 1917, 107쪽.

대략적으로라도 액수를 가늠할 수 있는 경우가 호북성 속회탄산만 매광차관湖北省 贖回炭山灣 煤礦借款, 호란당창채권관呼蘭糖廠債劵款, 호란당창덕화은행차관呼蘭糖廠德華銀行借款, 엄동성대만은행수재차관廣東省台灣銀行水災借款 등으로 총 금액은 대략 267만 은원이었다. 이는 지방정부 차관 전체의 4.3%에 해당되는 액수였다.[47)]

청 말과 마찬가지로 지방외채는 혼란한 양상을 드러냈고, 정확한 상황을 알기조차 쉽지 않았다. "관리가 외채를 남발하는 것이 국가의 권리를 상실하게 만드는 가장 심각한 경우이다. 그러므로 청대에 각 성은 중앙의 비준을 거치지 않고서는 임의로 외채를 도입하기 어려웠으며, 민국시대의 재정 담당자도 이 점에 특히 주의하여 엄격하게 제한해 차관이 성립되는 경우는 매우 적었다. 그러나 각 성이 외국으로부터 차입하는 외채의 경우 정확한 조사를 하더라도 그 내역을 파헤치기 쉽지 않았으며, 따라서 누락되는 경우도 피할 수 없었다."[48)]

북양정부 시기 외채를 차입하는 지방정부는 매우 많았지만, 채무는 상당히 집중되어 있었다. 봉천성과 광동성이 차입한 차관의 횟수는 전국을 통틀어 절반 정도에 해당되었으며, 금액 역시 전국의 42%에 달하였다. 두 성의 차관 모두 지방재정의 부족 및 중앙의 지방에 대한 통제력 상실과 직접적인 관계가 있었다. 북양정부 시기 광동성과 봉천성 등의 성은 장기간 중앙정부의 관할로부터 유리되어 있어 정치적으로 보면 상대적으로 독립되어 있었으며, 따라서 자치적 성향이 매우 강했다. "민국 성립 이후 각 성은 중앙의 구속을 받지 않고 마음대로 외국으로부터 차관을 도입하였는데, 특히 광동과 동북이 심하였다."[49)]

47) 張侃, 「論北洋時期地方政府外債」, 『中國社會經濟史研究』2000年 1期.
48) 萬籟鳴, 『整理中國外債問題』, 上海光華書局, 1927, 66-67쪽.
49) 楊汝梅, 『民國財政論』, 商務印書館, 1927, 46쪽.

|도표 1| 민국 초기 봉천의 지방외채 상황

차관 명칭	차관 시기	액수	이자	담보	용도
봉천성 禮和洋行 대포가격차관	1912년 9월 5일	1,642,037마르크			
봉천 大倉차관	1912년 10월 16일	1,000,000엔	연이자 8리 2년	本溪湖煤角公司 奉天 소유주식과 出井稅, 撫順석탄광 산생산세	봉천 군정경비
봉천 만철차관 1	1913년 5월 29일	600,000엔	연이자6%, 1년 실제수령액 95%	봉천전등공장, 전화국, 개항장내 토지, 전부, 도로시설50)	봉천 행정비, 출정비, 군사비
봉천 만철차관 2	1913년 9월 17일	2,000,000엔	연이자 6리, 10년	봉천성 담배세, 주세 등 잡세	봉천 행정비
봉천 禮和차관	1913년 11월	700,000銀元	월이자 0.9%	불명	대포구매차관
永昌公司차관	1913년 12월 1일	고평은 50만 량	3개월 반 월이자 7리 선이자지불 실제수령액 97%	전성의 시장소비세를 담보로 제공 동삼성관은호가 1914년 3월 15일 발행해 기한이 된 50만 량의 은표를 담보로 설정	차관계약에는 실업진흥, 실제 용도는 미상
봉천 沙遜公司차관1	1914년 1월 26일	대양 1,500,000원	월이자 7리 1년	봉천성관은호 어음 6장, 총계 소양 168만 원을 담보로 설정	이 차관은 실제 본차관 제1기 소양 75만원, 永昌公司차관 617,536원 및 禮和洋行 제6,7대포가격외채 소양 87,344원을 상환하는 용도이다.
봉천 沙遜公司차관2	1915년 2월 26일	대양 100만 원	월이자 7.5리 선이자지불 실제수령액 95%	봉천재정청이 중국은행어음 12장을 발급 봉천통용지폐 소양 120만 원을 담보로 설정	주로 지불이 연기된 만철차관과 沙遜公司 차관에 사용

50) 중앙정부가 비준하지 않을 것으로 여겨 성채로서 성의회가 의결해 처리할 수 있었다.

차관 명칭	차관 시기	액수	이자	담보	용도
				만약 차관기한 내에 변고가 있을 경우 중앙정부가 본 계약조건에 의거해 상환	
奉天 格林生銀公司차관	1913년 6월 28일	대양 200만 원	이자 7리 기한 1년 실제수령액 95%	전성 伍田 측량을 담보로 공사가 인원을 파견하여 징수할 수 있도록 허가한다. 만일 기한이 되었는데도 전부 를 상환하지 못하고 새로운 계약도 체결하지 못할 경우 공사가 인원을 파견해 대신 징수한다.	정비 보조
奉天 省沙遜公司차관 3	1915년 6월 15일	대양 40만 원	10개월 월이자7.5리 이자 선지불 실제수령액 95% 대양 35만 원을 수령함	성 재정청이 중국은행 어음을 발급 봉천 통용지폐 소양 48만 원과 중앙정부에 보증 제공 요구	명목상 실업발전, 실제로 격림생차관 상환
奉天 興業銀行차관	1914년 9월	소양 160만 원		省城, 新民, 遼陽, 安東 사세국(四稅局) 조세	정비 보조
奉天 大倉洋行차관 2	1914년 10월	150만 엔	연이자 8% 1년	安東採木公司와 本溪胡석탄철공사의 중국 측 주식, 무순석탄광산 광산세와 報效金, 本溪석탄광산세를 담보로 한다.	1912년 10월 16일 봉천 대창차관과 본계호석탄광산 증자 중국 측 주식 35만 원
봉천 흥업은행차관	1915년 8월	소양 250만 원		省城, 遼陽, 安東, 新民, 海龍 오세국(五稅局) 조세를 담보로 설정	정비 보조

차관 명칭	차관 시기	액수	이자	담보	용도
奉天 省沙遜公司차관 4	1915년 9월	대양 100만 원	6개월 월이자 7.5리 이자 선지불 실제수령액 95%	미상	미상
修浚遼河工程局 匯豊道勝 銀行借款	1916년 3월 9일	滬平銀幣 5만 량 (合銀元 60만 원)	연이자 7리	봉천해관세 담보, 중앙 재정부에 담보 제공 요구	미상
봉천 永昌公司차관 1	1916년 3월 15일	소양 80만 원	1년 월이자 1분 1리	봉천재정청이 관은호 어음 8장을 발급하고, 통용지폐 소양 80만 원을 담보로 설정	중국은행과 교통은행에서 72만 원을 차입해 호란(呼蘭)제당공장의 이자를 상환
봉천 조선은행차관	1916년 6월	100만 엔	2년 연이자 6.5리 실제수령액 95%	본성 전등공장 전화국 자산 전부와 개항지의 토지 전부, 도로 시설, 기타 건축물품. 차관에 특별규정을 포함해 봉천성 중국 각 은행이 공금을 출납할 때 조선은행과 다른 일본은행이 발급하는 금권을 수용할 수 있도록 한다.	전적으로 봉천 각 은행 자금을 정리하는 용도로 사용
봉천 조선은행속차관	1916년 8월	200만 엔		본성의 취득세와 주세	관은호 구제. 차관을 관은호에 건네주어 성고에서 지불하지 못한 관은호의 돈을 상환
永昌公司借款 2	1916년 8월 5일	소양 100만 원	8개월 월이자 1분 1리 선이자 지불 실제 소양 91.2만 원 수령	동삼성관은호 어음 5장, 총계 봉천 통용지폐 100만 원	육방 군량 부족을 상환 禮和 대포 가격을 지불

* 출처: 徐義生, 『中國近代外債史統計資料』, 中華書局, 1962, 122-123쪽, 130-133쪽 ; 財政科學研究所中國第二歷史檔案館, 『民國外債檔案史料』4卷, 檔案出版社, 1990, 215쪽, 269쪽, 541쪽 ; 財政科學研究所中國第二歷史檔案館, 『民國外債檔案史料』5卷, 檔案出版社, 1990, 25쪽, 458쪽, 697쪽 ; 中國社會科學院近代史研究所, 第二歷史檔案館史料編輯部, 『五四愛國運動檔案資料』, 中國社會科學出版社, 1980, 17-19쪽.

청 말 민국 초기에 동북지역의 경제개발이 가속화되었지만, 그에 따라 지방정부가 직면한 재정 압력도 증대해 갔다. 청 말 시기 조이손, 서세창, 석량을 포함한 역대 총독들은 재정 개혁을 추진했지만, 외부 자금의 지지를 얻을 수 없었기 때문에 재정 상황이 호전되지 못하였다. 외부 자금은 중앙정부의 재정적 지원과 외국으로부터의 차관 도입을 포함한다. 그러나 청 말 시기 동북지방의 실업차관은 기본적으로 모두 실패로 끝나고 말았다.

장작림이 봉천성 성장으로 부임한 이후 가장 먼저 직면한 문제는 성부(省府)의 재정 곤란이었다. 1912년 이후 세수가 감소했기 때문에 발행한 지폐의 가치도 지속적으로 하락했으며, 따라서 봉천성정부는 어쩔 수없이 상해에서 외국인이 경영하고 있던 은행단으로부터 차관을 도입할 수밖에 없었으며, 더불어 조선의 일본 식민당국에게도 도움을 요청하였다. 이때 봉천성은 전성의 주세 및 심양전기창과 전화국 등 정부자산을 담보로 설정할 수밖에 없었다. 매년 차관의 이자로 지불해야 할 금액은 성정부의 예산에서 매우 큰 부담이 되었으며, 봉천성의 세수만으로 매년 200~300만 량에 이르는 이자 부담을 감당할 수 없었다.[51] 봉천성에서는 차관의 도입이 매우 빈번하게 이루어졌기 때문에, 이에 대해 재정부는 여러 차례 우려를 표시했다. "봉천성의 채무가 날마다 증가하여 다시 차관을 도입하는 일은 적당하지 않다." "봉천성은 외채의 누적이 심하여 다시 차관을 도입하는 것은 적당하지 않으며 임시방편에 불과하다."[52]

---

51) 薛龍, 徐有威 楊軍 等 譯, 『張作霖與王永江 : 北洋軍閥時代的奉天政府』, 中央編譯出版社, 2012, 46쪽.

52) 財政科學研究所中國第二歷史檔案館, 『民國外債檔案史料』5卷, 檔案出版社, 1990, 493쪽.

동북지방 봉천의 차관은 대체로 다음과 같은 몇 가지 특징을 가지고 있었다.

첫째, 초기 차관은 주로 군정비용 문제를 해결하기 위해 도입된 것이다. 예를 들면, 예화양행차관禮和洋行借款, 대창조차관大倉組借款, 격림생공사차관格林生公司借款 등을 들 수 있다. 봉천 도독은 행정경비 문제를 해결하기 위해 1913년 5월 29일에 일본의 남만주철도주식회사로부터 60만 엔을 차입하였는데, 연이자가 6리, 실제수령액 95%, 상환기한 1년으로 정해졌으며, 봉천의 전등공장과 전화국의 모든 자산을 담보로 설정하였다. 재정부는 이 차관을 성채省債로 간주하여 중앙에서 비준하지 않았으며, 이후 성의회의 의결을 통해 승인되었다. 본 차관은 1914년에 지불 기한을 다시 1년 더 연장하였다. 계약조건이 매우 가혹하여 봉천 순무는 1915년 2월 사손공사沙遜公司로부터 대양大洋[53] 100만 원을 차입

53) 대양과 소양은 동북지방의 주요한 화폐로서, 은원과 태환권을 포함한다. 청대부터 동북지역에서 통용된 각종 대은원은 원두은원이 가장 보편적이었고, 북양정부 시기에 주조된 은원도 통용되었으며, 각지에서는 봉천조폐공장과 길림조폐공장이 청 말에 주조한 은원을 사용하였다. 대은원 1원은 중고평(重庫平) 7전 2부(7錢2分)였다. 민국 초기, 동북지방 상민은 소양을 습관적으로 사용했고, 소은원에는 5角, 2角, 1角, 5分의 4종류가 있었다. 시장에서 유통되는 수량은 대은원의 2배 이상을 초과했다. 奉小洋票는 奉天省 각 관은호, 은행이 발행한 소은원을 본위로 하는 태환권이고, 소은원표라고도 말하였다. 봉천관은호 소양표는 사첩을 금지하고 관첩을 회수하며, 봉천성이 인쇄, 발행한 지폐를 통일시키기 위해 발행한 것으로 봉표의 전기 화폐 종류였다. 그것은 발행 초기에 충분히 인출되고 상민의 반응도 좋았으며 신용도 비교적 높았다. 봉표의 대량인출 사태에 의해 인출을 제한하기도 하였다. 봉대양표는 봉천성 각 관은호와 은행이 발행한 대은원을 본위로 하는 태환권이었다. 1원은 봉소양표 12角을 합한 것이고, '一二大洋票', '大銀元票'라고도 불렀다. 1917년 8월 16일, 奉天省 성장 공서는 다시 다음과 같이 포고를 발표하였다: 상민이 대양제를 실행하도록 명령하고, 각 관은호는 대양표를 발행하며, 소양표를 회수하였다. 소양표는 1919년부터 회수해 소각을 실시했고, 1922년 기본적으로 끝났으며, 대부분 회수되었다. 시장에서는 여전히 소량 유통되었다.

하여 차관을 상환하였다.54)

봉천성은 군사물자가 부족하여 1913년 6월 28일에 격림생공사格林生公司로부터 대양 200만 원, 실제수령액 95%, 이자 7리, 기한 1년의 조건으로 차입하였다. 성 전체의 오전伍田55)을 측량하여 토지 가격을 담보로 설정하였으며, 격림생공사格林生公司가 인원을 파견하여 토지 가격을 산정하여 징수하도록 허용했다. 만일 기한이 만료되었는데도 차관을 상환하지 못하고 새로운 계약도 체결하지 못할 경우, 공사가 인원을 파견하여 대신 징수하기로 결정하였다. 본 차관은 기한이 만료되었을 때 봉천성의 재정이 부족하고 오전伍田의 수입도 충분치 않아 차관을 상환할 방법이 없게 되자 양 측이 기한을 1년 더 연장하기로 결정하였다. 연장 기한이 만료되었을 때 다시 오전의 징수가 어렵게 되자 둔간국屯墾局이 100만 원을 먼저 상환하고, 나머지 100만 원은 상환 기한을 1년 더 연장하기로 결정하였다. 그 후 20만 원을 상환하고 80만 원은 지불하지 못한 채로 1917년 공사와 다른 계약을 체결하면서 기한을 1년 더 연장하였다. 그리고 월이자를 8리로 수정하고, 같은 해 10월 차관을 모두 상환하지 못하면 계약은 소멸되는 것으로 규정하였다.56)

---

54) 財政科學研究所中國第二歷史檔案館, 『民國外債檔案史料』4卷, 檔案出版社, 1990, 514쪽.

55) 봉천성의 황무지는 일찍이 러일전쟁 이전에 많이 개간되어 경작되었다. 민국 시기에, 넓은 면적의 황무지는 매우 적었다. 이로 인해, 이 시기에 봉천성 간척정책의 중점은 주로 각 관지와 경작지에 대해 철저한 조사와 측량을 시행하는 것이었다. 1913년, 봉천성은 省城에 측량관지국(丈放官地局)을 설립했고, 『丈放隨缺伍田章程』을 제정하였다. 그리고 각 도시로 인원을 파견하여 누락되거나 伍田의 토지에 대해 측량을 진행하여 측량된 토지는 그 해에 등록하였다. 그러나 당시 관지국이 측량한 토지의 범위는 경작지에 한정되어 황무지에는 미치지 못하였다. 1914년 2월 24일, 봉천성 각 지의 기민 2,000여 명은 토지 가격을 지불할 능력이 없어 瀋陽에 모여 당국에 八旗伍田에 대한 측량을 중지해 주도록 요청하였다. 伍田 측량의 절반이 중지되었다.

둘째, 새로운 차관을 도입하여 이전 차관을 상환하는 특징이 두드러졌다. 예를 들면, 1914년 1월 사손공사沙遜公司로부터 차관 대양 150만 원을 차입하여 주로 영창공사永昌公司차관 소양小洋 617,536원과 예화양행禮和洋行에 제6, 제7 대포가격으로 빚진 소양 87, 344원을 상환하였다.[57] 봉천성은 1915년 9월에 군량의 수요를 충족할 방도가 없어 교통은행 봉천지점과 협의를 거쳐 사손공사로부터 단기차관 대양 100만 원을 차입하여 6개월을 기한으로 세 차례에 나누어 상환하기로 결정하였다. 6월 사손공사로부터 이미 차입한 40만 원 차관과 동일한 조건으로 즉, 월이자 7.5리, 선이자 지불, 실제수령액 95% 조건에 의거하기로 합의하였다.

민국 시기 재정부는 차관의 상환기한이 짧고 이자가 과중할 경우 이를 승인하지 않았으나, 그 후 봉천성의 재정이 곤궁해져 비준을 다시 요구하지 않을 수 없었다.[58] 재정부는 "이번 사손차관은 손해가 매우 심대하므로 비준할 수 없다. 그러나 봉천성은 단기 이자가 높은 소액 차관을 계속 도입하고 임의로 남용하여 습관이 되어 버렸으며, 심히 우려되는 바이다."[59]

1916년 8월 5일, 봉천성은 육방陸防[60]에 필요한 군사물자의 부족과 예화 대포가격 등을 지불할 재정적 여력이 없자 일본상사인 영창공사永

56) 財政科學研究所中國第二歷史檔案館, 『民國外債檔案史料』4卷, 檔案出版社, 1990, 525쪽.

57) 財政科學研究所中國第二歷史檔案館, 『民國外債檔案史料』5卷, 檔案出版社, 1990, 25쪽.

58) 財政科學研究所中國第二歷史檔案館, 『民國外債檔案史料』5卷, 檔案出版社, 1990, 247쪽.

59) 財政科學研究所中國第二歷史檔案館, 『民國外債檔案史料』5卷, 檔案出版社, 1990, 248쪽.

60) 국경의 방어

昌公司로부터 소양 100만 원을 8개월의 기한으로 월 이자 1.1부(分)로 차입하였으며, 차관을 도입할 시점에서 선이자를 지불하기로 합의하여 실제 수령액은 소양 91.2만 원이었다. 재정부는 봉천성의 채무가 나날이 증가하여 더 이상 차입해서는 안된다고 생각하였으나, 이에 동의하지 않을 수 없었다. 즉 "재정 압박이 극심하여 허용하지 않을 수 없었다."[61]

봉천은 새로운 외채를 빌려 이전의 외채를 상환했는데, 특히 일본과의 특수한 관계를 적극 활용하였다. 1912년 10월 봉천성당국은 일본상사 대창조大倉組로부터 100만 엔을 차입하였는데, 주요한 용도는 시장의 시황을 유지하기 위한 것이었다. 그 주요한 원인은 봉천성의 재정수입이 적고 지출이 많았기 때문이다. 관은호官銀號가 이를 보충하여 그 영향으로 금융이 정체되었다." 차관은 관은호의 경제적 어려움을 구제하기 위해 차입한 것으로서, 성의회의 비준을 통과하였다.[62] 차관은 실제 수령액 95%, 연이자 7리 5, 기한 2년으로 본계호석탄철공사의 주식과 무순석탄세 기부금을 담보로 설정하였다. 1914년 10월 봉천성은 차관의 상환기한이 만료되었지만 상환하지 못해 다시 50만 원을 실제수령액 95%, 연리 8리, 기한 1년으로 차입하였다. 이후 상환기한을 2번이나 더 연장하였다. 이러한 방식으로 봉천성은 재정적으로 더욱 일본의 의존해야 했으며, 그 반대급부를 제공하지 않을 수 없었기 때문에 경제적으로도 손실이 매우 컸다.[63]

---

61) 財政科學研究所中國第二歷史檔案館, 『民國外債檔案史料』5卷, 檔案出版社, 1990, 490쪽.

62) 財政科學研究所中國第二歷史檔案館, 『民國外債檔案史料』4卷, 檔案出版社, 1990, 270쪽.

63) 財政科學研究所中國第二歷史檔案館, 『民國外債檔案史料』4卷, 檔案出版社, 1990, 273쪽.

1913년 5월, 봉천성은 다시 재정적 어려움으로 행정 운영비와 군비를 염출할 방법이 없었고, 관은호도 이미 300만 량의 적자를 기록하고 있었다. 이러한 재정적 어려움을 해결하기 위해 일본의 남만주철도주식회사로부터 60만 엔을 연이자 6리, 실제수령액 95%, 기한 1년의 조건으로 차입하였으며, 봉천전등공장, 전화국 자산 전부, 개항장 내의 토지, 도로시설을 담보로 설정하였다. 이 차관은 단지 1개월 기한으로 차입된 것이다.[64] 재정부는 이와 같이 애매한 태도에 대해 성의 채무로 규정하여 성의회로 하여금 의결하도록 하였다. 동시에 선후차관 계약 제17조의 관계로 말미암아 정식으로 비준하지 않았다.[65] 1914년에 상환할 방법이 없어 기한을 1년 더 연장하였다. 이 차관으로 인해 봉천의 많은 공공기관이 담보로 설정되었으며, 이를 구실로 한 일본의 간섭을 피하기 위해 1915년 사손공사로부터 다시 100만 원을 차입하였다.[66]

3. 동북지방 외채와 일본과의 관계

지방채무를 제한하기 위해서는 열강의 협조가 불가결하였다. 이를 위해 북양정부는 여러 차례 열강에게 지방차관을 제한해 주도록 요청

64) 財政科學硏究所中國第二歷史檔案館, 『民國外債檔案史料』4卷, 檔案出版社, 1990, 517쪽.
65) 財政科學硏究所中國第二歷史檔案館, 『民國外債檔案史料』4卷, 檔案出版社, 1990, 517쪽.
66) 財政科學硏究所中國第二歷史檔案館, 『民國外債檔案史料』4卷, 檔案出版社, 1990, 518쪽.

하는 의사를 전달하였다. 1912년 3월 28일, 재정부는 각국 공사에게 조서를 보내어 "현재 중화민국은 이미 남북이 통일되어 각지의 관상민 등이 외국 상민과 민국의 주권이나 혹은 지방의 공공자산과 관련된 계약을 체결할 경우 중앙정부의 비준을 거치지 않은 것에 대해 본부는 승인하지 않을 방침"[67]이라는 의사를 전달하였다. 9월 12일, 다시 각국 사절에게 보낸 편지에서 "만약 염상이 사사로이 염표를 보증으로 삼아 외채를 빌린다면, 이는 아무런 효력도 발휘할 수 없는 무효"[68]라는 뜻을 거듭 피력하였다.

이러한 결과 사실상 외국 채권인으로서도 자신의 이익을 안정적으로 확보하기 위해서는 마찬가지로 지방차관에 대한 중앙정부의 관리가 강화되기를 희망하였다. 북양정부의 요구에 대해 "각국 정부도 원세개정권의 안정을 바라는 취지에서 원세개가 조서에서 요구한 점에 대해 적극 협력할 의사를 표명하였다."[69] 그러나 이때가 바로 선후차관을 둘러싼 담판이 진행되던 시기라서 각국 사이에 미묘한 태도의 차이가 있었다.

1913년 6월 28일, 주중 프랑스공사는 북경정부 외교부에 지방정부가 각국으로부터 자주 자금을 차입하고 있다는 사실을 전하였다. "이러한 모습은 실로 보기 좋지 않다. 이전에 각국이 중앙정부에 차관을 제공한 것은 정치, 군사적 혼란을 억제하기 위한 목적에서 이루어진 것이었다. 현재 차관이 이미 이루어져 혼란이 이미 종식되었다. 그러나 중앙재정

---

67) 財政科學研究所中國第二歷史檔案館, 『民國外債檔案史料』1卷, 檔案出版社, 1990, 63쪽.
68) 財政科學研究所中國第二歷史檔案館, 『民國外債檔案史料』1卷, 檔案出版社, 1990, 68쪽.
69) 胡春惠, 『民初的地方主義與聯省自治』, 中國社會科學出版社, 2001, 82쪽.

은 정리되지 못하고 있으며, 각 성에서 거두어진 세량은 수도에까지 이르지 못하고 있다. 이렇게 나아가다간 몇 개월도 안되어 중앙정부로서는 실로 또 다시 차관을 도입하지 않으면 안될 처지에 놓이게 될 것이다. 만일 각성이 임의로 차관을 도입하게 된다면 장래 중앙정부의 신용은 크게 실추될 것이다."[70] 프랑스의 태도는 자신이 제공한 지방차관과는 큰 관계가 없으나, 지방차관의 제공에 대한 반대의 입장은 다른 열강에 비해 명확하였다.

일본은 각 성과 밀접한 관계를 유지하고 있었으며, 따라서 이미 여러 차례 지방에 차관을 제공한 바있다. 차관의 공여를 통해 이익을 보전하고 손실을 방지하기 위해, 일찍이 일본은 북양정부에 지방차관의 기본 조건을 다음과 같이 내 걸었다.

"1)성차관의 계약은 중앙정부의 허가를 득해야 한다. 2)차관의 용도는 반드시 중앙에 보고하고 남용하지 않는다. 3)담보는 확실하고 신뢰할 수 있어야 한다."[71]

일본은 지방차관을 취소할 뜻이 전혀 없었으며, 지방정부가 일본으로부터 차입한 외채에 대해 중앙정부가 보증해 줄 것을 희망하였다. 동북지역과 일본의 지방외채 문제는 주로 동삼성관은호와 여기에서 발행된 화폐에 집중되었다. 동삼성관은호의 원래 명칭은 봉천관은호였으며, 1905년에 봉천장군 조이손이 창립하여 관상합판으로 경영되었다. 봉천재정국이 성자본 가운데 심은瀋銀 30만 량을 출자하여 설립되었으며, 이밖에도 민간자본인 상고商股가 수만 량 투자되었다.[72]

70) 財政科學硏究所中國第二歷史檔案館, 『民國外債檔案史料』1卷, 檔案出版社, 1990, 75쪽.

71) 闕名, 「民國外債痛史」, 『民國經世文編』財政六, 64쪽.

72) 中國銀行總管理處, 『東三省經濟調查錄』, 1919, 16쪽.

1909년 5월, 봉천관은호는 동삼성관은호로 명칭을 바꾸었다. 이때부터 민국 건립 시기까지 동삼성관은호는 동삼성지역의 중앙은행이었다. 주요 업무는 성고省庫[73]의 대행, 지폐의 발행, 실업에 대한 투자, 태환업무, 대출 등이었다. 동삼성관은호는 비단 동북지역의 금융업을 통제하였을 뿐만 아니라 수많은 공상기업에 적지않은 영향력을 행사하였다. 그러나 봉천성 당국이 항상 관은호로부터 자금을 차입하였기 때문에 군정비 역시 관은호를 통해 마련되지 않으면 안되었다. 설사 자금이 부족하더라도 재정청은 일상적으로 관은호를 통해 자금을 융통하였다.[74] 만일 자본의 융통이 원활하지 못하게 되면 관은호로서는 어쩔 수 없이 더욱 많은 지폐를 발행함으로써 이 문제를 해결할 수밖에 없었다. 이는 결국 봉표奉票의 가치 하락을 초래하였으며, 심지어 하루 낮밤 사이에 가치가 절반으로 폭락하기도 하였다.[75]

이와 같은 악순환으로 말미암아 "성고의 부족과 은행 경영의 어려움이 상호 인과관계가 되어 결국 모두 위험에 빠지고 말았다."[76] 관은호가 대신 지불해야 할 자금이 지나치게 많아져 어쩔 수없이 봉표를 남발하게 되었으며, 이는 결국 은행에 대한 태환청구가 쇄도하는 결과를 초래하고 말았다. 이러한 사태를 해결하기 위해서는 외채를 차입하는 방법 밖에는 없었다. 동북 지방정부는 동삼성관은호가 부담하고 있는 지방 재정에 대한 압력을 완화시키고 동시에 금융질서를 개선함으로써 동삼성관은호를 통해 건전한 금융환경을 조성하고자 시도하였다. 그러

73) 성정부 소유의 현금을 출납하고 보관하기 위해 중앙은행에 설치한 정부의 예금계정을 가리키는 말로서, 국가의 경우 국고에 해당된다.

74) 章伯峰, 李宗一, 『北洋軍閥』 (五), 武漢出版社, 1990, 426쪽.

75) 章伯峰, 李宗一, 『北洋軍閥』 (五), 武漢出版社, 1990, 427쪽.

76) 財政科學研究所中國第二歷史檔案館, 『民國外債檔案史料』5卷, 檔案出版社, 1990, 463쪽.

나 근본적인 해결 방법을 찾지 못하는 한, 이와 같이 차관을 도입하여 몰락한 정권 하에서 급한 불을 끄려는 미봉책으로는 계란으로 바위치기인 셈으로서, 어쩔 수 없이 연대보증의 늪 속으로 빠질 것임은 필연적인 일이었다. 1917년, 봉천성의 외채는 현대양現大洋 1,195만 원 이상이었으며, 이 가운데 60% 이상이 동삼성관은호와 관련이 있었다.[77]

1916년 장작림이 봉천독군 및 성장으로 막 부임하였을 당시부터 이미 엄중한 재정 금융위기에 직면하였다. 봉천은 외채 총계 대양 1,000여 만 원을 부담해야 하는 이외에 매년 200-300만 원의 적자가 누적되고 있었다. 봉천의 지폐는 매우 복잡하였으며, 화폐제도도 문란하여 대량 인출사태가 자주 발생하였다. 1916년 4월, 장작림은 왕수한王樹翰을 봉천성 재정청장으로 임명하고, 유상청劉尙淸을 동삼성관은호의 총판으로 임명하여 봉천성의 재정을 관할하도록 하였다. 이와 함께 장후경張厚璟이 설립한 재정연구소를 폐지하고 관련 분야의 관계자들을 초치하여 재정연구회를 설립하여 재정문제와 금융질서를 회복하기 위한 방안을 모색하였다.

장작림은 금융질서에 대한 정돈작업에 착수하여, 은행에 대량 태환청구 사태를 초래한 주범을 색출하였다. 장작림은 은밀히 사람을 보내어 조사를 진행한 결과, 홍업은행 부총리 유명기劉鳴岐가 일본인과 결탁하여 현양을 태환하는 행위를 적발하였다. 11월 10일, 홍업은행 부총리 유명기와 서창항금점瑞昌恒金店 집사인 황헌정黃獻廷, 서창항전장瑞昌恒錢莊 집사인 여홍서呂興瑞, 은화를 판매하고 운반하는 봉래양행蓬萊洋行의 집사

77) 遼寧省檔案館史料編輯部, 「奉系軍閥的財政經濟史料選編」, 中國社會科學院近代史研究所近代史資料編輯部, 『近代史資料』第83號, 中國社會科學出版社, 1993, 167쪽.

인 제서齊瑞, 그리고 성고를 관리하는 해중도解中道 등 5명을 총살형에 처하였으며, 염정서閻廷瑞는 9년 도형에 처하였다.[78] 그러나 이러한 조치가 비록 은화를 암거래하는 화폐상인에게 일시적으로 효과가 있기는 하였지만, 소양표小洋票의 하락을 근본적으로 저지할 수는 없었다.

1917년 왕영강이 재정청을 접수한 이후에도 성정부는 여전히 소양표 가치의 하락문제와 지폐의 지속적인 태환풍조의 압력에 직면해 있었다. 이전 6년 동안 금원표金元票와 비교하여 소양표의 가치는 날이 갈수록 하락하였다. 1912년 금원표 1원의 가치는 소양표 1.2원에 해당되었는데, 1913년 금원표 1원의 가치는 소양표 1.23원에 해당되었다. 1914년에 금원표 1원의 가치는 소양표 1.47원에 상당하였으며, 환전 교역시의 가치는 금원표 1원 당 소양표 1.54원으로 치솟았다. 1916년에 중국 소양표는 상당 부분 화폐가치를 회복하여, 금원권 1원 당 소양표 1.21원으로 태환할 수 있었다. 이와 같이 화폐의 가치가 초기의 수준으로 회복될 수 있었던 이유는, 1916년 6월 봉천성 재정청이 일본의 횡빈정금은행으로부터 200만 엔을 차관으로 도입한 데 힘입은 결과라고 할 수 있다.[79]

여기에서 일본이 일차대전 이후 중국에 대한 차관의 공여를 통해 중국의 화폐를 통제하고자 시도한 역정을 소개할 필요가 있다. 일본의 데라우치寺內 내각은 중국에 차관을 공여하기 위한 기본 원칙을 명확히 선포하였다. 즉 이웃국가와 선린관계를 증진시키는 동시에 중국을 경제적으로 일본에 종속되는 국가로 변화시키고자 기도한 것이다. 이러

78) 荊有岩, 「東三省官銀號」, 載政協沈陽市委員會文史資料硏究委員會, 『遼寧文史資料選輯』第12輯, 遼寧人民出版社, 1985, 58쪽.

79) 薛龍, 徐有威 楊軍 等 譯, 『張作霖與王永江 : 北洋軍閥時代的奉天政府』, 中央編譯出版社, 2012, 53쪽.

한 목표를 달성하기 위해서는 무엇보다도 재정, 금융 등 핵심적인 경제 부문에서부터 착수해야 한다고 인식하였다. 금융부문에서 이를 실현할 수 있는 유일한 방법은 점차 중일화폐의 혼합 및 병용을 추진하는 것으로서, 구체적인 방법은 중국정부가 법령을 반포하여 폐제를 개혁하고 이를 통해 일종의 금본위제를 실행하는 것이다. 이를 통해 화폐의 형상과 품질, 명칭 등도 마땅히 일본이 당시 유통시키고 있었던 금폐金幣와 같은 방식을 따라야 하며, 아울러 상호 태환할 수 있도록 하는 구상을 세워두고 있었다.[80)]

니시하라 가메조西原龜三는 중국에 도착한 이후 중일 화폐의 일체화를 실현하는 것이 중국을 통제할 수 있는 근본적인 방법이라고 여러 차례 강조하였다. 일본의 대중국 투자는 구미 각국과 비교하여 적은 액수였으나, "이처럼 얼마 되지 않는 재력을 가지고 구미 각국과 각축하면서 중국에서의 경제적 우세를 확보할 수 있는 유일한 방법은 점차 중일 화폐의 병용과 유통을 추진하고, 왕도주의를 철저히 실행하여 이를 보조하는 것"이라고 여겼다.[81)] 노골적으로 말하자면, 중국의 화폐를 일본에 의존하고 복속하도록 만드려는 계획이었다.

니시하라西原는 자국으로 귀국한 이후에 데라우치寺內 총독에게 〈현재 시국 하 중국에 대한 경제조치 요강在目前時局下的對華經濟措施綱要〉을 제출하였다. 그는 여기서 중국의 폐제개혁이 중국의 산업 발전을 촉진시키는 전제라 간주하고, 중국정부로 하여금 화폐의 은본위제를 실행하는 동시에 금본위제도 병용하도록 법령을 반포하도록 함으로써 일본의 금원과 불가분의 관계를 갖도록 분위기를 조성해야 하며, 최종적으로

80) 王芸生, 『六十年來中國與日本』第七卷, 三聯書店, 1980, 188-190쪽.
81) 北村敬直編, 『夢の七十餘年: 西原龜三自傳』, 平凡社, 1965, 108쪽.

이를 전국적인 화폐제도로서 통일해야 한다고 주장하였다. 이를 위해 먼저 법령에 근거하여 조선은행을 금원을 발행하는 주은행으로 설정하고, 여기에서 발행된 화폐를 가지고 먼저 동북지방에서 조세의 납부와 철도의 운임에 사용하도록 하는 방안을 제시하였다. 그리고 금원권의 표면에 "본 금원권은 법정화폐 및 그와 동등한 가치를 가진 화폐와 상호 태환할 수 있다"[82]고 명기하도록 제안하였다. 1917년 11월, 일본은 조선은행으로 하여금 동북지방에서 일본인의 금원권 발행 및 국고업무를 대리할 수 있도록 칙령을 내렸으며, 여기서 발행된 금원권(당시 금권金券이라 칭함)을 관동주 및 남만주철도주식회사의 부속지에서 사용되는 일본의 법정화폐로 삼았다. 동북지방에서 일본의 화폐는 이후 일률적으로 금본위제가 되었으며, 주요한 유통범위는 관동주였다. 이 지역에서 금원권은 일본이 패전으로 항복할 때까지 지속적으로 유지되었다. 그러나 금권은 중국정부가 발행한 지폐가 아니고 단지 중국에 존재했던 외국화폐의 일종이었을 뿐이다.

일본은 이와 같은 건의를 단기서段祺瑞정부에 제안하였는데, 이에 대해 단기서정부는 니시하라의 구상이 비록 지나치게 이상적이기는 하지만, 금원권 발행에 대해 중국 당국은 이를 채택할 의지를 가지고 있었다. 당시 각국이 우려와 반대를 표명하자, 니시하라는 이것이 중국 내정과 관련된 일로서 각국이 간섭할 수 있는 사안이 아니며, 따라서 하야시 공사와 외교단도 관여하지 말아야 한다고 말하였다. 그러나 단기서정부로서는 일본의 차관을 획득하기 위해 금원권의 실행에 동의했지만, 일본 금원의 중량과는 상호 구별되어야 한다고 주장하였다. 왜냐하

82) 西原龜三, 章伯峰, 鄒念之 譯, 「東京之三年」, 近代史研究所近代史資料選輯組, 『近代史資料』38號, 1979年 1期, 中華書局, 1979, 119쪽.

면 일본의 요구 그대로 금본위제를 실행한다면 이는 스스로를 일본의 경제식민지로 전락시키는 것과 다름 없었기 때문이다. 당시 친일파인 주일 중국공사 장종상章宗祥 조차도 "중국이 스스로 독립된 국가라 할 수 없는 처지이기 때문에, 열강의 공동 감시 하에 두어야 하며, 따라서 금원권 발행을 즉시 시행하는 것도 불가하다"[83]고 생각하였다.

오래지 않아 새로운 부원府院의 모순으로 인해 풍국장馮國璋과 단기서段祺瑞는 모두 하야하고 금원권 문제도 아무런 진전이 없었다. 그러나 그 후 니시하라는 1917년 1월과 9월 교통은행에 대한 2차 차관을 통해 그 목적을 부분적으로 실현하려고 시도하였다. 2차 차관은 비록 명의상으로는 교통은행이 발행한 지폐를 태환하는 준비금의 명목이었지만, 니시하라는 이 2,500만 엔을 교통은행이 금본위 지폐를 발행하기 위한 보증기금인 동시에, 새로운 금폐를 가지고 현행의 은폐를 태환하는데 사용하려고 계획하였다.

니시하라의 계획은 우선 북경, 천진지역에서 먼저 시행한 이후, 이를 전국으로 확대한다는 구상이었다. "만일 이러한 계획에 따라 단계적으로 보급될 수 있다면 기대 이상의 성과를 거둘 수 있을 것이다… 중일 화폐가 상호 유통될 수 있다면, 일본이 중국에서 경제세력을 부식할 수 있는 지름길이 될 수 있을 것이다."[84] 본 계획은 일본이 중국의 금융을 서둘러 장악하고자 하는 의도를 잘 반영하고 있지만 실제로 의도한 성과를 달성하기는 어려웠으며, 최종적으로는 이 차관을 교통은행이 발행한 지폐를 태환하는 용도로 사용하였다.

봉천성관은호의 위급한 상황을 해결하기 위해 봉천성정부는 봉천 일

---

83) 章宗祥, 「東京之三年」, 近代史研究所近代史資料選輯組, 『近代史資料』38號, 中華書局, 1979, 94쪽.

84) 王芸生, 『六十年來中國與日本』第七卷, 三聯書店, 1980, 190쪽.

본영사관에게 차관의 제공을 요청하였다. 이에 일본은 500만 엔의 차관을 제공하면서 다음과 같은 세 가지 조건을 내걸었다. "첫째, 압록강 유역 삼림 벌채권의 확대, 둘째, 전성의 광산 채굴권, 셋째, 중일 농민의 토지 수리水利 합작 등이었다." 그러나 이와 같은 가혹한 조건은 봉천성민의 불만을 불러 일으켰다. 그리하여 "일본이 교활한 방법을 동원하여 봉천성 전체의 경제를 넘보고 있다." 봉천성이 이와 같은 가혹한 조건을 거부하자, 일본영사는 일본의 각 은행 및 봉천 거주 일본거류민들에게 내밀히 관은호가 발행한 지폐를 수집하도록 한 이후, 이를 가지고 관은호에 몰려 가 현금으로 태환하도록 지시하였다. 이러한 조치는 사실상 "차관의 도입을 압박하기 위한 수단에 불과하였다." 봉천성은 자금이 부족하고 채무가 무거워지면서 관은호에 사람들이 태환청구를 위해 모여들어 대량 인출 사태가 발생하자, 어쩔 수없이 1916년 6월 9일 봉천성 재정청의 명의로 일본의 봉천 조선은행과 100만 엔 상당의 차관을 도입하기 위한 조약을 체결하였으며, 이 차관은 전적으로 봉천성관은호에서 발행한 지폐를 정리하기 위한 용도로 지출되었다. 차관은 기한 2년, 연리 6.5리, 실제수령액 95%를 조건으로 하여, 봉천전등공장과 전화국 자산의 전부, 개항장의 토지 전부, 도로 시설, 그리고 기타 건축물을 담보로 설정하였다. 이밖에도 이 차관에는 또 다른 특별규정이 있었는데, 즉 봉천성 내의 중국 각 은행이 공금을 출납할 때 조선은행이나 기타 일본은행이 발행한 금원권을 수용하도록 한 것이다.[85)]

재정청장 왕수한王樹翰은 이번 차관의 원인이 "봉천성의 재정 부족과 은행 경영의 어려움이 상호 인과관계로 마침내 위험한 지경에 빠지고

85) 財政科學研究所中國第二歷史檔案館, 『民國外債檔案史料』5卷, 檔案出版社, 1990, 458쪽.

말았다"라고 해석하였다. 당시 성의 채무 연체는 1,300만 원이었으며, 이 가운데 동삼성관은호의 연체가 무려 500만 원에 달하였다. 또한 매년 수입과 지출이 부족하여 200만 원 정도의 적자를 기록하였다. 그는 부임한 이후 "긴박한 정세 속에서 상당히 궁지에 몰려 어쩔 수 없이 외채를 빌려 이를 해결하고자 하였다." 그러나 차관은 임시방편에 불과할 뿐으로, 바람직한 해결 방안이 아니었다. 그리하여 막대한 손실만 입고 해결책이 될 수는 없었다.[86)]

1916년 8월 1일, 봉천성은 조선은행으로부터 재차 200만 엔을 차입하였다. 관은호에 예금자들이 태환청구를 위해 몰려오는 사태가 발생하였기 때문에 어쩔 수 없이 재정청이 이를 대신하여 조선은행으로부터 100만 엔을 차입하게 된 것이라고 설명하였다. "이 차관은 전액 관은호에 지급하여 태환청구에 대비할 수 있도록 하였다." 그러나 성고에 연체된 관은호의 적자가 너무 많아 100만 엔으로는 임시방편에 불과할 뿐, 두 달도 못 가 바닥을 드러내고 말았다. 관은호는 밤낮으로 재정청에 와서 이전의 연체에 대한 지불을 재촉하였으나, 재정청으로서도 마침 수입이 가장 적은 달에 해당되어 속수무책이었다. 그리하여 어쩔 수 없이 다시 조선은행으로부터 차관 200만 엔을 차입하게 된 것이다.[87)]

이상에서 알 수 있듯이 봉천성이 조기에 도입한 외채는 비록 재정 부족으로부터 연유한 것이었지만, 지방의 금융 혼란과도 불가분의 관계가 있었음을 알 수 있다. 특히 이 가운데에도 동삼성관은호가 차관을 도입하여 급한 불을 끈 경우가 봉천지방 외채 가운데 다수를 차지하였

86) 財政科學研究所中國第二歷史檔案館, 『民國外債檔案史料』5卷, 檔案出版社, 1990, 463쪽.

87) 財政科學研究所中國第二歷史檔案館, 『民國外債檔案史料』5卷, 檔案出版社, 1990, 470-471쪽.

다. 동북관은호의 정상적인 활동을 유지시키기 위해 봉천성은 한편으로는 외채를 차입하여 동삼성관은호가 담당하고 있던 지방의 재정 압력을 완화시켜야 했으며, 다른 한편으로는 외채의 도입을 통해 금융질서를 개선하지 않으면 안되었다. 그러나 차관의 도입이 근본적인 해결 방법은 되지는 못하였으며, 임시방편으로서의 성격이 강하여 오히려 재정을 더욱 악화시켜 연대채무의 위기상황 속으로 빠뜨리고 말았다.

1917년 봉천성의 외채는 현대양現大洋 1,195만 원 이상이었다. 이 가운데 외채는 격림생공사格林生公司로부터의 현대양 80만 원, 대창조大倉組로부터의 150만 엔, 조선은행으로부터 300만 엔이었으며, 호란제당공장呼蘭糖廠차관은 대양大洋 803,000원에 상당하였다.[88] 1917년 소양표小洋票의 발행 총액은 이미 1,530만 원 이상에 달하였다.[89] 매번 도입되는 차관에 대해 일본은 수많은 가혹한 조건을 부가하였다. 차관은 근본적으로 위기를 구제할 수 없었을 뿐만 아니라 오히려 일본으로 하여금 봉천성의 금융시장을 점차 장악할 수 있는 기회를 부여하였다.

재정적 어려움을 해결하기 위해 왕수한은 재정 개혁을 추진하기 위한 계획을 수립하였다. 주요한 내용은 5년 기한의 공채 모집, 인화세 및 전부의 정비, 각 기관의 소요 경비 절감, 각 현 상점 지폐의 조사, 고량주업, 주조업의 정돈, 담배와 종이 출고세 및 목재세의 정비 등을 추진하는 것이다. 그럼에도 소기의 성과를 거둘 수는 없었다. 그 주요한 원인은 첫째, 봉천성의 제세, 금융의 고질병이 이미 오래되어 단기간 내에 절대 해결될 수 없었기 때문이다. 둘째, 왕수한의 재정관리 방법이 구태의연하여 성과를 거둘 수 없었다. 이와 동시에 지방 군정비용

88) 遼寧省檔案館史料編輯輯, 「奉系軍閥的財政經濟史料選編」, 『近代史資料』83號, 中國社會科學出版社, 1993, 167쪽.
89) 魏福祥, 「張作霖統治初期對奉票的改革與整頓」, 『東北地方史研究』1989年 1期.

이 부단히 증대되어 성 재정에서 매년 수백만 원에 달하는 적자를 초래하여, 차관을 도입해야만 비로소 유지될 수 있는 형편이었다. 재정수입의 적자와 내외 채무의 상호 압박이 심하여 "일단 채권의 상환에 몰리면 해결할 방도가 없어 파산을 피하기 어려웠다."[90]

이밖에 일본은 지방외채를 통해 동북지방의 토지와 광산, 광물에 대한 통제를 시도하였다. 1914년 일본은 차관을 이용하여 봉천성의 경지와 광산, 삼림, 강과 하천 유역의 자원을 탈취하고자 시도하였다. "만일 봉천성 내에서 중일 양 국민이 합작으로 농공업을 경영하려고 시도할 경우 중국의 관헌은 이를 승인하도록 규정되어 있었다." 실제로 장석란張錫鑾은 일본이 동삼성의 논밭을 소작하는 일이 이미 보편적으로 존재한다고 설명하였다. "일본인과 조선인은 수년 이래 봉천의 경작지를 소작해 왔고, 이들이 민중들과 결탁해 사사로이 전지를 매입하는 경우도 부지기수에 달하였다. 그러나 이러한 자유 행동이 조약상의 승인을 얻지는 못하였으며, 이 때에 이르러서야 비로소 상호 권리를 승인하여 손해가 없었다. 그러나 정사당政事堂은 동북 지방정부가 토지를 담보로 저당잡혀 차관을 제공해 주도록 요청하였으나 이를 거부하였다. 왜냐하면 "토지는 농업이 이루어지는 토대로서 국가에 그 소유권이 있으며, 또한 서민들의 생계와도 불가분의 관계를 가지기 때문에, 지금까지 토지문제를 둘러싸고 결코 외국인과 합작하는 일이 없었다. 농업은 국가 영토의 소유권이고, 민중의 생계와 직접적으로 관계가 되므로, 비록 봉천성에 황무지가 많다 하더라도 만일 이를 승인하게 된다면 동천성은 식민지로 전락하게 되는 것이다. 사사로이 소작하거나 매입하는 일이 설사 있다고 하더라도, 이것은 조약상의 제한을 받게 된다. 따라서 만

90) 金毓黻, 「王永江別傳」, 『吉林文史資料選輯』第4輯, 吉林人民出版社, 1983, 225쪽.

약 지금 조건을 명확히 규정할 수 있다면, 이후 여러 분쟁이 발생하더라도 어려움에 대처할 수 있다."[91] "중국은 외국자본을 이용해 실업을 일으키고, 광산을 개발하며, 도로를 정비하고자 했다. 이는 흔히 볼 수 있는 일이었다. 그러나 농전으로 말하자면 순수하게 중국이 자력으로 처리할 문제로서, 아직 토지를 담보로 하여 차관을 도입하였다는 말은 들어보지 못하였다. 중국은 농업국이며, 공업과 상업과 같이 이해관계를 중심으로 볼 수는 없다."[92] 중앙정부가 명확히 반대함으로써 중국 동북지역의 토지와 광산을 담보로 설정하는 일은 줄곧 실현될 수 없었다.

4. 왕영강과 동북지방 외채의 청산

1917년 봉천성 재정은 "한 푼도 남아 있지 않고 500여만 원의 적자를 기록하였으며", 내외채가 총 대양 11,950,000원이나 연체되었다. "일단 채권인이 상환을 핍박하고 이를 마련하지 못하면, 파산의 위험을 피하기 어렵다." 이와 같이 곤란한 상황 하에서 장작림은 왕영강을 봉천성 재정청장으로 등용하여 재정의 정리와 개혁을 추진하였다. 재정 수입의 증가와 금융 위기의 수습은 왕영강이 우선적으로 실시해야 할 재정 개혁이었다.[93]

1917년 5월, 왕영강은 봉천성 재정청장 겸 담배와 술 공매국公賣局 국장으로 임명되었으며, 다음해 4월에는 동삼성관은호 독판督辦으로 임명

91) 孔慶泰選編, 「1914年奉天議借日款密電選」, 『歷史檔案』1984年 2期.
92) 孔慶泰選編, 「1914年奉天議借日款密電選」, 『歷史檔案』1984年 2期.
93) 「奉天財政現狀」, 『盛京時報』, 1917.5.25.

되었다.[94] 왕영강은 임기 초기에 "과거 재정이 문란했던 상황에 대한 조사에 착수한 이후 오래된 폐단이 도대체 무엇으로부터 연유했는지 연구하였다." 그가 생각하기에 매년 봉천의 재정당국이 자금 부족으로 말미암아 사업을 집행하기 어려울 경우 바로 차관을 도입함으로써 재정에 많은 도움이 되었다. 그러나 차관을 도입할 때 상환계획은 전혀 마련되어 있지 않았다. 상환을 미루면 미룰수록 적자는 쌓여만 갔다. 왕수한 전재정청장은 임기 내 차관을 계속 상환하였으며, 새로운 차관을 도입하여 이전의 차관을 상환하였다. 이렇게 빌리고 상환하기를 거듭하였지만 전체를 계산해 보면 상환하지 못하고 빚을 진 총액이 1,190여만 원에 달하였다.[95]

그는 봉천의 채무가 지나치게 많고, 상환 기일에 상환하지 못하고 일상적으로 체납한 것은 "예산 수입으로 지출을 감당하기에 지나치게 부족하여, 민국 이후 한 해도 차관에 의존하지 않고서는 유지할 수 없었던 것이 근본적인 이유였다… 더욱이 봉천성은 행정 업무비가 부족하여 반드시 차관을 가지고 이러한 부족분을 보충하지 않으면 안되었다. 묵은 곡식이 다 소모되고 햇곡식은 아직 수확되지 않은 보리고개에 차관의 상환을 논의할 수는 없었을 뿐만 아니라, 또 다시 차관의 도입을 논의하지 않을 수 없었다."[96]

---

94) 왕영강과 관련된 연구 성과는 현재 적지 않게 출간되어 있다. 그 중 다음의 두 연구서는 왕영강과 지방외채의 관계에 대한 연구이지만, 깊이 있는 분석은 이루어지고 있지 못하다. 王鳳傑, 『王永江女奉天省早期現代化研究』, 吉林大學出版社, 2010;薛龍著, 徐有威,楊軍等譯, 『張作霖與王永江：北洋軍閥時代的奉天政府』, 中央編譯出版社, 2012.

95) 遼寧省檔案館史料編輯, 「奉系軍閥的財政經濟史料選編」, 『近代史資料』83號, 167쪽.

96) 遼寧省檔案館史料編輯, 「奉系軍閥的財政經濟史料選編」, 『近代史資料』83號, 167-168쪽.

재정문제를 해결하기 위해 왕영강은 장작림에게 보고를 통해 다음과 같이 제안하였다. "삼가 말씀드리자면 재원을 찾아내고 지출을 줄이는 데 해답이 있다. 해마다 재난과 변고가 반복되어 이로 인해 상민들이 곤궁에 처해 부세의 수입이 쉽게 확대될 수 없었다. 또한 시국이 위기에 처해 국가에 변고가 많아졌으며, 이에 따라 당연히 군정비의 지출도 삭감할 수 없었다. 현재 이와 같은 형세를 바로잡기 위해서는 상민의 부담을 경감하면서도, 정무비용의 수입과 지출 양 쪽에 부담을 주지 않는 방향으로 처리함으로써 도움이 될 수 있도록 해야 한다."[97] 그는 채무문제와 지방경제의 발전문제를 동시에 해결하기 위해 노력하였다.

이를 위해 가장 먼저 착수한 것이 바로 부세의 정비였다. 왕영강은 하급기관을 엄격하게 감독, 정비하였으며, 불과 3개월만에 통세 장정 29조, 담배와 주세 장정 15조, 목재세 장정 12조, 가축세 장정 15조 등 각종 세장稅章과 세칙을 제정하였다. 이러한 조세 관련 규정에 의거하여 조세를 거두어 들일 수 있도록 하였으며, 탐관오리들을 철저히 색출하였다. 왕영강은 "이재의 관리에서 유연劉宴[98]을 본받아 우선 중간 관리들의 착복을 적극 방지하고, 공적인 것은 아무리 적더라도 반드시 성고로 귀속하도록 강제하였다. 다음으로 세수의 비율을 정하여 엄격하게 감찰하고 책무하였으며, 범죄가 발견되면 반드시 책임을 물었으며, 권세가 있다 하더라도 이를 피할 수 없었다."[99] 그는 세목을 정리하고 개정하였으며, 세무 인원을 조정하고 세수액과 상벌에 관한 장정을 결

97) 遼寧省檔案館史料編輯, 「奉系軍閥的財政經濟史料選編」, 『近代史資料』83號, 168쪽.

98) 당나라의 신동으로서 이미 7세에 신동으로 불렸으며, 8세 때 조정에 자작 〈동봉서〉를 현종황제에 올려 그를 찬양하였다.

99) 金毓黻, 「王永江別傳」, 『吉林文史資料選輯』第4輯, 吉林人民出版社, 1983, 251쪽.

정하여 "각 세연국稅捐局으로 하여금 매월 거두어 들일 세액과 연간 세액, 그리고 정액 이외에 약간의 초과 수입 부분을 장정長征이라 하였으며, 이 가운데 일부를 장려금으로 지급하였다. 그러나 초과 부분을 고의로 은닉하는 자는 엄격히 견책하였으며, 장정을 거두는 경우 상을 주어 포상하였다."

왕영강은 법을 집행함에 매우 엄격하였으며, "죄가 있으면 반드시 이를 처벌하고, 권세 높은 자도 이를 피할 수 없었다. 이에 따라 모든 세무관리들이 두려움에 다리가 떨려 그의 명령에 철저히 복속하였으며", 세금을 징수할 때 감히 한 푼이라도 더 징수할 수 없었다. 각 현의 세연국장은 매월 보내야하는 세액을 감히 늦출 수 없었으며, 고의로 축소하여 납부할 수도 없었다.[100] 그는 부패와 연루된 세연국장 14명을 처형하였으며, 직무를 감당할 수 없는 세연국장들을 퇴직시켜 대대적으로 물갈이를 단행하였다.[101] 이를 통해 충분한 세수를 확보할 수 있었다.

다음으로 금융의 정비이다. 금융분야에서 그는 사첩私貼의 단속과 봉표奉票의 정비, 동삼성관은호의 개조 등 금융개혁을 위한 다양한 정책을 시행하였다. 이 과정에서 그는 수많은 사람들이 태환청구를 위해 은행으로 몰려드는 사태를 피하기 위해 일본으로부터 차관을 도입하였으며, 이를 통해 금융개혁을 단행할 수 있었다. 왕영강이 생각하기에 봉천성에 지폐가 넘쳐났음에도 현금의 압박이 존재하는 이유는 자금부족으로부터 연유한 것이 아니고, 관은호가 발행한 봉표가 유통상 장애가 있기 때문이라고 생각하였다.

1917년 8월 동삼성관은호는 신은원표新銀元票 제도를 시행하였다. 봉

100) 黃曾元, 「張作霖統治東北時代奉天政治叢談」, 『吉林文史資料選輯』第4輯, 125쪽.
101) 遼寧省檔案館史料編輯部, 「奉系軍閥的財政經濟史料選編」, 『近代史資料』83號, 175쪽.

표는 은원을 본위로 삼아 현금으로 환전할 수 없는 환어음(유가증권)이었다. 화폐제도의 조정과 새로운 봉표의 발행에 따라 봉천성정부의 재정은 안정되고 공고화되기 시작하였다.[102] 봉표가 안정된 화폐로 되었기 때문에 이에 대해 상당히 회의적인 태도를 견지했던 일본인조차도 봉표를 수용하였다. 새로운 은본위제는 동북의 공상기업에 유리하게 작용하였다. 새로운 은원은 이들 기업과 다른 도시의 기업들로 하여금 보다 교역을 편리하도록 만들어 주었다. 동삼성관은호는 상민들이 송금한 액수가 많고 적음에 관계없이 환으로 보내진 돈을 수취인에게 지불해 주었으며, 송금비용은 받지 않고 단지 수수료만을 수취하였다. 상민이 관은호로부터 대출하는 자금의 액수가 증가함에 따라, 동삼성관은호는 이전의 번영을 회복할 수 있었다.

다른 한편 왕영강은 전성에 명령을 하달하여 사첩을 강력히 단속하였으며, 중앙은행과 교통은행의 길림성지점과 흑룡강성지점에서 발행된 소은원小銀元이 봉천성 내에서 유통되는 것을 엄격히 금지함으로써 화폐의 통일을 시도하였다. 이러한 결과 봉표는 이 지역의 경제에 긍정적인 영향을 미쳤으며, 동북지역 전체가 봉표를 널리 받아들였다. 이러한 결과 봉천은 오랜 동안 병폐가 되어왔던 재정문제를 비로소 해결하기 시작하였다.

1918년 4월 정금은행으로부터 차입한 300만 엔의 지지 하에 봉표는 발행 초기의 4년 동안 양호하게 운영되었다. 봉표는 매우 광범위하게 유통되었으며, 이전의 은원 및 소양표와도 상호관계를 적절히 유지하고 있었다. 봉표와 금원표는 1917-1920년에 동등한 가치를 유지하였는

102) 中國社會科學院近代史研究所, 『國外中國近代史研究』第3輯, 中國社會科學出版社, 1982, 303쪽.

데, 즉 대양표 한 장의 가치는 금원표 한 장과 같았다. 1918년과 1919년 은원의 가치는 일본엔과 비교해 강세였고 금원표의 비율에 대해 1918년 평균 0.97이고 1919년에 평균 0.93이었다.

봉표와 금원표 사이의 안정적인 등가관계는 봉천성정부가 서구 혹은 일본은행단으로부터 차관을 도입할 수 있는 능력을 크게 제고시켰다. 동북에서 자신의 세력을 공고히 한 장작림은 예상치 못했던 재정적 지지를 획득하였다.[103] 동삼성관은호가 관리하던 대양폐大洋幣의 가치는 안정화되고 왕성했으며, 전체 동북지방 금융의 중심이 되었다. 발행된 화폐는 동북지역에서 유통되었을 뿐만 아니라 열하, 하북, 상해 등으로까지 광범위하게 유통이 확대되었다. 장작림의 집정 기간 동안에 동삼성관은호의 지점은 99개 지역으로 증가되었다.

셋째, 경비의 긴축과 지출의 절약이다. 왕영강은 재정이 실용적으로 사용되어야 하며, 조금이라도 허튼 곳에 낭비하지 않는다는 원칙에 근거하여 "비용을 지출할 때에는 반드시 지출한 만큼의 효과를 거둘 수 있도록" 노력하였다. 왕영강은 성정부의 경비 지출에 대해 세밀하게 계산하여 각 기관의 예산에서 각 항목의 지출 비용은 모두 첫째도 절약, 둘째도 절약이라는 원칙으로 편제를 실시하여 매우 간소화하도록 원칙을 정하였다. 교육청과 실업청의 매월 경비는 봉대양奉大洋 3,000원에 불과하여, 교육청장 조차 줄곧 인력거를 타고 이동할 정도였다. 이밖에 왕영강은 기타 각종 비용의 지출에도 항상 절약의 원칙, 낭비 금지, 절약의 이행이라는 원칙을 실천하였다. 왕영강의 정책은 각 기관의 불만을 초래하여 사방에서 비난하는 목소리가 높았으나 자본을 절약하여

103) 薛龍, 徐有威 楊軍 等譯, 『張作霖與王永江 : 北洋軍閥時代的奉天政府』, 中央編譯出版社, 2012, 63쪽.

모으는 데에 매우 효과적이었으므로 장작림의 적극적인 지지를 얻을 수 있었다.

넷째, 실업을 발전시키고 재정 수입을 증가시켰다. 장작림이 동북의 정무를 주관하던 초기에 봉천성의 공상업은 그다지 발달해 있지 못하였으며, 따라서 전부가 가장 중요한 세원 중의 하나가 되었다. 봉천성에서 토지 간척은 주로 관지와 다년간 경작한 토지를 세밀하게 측량하여 새로 논밭으로 구획하는 것이었다. 왕영강은 일찍이 1916년 5월에 봉천성의 관지측량국 국장에 임명되었고 7월에 둔간국 부국장을 겸임했는데, 이 때 봉천성 전역에 대한 토지의 측량과 개간자의 모집에 착수하였다.

봉천성 성장 대리로 취임한 이후 이를 더욱 적극적으로 추진하였다. 통계에 따르면, 1915년부터 1924년까지 봉천성은 내무부 장지 67만여 무, 릉산지 7.9만 무, 왕공장전 167만 무 총계 240여만 무를 측량하였다. 청황실의 삼릉제전관지 등의 토지는 모두 70-80만 무였고, 매년 조세 27-28만 원을 거두어 제사나 수리의 용도로 편성하였는데, 1925년부터 점차 측량을 추진하였다. 민국 시기 황실 장지에 대해서는 황실이 여전히 이권을 향유했지만, 많은 주인 없는 토지는 국유여서 봉천성이 이 토지를 측량해 수만 원의 자금을 획득할 수 있었다.[104] 왕공장지의 측량 중에 봉천성은 대량의 재원을 확보할 수 있었다.

〈사장왕공장지판법査丈王公莊地辦法〉에 의거하여 "장지나 기타의 토지를 측량하여 비용을 거둘 때 2할은 국유이고, 8할은 각 왕공 명의의 예금장부에 비축되었다. 주인 없는 토지는 국유로 귀속되었다." 1924년 봉천성은 왕공장지 1,242,692무를 측량하여 8할의 지가인 4,905,017원

104) 烏廷玉等, 『東北土地關係史研究』, 吉林文史出版社, 1990, 150쪽.

의 수입을 거두었다. 1925년 봉천성은 측량을 요청하지 않은 각 왕공 장원을 모두 성의 소유로 귀속시킨다는 방침을 반포하였다.[105] 이밖에 1915년부터 1924년까지 10년 사이에 봉천성은 황무지 140만 무를 측량했고, 총액은 평균 가격 2원에 의거해 계산하여 대략 대양 285만 원에 상당하였다.[106] 토지 측량과 주인 없는 토지의 정리, 개간지의 등록 등을 통해 봉천성이 통제하는 토지의 수량이 크게 증가했으며, 이를 통해 거두어 들인 세수가 대량의 수입원이 되었다.

1923년 일본은 500만 엔을 투자해 요양에서 만주방적주식회사를 설립하였다. 왕영강은 이 공장이 봉천성의 재원을 밖으로 유출하고, 자체 역량으로 설립한 공장을 억압할 것이라고 간주하였다. 1923년 7월, 관상합판의 형식으로 봉대양奉大洋 450만 원을 투자하여 봉천방사창을 새롭게 설립하였다. 이 공장의 자본은 대부분 성 재정으로 투자되었으며, 나머지는 상인자본을 모아 주식을 매입하였는데, 공장 부지는 개항장 내에 위치하였다. 토지 280여 무, 벽돌과 목재를 혼합하여 건축한 공장 건물 1,343간, 건축 면적 10,000여 평방미터로서, 미상美商 신다양행慎多洋行으로부터 방추 20,000추, 직기 200대, 발전기 등 생산설비를 구매하였다. 이밖에 철도 전용선, 기계수리 공장, 보일러실, 급수탑, 화물창고 등의 시설을 구비하여 봉천에서 규모가 가장 큰 방직기업이었다. 이 공장이 당해년도에 거둔 순익은 봉대양 30여만 원에 달하였으며, 1926년에는 순익이 봉대양 1,665만 원에 달하였다. 이러한 수치는 당시 일본이 자행한 면사포의 덤핑판매에 대해 의심할 바 없이 억제 작용을 발휘했음을 의미한다.

105) 楊學琛 等, 『清代八旗王公貴族興衰史』, 遼寧人民出版社, 1986, 392쪽.
106) 楊學琛 等, 『清代八旗王公貴族興衰史』, 遼寧人民出版社, 1986, 376쪽.

왕영강의 재정 정돈 정책은 그 성과가 적지 않았다. 재정을 주관하던 초기부터 수입원을 늘리고 지출을 절감하여 성고가 충실해졌으며, 이러한 일련의 정책에 힘입어 동북의 재정이 크게 견실해졌다.[107) 1918년 9월 왕영강은 장작림에게 다음과 같이 보고하였다. "청장으로 부임하고 나서부터 12월까지 성의 경비 1만 5천여 원을 절약해 금고에 반환하였다. 작년에 겪은 어려운 상황과 비교하여 비록 임시방편으로 가까스로 처리하기는 하였지만, 재정이 이미 바닥을 드러내고 있다. 올해의 재정적 어려움은 작년에 비해 백 배나 더한 실정이다. 만일 사전에 치밀하게 계획을 수립하여 대처하지 않는다면 목이 말라서야 우물을 파려는 것과 같아 이미 늦을 것이니, 아무런 도움도 되지 못할까 우려된다. 비록 이전에 명령을 하달받아 각 기관의 경비를 절감하였지만, 그 액수가 얼마 되지 않았다. 비록 각 기관의 예산을 심의하여 가능한 한 삭감하였으나 적자가 지나치게 많았고, 결과적으로 도움이 될 수 없었다."[108)] 그는 1918년에 "실제 적자가 약 400~500만 원에 달할 것"이라고 계산하였다. 따라서 관은호의 명의로 외채 400만 원을 차입해야 하며, 아울러 관은호가 스스로 외채를 차입하는 방법이 정부가 차입하는 것보다 유리하다고 주장하였다.[109)]

107) 『新民晩報』, 1929.1.20.

108) 遼寧省檔案館史料編輯部, 「奉系軍閥的財政政經濟史料選編」, 『近代史資料』83號, 中國社會科學出版社, 1993, 178쪽.

109) 遼寧省檔案館史料編輯部, 「奉系軍閥的財政政經濟史料選編」, 『近代史資料』83號, 中國社會科學出版社, 1993, 179쪽.

|도표 2| 봉천성 1916, 1917년 재정수입 비교

(단위: 대양원(大洋元))

항목	1916년도	1917년도
토지세 수입	4,309,817	5,234,517
조세 수입	5,545,766	6,214,710
취득세 수입	622,275	1,252,735
공공생산 수입	36,946	101,578
총계	10,514,804	12,713,540

* 출처: 遼寧省檔案館史料編輯部, 「奉系軍閥的財政政經濟史料選編」, 『近代史資料』83號, 中國社會科學出版社, 1993, 173쪽, 179쪽.

왕영강은 부임한지 9개월만에 이전에 차입한 조선은행차관 원금 및 이자 123만여 엔, 대창조大倉組차관 원금 및 이자 161만 엔, 관은호로부터 차입한 돈의 이자 26만여 원, 흥업은행으로부터 차입한 원금 및 이자 32만 원, 강소성관은호로부터 차입한 원금 2만 5천 원, 식변은행殖邊銀行의 이자 1만 2천 원 등 내외채 원금 및 이자 총 345만여 원을 모두 상환하였다. 이밖에 1916년에 부족하게 편성된 각종 경비 231여만 원을 재발급하였다. 중앙 군정비 11만여 원도 원조하였다. 게다가 임시로 증가된 군비와 각종 잡비도 121만여 원이나 되었다.[110)]

1918년 성공채 500만 원은 연이자 6리와 8년 기한으로 차입하였으며, 봉천성 조세 수입 및 본계호本溪湖석탄철공사의 중국 측 주식을 담보로 하였다. 1918년 4월 22일 조선은행으로부터 도입한 차관 300만 원은 그 용도가 재정을 정리하기 위한 기금이었다. 1919년부터 1920년까지의 기간 동안에 외채 상환에서 큰 성과를 거두었다. 그 중 조선은

110) 遼寧省檔案館, 『奉系軍閥檔案史料匯編』第3冊, 江蘇古籍出版社, 香港地平線出版社, 1990, 218쪽.

행에 상환된 외채는 1913년에 차입한 100만 원, 1920년 4월의 300만 원, 1920년 10월의 10만 원을 포함하였다.[111] 각 금융기관은 계속 봉천성으로부터 외채를 상환 받았다.

1921년 4월에 이르러 "처음 외채를 도입할 때 세워둔 목표를 그대로 착착 실현해 나가듯이 봉천성정부는 모든 외채를 이미 청산하였다. 예산의 수지가 균형을 유지한 상황 하에서 체계적인 재정 세수제도의 확립으로 인해 조세수입이 확충되어 성재정에 속속 편입되어 잉여자금이 보존되었다…이에 성 재정의 자금을 사용할 수 있을 뿐만 아니라 외채를 빌리거나 혹은 외국으로부터 장비를 구매할 때에도 높은 신용도를 갖출 수 있게 되었다."[112]

봉천성의 재정 상황이 일신되면서 총체적인 경제역량도 점차 개선되었다. 왕영강은 장작림의 신임이 매우 두터워 재정 관리에 유능하다는 명성이 순식간에 퍼져 나갔다. 1921년 국무원 비서청은 신은행단에 관한 성명서 가운데 봉천 재정상태의 호전에 대해 명확하게 지적하였다. "봉천성 은행은 거금을 축적할 수 있다. 중앙이 만약 전반적인 계획을 수립하여 완급을 구별하고 부적절한 곳에 사용되지 않도록 적극적인 방안을 생각해 낸다면 일개 성의 범위에서 방법을 도모하는 것보다 바람직할 것이다."[113] 1924년 말에 이르러 봉천성은 차입한 외채를 이미 모두 상환하였다.[114]

111) (蘇)蘇萊斯基 沈祖怡 譯 ,「奉票的盛衰：中國軍閥時代的貨幣改革」,『國外中國近代史研究』第3輯, 中國社會科學出版社, 1982, 308쪽.

112) 薛龍著, 徐有威,楊軍等譯,『張作霖與王永江：北洋軍閥時代的奉天政府』, 中央編譯出版社, 2012, 60-61쪽.

113) 財政科學研究所中國第二歷史檔案館,『民國外債檔案史料』11卷, 檔案出版社, 1990, 231쪽.

114) 財政科學研究所中國第二歷史檔案館,『民國外債檔案史料』5卷, 檔案出版社,

그러나 제2차 봉직전쟁 이후에 장작림이 관내로 진출하였으며, 더욱이 곽송령사건이 발발하자 봉계군벌의 재정 지출은 다시 크게 증가되었다. 1926년 이후 왕영강은 여러 차례에 걸쳐 군비 지출의 삭감과 실업 발전, 교육 진흥의 방안을 제안하였다. 1926년 왕영강은 1차회의에서 다음과 같이 말하였다. "무력에 의존하려는 생각을 포기하고, 헛되이 관내를 넘보지 말아야 하며, 동삼성의 치안 유지와 생산력의 회복, 내정 충실에 모든 역량을 집중해야 한다."[115] 왕영강의 건의는 장작림의 동의를 얻지 못했고, 봉천성의 재정은 다시 나락으로 떨어지고 말았다. 왕영강은 대세가 이미 기울어 혼자서 큰 일을 감당하기 어렵다고 여겨, 병을 구실로 고향인 금주錦州로 조용히 귀향하였다. 이후 비록 봉천에서 대량으로 외채를 차입하는 현상이 출현하지는 않았지만, 이미 재정의 풍요로움을 마련할 방안이 없었다.

근대 중국의 지방외채는 지방 재정수지 체계의 중요한 구성부분이었고, 동시에 국가재정의 일부분으로서 중앙재정과 불가분의 관계에 있었다. 청 말 민국 초기, 중앙정부와 동북 지방정부는 외채문제를 둘러싼 근본적인 모순이 존재하지는 않았다. 양측은 재정 압박 하에 어느 정도의 타협을 모색하였다. 지방 재정의 수요를 만족시키기 위한 외채는 설사 중앙정부가 반대하더라도 그것이 차관의 도입 여부를 결정짓는 결정적 요인이 될 수는 없었다. 만일 차관이 외교문제와 관계가 있을 경우, 양측의 모순은 비교적 두드러지게 나타났다. 다른 지역과 비교해 보면, 중앙정부가 책임져야 할 명확한 외교적 성질을 띠는 외채 교섭도 종종 지방정부가 책임을 졌으며, 그 대표적인 사례가 바로 청

1990, 247쪽.

115) 陳裕光, 「王永江整理奉省財政之前前後後」, 『吉林文史資料選輯』第4輯, 吉林人民出版社, 1983, 66-67쪽.

말 시기의 금애철도錦瑷鐵道 교섭이었다. 청 말 민국 초기 동북지방의 외채를 총괄해 보면, 이들 외채는 지방경제에 대한 공헌도가 제한적이었고, 반대로 외교분쟁을 일으키는 경우가 다른 성에 비해 두드러졌다.

일반적으로 근대 지방정부의 외채는 여전히 중앙정부의 승인을 받아야 했고, 이러한 허가는 대부분 사후에 승인되었다. 현재 남아있는 자료를 통해 살펴보면, 지방정부는 종종 먼저 일을 처리하고 나중에 상주하는 방법으로 계약을 체결했고, 이후 비로소 중앙의 승인을 요구하였다. 동북지방의 외채는 이러한 특징이 더욱 분명했고, 이는 특수한 정치적 위치와 밀접한 관계가 있었다. 상대적으로 독립된 정치적 상황과 복잡한 국제관계는 동북지방의 외채로 하여금 더욱 복잡하고 교섭이 빈번한 특징이 나타나도록 하는 요인이 되었다.

중국 동북지역 도시상업은행의 '시장자유화'로의 이행

_ 김송죽

현재 중국 도시상업은행城市商業銀行은 전국에 145개가 존재한다. 도시상업은행은 북경은행, 상해은행, 하얼빈은행, 대련은행 등 주로 지방도시의 이름을 딴 형태를 띠고 있다. 도시상업은행의 운영 및 설립목적이 기본적으로 그 소속도시 및 지방경제와 중소기업, 도시주민을 위한 금융서비스를 제공하고 경제적 지원을 하는 것이기 때문이다. 중국의 개혁개방 이후 생겨나기 시작한 도시상업은행은 3단계의 변천과정(도시신용합작사(1979~1994)-도시합작은행(1995~1998)-도시상업은행(1998~현재)을 거치면서 그 명칭과 규모, 목표, 체제 등이 기능적·다원적으로 조직화되었고 오늘날 중국의 금융체계[1]내에서 자생력도 갖추게 되

* 이 글은 「중국 동북지역 도시상업은행(城市商業銀行)의 '시장자유화'로의 이행」, 『현대중국연구』, 제16집 1호, 2014년 8월에 게재된 원고를 수정한 것이다.

1) 1949년 중화인민공화국부터 1978년 개혁개방 이전까지, 중국의 금융시장은 중앙집권적 계획경제의 자금전달 창구로, 중국인민은행 중심의 단일한 체제였다. 그

었다.

기존의 도시상업은행은 해당 소속도시와 지방을 벗어날 수 없다는 점 때문에 자산규모나 발전정도는 전국성 상업은행인 국유상업은행과 주식제상업은행과는 비교가 되지 않을 만큼 미약했다. 그러나 2001년 WTO가입 이후 중국금융시장을 전면 개방함에 따라, 도시상업은행은 경쟁에서 살아남기 위해 자본총액, 신용, 이익총액, 서비스의 질의 향상 등에 빠른 성장을 하면서 자체적으로 경쟁력을 갖추게 되었다. 이로 인해 도시상업은행은 중국의 상업은행 중에서 가장 큰 폭의 발전을 보이면서 제3제대 팀第三梯隊의 금융체계[2]로 자리를 잡았다. 심지어 전국성인 국유상업은행과 주식제상업은행과 경쟁할 수 있을 만큼 금융시장에서 그 위상과 서비스의 질을 향상시키고 있다.

은행에 관한 기존 연구성과를 검토해 보면, 주로 중국의 전국성 상업은행에 관한 연구는 국내외적으로 상당히 축적되어 있다.[3] 그러나

러나 개혁개방이래 중국금융시장은 특히 은행 위주로 급속한 발전해왔다. 기존의 단일한 은행구조에서 벗어나 시장경제체제에 맞추어 기능적·다원적으로 조직화되면서 오늘날과 같은 금융체계를 갖게 되었다. 중국 금융체계는 크게 은행금융기관과 비은행금융기관으로 나누어진다. 현행의 중국금융시장에서 은행금융체제는 최고금융관리기관은 중국인민은행이고, 은행금융기관은 상업은행, 국가정책은행, 다양한 금융기관 및 은행감독관리기관 등 동시에 존재해서 구성된다. 뿐만 아니라 외자은행의 중국금융시장에 진출하게 되었다.

2) 제1제대 팀은 5개 대형 국유상업은행이고, 제2제대 팀은 중국 민생은행, 중신은행 등 12개 전국성 주식제상업은행이고, 제3제대 팀은 도시상업은행과 농촌은행업금융기구 등 포함한다.

3) 이호철, 「중국 국유상업은행의 개혁: 시장과 계획간 이중게임으로서의 금융개혁」, 『국제정치논총』제46집 1호, 2006; 노은영·강효백, 「중국 국유상업은행 지배구조에 관한 법적 연구」, 『경희법학』제47집 2호, 2012; 박장재, 「중국 4대 국유상업은행의 건전화 개혁화 성과」, 『중국연구』제43권, 2008; 우레·장동한, 「중국 상업은행의 유동성 리스크 결정요인 및 개선방안」, 『동북아경제연구』제25집 3호, 2013; 양효영, 「중국 상업은행의 감독규제에 관한 법제 고찰」, 『법조』제61집 8호, 2012; 제혜금, 「중국상업은행 유동성리스크의 영향요인에 관한 연구」, 『중국과 중국학』

도시상업은행에 대해서는 그다지 관심을 두지 않았다. 이러한 이유는 전국성 상업은행인 국유상업은행과 주식제상업은행에만 주목했던 점도 있지만, 도시상업은행이 최근 몇 년 사이에 급부상한 탓에 미처 연구되지 못했기 때문이다. 중국의 금융시장은 시장이 아닌 정부가 주도하고 있고, 특히 은행업에 대해서는 중국정부가 여전히 강한 통제와 규제를 하고 있기 때문에 학문적 분석의 대상으로서 큰 관심을 끌지 못했던 것이다. 또한 도시상업은행에 관한 자료와 통계가 부족하여 쉽게 접근할 수 없는 한계도 있다.

이로 인해 국내에서는 5-6 페이지 분량의 보고서 2편과 석사논문 1편이 전부이다.[4] 중국에서도 석 · 박사 논문이 대부분이고 전문적이고 학술적인 가치를 가지고 있는 논문은 많지 않다. 도시상업은행에 관한 연구주제는 크게 4가지로 분류할 수 있다. 즉 도시상업은행의 이익성과에 관한 통계[5], 도시상업은행과 지방정부의 관계[6], 도시상업은행과

제21권, 2014 등; 杜莉 · 張鑫, 「國有商業銀行產權制度改革績效評析」, 『經濟學家』2014年 第2期; 黃頲 · 林玉霜, 「國有商業銀行在農村金融改革中的定位和對策硏究」, 『區域金融硏究』2011年 第6期; 錢昌柱, 「構築國有商業銀行核心競爭力的管理平台」, 『華東經濟管理』2001年 第3期; Chen Linb, Sonia M.L. Wonga, "Leverage and investment under a state-owned bank lending environment: Evidence from China", *Journal of Corporate Finance*, Vol. 14, Issue 5 (December 2008); Chi Guotai, Sun Xiufeng and Lu Dan, "The Empirical Analysis on the Cost Efficiencies of Chinese Commercial Banks", *Economic Research Journal*, 2005-06; Tang Guochu Li Xuanju, "Restructuring of the State-owned Commercial Banks in China", *Journal of Finance*, 2003-01 등.

4) 강미정, 「중국 도시상업은행 IPO 현황과 전망」, 『하나금융정보』제2호, 하나금융경영연구소, 2014; 김은화, 「도시상업은행 현황 및 외국계 투자자의 지분참여현황과 시사점」, 『중국금융시장 포커스 서울: 자본시장연구원, 2010.10); 노은영 · 강효백, 「중국 국유상업은행 지배구조에 관한 법적 연구」, 『경희법학』47권 2호, 2012; 마단단, 「한국과 중국의 지방은행은행에 대한 비교연구: 한국K은행과 중국J은행을 중심으로」, 세한대학교 경영행정대학원 석사학위논문, 2012 등.

5) 高進群, 「基於三階段DEA的城市商業銀行效率研究」, 『合作經濟與科技』2010年 8

중소기업의 관계[7], 도시상업은행의 발전전략[8]이다. 그러나 도시상업은행을 중국의 경제구역별[9]로 비교분석한 연구는 아직 시도되지 않고 있다.

따라서 본 연구에서는 동북3성의 도시상업은행을 사례연구로 삼고자 한다. 본 연구에서 동북3성 도시상업은행에 관심을 갖는 이유는 다음과 같다. 첫째, 지방의 한 도시상업은행이 어떻게 국내는 물론 세계적인 경쟁력을 갖게 되었는가라는 점이다. 현재 동북3성에는 총 17개의 도시상업은행이 존재한다. 즉, 요녕성 14개, 길림성 1개, 흑룡강성 2개가 있다. 최근 영국의 더 뱅커스The Bankers가 발표한 〈2013년 세계은행순위 1000〉에는, 동북3성의 도시상업은행이 10개가 포함되었다.[10] 뿐만 아니라 2014년 3월 하얼빈은행은 세 번째로 홍콩증시에 진입하였

期.; 陳蘭, 「城市商業銀行經營績效內部影響因素研究」, 『河南科技』2011年 11期; 趙錫軍·陳麗潔, 「地方經濟增長對中國城市商業銀行績效影響研究」, 『遼寧大學學報(哲學社會科學版)』2012年 2期 등.

6) 黃建軍, 「我國城市商業銀行與地方政府關系」, 『財經科學』5 總266期, 2010.

7) 葉林德, 「地方性商業銀行與區域經濟發展探討」, 『商業經濟研究』2011年 16期; 嶽志強, 「城市商業銀行對中小企業貸款風險研究」, 『經營管理者』2009年 2期; 鄭文超, 「地方性商業銀行對中小企業信貸問題研究」, 『商情』2012年 45期 등.

8) 劉秀林·雷泊林, 「城市商業銀行金融產品創新的體制選擇與運作機制重構」, 『現代金融』2005年 第11期; 管鵬, 「論城市商業銀行市場營銷策略」, 『市場周刊(理論研究)』2010年 2期; 餘晨, 「城市商業銀行跨區域發展對策探究」, 『現代經濟信息』2012年 12期 등.

9) 중국은 경제구역을 크게 7개로 즉 동북, 서북, 화북, 화동, 화중, 화남, 서남지역으로 분류한다.

10) 10개 은행은 하얼빈(哈爾濱), 성경(盛京), 길림(吉林), 금주(錦州), 대련(大連), 영구(營口), 요양(遼陽), 안산(鞍山), 부신(阜新), 무순(撫順)은행이 해당된다. 용강(龍江)은행은 동북3성 도시상업은행에서 5위가 차지하고 있지만, 〈2013년 세계은행순위 1000위〉에서 순위가 없다. 따라서 향후 용강은행에 대한 연구가 필요하다 「2013全球前1000大銀行中國部分排名」 http://wenku.baidu.com/link?url=VAmAI5UjRziGBL3fJk0MG6SYZxT3JgRasbvFKZBEdrmjteVYDn6rlnOYENCtMKo-d-ZWZ9gR_VF0hPGJp09odKiLNDq2PlAB2XtFuZ-oS7G

다. 이는 동북3성에서는 처음으로 주식시장에 상장된 도시상업은행이다. 성경은행, 대련은행 등도 적극적으로 주식시장의 상장IPO: Initial Public Offerings을 준비 중이다. 동북3성의 도시상업은행은 경영규모, 리스크 관리 등 종합경쟁력을 지속적으로 확대하면서 도시상업은행의 지위를 향상시키는 견인차 역할을 하고 있다.

이와 더불어 스탠다드 앤 푸어스Standard & Poor's가 발표한 〈2013년 중국상업은행 순위 50〉에 따르면, 성경은행 31위, 하얼빈은행 33위, 대련은행 34위, 길림은행 36위를 차지하였다.[11] 이 4개의 은행은 총자산이 2,000억 위안을 초과하는 초대형 도시상업은행이다. 1,700억 위안 이상의 총자산을 가진 은행인 용강은행, 금주은행을 추가하면 총 6개이다. 나머지 11개 은행은 80~732억 위안으로 총자산 규모가 상대적으로 작고 초대형급 6개의 은행과 비교했을 때 적게는 6배에서 많게는 50배의 이상의 차이가 난다.[12]

둘째, 동북3성은 21세기 중국 경제발전의 새로운 성장점을 마련해주는 중심지역으로 거듭나고 있다는 점이다. 동북3성은 2003년 동북진흥전략과 함께 중국의 제4대 경제권[13]으로 선정되면서 지난 10년 동안

---

11) 이 순위자료는 중국 대형 국유상업은행, 주식제상업은행, 지방도시상업은행, 외자은행, 농촌상업은행 등 포함한 중국전체 상업은행 순위이다.「2013年最新中國商業銀行排名 (前50名)」, http://www.southmoney.com/touzilicai/yinhang/606902.html 스탠다드 앤 푸어스는 세계적인 신용분석 및 신용정보기관으로, 무디스 인베스터스 서비스(Moody's Investors Service) · 피치(Fitch)와 함께 세계 3대 신용평가기관이다.

12) 자산규모에 따른 도시상업은행의 분류는 다음과 같다. 일반적으로 도시상업은행은 200억 위안 이상면 대형급, 100~200억 위안이면 중형급, 100억 위안 이하면 소형급으로 분류한다. 그러나 자산규모가 2000억 위안 이상이면 전국성 주식제상업은행의 기준에 근접하기 때문에 초대형급 도시상업은행으로 분류된다. 國社會科學院金融硏究所, 「課題組 : 城市商業銀行體質區域性差異明顯(3月17日)」, 『上海證券報』2006.

매년 13% 이상의 경제성장률을 기록하며 비약적인 경제발전을 이루고 있는 지역이다. 현재도 동북3성의 지방정부는 도로 · 철도 · 항만과 같은 사회인프라구축사업, 창지투개발 및 핵심공업지역 선발과 같은 지역개발, 4대도시군[14]과 같은 중점사업을 실행하고 있어 향후 이 지역의 부상이 기대되고 있다.

또한 동북3성은 한국과 지리적으로도 가깝고, 동북아시아의 핵심지역으로 부상하고 있다는 점이다. 예를 들어, 길림은행의 제1주주는 외국자본으로, 우리나라의 하나은행이 바로 이 은행의 지배주주이다. 2003년 후진타오의 동북진흥전략 추진에 힘입어 앞으로도 이 지역은 한국을 포함한 일본, 러시아 등 각국의 투자가 집중될 것이고 활발한 은행거래가 예상되는 지역이다. 이 지역 은행 연구의 중요성은 높아지고 있으나 이에 관한 실증연구는 거의 없는 실정이다. 따라서 이 글은 한국을 포함한 중국 금융시장 진출을 모색하는 외국 금융기관들의 전략수립에 유용할 것이라 사료된다.

셋째, 동북3성에 초점을 맞춘 도시상업은행에 관한 연구가 국내외를 막론하고 전무하다는 점을 들 수 있다. 이 글은 동북3성에 있는 도시상

13) 중국정부는 1978년 개혁개방이후 일부 지역의 우선적 발전을 용인하는 선부론(先富論)에 입각한 불균형 지역발전전략을 추진하였다. 그 결과, 동남부 연해지역인 장강삼각주, 주강삼각주, 북경-천진의 3대 경제권은 높은 소득 증가와 더불어 경제성장을 이루었다. 후진타오 정부는 질적 성장과 내수시장의 확대로 발전방식의 전환을 추구하였다. 이를 위해 과학발전관(科學發展觀)에 입각한 신형공업화, '민간기업 역할 강화'(2005년 이후), '전략적 신흥산업 육성'(2010년 이후), '지역균형발전'(2000년 서부대개발 이후) 등의 전략 추진하였다.

14) 동북3성은 중국의 도시화 및 공업화의 선행 지역으로서 지금까지 남에서 북으로 4개의 거대도시군을 형성하였다. 즉, 요녕연해도시군, 요녕중부도시군, 길림중부도시군, 하다치(哈大齊, 즉 하얼빈-대경-치치하얼)도시군이다. 도시상업은행의 비약적인 성장은 이 4대 도시군의 형성과 밀접한 관계가 있는 것처럼 보인다. 향후 동북3성의 4대 도시군과 도시상업은행의 상관관계를 밝히는 심화연구가 필요하다.

업은행을 분석한 단일사례 연구이다. 이 점에서 일반화의 가능성을 모색하기는 어렵다. 하지만 동북3성 도시상업은행의 현황과 이들 간의 발전수준 격차 요인 및 특징을 살펴볼 수 있는 의미 있는 시도로서, 중국 금융체제 내의 변화와 함의를 보여주며 향후 중국의 각 성의 지역별 비교와 특징의 분류에도 시사점을 제공할 것으로 생각된다.

따라서 이 글은 동북3성 도시상업은행의 사례연구를 통하여, 중국의 금융시장은 현재 중앙-지방정부 역할의 감소, 비국유 중소기업의 증가와 발전, 규제 완화, 시장개방, 민영화로 이행 중임을 밝히는 것이 목적이다. 즉, 동북지역은 중앙집권적 계획 금융체제에서 자본중심적 시장 금융체제로 전환하고 있음을 주장하고자 한다. 또한 이 글은 그동안 연구가 미흡했던 중국의 도시상업은행에 대한 일차자료raw data를 제공함으로써 향후 다양한 학문적 담론을 형성하기 위한 시발점을 삼고자 한다.

본 연구의 방법은 중국국가통계국中國國家統計局, 동북3성의 지방통계국遼寧省 · 吉林省 · 黑龍江省統計局, 중국인민은행中國人民銀行, 중국은행감독관리위원회中國銀行業監督管理委員會, 은감회銀監會로 약칭, 동북3성의 인민정부黑龍江省人民政府 · 吉林省人民政府 · 遼寧省人民政府와 성경은행盛京銀行, 하얼빈은행哈爾濱銀行, 길림은행吉林銀行, 금주은행錦州銀行, 대련은행大連銀行 등 동북3성의 17개의 도시상업은행 연도보고서와 사이트에 수록된 금융 · 경제 측정지표들을 중심으로 질적 분석을 할 것이다. 동북3성의 17개 도시상업은행에 대한 필요한 수치들과 자료들을 검토하고 정리, 분석하여 결론을 도출하고자 한다.

구체적으로는, 제1장에서 중국의 도시상업은행 형성과 발전과정을 다루고, 제2장에서는 이에 대한 사례로 동북3성 도시상업은행의 현황과 특징을 분석할 것이다. 제3장에서는 동북3성 도시상업은행의 제도적 · 지역발전적 · 경영적의 3가지 측면으로부터 도시상업은행의 시장자유화와 민영화의 정도를 측정할 것이며, 제4장은 이 글의 결론으로 시사점과 함의를 서술하고자 한다.

1. 도시상업은행의 발전과정

1) 도시상업은행의 위치와 특징

도시상업은행은 중국의 개혁개방이 낳은 특유한 경제 산물이다. 왜냐하면 이것의 형성과 발전이 개혁개방에 따른 3가지의 큰 변화와 그 맥을 같이 하기 때문이다. 즉, 중앙집권적 계획경제체제에서 시장경제체제로의 전환, 중앙정부에서 지방정부로의 경제관리 권한의 확대, 비국유 중소기업의 급격한 증가와 발전이다. 이로 인해 중국의 지방도시들은 저축량이 급속하게 증대하고 자산구조가 다원화되었을 뿐만 아니라, 지역네트워크와 지역경제를 융합하는 구조가 형성되었다.[15] 이러한 과정에서 도시상업은행은 변화, 발전하고 있다.

도시상업은행의 일반현황과 특징은 다음과 같다. 첫째, 주요 운영주체는 지방정부와 중소기업이다. 통상적으로 지방정부가 도시상업은행의 제1주주이고, 도시상업은행의 고위경영자 중에는 지방정부의 간부가 일정부분을 차지하고 있기 때문에 도시상업은행과 지방정부의 관계가 매우 긴밀하다. 둘째, 이것의 설립목적은 지방경제와 중소기업, 도시주민에 대한 지원을 강화하는 것이다. 때문에 주요 업무 또한 지방정

15) 周建輝, 「地方銀行發展模式的思考:兼論地方金融控股公司」, 『寧德師專學報(哲學社會科學版)』2010年 4期, 63-64쪽.

부의 정책에 필요한 자금을 지원하고 중소기업과 도시주민에게 대출 및 금융서비스를 제공한다. 따라서 도시상업은행의 발전은 지방경제의 발전상황과 밀접히 연관되어 있다.[16] 셋째, 도시상업은행의 행정심사 비준과 업무관리감독책임은 은감회의 각 지방 감관국監管局에서 담당하고 있다. 넷째, 도시상업은행은 '지방성 상업은행'으로, 그 경영범위와 업무지역이 소속도시에 한정되어 있다. 서비스 대상이 그 지역의 주민과 중소기업이기 때문에 도시상업은행의 경제규모와 분·지점수가 크게 확장되는 것을 제한하고 있다. 따라서 도시상업은행은 전국성 상업은행인 국유상업은행과 주식제상업은행에 비해 규모가 작고 지점수가 적으며, 경영범위가 제한되어 있다.

중국의 금융체계 내에서, 특히 상업성 은행 중에서 도시상업은행의 위치를 보면 다음과 같다. 중국의 상업성 은행은 크게 3가지로 분류할 수 있는데, 국유상업은행, 주식제상업은행, 도시상업은행이 이에 해당한다. 이 중 전국성 상업은행은 국유상업은행 4개와 주식제상업은행 12개가 있고, 지방성 상업은행은 도시상업은행 145개가 있다(2014년 6월 기준). 2013년 말까지 중국은행산업의 자산기준으로 보면 국유상업은행이 44.11%, 전국성 주식제상업은행이 17.82%, 도시상업은행이 9.5%, 기타금융기관이 28.57%이다.[17] 중국의 도시상업은행의 자산규모는 전체 은행산업 중 9.5%를 차지하여 그 비중이 가장 작다. 국유상업은행 및 주식제상업은행과 비교하여 볼 때, 도시상업은행은 자산규

16) 마단단, 「한국과 중국의 지방은행은행에 대한 비교연구: 한국K은행과 중국J은행을 중심으로」, 세한대학교 경영행정대학원 석사학위논문, 2012 28쪽.

17) 中國銀行業監督管理委員會a, 「銀行業金融機構資產負債情況表(法人)」, http://www.cbrc.gov.cn/chinese/home/docView/B57D199CFDF7437CBC0DF0ABB7A8118A.html

모, 분점과 지점 · 영업점機構網點 설치, 은행직원의 수, 자본금, 자산평가, 수익성, 자산구조, 영업업무, 중간업무, 업무 · 금융상품의 개발 등에서 훨씬 뒤처져 있고 많은 문제점을 안고 있다.

2) 발전과정

1979년 신용사로부터 발전한 도시상업은행은 1978년 개혁개방정책, 1995년의 〈인민은행법〉과 〈상업은행법〉[18], 2001년 WTO 가입의 큰 외부적 환경에 따라 그 명칭과 규모, 목표, 체제 등이 바뀌면서 기능적 · 조직적으로 분화되고 질적 향상과 경쟁력을 갖춘 은행으로 발전해 왔다. 즉, 도시상업은행은 자생력을 갖추기 위해 기존의 부실자산문제들을 해결했고, 불량대출비율을 낮추었으며, 경영모델을 전환하면서 경쟁력을 갖추었다. 이로 인해 수많은 도시상업은행은 주식제 은행으로 전환하였고 중국은행업에서 큰 영향력을 발휘하면서 그 위상도 높아졌다.

도시상업은행은 개혁개방정책이래 3단계의 발전과정을 거쳤는데, 1단계인 도시신용합작사(1979-1994)로 시작하여, 2단계의 도시합작은행(1995-1998), 3단계인 도시상업은행(1998~현재)의 그것이다. 1단계는 도시상업은행의 초기 형태인 도시신용합작사城市信用合作社가 생겨난 시기로, 개혁개방이후부터 1994년까지가 이에 해당한다. 1980년대 중반

18) 개혁개방이래 연평균 9.8% 경제성장에 비하여 중국의 금융시장의 발전은 더딘 편이었다. 금융시장의 근간이 되는 〈인민은행법〉과 〈상업은행법〉은 1995년에 와서야 비로소 제정된 것만 보아도 짐작할 수 있다. 그러나 2001년 WTO가입을 기점으로 금융시장의 점진적인 개방을 약속한 중국정부는 자국 금융산업의 경쟁력 강화에 주력하게 되었고, 그 결과 최근에는 금융영역에서도 중국의 영향력을 확대시키고 있다. 노은영 · 강효백, 「중국 국유상업은행 지배구조에 관한 법적 연구」, 『경희법학』47권 2호, 2012 148-149쪽.

부터 도시의 중소기업, 개인사업자, 주민이 빠르게 증가하면서 이들에게 금융서비스를 제공해 준 도시신용합작사도 급속히 증가하였다. 특히, 1986년 국무원이 중화인민공화국은행관리잠행조례中華人民共和國銀行管理暫行條例를 공포하면서, 도시신용합작사 관리강화, 신용합작사의 경영범위를 명확히 확정지었다.[19] 1994년 말까지 중국의 도시신용합작사는 약 5,200개가 있었다. 자산총액은 3,171.88억 위안이었고 예금총액은 2,353.67억 위안으로 도시신용합작사는 사영 및 집단소유제기업集體所有制企業을 포함한 민간경제의 어려운 융자문제를 해결하면서, 도시 중소기업 발전과 지방경제의 번영을 촉진해왔다.[20]

그러나 경영·관리체제 등 원인으로 인해, 도시신용합작사는 경영에서 합작제의 원칙[21]과 배치되는 현상을 보였고, 실제로 지방성 소형小型상업은행의 역할을 수행하였다. 전국적으로 분점과 지점 및 영업점을 갖고 있는 국유상업은행과 비교하여 볼 때, 도시신용합작사는 경영규모가 작고, 자본금이 부족하였다. 반면에 자금원가資金成本와 부실채권의 비율은 높고, 내부관리제도는 미비하여 경영면에서 많은 문제점을 안고 있었다.[22] 특히, 도시신용합작사는 각 지방의 시장·사회경제발전 수준의 차이에 따라 격차가 크게 벌어졌다. 또한 같은 도시라도 신용합작사의 관리, 체제, 경영수준에 따라 발전수준의 격차가 매우 컸기

19) 國務院a, 「中華人民共和國銀行管理暫行條例」, 『國發』1987年 396號.

20) 中國國家統計局a, 『1995年中國統計年鑒』, 中國統計出版社, 1996.

21) 합작제는 노동합작과 자본합작이 결합한 형태이고, 노동에 따른 분배원칙을 적용한다. 합작제기업은 독립적인 기업법인을 갖고, 기업의 주주는 본기업의 직원이다. 합작제기업은 이사회 등 현대기업의 관리기구를 설립하여, 이사회를 통해 민주적으로 직원들을 관리한다.

22) 周夢茜, 「關於我國城市商業銀行競爭力的分析-基於19家城市商業銀行2008-2010年面板數據」, 西南財經大學碩士論文, 2012年.

때문에 도시신용합작사는 경영과정에서 수많은 경영 리스크를 안고 있었다. 이러한 이유로 1995년 중국인민은행은 〈도시신용사관리강화보고 關於進一步加強城市信用社管理的通知〉를 발표하여 앞으로는 도시신용합작사의 설립을 비준하지 않겠다고 규정하였다.[23)]

제2단계는 도시합작은행城市合作銀行의 출현기로 1995년부터 1998년까지가 이에 해당한다. 도시상업은행의 2단계인 도시합작은행은 1995년 국무원이 도시신용합작사의 설립 및 확대를 중단하는 조치를 취하면서 같은 해에 대안으로 생겨났다. 도시합작은행은 기존의 도시신용합작사를 기초로 하여 각 지방도시의 중소기업, 개인, 지방재정국의 자본참여를 통해 설립한 '주식제 도시상업은행'을 말한다. 1995년 국무원은 〈도시합작은행의 설립에 관한 통지關於組建城市合作銀行的通知〉를 발표하였다.[24)] 이 규정에 따라서 1995년 2월 첫 도시합작은행이 광동성 심천深圳에 설립되었고, 순차적으로 전국 35개의 도시에 도시합작은행이 설립되었다. 그 이후 1998년 10월 국무원은 중국인민은행의 〈도시신용사업무방안정리整頓城市信用社工作方案〉를 각 지방정부에 공지하였다.[25)] 이로 인해 지방정부는 도시신용합작사의 자산을 검토 및 조사하였고, 일부 물망에 오른 도시신용합작사들은 지방재정국과 중소기업, 개인 등에 의해 인수 및 합병되기 시작하였다.

---

23) 中國人民銀行a, 「關於進一步加強城市信用社管理的通知」, 『國務院法規』, 1995.3.31.

24) 이것은 1993년 국무원이 〈금융체제개혁결정: 關於金融體制改革的決定〉을 발표한 것에서 힘을 얻었다. 國務院c, 「關於金融體制改革的決定」, 『國發』第91號, 1993. 참조; 이 결정에 의해서 중국정부는 적극적으로 합작은행제도를 추진하였다. 합작은행은 도시합작은행과 농촌합작은행으로 구성한 것이다. 國務院b, 「關於組建城市合作銀行的通知」, 『國發』1995年 第25號 참조.

25) 中國人民銀行b, 「整頓城市信用社工作方案」, 『國辦發』1998年 140號.

제3단계는 오늘날의 도시상업은행 단계로 1998년부터 현재까지가 이에 해당한다. 1998년 3월 국무원은 중국인민은행과 국가공상관리국國家工商管理局의 승인을 받아 112개의 도시상업은행을 설립하였다. 이 도시상업은행들은 2,290개의 도시신용합작사를 합병하였고[26] 〈도시합작은행 명칭의 변경과 문제에 관한 보고關於城市合作銀行變更名稱有關問題的通知〉에 따라 도시합작은행○○城市合作銀行에서 도시상업은행○○市商業銀行으로 명칭을 바꾸면서, 도시상업은행은 급속히 발전하였다.[27] 2007년 전후 은감회의 승인을 받아서 도시상업은행○○市商業銀行은 ○○은행주식유한회사, 약칭 ○○은행○○銀行股份有限公司, 약칭○○銀行으로 개명하였다.

2003년 은감회 설립 이후, 도시상업은행은 중국인민은행과 은감회 등 관리감독기구의 관리를 통해 재무상황이 개선되고, 리스크 관리능력도 향상되고, 수익창출이 증대되었다. 각 지방의 도시상업은행은 2005년부터 인수·합병 및 재조직의 방식을 통해, 자은행에 맞는 개혁과 발전을 모색하는 동시에 타지역에서 경영을 확대하였다. 또한 도시상업은행은 업무를 신속하게 처리하는 정보·전산기술을 갖추게 되었고, 경영규모도 지속적으로 확대되어 급속한 발전을 이루었다.[28]

26) 현재 중국에 도시신용합작사는 없다. 2단계 도시합작은행 때부터 도시신용합작사는 지방정부, 기업, 개인 등에 의해 점차적으로 인수·합병되어 그 수가 대폭 줄었고, 1998년 112개 도시상업은행이 설립하면서 남아있던 도시신용합작사를 대부분 인수·합병했기 때문이다.

27) 中國人民銀行c, 「關於城市合作銀行變更名稱有關問題的通知」, 『銀發』1998年 94號.

28) 周夢茜, 「關於我國城市商業銀行競爭力的分析-基於19家城市商業銀行2008-2010年面板數據」, 西南財經大學碩士論文, 2012年 15쪽.

2. 동북3성 도시상업은행의 현황

1) 현황

동북3성에 존재하는 17개 도시상업은행의 현황을 살펴보면 다음과 같다. 자산규모와 분·지점 개수를 기준[29)]으로 했을 때, 제1위인 성경은행은 동북지역의 도시상업은행 중에서 가장 먼저 설립되었고 규모와 발전수준이 제일 높다. 1997년 9월 심양시상업은행沈陽市商業銀行으로 설립되었고, 2007년 2월에 은감회의 승인을 받아서 성경은행으로 개명하였다. 2014년 초까지, 총자본은 4,200억 위안이다. 2003년 중국정부가 동북진흥전략을 실시한 이후, 성경은행의 시장경영목표는 지방과 중소기업, 그리고 시민을 위해 서비스를 제공하는 것이다. 2013년 말까지 성경은행은 13개의 분점과 139개의 지점 및 영업점을 설립하였다. 이 중 4개의 분점은 성간省間도시인 북경北京, 상해上海, 천진天津, 장춘長春에 설치하였고 9개의 분점을 성내省內도시인 심양沈陽, 대련大連, 영구營口, 안산鞍山, 본계本溪, 반금盤錦, 호호도葫蘆島, 조양朝陽, 무순撫順에 설치하였다. 뿐만 아니라 상해보산上海寶山, 심양심북沈陽沈北 등 지역에서 6개 부민촌진은행富民村鎮銀行을 설립하였고, 동북3성의 부신阜新, 단동丹東, 본계本溪 등 도시상업은행에 자본참가하고 있다. 현재 성경은행은 적극적으로 주식상장IPO을 계획하고 있다.[30)]

---

29) 도시상업은행은 성간(省間)·성내(省內)의 분점과 지점·영업점의 설치여부에 따라 3가지의 규모로 구분할 수 있다. 첫째, 성간·성내에 분·지점을 설치하여 영업 중인 도시상업은행이다. 이 도시상업은행은 성내뿐만 아니라 점차 전국에 분·지점을 개설했기 때문에 경영규모가 지속적으로 확대되어 전국성 상업은행 성격을 갖게 된다. 둘째, 성내의 도시들에서 운영 중인 도시상업은행이다. 셋째, 성내의 소속도시에서만 경영하는 도시상업은행이다.

제3위의 도시상업은행인 대련은행은 1998년 3월 28일 대련시상업은행으로 출범하여, 2007년 2월 17일 은감회의 승인을 받아서 대련은행으로 개명하였다. 현재 대련은행은 8개의 분점과 130여개 지점 및 영업점을 소유하고 있다. 2012년 말 기준으로, 총자산은 2,506억 위안이었다.[31]

제6위인 금주은행은 1992년 8월 금주시성시신용사연합사로 출범한 이래, 세 번의 과정을 거쳐 그 명칭을 바꾸었다. 1997년 1월 금주시합작은행을 설립하여, 1998년 10월 금주시상업은행으로 개명했고, 2008년 은감회의 승인을 받아서 금주은행이 되었다. 2013년 말까지 자산총액은 1,789억 위안이고 금주, 북경, 상해, 심양, 대련 등의 지역에서 10개의 분점을 운영하고 있다.[32]

흑룡강성에는 2개의 도시상업은행이 있다. 이 중 동북3성 도시상업은행 중 자산규모에서 제2위를 차지하는 하얼빈은행은 1997년 2월에 하얼빈성시합작은행哈爾濱城市合作銀行으로 출범하였다. 1998년 하얼빈시상업은행으로 개명했고, 2007년 은감회의 승인을 받아서 하얼빈은행이 되었다. 심양, 대련, 천진 등의 타지방 도시에 16개의 본점과 289개 지점 및 영업점을 갖고 있다. 북경, 길림, 흑룡강 등 14개 성 · 시에 24개 촌진은행村鎮銀行을 설립했다. 2013년 말까지 자산총액은 3,221.75억 위안이고 불량대출비율은 0.67%이다. 하얼빈은행의 발전목표는 흑룡강성을 중심 근거지로, 중소기업을 지원하여 동북지역 뿐만 아니라 전국적으로 서비스 제공을 확장하는 것이다立足龍江, 支持中小, 服務東北, 面向全國. 2014년 3월 31일 하얼빈은행은 홍콩증시에 상장했다. 하얼빈은행은

30) 盛京銀行 http://www.shengjingbank.com.cn/about/
31) 大連銀行 http://www.bankofdl.com/Channel/about/
32) 錦州銀行 http://www.jinzhoubank.com/Info/Show.jsp?id=210

중국 전체와 동북3성의 도시상업은행에서 각각 세 번째와 첫 번째로 홍콩증시에 상장한 은행이다.[33)]

제5위인 용강은행은 2009년 11월 27일, 치치하얼齊齊哈爾시상업은행, 목단강牡丹江시상업은행, 대경大慶시상업은행과 칠대하七台河시성시신용사를 합병하여 용강은행을 설립하였다. 4개의 도시상업은행을 합병한 용강은행은 동북3성에서 유일한 성급省級차원의 도시상업은행이다.[34)] 흑룡강성 내에 13개의 분점과 202개 지점 및 영업점, 11개 촌진은행이 운영 중이다. 등록된 자본금은 30.8억 위안이다.[35)]

길림성에는 1개의 도시상업은행만 존재하는데, 바로 길림은행이다. 제4위인 길림은행은 2007년 10월 장춘시상업은행長春市商業銀行은 길림은행으로 개명했고, 길림시상업은행과 요원시성시신용사遼源市城市信用社를 인수·합병했다. 이어 2008년 11월 백산白山, 통화通化, 사평四平, 송원松原 등 4개의 도시신용사를 추가 합병·인수했다. 길림성 내의 도시와 요녕성의 심양, 대련에 11개의 분점과 350여개 지점 및 영업점이 있다. 2013년 말까지 자산총액은 2,556.80억 위안으로 설립 당시보다 5배나 증가했다.[36)] 아래 |도표 1|과 |도표 2|는 각각 동북3성의 17개 도시상업은행에 대한 본점 위치와 현황을 보여준다.

33) 哈爾濱銀行 http://www.hrbcb.com.cn/about1.jsp

34) 따라서 용강은행은 성내에서 하얼빈은행과 성간에서 15개의 은행과는 차별성이 있는 것으로 보인다. 향후 이와 관련하여 연구가 필요하다.

35) 龍江銀行 http://lj-bank.com

36) 吉林銀行 http://www.jlbank.com.cn/publish/portal0/tab283/

|도표 1| 동북3성의 17개 도시상업은행 본점 위치

|도표 2| 동북3성 도시상업은행의 현황

	은행명 [성-도시]	자산규모 (억 위안)	타지역경영	명칭 변경과정
초대형	1. 성경은행 (盛京銀行) [요-심양]	4,200	• 12개 분점: **성간도시(4)-북경, 상해, 천진, 장춘 /** 성내도시(8)- 심양, 대련, 안산, 본계, 영구, 반금, 호호도, 조양, 무순 • 139개 지점 및 영업점 • 부신, 단동, 본계 등 도시상업은행에 자본 참가 • 촌진은행 6개	• 1997년 9월 심양시상업은행 설립 • 2007년 2월 성경은행으로 개명
초대형	2. 하얼빈은행 (哈爾濱銀行) [흑-하얼빈]	3,221.75	• 16개 분점: **성간도시(5)- 대련, 천진, 청두, 심양, 충칭** / 성내도시(11)- 하얼빈, 쌍압산, 지시, 허강, 수화, 대경, 칠대하, 목단강, 가목사, 치치하얼 등 • 289개의 지점 및 영업점 • 촌진은행 24개: 북경、천진、길림、감숙、중경, 흑룡강성 등	• 1997년 2월 하얼빈성시합작은행(哈爾濱城市合作銀行)으로 출범 • 1998년 하얼빈시상업은행으로 개명 • 2007년 은감회의 승인을 받아서 하얼빈은행으로 개명
초대형	3. 대련은행 (大連銀行) [요-대련]	2,506	• 8개 분점: **성간도시(5)-북경, 상해, 천진, 충칭, 청두** /성내도시(3)- 심양, 영구, 단동 • 130여개 지점 및 영업점	• 1998년 3월 대련시상업은행 출범 • 2007년 2월 대련은행으로 개명

	은행명 [성-도시]	자산규모 (억 위안)	타지역경영	명칭 변경과정
	4. 길림은행 (吉林銀行) [길-장춘]	2,356.9	• 11개 분점: **성간도시(2)- 심양, 대련** / 성내도시(9)- 백산(白山), 통화(通化), 사평(四平), 송원(松原), 연변(延邊), 백성(白城) 등 • 350여개 지점 및 영업점	• 2007년 10월 장춘시상업은행은 길림은행으로 개명 • 길림시상업은행과 요원시성시신용사(遼源市城市信用社)를 인수·합병하여 길림은행을 설립 • 2008년 11월 백산、통화、사평、송원 4개 도시신용사를 합병·인수
	5. 용강은행 (龍江銀行) [흑-하얼빈]	1,860	• 12개 분점: 성내도시(12) 치치하얼, 목단강, 가목사, 대경, 쌍압산, 이춘, 칠대하, 허강, 흑하, 대흥안령, 계서, 수화 • 136개 지점 및 영업점 • 촌진은행 11개	• 2009년 11월 치치하얼시상업은행, 목단강시상업은행, 대경시상업은행과 칠대하(七台河)시성시신용사를 합병하여 용강은행 설립
	6. 금주은행 (錦州銀行) [요-금주]	1,789	• 10개 분점: **성간도시(3)- 북경, 천진, 하얼빈** / 성내도시(7)- 심양, 대련, 단동, 무순, 안산, 조양, 금주	• 1997년 1월 금주시합작은행 출범 • 1998년 10월 금주시상업은행으로 개명 • 2008년 은감회의 승인을 받아서 금주은행으로 개명
대형	7. 요양은행 (遼陽銀行) [요-요양]	731.53	• 57개 분점 및 지점 성내도시만: 심양, 호호도, 안산 등 요녕성 내	• 1992년 5월 요양시성시신용연사(遼陽市城市信用聯社)로 출범 • 1997년 3월 요양시도시합작은행을 설립 • 1998년 6월 요양시상업은행으로 개명 • 1999년 1월 요양현(遼陽縣)、등탑(燈塔)、화자(鏵子) 신용합작사를 합병 • 2010년 4월 은감회의 승인을 받아 요양은행으로 개명
	8. 부신은행 (阜新銀行) [요-부신]	681	• 3개 분점: 성내도시(3)-심양, 대련, 영구 • 59개 지점 • 북경, 상해, 척전부(拓展部)	• 1997년 4월 영구시상업은행 설립 • 2008년 1월 은감회의 승인을 받아 영구은행으로 개명
	9. 영구은행 (營口銀行) [요-영구]	530	• 7개 분점: **성간도시(1)-하얼빈** / 성내도시(6)-심양, 대련, 호호도, 안산, 영구, 소미기업금융서비스센터(小微企業金融服務中心)	• 1994년 12월 부신시도시신용사중심사로 출범 • 1997년 6월 부신시도시신용연합사로 개명 • 2001년 8월 중국인민은행 심

	은행명 [성-도시]	자산규모 (억 위안)	타지역경영	명칭 변경과정
				양분행부신시상업은행주식회사로 전환 • 2009년 11월 은감회의 승인을 받아 부신은행으로 개명
	10. 안산은행 (鞍山銀行) [요-안산]	462	• 19개 1급 지점 • 77개 2급 지점	• 1991년 안산도시신용연사(鞍山城市信用聯社)로 출범 • 1996년 12월 안산시상업은행으로 전환 • 2010년 은감회의 승인을 받아서 안산은행으로 개명
	11. 단동은행 (丹東銀行) [요-단동]	328.03	• 성내 대련 분점 • 130개 지점 및 영업점 • 5개 촌진은행	• 1997년 1월 단동성시합작은행 출범 • 1998년 단동성시상업은행으로 개명 • 2010년 9월 은감회의 승인을 받아 단동은행으로 개명
	12. 무순은행 (撫順銀行) [요-무순]	324.44	• 6개 관리지점 • 59개 지점 및 영업점 • 5개 촌진은행	• 1998년 6월 무순시상업은행 출범
	13. 조양은행 (朝陽銀行) [요-조양]	308.37	• 성내 분점 1개 무순 • 13개 1급 지점 • 38개 2급 지점	• 조양시상업은행으로 출범 • 2011년 4월 은감회의 승인을 받아 조양은행으로 개명
	14. 철령은행 (鐵嶺銀行) [요-철령]	224	• 29개 지점 령	• 2011년 12월 철령시상업은행에서 철령은행으로 개명
	15 호호도은행 (葫蘆島銀行) [요-호호도]	217	• 1개 분점 성내도시-심양 • 51개 지점	• 2001년 9월 호호도시상업은행으로 출범 • 2009년 12월 호호도은행 개명
중형	16. 영구연해은행 (營口沿海銀行) [요-영구]	116.9		• 2010년 4월 본계시성시신용사에서 본계시상업은행 개명
소형	17. 본계시상업은행 (本溪市商業銀行) [요-본계]	83.12	• 16개 1급 지점 • 39개 2급 지점	• 2010년 12월 21일 영구항만집단 유한회사(營口港務集團有限公司) 등 기업이 투자하여 설립

* 출처: 각 도시상업은행 연도보고서 및 사이트에 자료를 근거로 구성

|도표 2|에 의하면, 7위부터 17위까지 11개 은행 중, 9개 도시상업은행은 1997년 전후 도시합작은행으로 출범하여, 1998년 이후부터 ○

○시상업은행으로 개명하였고, 이어 2008년 이후 은감회의 승인을 받아서 ○○은행으로 명칭을 바꾸었다. 나머지 2개 은행은 각각 16위, 17위에 해당한다. 즉, 하나는 본계시상업은행으로, 2010년 4월 본계시성시신용사本溪市城市信用社에서 본계시상업은행으로 개명했다.[37] 다른 하나는 영구연해은행으로, 2010년 12월 영구항만집단유한회사營口港務集團有限公司, 영구자산경영회사 등이 투자하여 영구연해은행營口沿海銀行를 설립했다.[38]

2) 17개 도시상업은행의 분석과 특징

|도표 2|를 근거로 동북3성의 17개 도시상업은행을 분석한 결과, 다음과 같은 공통점과 차이점을 찾을 수 있었다. 첫째, 성내 · 성간도시에서 분점과 지점 · 영업점의 설치 개수를 보면, 상위 6개의 은행은 모두 성내 · 성간도시에 분점과 지점 및 영업점을 갖고 있다. 반면 영구은행을 제외한 나머지 10개의 은행은 성간도시에는 분점을 설치하지 못하였다. 따라서 성간에 분점을 설치하는 것은 은행의 경영규모와 발전수준 격차를 보여줄 수 있는 가장 중요한 지표 중에 하나임을 알 수 있다. 즉, 2004년 은감회는 경영 상황이 우수한 도시상업은행이 타지역에 분 · 지점을 개설하는 것을 허용했다.

성간에 분점을 다수 설치하는 것은 발전수준의 격차를 보여주는 결과이다. 예를 들면 동북3성의 도시상업은행 중, 성간에 분점을 갖고 있는 은행은 용강은행을 제외한 상위 1위~6위까지 은행이 모두 들어간다. 이 중 하얼빈은행과 대련은행이 성간에 각각 5개로 가장 많은 분점

37) 本溪市商業銀行 www.bxccb.com
38) 營口沿海銀行 http://www.coastalbank.cn/gywm.php

을 갖고 있고 이어 성경은행이 4개, 금주은행이 3개, 길림은행이 2개, 영구은행이 1개이다. 위에서 언급한 상위 6위까지 은행들은 모두 성내에는 더 많은 분점들을 갖고 있다. 따라서 상위 6개의 은행은 자산과 경영규모가 커짐으로 인해서 소속도시와 해당 지역을 벗어나 성간 · 성내를 모두 넘나들면서 분점을 설치할 수 있었다는 것을 알 수 있다.

또한 성내의 도시들에서만 경영하는 도시상업은행은 흑룡강성에 13개의 분점을 갖는 용강은행이 가장 크고, 이어 요양은행, 부신은행, 영구은행 등이 나타난다. 마지막으로 성내의 소속도시에서만 경영하는 은행은 영구연해은행과 본계시상업은행으로 그 경영규모는 작다.

둘째, 통상적인 자산규모의 기준에 따르면 동북3성의 17개의 도시상업은행 중에서 중형급과 소형급 각각 1개를 제외하고는 15개가 모두 대형급 이상의 은행에 속한다. 따라서 자산규모가 튼튼하다고 볼 수 있다. 구체적으로 세분하여 보면, 1,700억 위안 이상의 총자산을 가진 초대형급 도시상업은행은 6개로 상위 1위부터 6위까지 은행들이 이에 해당한다. 200억 위안 이상의 대형급 은행은 9개로 7위~15위의 은행이 이에 해당한다. 즉, 500억 위안 이상의 총자산을 가진 은행은 3개로, 요양은행, 부신은행, 영구은행이다. 500위안 미만의 은행은 안산, 단동, 무순, 조양, 철령, 호호도은행으로 모두 6개이며 요녕성에 있다. 100~200억 위안의 중형급의 도시상업은행은 1개가 있고, 100억 위안 미만의 소형급은 1개로 본계시상업은행本溪市商業銀行이 이에 해당한다. 이 17개의 도시상업은행 중 6개의 은행이 나머지 11개의 은행보다 총자본에서 적게는 6배~50배의 차이가 난다. 자산규모가 1,700억 위안 이상이면 전국성 주식제상업은행의 기준에 근접하기 때문에, 이 6개의 은행은 자산규모가 전국성 주식제상업은행과도 경쟁할 수 있는 역량을 가진다.

셋째, 앞의 |도표 2|에서 동북3성 도시상업은행의 분포를 보면 요녕

성 14개, 길림성 1개, 흑룡강성 2개가 존재한다. 성간 측면에 있어서 도시상업은행이 요녕성에 집중적으로 분포하였다. 특히, 요녕성은 연안의 5개 항만도시에 모두 도시상업은행이 설립되어 있음을 볼 수 있다. 이에 대한 원인은 다음 장인 3장 2절 지역발전적 측면에서 상세히 설명할 것이다.

3. 동북3성 도시상업은행의 시장자유화

1) 제도적: 민영화와 타지역 경영

(1) 민영화

개혁개방과 더불어 형성된 도시상업은행은 초기 1단계(1979~1994)부터 해당지역의 정부와 대형국유, 국유지주기업國有控股企業의 배경을 가지고 있고, 통상적으로 지방정부가 주식을 통제하거나 제1주주이다. 때문에 지방정부는 국유자본과 밀접한 관련을 맺고 있다. 특히 동북3성은 1949년부터 석유공업, 철강공업 등 중국 제1의 중공업기지重工業基地로써 중국의 기간산업의 점유율이 타지역보다 월등히 높다. 따라서 이 지역의 지방도시들과 국유기업들은 타지역에 비해, 지방정부과 국유자본 지배 성향이 가장 뚜렷하다.

1995년 중국인민은행이 새롭게 〈도시상업은행잠정관리조치城市商業銀行暫行管理辦法〉을 제정함으로써, 도시상업은행은 지방정부의 관리 하에 들어갔다. 이 법안의 제23조에 따르면 도시상업은행의 주주는 해당지역의 지방정부와 중소기업, 개인사업자, 도시주민으로 구성된다. 이 중에서 지방정부가 제1주주이고 주주투자의 비례는 30%를 차지한다. 이

외에 기업이나 단일법인의 주주투자 비례는 10%, 개인의 주주투자 비례는 2%를 초과할 수 없다고 규정하였다.[39)]

즉, 지방정부는 도시상업은행에서 지배주주의 지위를 가지고, 기타 국유기업과 국유기구에 대한 간접적 주식 보유 권한을 갖는다. 국유기업이 다수를 차지하고 있었던 동북3성은 지방정부와 권한과 역할이 타 지역보다 비교적 극대화 되어 있다. 일반적으로 회사법公司法에 따라 도시상업은행의 고위경영자는 은행장의 추천을 받아야 하고, 이사회 회의를 거쳐서 임명된다고 규정하고 있다. 그러나 사실상 지방정부는 도시상업은행의 절대적인 지배 주주권을 행사하면서 도시상업은행의 인사임면권도 갖고 있다. 예를 들어 현재 길림은행 감사회監事會의 감사장인 주극민朱克民은 길림성위조직부 간부·부부장吉林省委組織部幹部·副部長, 길림성인사청 부청장吉林省人事廳副廳長, 중국공산당길림시위 부서기中共吉林市委副書記, 상무부시장常務副市長 등 지방정부의 고위관리자였다. 이처럼 지방정부의 간부는 도시상업은행의 고위경영자가 될 수 있다. 이것은 회사법에 따라 회사 관리구조가 형성될 수 없음을 의미하며, 회사규정과 이사회는 자체의 기능이 상실되어 유명무실함을 의미한다.[40)]

그럼에도 불구하고 2013년 동북3성 도시상업은행의 은행주주 비율과 현황을 보면 기존의 도시상업은행의 기본정책과는 전혀 다른 양상

39) 도시상업은행의 탄생은 경제관리 권한이 중앙정부에서 지방정부로 이전되고 확대되었다는 것을 의미한다. 지방정부의 경제관리 권한의 확대는 지방경제발전과 더불어 이에 걸맞은 자원의 자금조달권(資金調撥權)과 분배권을 요구하게 되었다. 이러한 지방정부의 적극적인 지지와 노력으로 도시상업은행이 탄생하였고, 이는 기존의 국유은행과 경쟁하게 되었다. 中國人民銀行d, 「도시상업은행잠정관리조치: 城市商業銀行暫行管理辦法」, http://www.pbc.gov.cn/publish/tiaofasi/269/index.html

40) 黃建軍, 「我國城市商業銀行與地方政府關系」, 『財經科學』5 總266期, 2010, 26-27쪽.

을 보인다. 아래 |도표 3|에 의하면, 동북3성의 도시상업은행은 민간자본(사회법인 · 외자 · 개인)의 비율이 국유자본(지방정부 · 국유기업)보다 훨씬 높음을 알 수 있다. 최근 몇 년 동안 동북3성의 도시상업은행은 민간자본이 증가하여 국유자본을 대표하는 지방정부와 국유기업의 권한이 점차적으로 감소했고, 이에 따라 지방정부의 간부가 도시상업은행의 고위경영자를 겸임하는 비례도 감소하고 있다.

|도표 3| 동북3성 도시상업은행의 은행주주비율과 현황

	은행명	국유자본	민영자본			제1주주/비례	국유 : 민간
		국유 및 국유법인	사회 법인	외자	개인		
고발전	1. 성경은행	25.98	64.52		9.40	국유/ 18.35	25.98 〈 74.02
	2. 하얼빈은행	29.62	69.38		1.00	사회/ 29.68	29.62 〈 70.38
	3. 대련은행	31.29	65.42		3.29	사회/ 12.99	31.29 〈 68.71
	4. 길림은행	44.66	32.61	16.98	5.76	외자/ 16.98	44.66 〈 55.34
	5. 용강은행*	75.25	20.89		3.86	국유/ 20.50	75.25 〉 24.75
	6. 금주은행	6.10	91.91		1.99	국유/ 6.10	6.10 〈 93.90
저발전	7. 요양은행	-	-	-	-	-	-
	8. 부신은행	2.59	94.69		2.72	사회/ 9.77	2.59 〈 97.41
	9. 영구은행	10.36	67.72	19.99	3.155	외자/ 19.99	10.36 〈 89.64
	10. 안산은행	36.52				국유/ 36.52	36.52 〈 63.48
	11. 단동은행	-	-	-	-	-	-
	12. 무순은행	6.03	89.83		4.14	사회/ 9.78	6.03 〈 93.97
	13. 조양은행	-	-	-	-	-	-
	14. 철령은행	-	-	-	-	-	-
	15. 호호도은행	-	-	-	-	-	-
	16. 영구연해은행	32.00	68.00	-	-	사회/ 20.00	32.00 〈 68.00-
	17. 본계시상업은행						

* 출처: 성경, 무순, 영구, 부신은행은 2012년 연도보고를, 기타 은행은 2013년 연도보고를 통해 구성.

* 자료 없음 * 용강은행은 성급(省級)차원의 도시상업은행이므로 특징 분석에서 제외함.

이것은 상위에서 언급된 기존 도시상업은행에 대한 기본정책과는 정반대의 결과이다. 이러한 양상과 국유자본을 대표하는 지방정부와 국유기업의 권한이 점증적으로 감소하고 있는 이유는 무엇인가. 지방경제발전을 위해 중앙정부에서 지방정부로 이전된 경제적 권한들이 어떻게 민간자본으로 확대되었는가를 보면 다음과 같다.

1949년 신중국 수립후 동북3성의 국유기업은 동북3성 뿐만 아니라 중국전체의 재정수입에 큰 부분을 차지했다. 그러나 개혁개방이후 동북3성의 국유기업은 경영적자, 파산, 구조조정, 실업 등의 문제로 지방경제발전에 장애가 되었다. 이러한 상황에서 2003년 동북진흥전략 추진 하에, 비국유 중소기업과 개인사업자는 급격한 증가와 발전을 해왔고, 이로 인해 지방정부는 점차적으로 민간자본에 의존하게 되었기 때문이다.

특히, 요녕성의 중소기업과 개인사업자의 수는 길림성과 흑룡강성보다 2배 정도로 많다. 2010년 말 기준으로 요녕성의 개인사업자는 153만 명이고, 중소기업은 30.8만 개이다. 반면에 길림성의 개인사업자는 75.4만 명, 중소기업은 12.7만 개이고, 흑룡강성의 개인사업자는 101.4만 명, 중소기업은 15.7만 개다. 요녕성의 중소기업은 길림성과 흑룡강성의 2배에 달하고, 요녕성의 개인사업자도 길림성에 2배, 흑룡강성에 1.5배 정도에 해당한다. 민간자본이 집중된 요녕성에는 14개의 도시상업은행이 집중 분포되어 있는데, 이것은 민간자본 유입율이 높을수록 도시상업은행의 경쟁력과 자가발전을 제고시킨다는 것을 시사한다.

이처럼 비국유 중소기업의 지위 향상과 경제적 역량의 강화는 동북3성 국민경제의 새로운 성장 원동력이 되었고 동북3성은 독립된 하나의 경제영역으로 자리매김을 했다. 기존에는 국유상업은행이 국유 대·중형 기업에만 집중되어 있었기 때문에 수많은 비국유 중소기업의 금융에 대한 요구를 충족시킬 수 없었다. 이러한 요구에 부응하기 위해 도시상업은행이 설립되었다고 봐도 무방하다. 비국유 중소기업과 개인사업자의 증가와 같은 다원적 경제요소의 구조는 도시상업은행 설립과 발전의 원인이라고 할 수 있다.

상기 서술한 바와 같이 기존에는 도시상업은행은 통상적으로 지방정부와 긴밀한 유착관계를 갖고 있었다. 그러나 현재 동북지역은 비국유 중소기업의 급속한 증가와 발전으로 지방정부와 국유기업의 권한이 점차 감소하고 있다. 따라서 도시상업은행은 중앙정부, 더 나아가 지방정부의 통제권을 벗어나고 있는 중이다. 또한 〈도시상업은행잠정관리조치〉와 달리, 동북3성의 도시상업은행은 민간자본 점유율이 정부자본 점유율보다 높아, 이미 도시상업은행의 민영화로 이행하고 있다. 이것은 개인, 가계와 기업의 필요에 따라 도시상업은행의 시장적 기능이 활성화되고 있다는 증거로, 중국금융체제 내에서 탈중앙화 · 탈지방화 나아가 민영화 경향을 시사한다.

(2) '타지역 경영' 정책

타지역 경영跨區域經營은 통상적으로 타지역(성내 · 성간)에 분점과 지점 및 영업점을 설치하여 경영규모를 확대하는 것을 말한다. 2004년 은감회가 '타지역 경영' 정책[41]을 허용함에 따라, 동북3성의 도시상업은행은 국내는 물론 세계금융시장에서도 경쟁할 수 있는 자생력을 갖

41) 상업은행은 대부분 소속도시 지역에 한정된다. 그러나 이 정책에 따라 도시상업은행의 규모와 자산이 확장된 은행은 은감회의 심사를 거쳐서 타지역에서 경영을 할 기회를 가진다. 예를 들면, 2006년 4월 상해은행은 영파(寧波)시에 첫 타지역 분점을 설립하여, 타지역에 분점 설립의 발전모델을 시작하였다. 그 후에 북경은행도 천진에서 분점을 설립하였다.

추게 되었다. 원래 1997년 중국인민은행이 제정한 〈도시합작은행관리조치城市合作銀行管理辦法〉에 따르면, 도시상업은행은 독립법인의 자격을 갖고, 설립과 경영범위를 소속도시에만 한정한다고 규정하였다. 이 법규는 도시상업은행의 본업무인 해당 도시의 지역발전과 중소기업, 도시주민을 지원하는 것으로, 도시상업은행의 맹목적인 확장을 제어하기 위한 것이었다.[42)]

그러나 1990년대 후반부터 일부 도시상업은행은 자본과 규모, 경영기술을 향상시키면서 빠르게 성장을 해왔다. 기존의 법규대로 소속도시에서만 이 은행의 경영을 제한시키는 것은 은행의 자가발전에 악영향만 끼치게 되었다. 왜냐하면 타은행과의 고객유치 경쟁에서도 열세에 놓이게 되기 때문이다. 은행이 기본적으로 자신의 자산과 경영규모를 확장하기 위해서는 타지역으로의 진출이 필연적인 결과인 것이다.

이 때문에 2003년 은감회는 도시상업은행의 타지역 경영을 고려하기 시작하여, 2004년에 〈도시상업은행 감독관리와 발전강요城市商業銀行監管與發展綱要〉를 발표하였다. 이 정책에 따라서 경영 상황이 우수한 도시상업은행은 타지역에 분·지점을 개설하는 것을 허용했다.[43)] 물론 은감회의 행정심사기준을 통과한 도시상업은행만이 타지역 경영이 가능했고 그 기준도 점점 더 엄격해졌다. 이에 따라 다수의 도시상업은행은 소속도시와 성내도시들에서만 경영을 지속할 수밖에 없었다.[44)]

---

42) 그러나 도시상업은행은 자가발전을 위해, 본 소속도시에 분점을 설립할 수 있지만 업무범위는 본 소속도시로만 제한된다. 中國人民銀行d, 「城市商業銀行暫行管理辦法」, http://www.pbc.gov.cn/publish/tiaofasi/269/index.html 1995年.; 中國人民銀行e, 「城市合作銀行管理規定」, 『國務院法規』1997年 6月20日.

43) 中國銀行業監督管理委員會c, 「城市商業銀行監管與發展綱要」, 『銀監辦發』2004年 291號.

44) 桂蟾, 「論我國城市商業銀行的跨區域經營」, 『財貿研究』2009年 4期, 92-102쪽.

한편 2009년 은감회는 〈중소상업은행 분 · 지점 설치와 시장준입정책에 관한 조정의견關於中小商業銀行分支機構和市場准入政策的調整意見〉을 발표하였다. 이 정책에 의해 도시상업은행은 소속도시에서 지점 및 영업점 설치와 기본운영자금 등에 관한 심사절차를 없앴다. 따라서 기존에 소속도시에 본점 하나만 운영할 수 있었던 도시상업은행은 여러 개의 지점 및 영업점을 설치할 수 있게 되었다.[45] 또한 같은 해 은감회는 〈2009-2011신형농촌금융기구업무안배新型農村金融機構2009年-2011年工作安排〉도 발표했다. 이 법규에 의해 도시상업은행은 농촌금융기관에도 진출할 수 있는 기회를 갖게 되었다.[46]

동북3성 도시상업은행의 경우도 예외는 아니었다. 은감회의 까다로운 심사기준을 통과한 소수의 도시상업은행은 타지역 경영을 실시했다. 타지역에서의 분 · 지점 설립은 현縣, 시市, 성省, 전국적 차원에서 이루어지며, 그 경영방식은 5가지로 분점과 지점 · 영업점의 설치, 인수, 합병, 자본참가, 촌진은행의 설립이다. 동북3성 도시상업은행의 타지역 경영 특징은 아래와 같다.

첫째, 목표 지역에 직접 분점과 지점 · 영업점을 설립[47]하는 전통적인 타지역 경영이다. 용강은행을 제외한 발전수준이 높았던 5개 은행은 모두 성간도시에 분점과 지점 및 영업점을 설립하였다. 특히, 성간

45) 中國銀行業監督管理委員會d, 「關於中小商業銀行分支機構和市場准入政策的調整意見」, 『銀監辦發』2009年 143號.

46) 中國銀行業監督管理委員會e, 「新型農村金融機構2009年-2011年工作安排」, 『銀監辦發』2009年 72號.

47) 분점과 지점 · 영업점 설치의 장점은 목표성이 강하고 고객의 수요를 쉽게 만족할 수 있다. 단점은 내부통제와 회사 리스크관리, 대손충당금 적립비율이 낮기 때문에 은감회에서는 타지역에서 분점과 지점 · 영업점 설립의 요구 사항을 비교적 엄격하게 관리하고 있다.

을 넘어 분점을 설치하는 것이 도시상업은행의 발전격차를 구분 짓는 큰 요인이다. 타지역省에 분점을 낼 수 있다는 것은 이 은행의 자산규모와 그 크기가 확장되었음을 의미한다. |도표 2|를 근거로 분석해 보면, 금주은행과 요양은행, 영구은행, 부신은행이 별다른 특징이 없음에도 불구하고 성간을 넘어 분점을 타지역에 설치한 것으로 500억 위안이 넘는 대형급 도시상업은행과 동북3성 전체 은행순위에서 6, 7, 8, 9위에 해당함을 알 수 있다.

둘째, 타지역 경영 방식에는 합병이 있다. 합병에는 흡수합병과 신설합병이 있는데, 이 두 가지 방법 모두 경제구역이나 행정구역상에 있는 여러 개 도시상업은행을 하나로 합병 하는 것이다. 흡수합병은 한 개의 도시상업은행을 법인자격으로 유지하고 다른 도시상업은행을 합병하는 방식이다. 신설합병은 기존의 신용사들과 도시상업은행들을 합병하여 새로운 도시상업은행을 신설할 수 있다.[48] 신설합병의 예로 용강은행을 들 수 있다. 흑룡강성 지방금융자원을 통합·조정하기 위해, 2009년 초 흑룡강성 성장省長을 포함한 주요 지도자들은 성급省級상업은행 설립안을 제기했다. 따라서 이들은 흑룡강성정부黑龍江省政府 제26차 상무회의와 흑룡강성위(黑龍江省委 10기 55차 상무회의를 통해 〈성상업은행중조업무방안省商業銀行重組工作方案〉을 제정했고, 이 방침 하에 성급상업은행을 '용강은행'이라고 명명하기로 결정했다. 이어 11월 은감회의 승인을 받아서 치치하얼시상업은행齊齊哈爾市商業銀行, 목단강시상업은행牡丹江市商業銀行, 대경시상업은행大慶市商業銀行과 칠대하시도시신용사七台河市城市

48) 합병의 장점은 은감회의 심사평가 조건에 미치지 못한 중·소도시상업은행이 합병을 통해 종합적인 경쟁력을 갖추게 되고, 자본규모와 업무능력도 크게 제고시킬 수 있다는 것이다. 그러나 단점은 융합이 어렵다는 것이다.

信用社를 합병하여 마침내 용강은행을 신설하였다.[49)]

셋째, 도시상업은행은 도시·농촌신용사 및 지점을 인수하는 타지역 경영 방식을 취한다. 하얼빈은행과 금주은행이 이에 해당한다. 하얼빈은행은 중국에서 가장 먼저 인수를 통해 타지역에 분점을 설립한 도시상업은행이다. 2004년과 2006년 하얼빈시상업은행(현 하얼빈은행)은 포상包商은행과 함께 쌍압산雙鴨山과 적봉赤峰신용사를 인수하고, 이 도시에 분점을 설치하여 타지역 경영을 실현하였다. 2007년 금주시상업은행(현 금주은행)은 무순시 청원현撫順市清原縣과 신빈현新賓縣도시신용사를 인수하여, 지점 및 영업점을 설립하였다. 이러한 타지역 경영은 빠르게 그 지역 시장을 점유할 수 있었지만 농촌신용사의 부채를 담당해야 하는 부작용도 떠안았다.

넷째, 타 은행의 자본참여를 통해 업무협력과 효율을 증진시키는 타지역 경영 방식 있다. 성경은행은 동북3성의 도시상업은행 중에서 유일하게 부신, 단동, 본계 등의 도시상업은행에 자본참여를 하고 있다. 도시상업은행은 다른 도시상업은행의 자본참여를 통해서 경영원가經營成本를 절약할 수 있다. 또한 자본참여를 한 해당 은행의 네트워크를 이용하여, 그 지역의 금융시장에 진출하는 기반을 다질 수 있다.[50)]

마지막으로, 타지역 경영 방식의 하나는 촌진은행의 설립이다. 이 경영기술방식에서도 성경은행, 하얼빈은행, 용강은행 등 상위 6개의 은행이 나머지 11개의 은행보다 사례수가 훨씬 많음을 확인할 수 있다. 촌진건설 지지, 촌진금융체계 개선, 촌진금융체계 시범상업건설을 위해

---

49) 龍江銀行 http://lj-bank.com

50) 자본참여의 단점은 단기적으로 볼 때, 자본참여를 한 도시상업은행과 자본참여를 당한 도시상업은행은 서로 협력을 이룰 수 있지만 향후 장기적으로 볼 때 자기 발전을 위해서 서로 경쟁할 가능성이 높다.

앞에 제시한 〈2009-2011신형농촌금융기구업무안배新型農村金融機構2009年-2011年工作安排〉 정책[51]에 따라 은감회는 도시상업은행이 촌진에서 지점과 영업점을 설립할 수 있도록 기준과 요구조건을 낮추었다.

이처럼 도시상업은행은 자은행에 적합한 타지역 경영 방식을 취함으로써, 자가발전과 경영규모를 확장하고 있다. 이것은 과거 중국에서 상상도 못했던 상업은행들의 자율적 결정과 역할이 확대되고 있음을 보여준다. 도시상업은행의 자가발전의 필요에 따라 시장의 기능이 활성화되고 있기 때문에 오늘날 세계은행과 경쟁할 수 있는 자생력을 갖추어 가고 있다.

2) 지역발전적: 도시화 진전과 금융의 역할

대도시일수록 도시상업은행의 발전이 용이하다는 일반적인 법칙이 그대로 적용된다. 금주은행을 제외[52]하고 동북3성에서 발전수준이 높았던 5개의 도시상업은행은 각 성내에서 부성급副省級도시와 일치한다. 나머지 11개는 요녕성의 지급시地級市 도시들에 분포한다. 즉, 부성급 도시는 대도시로, 지급시 도시는 중소도시라고 말할 수 있다.[53]

2003년 동북진흥전략 이래 동북3성은 심양, 대련, 하얼빈, 장춘 등의

51) 은행금융기구는 중국전역에서 100개의 현(全國百強縣)과 빈민구제개발중점사업현(國家扶貧開發工作重點縣)에서 촌진은행을 설립할 수 있다고 규정하였다. 이때 상업은행은 소속지역의 은감회에서 먼저 승인을 받은 후, 촌진은행을 설립할 해당지역의 은감회의 규정에 따라서 설립한다.

52) 여기서 단 지급시(3급도시: 중소도시)에 해당하는 금주은행은 어떻게 1,700억 위안 이상의 자산규모가진 거대은행으로 발전할 수 있는가하는 의문을 남긴다. 그러나 이것에 대한 원인 분석을 시도하는 것은 쉬운 일이 아님으로 향후 연구과제로 남겨둔다.

53) 본 연구에서는 도시의 크기와 규모가 중요함으로, 부성급 도시를 대도시로, 지급시 도시를 중소도시로 분류한다.

부성급 중심도시로 급속하게 발전하였다. 요녕성의 부성급 도시는 2개로 심양과 대련이다. 흑룡장성의 부성급 도시는 하얼빈으로 1개이다. 길림성의 부성급도시는 1개로 장춘이다. 2013년 이 부성급 도시의 GDP는 심양 7,223억 위안, 대련 7,650억 위안, 장춘과 하얼빈은 4,500억 위안 이상에 도달했다.[54] 금주은행을 제외하고 부성급 도시는 5개(성경, 대련, 길림, 하얼빈, 용강)은행의 본점과 일치한다. 성경은행의 본점은 심양, 대련은행의 본점은 대련, 길림은행의 본점은 장춘, 하얼빈은행과 용강은행의 본점은 하얼빈에 있다.

앞의 ❘도표 3❘에 의하면, 동북3성 도시상업은행은 요녕성 14개, 길림성 1개, 흑룡강성 2개가 존재한다. 성간 측면에 있어서, 도시상업은행이 요녕성에 집중적으로 분포한 이유는 두 가지이다. 하나는 요녕성은 도시중심이고, 흑룡강성과 길림성은 농촌중심이기 때문이다.[55] 아래 ❘도표 4❘의 2013년 동북3성의 경제현황을 보면, 요녕성의 2차 · 3차 산업이 흑룡강성과 길림성의 2배에 해당한다는 것을 알 수 있다. 반면에 길림성과 흑룡강성은 1차산업과 농업인구의 비율이 높다는 것을 알 수 있다.

54) 吉林省統計局, 『吉林省統計年鑒』, 中國統計出版社, 2013.; 遼寧省統計局, 『遼寧統計年鑒』, 中國統計出版社, 2013.

55) 또한 동북3성 지역 및 경제수준 상황을 보면 2012년 요녕성 GDP 24,846.43억 위안이고 1인당 GDP 56,649위안이며, 2013년 요녕성의 무역 수 · 출입 총액은 1,142.8억 달러이다. 길림성은 2012년 길림성 GDP 11,939.24억 위안이고, 1인당 GDP는 43,415위안이며, 무역 수 · 출입 총액은 245.72억 달러이다. 2012년 흑룡강성의 GDP는 13,691.58억 위안, 1인당 GDP는 35,711위안이며, 무역 수 · 출입 총액은 378.2억 달러이다. 中國國家統計局b, 『2013年中國統計年鑒』, 中國統計出版社, 2014. 참조.

|도표 4| 2013년 동북3성의 경제현황

동북3성	총인구 (만 명)	GDP (억 위안)	1인당 GDP (만 위안)	수·출입 총액 (억 달러)	1차 산업 (억 위안)	2차 산업 (억 위안)	3차 산업 (억 위안)	1차산업 GDP 비율(%)	국유 및 국유지주 공업기업
요녕	4,244.8	24,846.4	56,649	1,039.9	2,155.82	13,230.49	9,460.12	8.7	634
길림	2,701.5	11,939.24	43,415	245.72	1,412.11	6,376.77	4,150.36	11.8	357
흑룡강	3,834	13,691.58	35,711	378.20	2,113.65	6,037.61	5,540.31	15.4	457

* 출처: 동북3성의 통계연감과 성정부(省政府)자료를 통해 구성.

* 길림성 총인구 중에 농업인구는 1,434.8만 명, 비농업인구는 1,266.7만 명.
중국통계연감의 자료에 따르면 요녕성 국유 및 국유지주 기업은 635개.

말하자면 농업인구의 비율이 훨씬 높기 때문에 농촌은행을 포함한 농촌금융기관들이 발달했다는 뜻이다. 금융기구 종사자를 예로 들면, 길림성에서 국유상업은행이 44,545명이고 도시상업은행은 7,353명이다. 반면에 농촌금융기관 종사자는 22,921명이다.[56] 흑룡강성에서 국유상업은행이 55,817명이고 도시상업은행은 11,205명이다. 반면에 농촌금융기관 종사자는 25,849명이다.[57] 이처럼 길림성과 흑룡강성의 농촌금융기관 비율이 더 높다. 특히 흑룡강성에서는 농촌금융기관이 타 금융기관보다 큰 비중을 차지하고 있고, 농촌 금융서비스의 경쟁도 치열하다. 이러한 상황에서 도시상업은행은 기본적으로 그 경영과 업무 범위가 소속도시로 제한되어 있기 때문에 광범위한 농촌에 금융기관이

56) 즉, 농촌신용사 15,862명, 농촌상업은행 4,962명, 농업합작은행 687명, 촌진은행이 1,357명, 농촌신용협동조합(農村資金互助社) 53명이다. 吉林省統計局, 『吉林省統計年鑒』, 中國統計出版社, 2013 참조.

57) 농촌신용사 23,332명, 농촌상업은행 1,753명 촌진은행 718명, 농촌신용협동조합 46명이다. 黑龍江省統計局, 『黑龍江統計年鑒』, 中國統計出版社, 2013. 참조.

진출하는 것은 용이하지 않다.

다른 하나는 요녕성은 북경과 동북3성을 연결하는 교통의 요충지로 도시화 · 공업화가 빠르게 진행되었다. 요녕성은 1949년부터 중국의 중요한 구공업기지老工業基地로써 '중국의 장남共和國長子'이라고 불렸다. 요녕성은 동북3성 중 유일하게 바다를 끼고 있어 중국정부의 개혁개방정책에 따라 1988년 요동반도[58]를 경제특구로 지정하였다. 이후 1990년대 동북3성 전체를 대외경제개발구역으로 확정하여, '연안'에서 '내륙'으로, '선'에서 '면'의 형태로 개방하였다.

해외교역과 투자의 토대가 되는 교통 인프라를 가진 요녕성은 현재 동북3성에서 가장 큰 대도시인 심양을 비롯하여 5개의 항만과 6개의 공항을 갖고 있다. 개혁개방이후 시장경제체제로 전환하면서, 요녕성은 해외교역과 투자가 빈번한 항만과 공항도시 중심으로 14개의 도시상업은행이 생겨났다. 실제로 이 14개 도시상업은행의 본점은 요녕성의 항만 · 공항도시와 일치한다.[59] 항만 · 공항도시와 겹치지 않는 도시상업은행은 요양, 부신, 무순, 철령, 본계시은행이다. 이 도시들은 4대도시군의 하나인 심양경제구(=요녕중부도시군)에 포함되는 도시들이다.[60]

---

58) 랴오둥 반도는 16개 도시를 포함. 주요 도시는 대련, 안산, 단동, 영구 등 7개 지급시와 9개 현급시.

59) 5개의 항만도시는 대련, 영구, 단동, 금주, 호호도이다. 또한 6개의 공항도시는 심양, 대련, 안산, 금주, 단동, 조양이다.

60) 요양시의 경제발전 수준은 요녕성에서 중위권이다. 그러나 요양은행은 최근 3년간 빠르게 성장하여 동북3성 도시상업은행 중에 제7위를 차지하고 있다. 이러한 결과를 갖게 된 주요 원인은 심양의 도시계획에 따라서 요양이 심양경제구의 부중심도시가 되었기 때문이다. 즉, 요양시는 남쪽은 안산, 북쪽은 심양, 동쪽은 본계, 서쪽은 요하유전(遼河油田)과 연결하는 교통의 중심지 역할을 하게 되면서 요양시의 경제수준은 지속적으로 높아졌다. 바로 이점이 요양은행의 발전에 토대를

따라서 도시화 · 산업화 · 시장화가 빠른 대도시가 도시상업은행의 발전을 촉진시킨다는 일반적인 법칙에 어긋나지 않는다는 것을 알 수 있다. 이러한 사회경제가 발달한 도시는 개인과 기업, 해외투자자들의 자본이 집결되기 때문에 자연스레 금융시장이 활성화된다.

3) 경영적: 경영 내실화와 차별화 전략

(1) 경영 내실화

지금까지는 제도적 · 지역발전적 특징을 통해 도시상업은행의 외부적 요인이 지닌 정치 · 사회 · 경제적 의미를 탐색해 보았다. 이 절에서는 도시상업은행의 내부적 요소들 즉, 자산 건전성을 점검함으로써, 이 요소들이 지닌 함의와 시사점을 살펴보고자 한다. 본 논문은 아래 언급된 5가지 경제지표를 만들기 위해 각 도시상업은행의 연도보고서 자료를 직접 수집 및 정리, 통계를 내어 동북3성의 17개 도시상업은행에 대한 경영 내실화에 대한 연구를 진행하였다.

은행 자산의 질과 안정성은 도시상업은행의 경쟁력을 결정짓는 중요한 요인이다. 상업은행의 경쟁력과 리스크 관리 능력을 보여주는 데는 보통 5가지 핵심지표를 사용한다. 즉, 유동성비율, BIS(국제결제은행The Bank for International Settlements)기준 자기자본비율, 자산수익률, 불량대출비율, 대출금 · 예금비율이 이에 해당한다.[61] 다음 |도표 5|에 따르면, 현

제공하였다. 현재 중앙정부는 심양경제구를 적극 지원하고 있는데, 이 경제구는 중소기업의 발전과 확대를 가져오고 있다. 따라서 요양은행도 앞으로 더욱 빠른 속도로 발전할 것이기 때문에 향후 이와 관련한 연구가 요구되어진다.

61) 첫째, 유동성비율은 상업은행의 단기유동성 상황과 유동성 리스크관리를 측정하는 지표로써, 기준은 25% 이고, 유동성비율이 높을수록 상업은행의 단기 유동성 리스크는 감소한다. 자기자본비율과 불량대출비율은 자산의 질과 안정성을 결정

재 동북3성 도시상업은행들의 평균 유동성비율은 60.1%로 높은 편이다. 상위 1~6위 은행은 모두 40% 이상으로 기준선인 25%이상에 해당하여 안정적이다. 주목할 만한 점은 동북3성에서 가장 낮은 발전을 보였던 17위의 영구연해은행이 120%로 가장 높다. 이 말은 영구연해은행이 동북3성의 은행 중, 단기 유동성리스크 대응능력이 가장 높다는 것을 의미한다.

'바젤Ⅰ'의 기준에 따르면, 동북3성 도시상업은행들의 자기자본비율 기준이 모두 8%, 4%의 기준에 부합하여 위기관리능력을 갖추고 있었다. 그러나 기준이 10.5%, 6%로 상향 조정된 '바젤Ⅲ'에 따르면, 발전수준이 높았던 6개 은행은 나머지 저발전 은행들에 비하여 위기관리능력이 낮음을 확인할 수 있다. 특히, 대련은행은 9.2%로 기준의 10.5%보다 낮다. 이것은 경기침체 시 신용공여Granting of Credit[62]와 경기변동에

한 중요 지표이다. 둘째, 자기자본비율은 예금과 대출업무를 실행하고 리스크를 방지하는 기본이 된다. 2004년부터 '바젤Ⅰ'에 따라, 중국상업은행의 BIS기준 자기자본비율에 대한 중국의 자기자본비율을 기준인 8%와, 핵심 자기자본비율 4%를 충족시켰다. 그러나 2010년 8월 바젤위원회는 "바젤Ⅲ"을 통과시켜, 상업은행의 자기자본비율은 8%에서 10.5%로, 핵심 자기자본비율은 4%에서 6%로 상향 조정하였다. 따라서 현재 중국도 상향 조정된 기준을 따르고 있다. 셋째, 불량대출비율은 은행신용대출자산의 안정성을 결정하는 핵심지표이다. 기준은 5%로, 5% 이하여야만 안전하다. 불량대출비율을 높을수록 은행신용대출자산 리스크는 커진다. 넷째, 자산수익률(ROA, Return On Assets)은 은행 총자산에 대한 단기 순이익의 비율로, 상업은행 관리자의 경영·관리 능력을 보여줄 수 있는 지표이다. 즉, 특정 금융기관의 보유자산 대출, 유가증권 운영 등 총자산을 얼마나 효율적으로 운용했느냐를 알 수 있는 지표이다. 다섯째, 대출금·예금 비율은 상업은행의 유동성을 측정하는 가장 기본적인 지표이다. 이 지표가 높을수록 대출비율이 높아, 상업은행의 유동성리스크는 커지게 된다. 따라서 최대 기준 한도는 75%이다. 제혜금, 「중국상업은행 유동성리스크의 영향요인에 관한 연구」, 『중국과 중국학』제21권, 2014, 180쪽.

62) 신용공여란 금융거래에서 자기의 재산을 타인에게 빌려 주어 일시적으로 이용하게 하는 일이다.

대응할 수 있는 지불능력이 낮다는 것을 의미한다. 불량대출비율을 보면, 상위 6개의 은행 중에서 대련은행과 길림은행은 1%이상으로, 나머지 은행에 비해서 은행신용대출자산의 리스크가 크다. ROA부분에서도 발전수준이 높았던 대련은행과 금주은행이 1% 미만으로, 나머지 은행에 비해서 경영관리 능력과 총자산의 효율적 운용이 낮음을 알 수 있다. 동북3성 도시상업은행들의 대출금 · 예금 비율은 평균 54.9%로, 기준인 75%와 비교하였을 때 안정적인 것을 알 수 있다. 특히, 상위 6개 은행 중에서 은행주주비율이 국유였던 성경은행과 용강은행이 가장 안정적으로 나타났다. 반면에 대련은행, 금주은행, 영구연해은행은 65% 이상으로 불안정적이다.

위에서 살펴본 5가지 지표분석 결과에 따르면, 은행의 자산 건전성 평가에서 동북3성의 도시상업은행들은 기준보다 높은 점수를 받아 전반적으로 안정적이다. 다만 한층 강화된 '바젤Ⅲ'의 기준 제시로, 상위 6위 안에 든 대련은행, 길림은행, 금주은행은 타은행보다 도시상업은행의 경쟁력과 경영관리 능력이 약간 떨어졌다. 그러나 과거에 비하면 동북3성 도시상업은행들은 모두 위기관리 부분에서 월등한 능력을 갖추었다. 이는 경영의 내실화를 갖추게 되어 금융시장에서 경쟁력을 갖추게 되었다는 것을 시사한다.

|도표 5| 동북3성 도시상업은행의 경쟁력 및 경영관리 현황

은행명	유동성비율(%)	BIS자기자본비율(%)	핵심자기자본비율(%)	불량대출비율(%)	ROA 자산수익률(%)	대출금·예금비율(%)
1. 성경	48.69	11.65	9.3	0.54	1.33	51.61
2. 하얼빈	41.94	12.55	11.67	0.85	-	47.26
3. 대련	50.59	9.20	7.49	1.96	0.86	55.66
4. 길림	49.22	11.30	9.45	1.17	1.04	65.62
5. 용강	58.66	14.18	13.77	0.77	1.00	31.75
6. 금주	46.86	11.64	11.17	0.87	0.88	66.46
7. 요양	-	-	-	-	-	-
8. 부신	57.86	15.98	14.24	1.15	-	47.96
9. 영구	46.44	14.22	11.22	1.15	1.50	53.75
10. 안산	-	-	-	-	-	-
11. 단동	-	-	-	-	-	-
12. 무순	43.02	13.71	13.16	0.57	1.86	57.31
13. 조양	-	-	-	-	-	-
14. 철령	-	-	-	-	-	-
15. 호호도	-	-	-	-	-	-
16. 영구연해	120.72	23.12	22.69	0	2.04	71.79
17. 본계시	-	-	-	-	-	-

* 출처: 2012년 성경, 무순, 영구, 부신은행 연도보고서를, 기타 은행은 2013년 연도보고서를 기준으로 구성.

(2) 차별화 전략

동북3성의 각 도시상업은행은 지역 환경에 따라서 자신의 경영발전에 유리한 업무를 추진하고 있다. 그 사례로 첫째, 길림은행은 커뮤니티 은행社區銀行[63]을 설립하였다. 장춘시의 100여개 사구社區[64]에 지역

63) 이것은 금융이 발달한 미국, 서유럽 국가와 같은 국가에서부터 생겨났다. 사구은행은 자산규모 작고, 지역내 소규모의 자영업자와 지역 주민에게 서비스 제공한다.

64) 사구(社區)는 도시의 가도(街道) 및 향촌지구에서 진(鎭)의 건제 상 하급 행정구단위의 구획(區劃)이며 기초 자치단위로 행정지위 상으로는 행청촌(行政村)과 동일하다. 사구의 행정관리기구는 사구거민위원회(社區居民委員會)이다.

금융서비스센터와 ATM 기계를 설치했다. 이로 인해 길림은행은 거의 모든 사구에서 금융서비스를 실행하게 되었고, 특히 금융서비스를 받기 어려웠던 노령자에게도 서비스를 제공함으로써 지역사회로부터 좋은 평가와 성과를 거두었다.[65]

둘째, 용강은행은 삼농금융三農金融을 설치하여 농업 종사자에게 서비스를 제공하였다. 농촌금융기관은 상대적으로 낙후되어 농업자금 투입이 부족하고, 농업대출상품도 단일하기 때문에 농민과 농촌기업에 대출이 어려웠다. 중앙정부는 2012년 농업경제의 발전을 촉진하기 위해서 삼농정책을 실시하였는데, 용강은행은 이러한 정부정책과 지역환경을 고려하여 삼농금융을 설치하였다.[66]

셋째, 대련 · 금주 · 성경 · 하얼빈은행은 IT전자은행서비스체계를 갖추어, 각종 공과금과 사회보장금 등의 납입업무를 담당하면서 고객에게 편리한 서비스를 제공하고 있다.

넷째, 성경은행은 고객에게 수수료 감면 혜택을 제공하고 있다. 성경은행은 장기간에 걸쳐서 성간 · 성내도시와 각종 서비스에서 수수료를 면제하고 있고, 수수료 기준도 타은행의 평균치 보다 낮다. 이로 인해 성경은행은 고객의 신뢰도와 만족도를 높였고 자은행의 이미지를 더욱 제고시켰다.

다섯째, 타지역 경영을 실행 중인 도시상업은행은 현지 실정에 맞는

---

65) 吉林銀行 http://www.jlbank.com.cn/publish/portal0/tab283/

66) 삼농정책에서 삼농이란 농민, 농촌, 농업을 말한다. 이 정책을 통해 중국정부는 중국의 농민수익, 농업발전, 농촌진보를 꾀함으로 도농격차의 문제를 해결하려 했다. 또한 삼농금융은 농업금융을 중심으로 농촌기업과 개인을 위해 '농업특색화' 경로를 모색한다. 그 주요업무는 식량무역(糧貿), 농업신용(農信), 농업자금(農資), 재식농업(種植), 양식업(養殖), 농업기계(農機) 대출 등이 있다. 龍江銀行 http://lj-bank.com

대출과 서비스를 제공하고 있다. 예를 들면 대련은행은 새로 개설한 개인종합소비대출을 천진시에 적용하였다. 길림은행은 앞에 제시한 것처럼, 길림성이 농업인구의 비율이 높고, 농촌금융기구의 경쟁이 치열하다는 현지사정을 고려하여 해당 지역의 농업 종사자에게 대출업무를 실시하고 있다.

발전수준이 높았던 상위 6개 은행은 '특색화 경영特色化經營'으로 고객의 만족을 높이고 있는데 구체적으로 수수료 감면, 커뮤니티 은행설치, 농어촌 금융서비스, IT전자은행서비스체계, 각종 공과금과 사회보장금의 납입업무 제공 등을 들 수 있다. 이러한 금융상품의 차별화 전략은 자은행의 이미지 개선과 더불어 고객에게 양질의 맞춤형 서비스를 제공함으로써 해당 지역사회에 상당한 사회 · 경제적 효과를 거두고 있다.

본 3장에서 상술한 제도적 · 지역발전적 · 경영적 측면의 내용을 종합하면 다음 |도표 6|과 같이 동북3성 도시상업은행을 비교, 정리할 수 있다.

|도표 6| 동북3성 도시상업은행의 비교

	6개 도시상업은행	11개 도시상업은행
은행명	1. 성경은행 2. 하얼빈은행 3. 대련은행 4. 길림은행 5. 룽징은행 6. 금주은행	7. 요양은행 8. 부신은행 9. 영구은행 10. 안산은행 11. 단동은행 12. 무순은행 13. 조양은행 14. 철령은행 15. 호호도은행 16.영구연해은행 17. 본계시은행
발전수준	고발전	저발전
자산규모	초대형급 1700억 위안 이상 초대형급(6개)	80~732억 위안 사이 (6배~50배 차이) 소형급(1개) 중형급(1) 대형급(9개)
동북3성 본점 분포도	요녕성(3) 길림성(1) 흑룡강성(2)	요녕성(11)

	6개 도시상업은행	11개 도시상업은행
타지역 경영	많음	적음
도시화	부성급 도시(5개), 금주은행(지급시)	지급시 도시(11)
은행주주율	국유(3개) / 민간(3개)	국유(1개) / 민간(4) / 자료없음(6)
특색화 경영	많음	거의 없음
경영관리능력	길림, 대련, 금주은행은 자산건전성 낮음	양호
제1주주	민간(3개) 국유(3개)	민간(다수) 국유(1)
촌진은행설립	많음	적음
IPO	1개 주식시장 상장함, 기타는 준비중	수준 미달

4. 동북3성 도시상업은행의 시사점과 함의

이 글은 동북3성 도시상업은행의 사례연구를 통하여, 지방성 도시상업은행이 '시장자유화'로 이행되고 있음을 살펴보았다. 즉, 도시상업은행은 제도적 · 지역발전적 · 경영적 요인으로 인하여 중앙-지방정부 역할 감소, 비국유 중소기업의 증가와 발전, 규제완화, 시장개방, 민영화가 진행되면서 중앙집권적 계획 금융체제에서 자본중심의 시장 금융체제로 전환하고 있음을 밝힌다. 또한 이 글은 그동안 연구가 미흡했던 중국의 도시상업은행에 대한 일차자료를 제공함으로써, 향후 다양한 학문적 담론을 형성하기 위한 시발점으로 삼고자 했다.

동북3성의 17개 도시상업은행을 분석한 결과 제도적 · 지역발전적 · 경영적 측면에서 다음과 같은 특징을 도출할 수 있었다. 제도적 측면에서 보면, 도시상업은행은 점진적인 민영화와 자율적 권한이 확대되고 있는데 그 양상은 다음과 같다. 1995년 인민은행에서 제정한 〈도시상업은행잠정관리조치〉와는 달리, 동북3성의 도시상업은행은 민간자본이 국유자본보다 높았다. 이것은 중앙정부에서 지방정부로 이전되었던 경제관리 권한이 다시, 지방정부에서 민간으로 확대되고 있음을 시사한다. 즉, 중국의 도시상업은행이 민영화, 자본 중심으로 시장화되고 있음을 보여준다. 둘째, 2004년 은감회가 '타지역 경영' 정책을 허용함에 따라, 도시상업은행의 자율성과 권한이 확대되었다. 이를 기반으로 하여 도시상업은행은 국내는 물론 세계금융시장에서도 경쟁할 수 있는 자생력을 갖추게 되었다.

지역발전적 측면에서 보면, 도시상업은행은 도시화, 산업화, 교통인프라 구축이 잘 형성된 곳일수록 발전이 용이하다는 일반적인 법칙이 동북3성의 사례에서도 증명된다. 첫째, 금주은행을 제외한 발전수준이 높았던 5개의 도시상업은행은 동북3성의 부성급 도시(=대도시)와 일치한다. 반면 나머지 11개는 요녕성의 지급시 도시(=중소도시)들에 분포하고 있다. 둘째, 요녕성은 2차 · 3차 산업이 발달한 도시중심형으로, 반면 길림성과 흑룡강성은 1차산업의 농촌중심형으로 발달했기 때문에 도시상업은행이 요녕성에 집중적으로 분포하고 있다. 따라서 대도시일수록, 교통과 2차 · 3차 산업이 발달한 사회경제발전 수준이 높은 도시일수록 도시상업은행이 발전하기가 용이하다는 일반적인 법칙에 어긋나지 않는다.

경영적 측면에서 보면, 도시상업은행은 자산 및 경영관리의 내실화와 금융서비스의 차별화 전략을 통해 중국은 물론 세계금융시장에서의 경쟁력을 제고시키고 있다는 것이다. 첫째, 은행의 자산건전성 평가에서 동북3성의 도시상업은행들은 기준보다 높은 점수를 받아 전반적으로 안정적이다. 다만 한층 강화된 '바젤III'의 기준 제시로, 상위 6위 안에 든 대련은행, 길림은행, 금주은행은 타은행보다 도시상업은행의 경쟁력과 경영관리 능력이 약간 떨어졌다. 그러나 과거에 비하면 동북3성 도시상업은행들은 모두 위기관리 부분에서 월등한 능력을 갖추었다. 이는 경영의 내실화를 갖추게 되어 금융시장에서 경쟁력을 갖추게 되었다는 것을 시사한다. 둘째, 도시상업은행은 금융서비스에서 타은행과 차별화하기 위한 '특색화 경영(수수료 감면 · 면제, 커뮤니티 은행 설치, 농어촌에 대한 금융업무 등)' 전략을 구사함으로써 자은행의 이미지 개선과 더불어 고객의 만족도를 높일 수 있었기 때문에 해당지역에서 상당한 사회 · 경제적 효과를 가져왔다.

|참고문헌|

제1부 중국 동북지역 기업의 역사와 관행

장작림정권과 봉천방사창 / 우에다 다카코(上田貴子)

1. 1차 자료

奉天興信所編,『滿洲華商名錄』, 1932.

奉天商業會議所,「奉天に於ける支那側紡織業調査」,『滿蒙経濟時報』88號, 1920.

奉天商業會議所, 「奉天に於ける支那側織物業」, 『奉天商業會議所月報』143號, 1924.

奉天商業會議所, 「滿洲に於ける綿糸布發展の過去」, 『奉天商業會議所月報』163號, 1926.

奉天商業會議所, 「注意を要する紡紗廠の原棉大量買付計畫」, 『奉天経濟旬報』1卷 19號, 1927.

奉天商業會議所,「紡紗廠の大活況」,『奉天経濟旬報』3卷 10號, 1928.

奉天商工會議所,「紡紗廠原棉買付」,『奉天経濟旬報』4卷 2號, 1928.

奉天商工會議所,「紡紗廠吉林進出」,『奉天経濟旬報』4卷 3號, 1928.

奉天商工會議所,「活躍する紡紗廠」,『奉天経濟旬報』4卷 5號, 1928.

奉天商工會議所,「紡紗廠綿布買占」,『奉天経濟旬報』4卷 5號, 1928.

奉天商工會議所,「紡紗廠製織盛況」,『奉天経濟旬報』4卷 7號, 1928.

奉天商工會議所,「紡紗廠秋期賣出」,『奉天経濟旬報』4卷 9號, 1928.

奉天商工會議所,「紡紗廠免稅運動」,『奉天経濟旬報』4卷 11號, 1928.
奉天商工會議所,「紡紗廠長の要請」,『奉天経濟旬報』4卷 13號, 1928.
奉天商工會議所,「紡紗廠稅に惱む」,『奉天経濟旬報』5卷 13號, 1929.
奉天商工會議所,「奉天に於ける支那側の工業」,『滿洲経濟調査彙纂』12輯, 1929.
南滿洲鐵道株式會社總務部調査課編,『滿洲の纖維工業』, 1931.
南滿洲鐵道株式會社總務部資料課, 「滿洲に於ける紡績業及棉花栽培の將來」,『滿鐵調査月報』13卷 11號, 1933.
南滿洲鐵道株式會社経濟調査會, 『滿洲紡績業に對する方針及滿洲に於ける棉花改良增殖計畵』立案調査書類 第6編 第3卷, 1935.
南滿洲鐵道株式會社總務部資料課,「奉山沿線に於ける棉花取引狀態」,『滿鐵調査月報』16卷 2號, 1936.
遼寧省檔案館編, 『奉系軍閥檔案史料彙編』, 江蘇古籍出版社・香港地平出版社, 1990.(全12卷)
遼寧省檔案館編,「奉天紡紗廠第四期營業報告書 (1926年)」,『奉系軍閥檔案史料彙編』第6卷, 江蘇古籍出版社・香港地平出版社, 1990.
遼寧省檔案館編,「奉天紡紗廠商股股款數目表 (1928年)」,『奉系軍閥檔案史料彙編』第8卷, 1990.
遼寧省檔案館編,「奉天紡紗廠第六期營業報告書 (1928年)」,『奉系軍閥檔案史料彙編』第8卷, 1990.
遼寧省檔案館編,「遼寧紡紗廠第七期營業報告書 (1929年)」,『奉系軍閥檔案史料彙編』第9卷, 1990.
遼寧省檔案館編,「遼寧紡紗廠概略 (1930年6月1日)」,『奉系軍閥檔案史料彙編』第10卷, 1990.

遼寧省檔案館所藏, 奉天省公署檔案,「省議會咨請撥官款籌辦紡紗廠」

(案卷3287),「1919年11月22日省議會咨」
遼寧省檔案館所藏, 奉天省公署檔案,「省議會咨請撥官款籌辦紡紗廠」(案卷3287),「1920年3月30日奉天省財政廳長王永江呈」
遼寧省檔案館所藏, 奉天省公署檔案,「省議會咨請撥官款籌辦紡紗廠」(案卷3287),「1920年4月12日奉天省長張作霖指令」
遼寧省檔案館所藏, 奉天省公署檔案,「省議會咨請撥官款籌辦紡紗廠」(案卷3287),「1902年6月16日奉天省財政廳長王永江呈」

遼寧省檔案館所藏, 奉天省公署檔案,「奉天紡紗廠購置機器, 津滬等處紗廠調查各海關綿棉紗進口等件」(案卷3288),「關於調查津洋滬等處紗廠情形」(1921)

遼寧省檔案館所藏, 奉天省公署檔案,「奉天紡紗廠收支報告書及選擧董事各項」(案卷3292),「1921年10月15日紡紗廠長佟兆元呈」
遼寧省檔案館所藏, 奉天省公署檔案,「奉天紡紗廠收支報告書及選擧董事各項」(案卷3292),「考送北洋學習紡織學生簡章」(1921)

遼寧省檔案館所藏, 奉天省公署檔案,「奉天紡紗廠呈請採購穰棉請免關稅並設道義直接廠內以利運輸」(案卷3293),「1921年11月20日奉天紡紗廠總理佟兆元協理林成秀呈」
遼寧省檔案館所藏, 奉天省公署檔案,「奉天紡紗廠呈請採購穰棉請免關稅並設道義直接廠內以利運輸」(案卷3293),「1921年11月30日奉天紡紗廠總理佟兆元協理林成秀呈」
遼寧省檔案館所藏, 奉天省公署檔案,「奉天紡紗廠呈請採購穰棉請免關稅並設道義直接廠內以利運輸」(案卷3293),「1921年12月27日稅務督辦孫寶綺呈」

遼寧省檔案館所藏, 奉天省公署檔案,「奉天紡紗廠呈請採購穰棉請免關稅並設道義直接廠內以利運輸」(案卷3293),「1922年1月6日奉天省政府訓令」
遼寧省檔案館所藏, 奉天省公署檔案,「關於創設奉天紡紗廠各件」(案卷3294),「議決建議籌設紡紗廠一案之理由辦法」(1921)
遼寧省檔案館所藏, 奉天省公署檔案,「關於創設奉天紡紗廠各件」(案卷3294),「1922年11月21日奉天紡紗廠總理孫祖昌呈」
遼寧省檔案館所藏, 奉天省公署檔案,「奉天紡紗廠商股營業損益清冊及修建事項」(案卷3296),「1923年4月25日奉天紡紗廠總理孫祖昌協理韓岡岑呈」
遼寧省檔案館所藏, 奉天省公署檔案,「奉天紡紗廠商股營業損益清冊及修建事項」(案卷3296),「1923年6月11日奉天紡紗廠總理孫祖昌協理韓岡岑呈」
遼寧省檔案館所藏, 奉天省公署檔案,「奉天紡紗廠商股營業損益清冊及修建事項」(案卷3296),「1923年6月19日省公署指令奉天紡紗廠・訓令單開各縣」
遼寧省檔案館所藏, 奉天省公署檔案,「奉天紡紗廠商股營業損益清冊及修建事項」(案卷3296),「1923年6月30日北鎮縣知事呈」
遼寧省檔案館所藏, 奉天省公署檔案,「奉天紡紗廠商股營業損益清冊及修建事項」(案卷3296),「1923年6月30日義縣知事呈」
遼寧省檔案館所藏, 奉天省公署檔案,「奉天紡紗廠商股營業損益清冊及修建事項」(案卷3296),「奉天紡紗廠十二年度營業情況報告記錄」(1924)
遼寧省檔案館所藏, 奉天省公署檔案,「奉天紡紗廠商股營業損益清冊及修建事項」(案卷3296),「1924年5月6日財政廳廳長王永江呈」
遼寧省檔案館所藏, 奉天省公署檔案,「奉天紡紗廠商股營業損益清冊及修建事項」(案卷3296),「1924年5月27日奉天紡紗廠總理孫祖昌協理韓岡芍呈」
遼寧省檔案館所藏, 奉天省公署檔案,「奉天紡紗廠商股營業損益淸冊及修建事項」(案卷3296),「奉天紡紗廠第一期營業報告書」(1924)
遼寧省檔案館所藏, 奉天省公署檔案,「奉天紡紗廠商股營業損益淸冊及修建事項」(案卷3296),「奉天紡紗廠第二期營業報告書」(1925)
遼寧省檔案館所藏, 奉天省公署檔案,「奉天紡紗廠商股營業損益淸冊及修建事項」(案卷3296),「奉天紡紗廠第三期營業報告書」(1926)
遼寧省檔案館所藏, 奉天省公署檔案,「奉天紡紗廠十六, 十七年營業報告」(案卷3299),「奉天紡紗廠第五期營業報告書」(1928)
遼寧省檔案館所藏, 奉天省公署檔案,「奉天紡紗廠十六, 十七年營業報告」(案卷3299),「民國19年遼寧紡紗廠第八次董事監察會議錄」
遼寧省檔案館所藏, 奉天省公署檔案,「奉天紡紗廠十六─十八年度營業純益, 資産負債淸冊並職員履歷會議淸冊」(案卷3302),「奉天紡紗廠職員履歷淸冊」(1928)
遼寧省檔案館所藏, 奉天省公署檔案,「奉天紡紗廠民國十九年資産負債表」(案卷3308),「資産負債數目表」(1931)

2. 연구서 및 논문

上田貴子,『近代中國東北地域に於ける華人商工業資本の硏究』, 大阪外國語大學言語社會學會.
澁穀由裏,『張作霖政權の硏究─「奉天文治派」からみた歷史的意義を中心に』, 京都大學 博士學位論文, 1997.
張曉紅,「1920年代の奉天における中國人織物業」,『歷史と経濟』194號, 2007.
西村成雄,『中國近代東北地域史硏究』, 法律文化社, 1984.
西村成雄,『張學良─日中の霸權と「滿洲」』, 岩波書店, 1996.

중국 동북지역의 기업지배구조와 기업관행 : 1920년대 봉천방사창을 중심으로 / 김희신

1. 1차 자료

南滿洲鐵道株式會社庶務部調査課,『東三省主要官紳錄』(滿鐵調査資料第39篇), 1924.

南滿洲鐵道興業部商工課 編,『奉天に於ける商工業の現勢』(南滿洲主要都市と其背後地調査 第2輯 第1卷), 南滿洲鐵道, 1927.

南滿洲鐵道 庶務部調査課 編,『支那工場事情』, 1928.

滿鐵調査課,『滿洲の纖維工業』, 1931.

奉天興信所,『(第1回)滿洲華商名錄』, 1932.

司法部總務司調査科,『滿洲に於ける合股-その法律關係を中心として』, 1936.

遼寧省檔案館 編,『奉系軍閥檔案史料彙編』第6冊, 第8冊, 第9冊, 第10冊, 第11冊, 江蘇古籍出版社 · 香港地平線出版社, 1990.

蔡鴻源 主編,『民國法規集成』25冊, 1999.

影印本『盛京時報』, 1919.01-1931.09.

「遼寧紡紗廠」, 館藏號 17-23-01-42-07-001.

「東邊實業銀行」, 館藏號 17-23-01-42-23-001.

「遼寧煙草公司」, 館藏號 17-23-01-42-06-001.

「南洋兄弟煙草公司」, 館藏號 17-23-01-42-06-002.

「營口大興通輪船公司」, 館藏號 17-23-01-42-21-001.

「遼寧紡紗廠股東大會情形」,『中行月刊』2-10, 1931.

「紡紗廠昨年虧損」,『東三省官銀號經濟月刊』3-1, 1931.

「滿洲經濟-奉天紡紗廠」,『滿洲企業の全面的檢討』, 滿洲經濟社, 1942.

2. 연구서 및 논문

김희신,「만주국 수립이전 봉천의 상업과 중국 상인의 동향」,『중국근현대사연구』60, 2013.

김희신,「중국 동북지역의 상업자본과 상점네트워크」,『중국근현대사연구』62, 2014.

上田貴子,「近代中國東北地域に於ける華人商工業資本の硏究」, 大阪外國語大學 博士學位論文, 2002.

張曉紅,「1920年代奉天市における中國人綿織物業」,『歷史と經濟』194, 2007.

董師嫡,「近代東北綿業經濟初探」, 吉林大學碩士學位論文, 2007.

上田貴子,「奉天-權力性商人と糧棧」, 安富 步・深尾葉子 編,『「滿洲」の成立』, 名古屋大學出版會, 2010.

중국 동북지역 외자기업의 설립 배경과 경영 / 김지환

1. 1차 자료

『時事新報』

『萬朝報』

『滿洲新聞』

『ダイヤモンド』

『大日本紡績連合會月報』

『滿鐵調査月報』

日本外務省, 『支那紡績業ニ関スル雑報』分割二, 1923.

日本外務省, 『支那各種紡績會社報告(6):滿州紡績株式會社』, 1925.

日本外務省, 『本邦會社関係雑件』第六巻, 1925.

日本外務省, 『本邦會社関係雑件』第七巻, 1926.

關東廳農林課, 『關東州に於ける棉作奬勵』, 1934.10.

滿洲紡績株式會社, 『滿洲紡績株式會社設立趣意書』, 1924.10.12.

南滿洲鐵道株式會社 調査課, 『滿洲の纖維工業』, 1931.

北京大學法律係國際法教研室編, 『中外舊約章彙編』第二冊-1, 三聯書店, 1959.

北京大學法律係國際法教研室編, 『中外舊約章彙編』第二冊-2, 三聯書店, 1959.

北京大學法律係國際法教研室編, 『中外舊約章彙編』第三冊-1, 三聯書店, 1959.

陳眞編, 『中國近代工業史資料』第二輯, 三聯書店, 1958.

陳眞編, 『中國近代工業史資料』第四輯, 三聯書店, 1961.

2. 연구서 및 논문

金志煥,『鐵道로 보는 中國歷史』, 학고방, 2014.

嚴中平,『中國棉紡織史稿』, 科學出版社, 1957.

劉國良,『中國工業史-近代卷』, 科學技術出版社, 1992.

西川喜一,『棉工業と綿絲綿布』, 日本堂書房, 1924.7.

石原實,『滿洲綿業の概觀』, 橫濱正金銀行調査課, 1941.5.

日本輸出綿織物同業組合聯合會,『支那に於ける綿織物に就て』, 1924.2.

濱田峯太郎,『支那に於ける紡績業』, 日本堂書店, 1923.

飯島幡司,『日本紡績史』, 創元社, 1949.

東洋紡績株式會社,『東洋紡績七十年史』, 1953.5.

米穀榮一,『近世支那外國貿易史』, 生活社, 1939.

井上潔,『我國の紡績業に就て』, 神戶高等商業學校商業研究所, 1921.

高村直助,『近代日本綿業と中國』, 東京大學出版會, 1982.

菊池貴晴,『中國民族運動の基本構造』, 汲古書院, 1974.

金志煥,「中國近代綿業史의 研究動向 紹介」,『中國近現代史研究』6輯, 1998.

金志煥,「安奉鐵道 부설과 중국 동북지역 신유통망의 형성」,『중국근현대사연구』87輯, 2013.12

Kang Chao, "The Growth of a Modern Cotton Textile Industry and the Competition with Handicrafts",『China's Modern Economy in Historical Perspective』, Stanford University Press, 1975.

江口圭一,「滿洲事變と東アジア」,『世界歷史』24, 岩波書店, 1976.

副島円照,「日本紡績業と中國市場」,『人文學報』33, 1972.2.

楊天溢,「中國における日本紡績業と民族紡との相克」,『日中關係と文化摩擦』, 1982.1.

중국 동북지역 중일자본 기업의 경영 비교 / 김지환

1. 1차 자료

『奉天新聞』

『滿洲新聞』

『盛京時報』

『大阪朝日新聞』

『報知新聞』

『満州日日新聞』

『中外商業新報』

『滿鐵調査月報』

『華商紗廠聯合會半年刊』

『錢業月報』

『大連商工月報』

日本外務省, 『本邦會社関係雑件』第六巻, 1925.

日本外務省, 『本邦會社関係雑件』第七巻, 1926.

日滿實業協會, 『昭和九年六月滿鐵關係會社業績調査』, 1934.

日本外務省, 「奉天紡紗廠」, 『支那ニ於ケル紡績業関係雑件』, 1926.

日本外務省, 『滿洲に於ける富の調査』, 1927.

日本外務省, 『輸出禁止 / 上海年末商況ト綿花禁輸問題』, 1925.1.6.

日本外務省, 『支那ニ於テ日本商品同盟排斥一件』第二巻, 1919.6.

日本外務省, 『支那ニ於ケル紡績業関係雑件』, 1926.

日本外務省, 『外國ニ於ケル同盟罷業雜纂 / 支那之部』第一巻, 1924.

關東廳農林課, 『關東州に於ける棉作奬勵』, 1934.10.

入江正太郎,『遼陽方面ノ排日形勢ニ関シ報告ノ件』, 1919.6.
南滿洲鐵道株式會社 調查課,『滿洲の纖維工業』, 1931.
関東都督府,『関東都督府政況報告並雑報』第十九巻, 1924.4.
遼陽總領事藪野義光, 『大正十四年支那暴動一件 / 損書賠償調査 / 満州-遼陽』, 1925.6.5.
小川透, 『滿洲に於ける紡績業』, 南滿洲鐵道株式會社 庶務部 調査課, 1923.10.
遼寧省檔案館,『奉系軍閥檔案史料匯編』第六冊, 江蘇古籍出版社, 1990.
遼寧省檔案館,『奉系軍閥檔案史料匯編』第七冊, 江蘇古籍出版社, 1990.
章有義,『中國近代農業史資料』第二輯, 三聯書店, 1957.
陳眞編,『中國近代工業史資料』第二輯, 三聯書店, 1958.

2. 연구서 및 논문

金志煥,『中國國民政府의 工業政策』, 신서원, 2004.
金志煥,『棉紡之戰』, 上海辭書出版社, 2006.
郭鐵樁저, 신태갑역,『일본의 대련 식민통치 40년사』2卷, 선인출판사, 2012.7.
高村直助,『近代日本綿業と中國』, 東京大學出版會, 1982.
久保亨,『戰間期中國の綿業と企業經營』, 汲古書院, 2005.
森時彦,『在華紡と中國社會』, 京都大學學術出版會, 2005.
塚瀨進,『中國近代東北經濟史硏究』, 東方書店, 1993.
周秀鸞,『第一次世界大戰時期中國民族工業的發展』, 上海人民出版社, 1958.
金士宣,『中國鐵路發展史』, 中國鐵道出版社, 2000.
李占才,『中國鐵路史』, 汕頭大學出版社, 1994.

金志煥,「棉麥借款과 在華紡」,『東洋史學硏究』58輯, 1997.4 .

金志煥,「중국 동북지역 외자기업의 설립 배경과 경영」,『中央史論』40輯, 2014.12.

김희신,「중국 동북지역의 기업지배구조와 기업관행」,『中央史論』40輯, 2014.12.

趙英蘭,『東北經濟棉業初探』, 吉林大碩士論文, 2006.

上田貴子,「近代中國東北地域に於ける華人商工業資本の研究」, 大阪外國語大學博士學位論文, 2002.

上田貴子,「1920年代奉天紡紗廠と東北經濟圈の自立性」,『中華民國の制度変容と東アジア地域秩序』, 汲古書院, 2008.

小林英夫,「1930年代滿洲工業化政策の展開過程」,『土地制度史學』44號, 1969.7.

遼寧省檔案館,「奉天紡紗廠」,『蘭台世界』2014年 27期, 2014.8.

淸川雪彦,「中國纖維機械工業の發展と在華紡の意義」,『經濟研究』34卷1號, 1983.

중국 동북지역의 역사경험과 일본기업의 투자전략
/ 김지환 · 김송죽 · 석주희

1. 1차 자료

『日本經濟新聞』

『연합뉴스』

日本外務省, http://www.mofa.go.jp/mofaj/gaiko/local/index.html

日本大連開發區, http://www.japanese,dda,gov,cn

日中東北開発協會, http://www.jc-web.or.jp/JCSite.aspx?SNO=003

JETRO, http://www.jetro.go.jp/world.asia/cn/northeast/pdf/dalian_1004.pdf

JETRO, 『中國市場に挑む日系企業』, JETRO, 2004.

JETRO, 『黒竜江省概況』, JETRO, 2012.

JETRO, 『大連市概況』, JETRO, 2012.

2. 연구서 및 논문

김수한, 「한중 교류의 새로운 방식」, 『韓中社會科學研究』11-4, 한중사회과학학회, 2013.

박상수 · 두헌, 「중국의 신비지니스 거점화전략에 대한 연구」, 『中國學』40, 대한중국학회, 2011.

이정태, 「중국의 변경인식과 변경정치-동북지역을 중심으로」, 『중국 동북 연구 방법과 동향』, 동북아역사재단, 2010.

최수웅, 『日本의 中國 東北3省 進出現況과 展望』, 對外經濟政策研究院地域情報센터, 1994.

張威, 「從問卷調查結果看日資企業發展動向」, 『國際商報』, 2007.

顧明義, 『日本侵占旅大四十年史』, 遼寧人民出版社, 1991.

藤原弘, 「日本企業在東北三省的動向和日本貿易振興機構事業的展開」, 『首屆東北亞區域合作發展國際論壇』第1602號, 2006.
小林良樹, 『中國における「対日感情」に関する考察』, 『アジア研究』54, アジア政経學會, 2008.
孔經偉, 『中國東北地區經濟史』第一卷, 黑龍江人民出版社, 1990.
林楽青・西尾林大郎・孫連花, 「大連における「日本語人材」の需要について一日系企業を中心に一」, 『現代社會研究科研究報告』, 愛知淑徳大學, 2012.
長田修一, 「大連の日系企業動向とビジネスの可能性」, 『FFG調査月報』, ふくおかフィナンシャルグループ, 2008.
21世紀中國総研編, 『中國進出企業一覧(非)上場會社篇』, 倉倉社, 2007/2008.
郭鐵樁, 『日本植民統治大連四十年史』, 社會科學文獻出版社, 2008.
柴生田敦夫, 『日本企業の対中投資』, 『RIETI』, 経済産業研究所(RIETI), 2006
孫建利, 「中日貿易與日本對華投資存在的問題及對策」, 『社會科學輯刊』, 1997.
塚瀬進, 『中國近代東北經濟史研究』, 東方書店, 1993.
宇山博・宋成華・花房征夫・日向裕彌, 「中國東北３省の日系企業の進出現況調査報告(その1)」, 『國際研究論文』 24(3), 大阪國際大學, 2011.
安富步, 『滿洲の成立』, 名古屋大學出版社, 2010.
「反日示威波及中日貿易」, 『FT中文網』, 2012.9.19.

제2부 중국 동북지역의 화폐와 금융

요녕사행호발행준비고 연구 / 동신(董昕)

1. 1차 자료

『盛京時報』

『銀行周報』

『奉天省長公署檔』(JC10-9638)

『奉系軍閥檔案資料彙編』第7冊, 江蘇古籍出版社、香港地平線出版社, 1990.

『奉系軍閥檔案資料彙編』第8冊, 江蘇古籍出版社、香港地平線出版社, 1990.

東三省政務委員會, 『東三省金融整理委員會報告書』, 1931.

中國銀行遼吉黑三省分行等編, 『中國銀行東北地區行史資料彙編(1913-1948)』, 1996.

吉林省金融研究所編, 『偽滿洲中央銀行史料』, 吉林人民出版社, 1984.

李鴻文, 張本正主編, 『東北大事記(1840~1949)』, 吉林文史出版社, 1987.

東北物資調節委員會研究組編, 『東北經濟小叢書』, 1948.

「奉天票流通史(下)」, 『錢業月報』11卷 3號, 1931.3.

述人, 「對遼寧省城各銀行號聯合准備庫成立之評議」, 『東三省官銀號經濟月刊』, 1929年 1期

史亞擘, 「遼寧金融突變之原因」, 『東三省官銀號經濟月刊』1929年 1期, 1929.

王瑞之, 「張作霖統治時期的東北金融概略」, 『遼寧文史精萃』1卷, 遼寧人民出版社, 1999.

荊有岩, 「張學良執政時期東北, 華北財政概況」, 『遼寧文史資料』12輯

2. 연구서 및 논문

吳振強, 尚思丹, 楊尊聖等主編, 『東三省官銀號奉票』, 遼沈書社, 1992.

張福全主編, 『遼寧近代經濟史(1840-1949)』, 中國財政經濟出版社, 1989.

戴建兵, 『中國近代紙幣』, 中國金融出版社, 1993.

馬尚斌主編, 『奉系軍閥全書 · 奉系經濟』, 遼海出版社, 2001.

吳振強, 尚思丹, 楊尊聖, 『東三省官銀號奉票』, 遼沈書社, 1992.

佟冬主編, 『中國東北史』第五卷, 吉林文史出版社, 2006.

薑宏業, 『中國地方銀行史』, 湖南出版社, 1991.

戴建兵 · 於彤, 『中國近代商業銀行紙幣史』, 河北教育出版社, 1996.

康金莉, 「四行準備庫鈔票發行研究」, 『中國經濟史研究』2010年 3期.

田興榮, 「民國時期北四行漢口准備庫述評」, 『江漢大學學報(社會科學版)』 2011年 4期.

鄭成林, 「近代上海銀行聯合准備制度述略」, 『華中師範大學學報(人文社會科學版)』2008年 5期.

魏福祥, 「論奉票毛荒極其衰落」, 『社會科學戰線』1986年 3期, 1986.

王維遠, 「論張學良時期東北經濟的發展」, 『遼寧大學學報』1983年 3期.

葉真銘, 「有"天良"戳記的新邊業銀行券」, 『江蘇錢幣』2008年 3期, 2008.

付麗穎, 「偽滿建國前東北地區的貨幣體系」, 『外國問題研究』2013年 2期, 2013.

청대 동전東錢 연구 / 따이젠빙(戴建兵)

1. 1차 자료

『二十五史』, 上海書店, 上海古籍出版社, 1986.

黃世芳、陳德懿, 『鐵嶺縣志』, 民國 22年(1933) 鉛印本, 卷6「財政: 國家稅」

『滿文老檔 太祖』 第6卷

齊維志, 『遼南重鎮海州城出土後金貨幣』

『滿文老檔 太祖』 第23卷

『清史稿 · 食貨志』

席裕福 沈師徐 輯, 會典事例, 『皇朝政典類纂』, 錢幣7「直省錢局」, 臺灣文海出版社

『清實錄 康熙朝實錄』 康熙36.

『續文獻通考』卷11

『日知錄集釋』

沈濤, 『瑟榭總談』卷上

『續文獻通考』卷21

『皇朝文獻通考卷十三』15

『皇朝文獻通考』卷19

『清聖祖實錄』卷186

何崧泰 馬恂 何爾泰, 『昌黎縣志』, 同治 5年刻本(1866), 卷4「學田」

禮闊泉 楊德馨, 『順義縣志』, 民國 21年鉛印本(1932), 卷11「金融」

『仁宗睿皇帝實錄』(三) 卷183(嘉慶 12年 7月)

『宣宗成皇帝實錄』(一) 卷19(道光 元年 6月上)

『宣宗成皇帝實錄』(二) 卷8(道光 5年 4月)

『文宗顯皇帝實錄』

『穆宗毅皇帝實錄』
『宣統朝政紀』
長順修 李桂林 等, 『吉林通志』 光緒17年刻本, 1891, 卷40 「錢法」
恩麟 王恩士 楊蔭芳, 『興城縣志』, 民國16年鉛印本(1927) 卷7 「實業」
王文藻 陸善格 朱顯廷, 『錦縣志略』, 民國10年鉛印本(1921) 卷12 「實業 錢法」.
王文藻, 陸善格, 朱顯廷, 『錦縣縣志略』, 民國10年 鉛印本[(1921) 卷11 「實業: 錢法」.
劉煥文 張鑒唐 郭達, 『錦西縣志』, 民國18年 鉛印本(1929) 「商業: 幣制」.
關定保 於雲峯, 『安東縣志』, 民國20年鉛印本(1931), 卷5: 財政: 貨幣.
陶宗奇 張鵬翱, 『昌黎縣志』, 民國23年鉛印本(1934), 卷5: 金融.
董天華 胡應麟, 『盧龍縣志』, 民國20年鉛印本(1931), 卷9: 金融.
章啓槐 趙家千, 『開原縣志』, 民國7年鉛印本(1918), 卷3: 錢法.
『銀行週報』

嘉慶朝朱批奏折 No.04-01-03-0139-016, 마이크로필름 No. 04-01-03-005-0263, 제목: 「盛京將軍琳寧、盛京戶部侍郎祿康奏爲奉省錢價過賤籌劃辦理兵丁餉銀請複舊制事」, 작성 시점: 嘉慶 4年 3月 24日
乾隆朝朱批奏折 No.04-01-35-1344-011, 마이크로필름 No.04-01-35-063-1169, 「盛京將軍琳寧奏報遵旨籌辦調劑錢法暫停搭放兵餉錢文事」, 작성 시점: 乾隆 59年 7月 18日
乾隆朝朱批奏折 No.:04-01-35-1282-027, 마이크로필름 No.04-01-35-061-2880, 「盛京工部侍郎雅德奏請暫緩收買奉天小錢事」, 작성 시점: 乾隆 37年 正月 22日.
光緒朝朱批奏折, 문서 No.04-01-35-1375-049; 마이크로필름 No.04-01-35-064-1294, 「盛京將軍增棋奏報奉天變通試鑄錢文事」, 문서 작성 시

기: 光緒 25年 9月 13日.

光緒朝朱批奏折, 문서 No.04-01-35-1375-049; 마이크로필름 No.04-01-35-064-1294, 「盛京將軍增棋奏報奉天變通試鑄錢文事」, 문서 작성 시기: 光緒 25年 9月 13日.

2. 단행본 및 논문

朝鮮民主主義共和國科學院歷史研究所, 『朝鮮通史』, 吉林人民出版社, 上卷 第3分冊 1975

楊拴保, 『清徐歷史文化叢書 · 清徐碑碣選錄』, 山西出版傳媒集團 北嶽文藝出版社, 2011

戴建兵, 『中國錢票』, 中華書局, 2001.

李清源, 『朝鮮近代史』, 三聯書店, 1955.

朝鮮民主主義共和國科學院歷史研究所, 『朝鮮通史』下卷, 吉林人民出版社, 1975.

中國人民銀行總行參事室, 『中國近代貨幣史資料』, 中華書局, 1964.

戴建兵主編, 『中國錢幣大辭典 · 民國縣鄉紙幣』卷1-3冊, 中華書局, 2015.

劉末, 「談滿文天命汗錢」, 『中國錢幣』2002年 4期

山本進, 「清代東錢考」, 『史學雜誌』2005年 3期.

佐佐木正哉, 「營口的商人研究」, 『近代中國研究』 第1輯, 1958.4.

程鵬, 『清代東錢考』, 山西大學 碩士學位論文, 2011.

彭凱翔, 「'京錢'考」, 『江蘇錢幣』2013年 2期.

張國民, 「康熙輕錢初探」, 『江蘇錢幣』2008年 1期

山本進, 「清代東錢考」, 『史學雜誌』2005年 3號.

청 말 민국 초기 동북지방 외채에 관한 연구 / 마링허(馬陵合)

1. 1차 자료

『盛京時報』

『退耕堂政書』

『中國日報』

『申報』

『振華五日大事記』第16期, 1907

『東方雜誌』

『大公報』

『新民晚報』

『宣統政紀』卷62

『美國外交文件』, 1910(Papers Relating to the Foreign Relations of the United States, 1900, Washington Government Printing Office, 1912)

馬鴻謨編,『民呼民籲民立報選輯』, 河南人民出版社, 1982.

張蓉初 譯,『紅檔雜誌有關中國交涉史料選譯』, 三聯書店, 1957.

遼寧省檔案館,『奉系軍閥檔案史料匯編』3冊, 江蘇古籍出版社, 香港地平線出版社, 1990.

中國人民銀行總參事室,『中國清代外債史資料 (1853-1911)』, 中國金融出版社, 1991.

上海圖書館,『汪康年師友書劄』(2), 上海古籍出版社, 1986.

徐義生,『中國近代外債史統計資料』, 中華書局, 1962.

財政科學研究所, 中國第二歷史檔案館編, 『民國外債檔案史料』第4卷, 檔案出版社, 1990.

中國社會科學院近代史研究所, 第二歷史檔案館史料編輯部,『五四愛國運動檔案資料』, 中國社會科學出版社, 1980.
中國銀行總管理處, 『東三省經濟調查錄』, 1919.
何秀閣, 「楊宇霆禍變始末」, 『張作霖傳記資料』(三), 臺灣天一出版社, 1985.
荊有岩, 「東三省官銀號」, 載政協沈陽市委員會文史資料研究委員會, 『遼寧文史資料選輯』第12輯, 遼寧人民出版社, 1985.
西原龜三著, 章伯峰,鄒念之譯, 「東京之三年」, 『近代史資料』38號, 中華書局, 1979.
遼寧省檔案館史料編輯部, 「奉系軍閥的財政政經濟史料選編」, 『近代史資料』83號, 中國社會科學出版社, 1993
黃曾元, 「張作霖統治東北時代奉天政治叢談」, 『吉林文史資料選輯』4輯, 吉林人民出版社, 1983.
金毓黻, 「王永江別傳」, 『吉林文史資料選輯』4輯, 吉林人民出版社, 1983
陳裕光, 「王永江整理奉省財政之前前後後」, 『吉林文史資料選輯』4輯, 吉林人民出版社, 1983.

2. 연구서 및 논문

淩文淵, 『省債』, 北平銀行月刊社, 1928.
許毅 主編, 『北洋外債和辛亥革命的成敗』, 經濟科學出版社, 2004.
周秋光, 『熊希齡集』上, 湖南出版社, 1996.
吳心伯, 『金元外交與列強在中國 (1909-1913)』, 復旦大學出版社, 1997.
John Van Antwerp MacMurray, 『Treaties and Agreements with and Concerning China, 1894-1919』VOL1 Oxford University Press, 1921.
中國社會科學院近代史研究所, 『沙俄侵華史』第四卷 下, 人民出版社, 1990.
財政科學研究所中國第二歷史檔案館, 『民國外債檔案史料』第1卷, 檔案出版社, 1990

賈士毅, 『民國財政史』第四編　國債, 第五章　地方公債, 商務印書館, 1917.
萬籟鳴, 『整理中國外債問題』, 上海光華書局, 1927.
楊汝梅, 『民國財政論』, 商務印書館, 1927.
薛龍著, 徐有威,楊軍等譯, 『張作霖與王永江：北洋軍閥時代的奉天政府』, 中央編譯出版社, 2012.
胡春惠, 『民初的地方主義與聯省自治』, 中國社會科學出版社, 2001.
章伯峰, 李宗一, 『北洋軍閥』(五), 武漢出版社, 1990.
王芸生, 『六十年來中國與日本』第七卷, 三聯書店, 1980.
北村敬直編, 『夢の七十餘年: 西原龜三自傳』, 平凡社, 1965.
王鳳傑, 『王永江女奉天省早期現代化研究』, 吉林大學出版社, 2010.
中國社會科學院近代史研究所, 『國外中國近代史研究』第3輯, 中國社會科學出版社, 1982
烏廷玉, 『東北土地關係史研究』, 吉林文史出版社, 1990.
楊學琛, 『清代八旗王公貴族興衰史』, 遼寧人民出版社, 1986.
闕名, 「民國外債痛史」, 『民國經世文編』財政六. 經世文社, 1914.
張侃, 「論北洋時期地方政府外債」, 『中國社會經濟史研究』2000年 第1期.
魏福祥, 「張作霖統治初期對奉票的改革與整頓」, 『東北地方史研究』1989年 1期
孔慶泰選編, 「1914年奉天議借日款密電選」, 『歷史檔案』1984年 2期.
(蘇)蘇萊斯基 沈祖怡 譯 , 「奉票的盛衰：中國軍閥時代的貨幣改革」, 『國外中國近代史研究』第3輯, 中國社會科學出版社, 1982.

중국 동북지역 도시상업은행의 '시장자유화'로의 이행 / 김송죽

1. 1차 자료

黑龍江省人民政府, http://www.hlj.gov.cn/

吉林省人民政府, http://www.jl.gov.cn/

遼寧省人民政府, http://www.ln.gov.cn/

鞍山銀行, http://www.bankofas.com/asbank/S101_21/gywm/gywm/2604.html

朝陽銀行, www.cycb.com

丹東銀行, http://www.dandongbank.com/naturalinfolist/1001/1

大連銀行, http://www.bankofdl.com/Channel/about/

撫順銀行, http://www.bankoffs.com.cn/bhgk/bhjj/2012-01-12/427973.shtml

阜新銀行, http://www.fuxinbank.com/index.php?option=comcontent&view=article&id=144&Itemid=119

吉林銀行, http://www.jlbank.com.cn/publish/portal0/tab283/

錦州銀行, http://www.jinzhoubank.com/Info/Show.jsp?id=210

遼陽銀行, http://www.bankofliaoyang.net/gywmdsj.asp

龍江銀行, http://lj-bank.com

鐵嶺銀行, http://www.bankoftieling.com/index.php/aboutus.html

盛京銀行, http://www.shengjingbank.com.cn/about/

營口銀行, http://www.bankofyk.com/plus/list.php?tid=253

哈爾濱銀行, http://www.hrbcb.com.cn/about1.jsp

葫蘆島銀行, www.bankofhld.com

營口沿海銀行, http://www.coastalbank.cn/gywm.php

本溪市商業銀行, www.bxccb.com

中國國家統計局a,『1995年中國統計年鑒』, 中國統計出版社, 1996.
中國國家統計局b,『2013年中國統計年鑒』, 中國統計出版社, 2014.
中國人民銀行a,「關於進一步加強城市信用社管理的通知」,『國務院法規』1995年 3月31日.
中國人民銀行b,「整頓城市信用社工作方案」,『國辦發』1998年 第140號.
中國人民銀行c,「關於城市合作銀行變更名稱有關問題的通知」,『銀發』1998年 第94號.
中國人民銀行d,「城市商業銀行暫行管理辦法」, http://www.pbc.gov.cn/publish/tiaofasi/269/index.html
中國人民銀行e,「城市合作銀行管理規定」,『國務院法規』1997年 6月20日.
中國銀行業監督管理委員會a,「銀行業金融機構資産負債情況表(法人)」, http://www.cbrc.gov.cn/chinese/home/docView/B57D199CFDF7437CBC0DF0ABB7A8118A.html
中國銀行業監督管理委員會b,「中國銀行業監督管理委員會2013年報」, http://www.cbrc.gov.cn/chinese/home/docView/3C28C92AC84242D188E2064D9098CFD2.html
中國銀行業監督管理委員會c,「城市商業銀行監管與發展綱要」,『銀監辦發』2004年 第291號.
中國銀行業監督管理委員會d,「關於中小商業銀行分支機構和市場准入政策的調整意見」,『銀監辦發』2000年 第143號.
中國銀行業監督管理委員會e,「新型農村金融機構2009年-2011年工作安排」,『銀監辦發』2009年 第72號.
吉林省統計局,『吉林省統計年鑒』, 中國統計出版社, 2013.
遼寧省統計局,『遼寧統計年鑒』, 中國統計出版社, 2013.
黑龍江省統計局,『黑龍江統計年鑒』, 中國統計出版社, 2013.
國務院a,「中華人民共和國銀行管理暫行條例」,『國發』第396號, 1987.

國務院b, 「關於組建城市合作銀行的通知」, 『國發』第25號, 1995.

國務院c, 「關於金融體制改革的決定」, 『國發』第91號, 1993.

「2013全球前1000大銀行中國部分排名」, http://wenku.baidu.com/link?url=VAmAI5UjRziGBL3fJk0MG6SYZxT3JgRasbvFKZBEdrmjteVYDn6rlnOYENCtMKo-d-ZWZ9gR_VF0hPGJp09odKiLNDq2PlAB2XtFuZ-oS7G

「2013年最新中國商業銀行排名（前50名)」, http://www.southmoney.com/touzilicai/yinhang/606902.html

2. 연구서 및 논문

강미정, 「중국 도시상업은행 IPO 현황과 전망」, 『하나금융정보』2, 2014.

김은화, 「도시상업은행 현황 및 외국계 투자자의 지분참여현황과 시사점」, 『중국금융시장 포커스』, 2010.

노은영・강효백, 「중국 국유상업은행 지배구조에 관한 법적 연구」, 『경희법학』47-2, 2012.

마단단, 「한국과 중국의 지방은행은행에 대한 비교연구: 한국K은행과 중국J은행을 중심으로」, 세한대학교 경영행정대학원 석사논문, 2012.

박장재, 「중국 4대 국유상업은행의 건전화 개혁화 성과」, 『중국연구』43, 2008.

우레・장동한, 「중국 상업은행의 유동성 리스크 결정요인 및 개선방안」, 『동북아경제연구』25-3, 2013.

양효영, 「중국 상업은행의 감독규제에 관한 법제 고찰」, 『법조』61-8, 2012.

이호철, 「중국 국유상업은행의 개혁: 시장과 계획간 이중게임으로서의 금융개혁」, 『국제정치논총』46-1, 2006.

제혜금, 「중국상업은행 유동성리스크의 영향요인에 관한 연구」, 『중국과 중국학』21, 2014.

陳蘭,「城市商業銀行經營績效內部影響因素研究」,『河南科技』11, 2011.
杜莉 · 張鑫,「國有商業銀行產權制度改革績效評析」,『經濟學家』2, 2014.
高進群,「基於三階段DEA的城市商業銀行效率研究」,『合作經濟與科技』8, 2010.
管鵬,「論城市商業銀行市場營銷策略」,『市場周刊(理論研究)』2, 2010.
桂蟾,「論我國城市商業銀行的跨區域經營」,『財貿研究』4, 2009.
黃建軍,「我國城市商業銀行與地方政府關系」,『財經科學』5-266, 2010.
黃廼 · 林玉霜,「國有商業銀行在農村金融改革中的定位和對策研究」,『區域金融研究』6, 2011.
劉秀林 · 雷泊林,「城市商業銀行金融產品創新的體制選擇與運作機制重構」,『現代金融』11, 2005.
錢昌柱, 「構築國有商業銀行核心競爭力的管理平台」, 『華東經濟管理』3, 2001.
葉林德,「地方性商業銀行與區域經濟發展探討」,『商業經濟研究』16, 2011.
餘晨,「城市商業銀行跨區域發展對策探究」,『現代經濟信息』12, 2012.
嶽志強,「城市商業銀行對中小企業貸款風險研究」,『經營管理者』2, 2009.
趙錫軍 · 陳麗潔,「地方經濟增長對中國城市商業銀行績效影響研究」,『遼寧大學學報(哲學社會科學版)』2, 2012.
鄭文超,「地方性商業銀行對中小企業信貸問題研究」,『商情』45, 2012.
中國社會科學院金融研究所,「課題組 : 城市商業銀行體質區域性差異明顯(3月17日)」,『上海證券報』2006.
周建輝,「地方銀行發展模式的思考—兼論地方金融控股公司」,『寧德師專學報(哲學社會科版)』4, 2010.
周夢茜,「關於我國城市商業銀行競爭力的分析-基於19家城市商業銀行2008-2010年面板數據」, 西南財經大學碩士論文, 2012.
Chen Linb, Sonia M.L. Wonga, "Leverage and investment under a state-

owned bank lending environment: Evidence from China", *Journal of Corporate Finance*, Vol. 14, Issue 5 (December 2008).

Chi Guotai, Sun Xiufeng and Lu Dan, "The Empirical Analysis on the Cost Efficiencies of Chinese Commercial Banks", *Economic Research Journal,* 2005-06(2005).

Tang Guochu Li Xuanju, "Restructuring of the State-owned Commercial Banks in China", *Journal of Finance*, 2003-01(2003).

공저자 소개

김지환(金志煥): 인천대학교 중국학술원 교수(중국근현대경제사 전공)

* 고려대 중국학연구소, 평화연구소, 아세아문제연구소 연구교수, 일본 동경대학 객원연구원, 인천대 인문학연구소 교수 역임.
* **주요 연구**: 『전후중국경제사』(고려대학교출판부, 2009), 『棉紡之戰』(上海辭書出版社, 2006), 『中國國民政府의 공업정책』(신서원출판사, 2005), 『中國紡織建設公司硏究』(復旦大學出版社, 2006), 『철도로 보는 중국역사』(학고방출판사, 2014) 등의 저서가 있다.

김희신(金希信): 인천대학교 중국학술원 HK연구교수(중국현대사 전공)

* 고려대학교 아세아문제연구소 연구교수 역임.
* **주요 연구**: 「민국초기 토지소유권 증명과 驗契」, 「봉천의 상업자본과 상점네트워크」, 「주조선사관의 화교실태조사와 관리」, 「1926-1935년 중경의 '내적'·'인적' 요소와 도시근대화」 등의 논문이 있다.

김송죽(金松竹): 인천대학교 중국학술원 HK연구교수(국제지역학 중국 전공)

* **주요 연구**: 「중국 동북지역 고속도로망 확충의 특징과 국가전략」, 「중국-미얀마 송유관 건설의 정치적 배경과 효과」, 「중국 동북지역 도시상업은행의 시장자유화로의 이행」 등의 논문이 있다.

석주희(石珠熙): 이화여자대학교 정치외교학과 박사과정(국제지역학 일본 전공)

* **주요 연구**: 「일본의 해양기본법 성립의 배경과 동인」, 「러일 북방영토 분쟁에 대한 전후 일본의 정책지향과 전망」, 「일본의 정치리더십과 마쓰시타 정경숙」 등의 논문이 있다.

따이젠빙(戴建兵): 하북사범대학 교수(중국화폐금융사 전공)

* 하북사범대학 박사생 지도교수, 중국중외관계사학회 부회장, 중국라틴아메리카학회 부회장, 하북성사학회 회장, 하북사범대학 부총장
* **주요 연구**: 『中國近代紙幣』(中國金融出版社, 2013), 『金錢与戰爭:抗戰時期的貨幣淸外債史硏究』(廣西師范大學出版社, 2013), 『中國近代商業業銀行紙幣史』(河北教育出版社, 1996), 『外來生物入侵中國』(中國農業出版社, 2010), 『河北近代土地契約硏究』(中國農業出版社, 2010), 『中國錢票』(中華書局, 2001) 등의 저서가 있다.

마링허(馬陵合): 안휘사범대학 교수(중국외채사 전공)

* 안휘사범대학 박사생 지도교수, 안휘사범대학 경제관리학원 원장
* **주요 연구**: 『淸末民初鐵路外債觀硏究』(復旦大學出版社, 2004), 『晩淸外債史硏究』(復旦大學出版社, 2005) 등의 저서와 「試論重商觀念之下晩淸利權意識的演進」, 「論晩淸外債抵押方式的轉化」 등의 논문이 있다.

동신(董昕): 요녕대학 교수(중국근현대경제사 전공)

* 요녕대학 박사후, 서울대 규장각 방문학자 역임
* **주요 연구**: 『中國銀行上海分行硏究(1912-1937)』(上海人民出版社出版, 2009) 등의 저서와 「1980年代以來中國近代金融机构硏究綜述」, 「中國銀行上海地名暗記劵考」 등의 논문이 있다.

우에다 다카코(上田貴子): 긴키대학(近畿大學) 교수(동북아시아 화인화교사, 중국동북성시사회사 전공)

* 경도대학 인문과학연구소 박사후 역임.
* **주요 연구**: 『近代中國東北地域に於ける華人商工業資本の硏究』(大阪外國語大學博士論文シリーズ, 2003)의 저서와 「東北亞視野下華北外出移民的變遷1860-1945」, 「在奉天經濟界權力性商人的成立」, 「商會法在中國東北地區的影響」 등의 논문이 있다.

중국관행연구총서 07

중국동북지역의 기업과 금융

초판 인쇄 2015년 5월 20일
초판 발행 2015년 5월 27일

중국관행연구총서·중국관행자료총서 편찬위원회

위 원 장 | 장정아
부위원장 | 안치영
위 원 | 김지환·박경석·송승석·이정희

공 저 | 김지환 外
펴 낸 이 | 하운근
펴 낸 곳 | 學古房

주 소 | 서울시 은평구 대조동 213-5 우편번호 122-843
전 화 | (02)353-9907 편집부(02)353-9908
팩 스 | (02)386-8308
홈페이지 | http://hakgobang.co.kr/
전자우편 | hakgobang@naver.com, hakgobang@chol.com
등록번호 | 제311-1994-000001호

ISBN 978-89-6071-516-5 94910
978-89-6071-320-8 (세트)

값 : 30,000원

이 도서의 국립중앙도서관 출판시도서목록(CIP)은 서지정보유통지원시스템 홈페이지(http://seoji.nl.go.kr)와 국가자료공동목록시스템(http://www.nl.go.kr/kolisnet)에서 이용하실 수 있습니다.(CIP제어번호: CIP2015014054)

■ 파본은 교환해 드립니다.